WÜRDE DAS GEBET EINES HUNDES ERHÖRT...

ES WÜRDE KNOCHEN VOM HIMMEL REGNEN

ÜBER DIE VERTIEFUNG
UNSERER BEZIEHUNG ZU HUNDEN

SUZANNE CLOTHIER

AUS DEM AMERIKANISCHEN
VON PATRICIA KOBER

animal Learn®
VERLAG

Die Namen und persönlichen Details der in diesem Buch erwähnten Hunde und Personen wurden geändert, um deren Privatsphäre zu schützen.

© 2004 Suzanne Clothier/ animal learn Verlag, Bernau
Alle Rechte, insbesondere das Recht der Vervielfältigung, Verbreitung und Übersetzung, vorbehalten. Kein Teil des Werks darf in irgendeiner Form (durch Fotokopie, Mikrofilm oder ein anderes Verfahren) ohne schriftliche Genehmigung reproduziert oder unter Verwendung elektronischer Systeme verarbeitet, vervielfältigt oder verbreitet werden.

ISBN 978-3-936188-15-8

Übersetzung ins Deutsche: Patricia Kober
Lektorat: Sonja Zbinden
Umschlagillustration: Stefan Dinter, Stuttgart
Satz & Layout: Annette Gevatter, Riegel
Druck: FINIDR, s.r.o., Cesky Tesín, Tschechische Republik

Alle Rechte der deutschen Übersetzung:
animal learn Verlag, Am Anger 36, 83233 Bernau
email: animal.learn@t-online.de, www.animal-learn.de

STIMMEN ZUM BUCH

„Aus der mit Hundebüchern überfrachteten literarischen Landschaft sticht dieses Buch heraus. Es ist fröhlich, bewegend, informativ, menschlich und klug. Frau Clothier versteht Hunde wirklich und spricht ihre Sprache."

— **Clinton Sanders**,
Ph.D., Autor von *Understanding Dogs: Living and Working with Canine Companions* und Mitautor von *Regarding Animals*

„Wenn Hunde beten könnten, würden sie dafür beten, dass Menschen dieses durchdachte und warmherzige Buch lesen... Suzanne Clothier zeigt, dass Einfühlungsvermögen, Respekt (und etwas feiner Humor) das ungenutzte Potential in Beziehungen zwischen Menschen und Hunden freisetzen kann."

— **Rev. Gary Kowalski**,
Autor von *Dein Tier. Eine empfindsame Seele.*

„Sachlich und einfach zu lesen... eine beeindruckende Würdigung des Wohlwollens, der Geisteshaltung und der Seele unserer Kopiloten im Leben."

— **Marc Bekoff**,
Ph.D., Autor von *Das unnötige Leiden der Tiere*

„Das Buch hält sein Versprechen, die Beziehung zwischen Menschen und Hunden zu vertiefen... Es ist unmöglich, dieses Buch über Hunde zu lesen, ohne überraschende und provozierende Dinge über sich selbst zu erfahren. Ich kann das Buch nicht genug empfehlen... ein Muss."

— **Susan Chernak McElroy**,
Autorin von *Tiere als Lehrer und Heiler*

„Endlich gibt es eine genaue Analyse der Denkweise und Motive unseres besten Freundes, des Hundes... Ich empfehle dieses wundervolle Buch wärmstens. Lesen Sie es und lernen Sie, Ihren Hund zu lesen."

— **Ian Dunbar**,
Ph.D., MCRVS, Moderator der englischen Fernsehserie
Dogs with Dunbar und Gründer der *Association of Pet Dog Trainers (APDT)*

„Dieses Buch handelt nicht von der Ausbildung von Hunden, damit diese den Menschen verstehen – es geht darum, Menschen auszubilden, damit sie Hunde verstehen... Es wird Ihnen helfen, eine tiefere Beziehung zu Ihrem vierbeinigen, besten Freund aufzubauen."

— **Steve Dale**, Chicago Tribune
Kolumnist von *My Pet World* und Moderator von
Pet Central, *WGN-Radio* und *Animal Planet Radio*

„Fesselnd. Clothiers Buch besitzt Tiefe, Weisheit, gute Laune und faszinierende Einsichten... lernen Sie von diesem wunderbaren Buch."

— **Marylee Nitschke**, Ph.D.,
Tiertherapeutin und Professorin der Psychologie,
Linfield College, OR (USA)

„Dieses Buch wurde eindeutig von jemandem geschrieben, der Hunde wirklich versteht und liebt."

— **Jane Goodall**,
Autorin von *Grund zur Hoffnung*

„Wunderbare Geschichten... jeder Besitzer eines Haustieres und jeder, der sich einen Hund anschaffen möchte, sollte dieses Buch lesen."

— **William E. Campbell**,
Mitbegründer der American
Society of Veterinary Ethology

„Eine Rarität... ein Ausbildungsbuch, das die spirituelle Seite berücksichtigt. Clothier beweist Witz, Einsicht und Vorstellungskraft bei einem Thema, das lange vom behavioristischen Modell dominiert wurde."

— **Helen Weaver,**
Autorin von *The Daisy Sutra:*
Conversations with My Dog

„Clothier hat die seltene Gabe, die Welt mit den Augen eines Hundes zu sehen... Ein Buch voller Mitgefühl und Liebe für unsere tierischen Gefährten, mit denen wir die Welt teilen."

— **Erich Klinghammer,**
Ph.D., Eckhard Hess Institute of Ethology, Wolf Park/NAWF

„Es ist ein echtes Vergnügen, ein Buch über die Beziehung zwischen Menschen und Tieren zu lesen, in dem der Hund wie ein spirituelles Wesen behandelt wird.... gut gemacht!"

— **Martin Goldstein,**
DVM, ganzheitlicher Tierarzt und
Autor von *The Nature of Animal Healing*

„Ein Buch, das Sie mehrmals lesen und in dem Sie jedes Mal etwas Neues entdecken können: Entdecken Sie eine einfache Mitteilung von Tieren an Menschen, finden Sie einen Satz, der Sie zu neuem Bewusstsein führt, lesen Sie ein Ende, das Sie weinen lässt... Wenn Hunde schreiben könnten, würden Sie wahrscheinlich solche Bücher schreiben."

— **Terry Ryan,**
Präsidentin von Legacy Canine Behavior & Training, Inc.,
international anerkannte Tierausbilderin, Autorin, Leiterin von Workshops
und Autorin von *Toolbox for Remodeling Your Problem Dog*

Für Gras,
Christian
und Bear

INHALT

WÜRDE DAS GEBET
EINES HUNDES ERHÖRT,
WÜRDE ES KNOCHEN VOM
HIMMEL REGNEN.

TÜRKISCHES SPRICHWORT

1

IN DER GESELLSCHAFT VON TIEREN

Du musst die Stadt deiner Bequemlichkeit verlassen
und in die Wildnis deiner Intuition gehen.
Was du entdecken wirst, wird wundervoll sein.
Was du entdecken wirst, bist du selbst.
ALAN ALDA

Mein einziger Fehler war, dass ich ihr über das Knie leckte. Bis zu diesem Moment hatten sie toleriert, dass ich ruhig unter dem Esszimmertisch hechelte, ein guter Liegeplatz an einem warmen Sommerabend. Ich war ein kluger Hund. Ich wusste, ich könnte kühler auf den glatten Fliesen im Badezimmer oder sogar draußen liegen, im Schatten der Büsche entlang der Mauer. Aber dann wäre ich nicht bei meiner Familie gewesen. Von der Position unter dem Tisch aus gesehen, eingerahmt vom Tischtuch, erschien meine Familie wie eine Ansammlung von Beinen und Kleidung: rundliche Knie, dicke Knie, schorfbedeckte Knie, müde wirkende Fußgelenke, die bleich und dünn aus praktischen, weißen Socken ragen, angenehm schmuddelige Füße, die gedankenverloren an Stühlen reiben, ein Flip-Flop, der an einem schwingenden Zeh baumelt.

Ich verlagerte mein Gewicht, um mich gegen das Knie einer Frau zu lehnen, mit geschlossenen Augen atmete ich den vertrauten, süßen Duft ein, der von einer Vertiefung an ihrem Fußgelenk ausging. Geistesabwesend streckte sie den Arm herunter, um mir den Kopf zu tätscheln, und dankbar für die Aufmerksamkeit leckte ich ihr über das Knie. Der erschreckte Schrei meiner Tante bereitete meiner glücklichen Zeit als Familienhund ein Ende. Das war nicht fair, dachte ich grollend, während ich unter dem Tisch vorgezogen und brüsk mit den Worten: „Setz dich hier hin und iss wie ein Mensch!" auf einen Stuhl platziert wurde. Ich wollte doch nur einen Hund. Wenn ich schon keinen

Hund haben konnte, konnte mir meine Familie doch wenigstens erlauben, ein Hund zu sein. Und jeder weiß, dass Hunde Leute, die sie mögen, ablecken.

Ich lebte in einer typischen Familie der Mittelklasse - eine durchschnittlich intakte Familie -, die so ein merkwürdiges Verhalten bei ihrem ältesten Kind ganz bestimmt nicht unterstützte. Meine Eltern waren tolerant gegenüber Tieren und behandelten sie gut, beide waren aber nicht ausgesprochen vernarrt in sie. Ich fühlte mich nicht aus Bedürfnis nach Liebe oder Anerkennung zu Tieren hingezogen, obwohl viele Kinder bei Tieren die bedingungslose Liebe und Anerkennung finden, die ihnen in ihrem jungen Leben fehlt. Doch lange bevor ich die Enttäuschung und die Verärgerung kennen lernte, lange bevor ich lernte, wie verletzend und komplex Menschen sein können, fühlte ich mich instinktiv zu Tieren hingezogen. Ich fühlte mich von allen möglichen Tieren angezogen, einfach weil sie da waren. Sie waren und sind mein Mount Everest -, sich jeder Erklärung ihrer Anziehungskraft widersetzend, unglaublich einladend - vorhanden, um gesehen und kennen gelernt zu werden, wenn ich bereit bin, die Expedition zu unternehmen.

Ich war nicht damit zufrieden, Tiere zu beobachten oder sogar anzufassen. Ich wollte ihr tiefstes Inneres verstehen, mich in ihre Gedanken versetzen, die Welt so sehen, fühlen, riechen und hören wie sie. Meine Experimente, ein Tier zu „sein", wurden normalerweise privat durchgeführt, da die Toleranz meiner Mutter gegenüber meinen Tierverhaltensweisen ziemlich erloschen war, nachdem ich einfach zu viele Fußgelenke abgeleckt hatte. Wenn ich jedoch mit meinen Schwestern Familie spielte, wurden diese Experimente und Fähigkeiten gefördert, da sie aufregende, neue Spielsituationen erlaubten. Normalerweise spielte meine mittlere Schwester die Mutter (eine Rolle, die sie bereits damals und auch heute noch sehr gut ausfüllt), und unsere jüngste Schwester übernahm jede ihr zugewiesene Rolle. Ich spielte ausnahmslos das Haustier. Manchmal war ich ein Hund, manchmal ein Pferd und manchmal, um auch mal exotischere Rollen spielen zu können, ein Puma, Löwe oder Tiger, bis das erforderliche wilde Brüllen meinen Hals erschöpfte.

Wenn Berlitz die Hundesprache
angeboten hätte

Bei meinem lebenslangen Streben nach Kenntnissen über die Sprache der
Tiere war die Sprache der Hunde die erste und einfachste. Schließlich lebten
Muttersprachler in meiner Nachbarschaft und konnten ohne weiteres studiert
werden. Ob in der Gesellschaft eines lebenden, atmenden Hundes oder nur
mit den zahllosen eingebildeten Hunden in meinem Kopf – Bob, Lad, King,
Buck und Lassie –, ich übte. Ich übte hecheln, zur Verärgerung meiner Schwestern und zu meiner eigenen Bestürzung, als ich entdeckte, dass Hecheln mich
nicht abkühlte, wie ich es von Hunden gelesen hatte, sondern mich nur
schwindelig machte und bei mir die Frage aufwarf, ob Hunde jemals so hyper-
ventilierten wie ich. Ich versuchte, Wasser zu schlappen und aus einem auf
dem Boden stehenden Napf zu fressen. Dabei wünschte ich mir immer, dass
meine Schnauze länger und besser für die Aufgabe geeignet sei. Ich liebte es
(und liebe es noch immer), an den Knochen von Steaks oder Koteletts zu
nagen, und verstehe zumindest teilweise, warum Hunde so glücklich aussehen,
wenn sie es dürfen. Ich übte, den Kopf nicht zu drehen, wenn ich ein Geräusch
hinter mir hörte, sondern stattdessen die Ohren in diese Richtung zu drehen.
Es frustrierte mich, dass ich, da ich keine sehr mobilen und gut sichtbaren
Ohrmuscheln hatte, nicht öffentlich zeigen konnte, wie geschickt ich darin
war. Schwanzwedeln war ein schwer zu lösendes Problem – ein aufgerolltes
Shirt oder Handtuch führte zu einem lahmen Effekt, egal wie sehr ich mit
meinem Hinterteil wackelte. Schließlich entschloss ich mich zu einem Wedeln,
das meinen Ohrbewegungen entsprach – fein, einfach und (leider) nur mir
bewusst.

Ich perfektionierte mehrere Knurr- und Brummgeräusche und ein Schnappen, das mit einem wunderbaren, hörbaren Zuschnappen meiner Zähne
endete. Ein Geräusch, das selten seine Wirkung als deutliches Alarmzeichen
für denjenigen, an den es sich richtete, verfehlte. Mein Aufheulen eines verletzten Hundes deckte den ganzen Bereich von versehentlichen Tritten auf
meine Pfoten bis zum tödlich verwundeten Hund ab und war realistisch genug,
um Leute mitten im Schritt innehalten zu lassen. Natürlich war auch mein

Bellen überzeugend – so sehr, dass ich gelegentlich eingesetzt wurde, um drohend zu bellen, wenn meine Eltern nicht zu Hause waren und jemand an die Tür kam. Im College haben an so manchen langweiligen Abenden meine Einmann-Vorstellungen eines „Hundekampfes" Leben in das Badezimmer des Wohnheims gebracht. Es ist verblüffend, wie einfach es ist, ansonsten intelligente Leute glauben zu machen, dass in der Dusche zwei Pudel miteinander kämpfen.

Ich wollte jedoch noch andere Sprachen sprechen. Pferde stellten bei meiner leidenschaftlichen Begeisterung für die Sprache der Tiere sogar Hunde in den Schatten, und als ich im Alter von zehn Jahren begann, Reitunterricht zu nehmen, eröffnete sich mir eine neue Sprache aus Bewegung, Körperhaltung, Gesichtsausdruck und Geräuschen. Mit zwölf Jahren beherrschte ich die Grundlagen: die Begrüßung mit dem langsamen, vorsichtigen Pusten in die Nüstern des anderen, ein leises Schnauben, das Prusten, das Wiehern, das warnende Schnauben, das Hochwerfen des Kopfes und die Halsbewegungen eines verärgerten Pferdes, das Rollen der Augen und Anlegen der Ohren bei Verärgerung, sogar das seitliche Ausbrechen mit hocherhobenem Kopf eines erschreckten Pferdes. Auch heute noch scheue ich manchmal wie ein Pferd, wenn ich mich erschrecke. Wenn in meiner Schulzeit nervige Witzbolde versuchten, meinen Kopf in den Trinkbrunnen zu tauchen, während ich trank, war ihnen nicht bewusst, dass ich meine Ohren nach hinten gedreht hatte, um sie zu hören. Sie waren immer überrascht, wenn ich, wie es wohl viele Pferde tun würden, sehr treffsicher nach ihnen ausschlug. Wenn sie die Pferdesprache gesprochen hätten, hätten sie die angelegten Ohren und die verengten Augen gesehen und gewusst, dass sie vorher angemessen gewarnt worden waren.

Leider habe ich die Pferdesprache zu spät erlernt, zu meinem Bedauern war sie nicht mehr sehr hilfreich für meine anspruchsvollste Rolle. Im Alter von sechs bis acht spielte ich gleichzeitig einen kanadischen Mountie, sein Pferd und seinen Hund. Wenn ich in diesem zarten Alter bereits mehr als nur die Grundkenntnisse in der Pferdesprache beherrscht hätte, wäre mein Galopp durch die Nachbarschaft authentischer gewesen.

Überall Tiere

So gut ich konnte, integrierte ich meine Liebe zu Tieren in jeden Bereich meines Lebens. Meine Mutter ermutigte mich in meinem Interesse, obwohl sie es nicht immer verstand und meine Neugier und meine Begeisterung für alle Aspekte der Natur nicht teilte. Sie lernte, alle in meinem Besitz befindlichen Behälter vorsichtig zu überprüfen. Ein einfacher Plastikbecher konnte das Heim eines Frosches sein oder eine Sammlung abgeworfener Heuschreckenhaut beherbergen oder sogar absichtlich gezogenen Schimmel enthalten. Ihr Wäschekorb konnte frisch gewaschene Socken oder ordentlich gefaltete Pyjamas enthalten, aber genauso gut das Heim eines nackten Jungvogels mit noch sichtbaren inneren Organen sein. Ihr umgedrehter und mit Hühnerdraht versehener Kartentisch wurde das Heim von Buster und Dandy, einem Paar Rhodeländer-Küken, die ihr ihre Toleranz als erwachsene Hühner dadurch dankten, dass sie munter alle Blüten ihrer Muttertagspflanzen fraßen.

Ohne eine einzige Frage zu stellen und lediglich mit einer hochgezogenen Augenbraue überließ sie mir Kuchenformen, Mehl, Sirup und einen Pinsel. Obwohl sie vielleicht probierte zu erraten, was ich damit vorhatte, war sie nicht auf das vorbereitet, was ich damit tat. Wie sie wohl wusste, hatte ich gerade *Die Wildnis ruft* gelesen – sie fand mich so heftig schluchzend auf dem Wohnzimmersofa, dass sie fürchtete, einer meiner Freunde sei gestorben. Als sie das Buch in meiner Hand sah, meinte sie mitfühlend: „Ich schätze, du bist an der Stelle, wo er Flag erschossen hat." Ich nickte und schluchzte noch lauter. „Das Essen ist fertig, wenn du soweit bist." Sobald ich die Trauer um den Jährling beendet hatte, beschloss ich, die Methode von Jody und seinem Vater zur Verfolgung von Honigbienen zu ihrem Bienenstock in meiner Nachbarschaft auszuprobieren. Das Buch enthielt eine ausführliche Beschreibung der scheinbar einfachen Verwendung von Sirup zum Anlocken der Bienen, die dann Mehl auf ihr Hinterteil getupft bekamen. Das Mehl diente als einfach zu verfolgende optische Markierung des Fluges der Bienen. Ich kann nun auf Grund meiner Erfahrungen entschieden darauf hinweisen, dass mein großes Bienenexperiment nur beweist, dass dieser Literaturklassiker reine Erfindung ist und sich Bienen heftig dagegen wehren, ihre Hinterteile mit Mehl betupft zu bekommen. Es war nicht das letzte meiner großen Experimente, aber eines meiner schmerzhaftesten.

Nur selten überstieg meine Begeisterung die beträchtliche Toleranz meiner Mutter. Ich werde nie wissen, welches erwartungsvolle Leuchten in meinen Augen sie warnte, als ich sie an einem Sommernachmittag nach einem kleinen Küchenmesser fragte, denn sie zögerte, als sie in die Schublade griff. Als ihre Befragung ans Licht brachte, dass ich zu diagnostischen Zwecken eine Autopsie an einem toten Hasen, den ich gefunden hatte, durchführen wollte, lehnte sie es rundweg ab, mir auch nur einen Löffel zu leihen. Bis heute frage ich mich, ob damals eine potentiell brillante Karriere als Tierärztin endete.

Es war wahrscheinlich gut so, denn die für die Ausbildung zum Tierarzt erforderlichen Mathematikkenntnisse waren nicht meine starke Seite. Die Schule hat mich oft gelangweilt. Ich hätte mich als Schülerin wahrscheinlich besser gemacht, wenn die langweilige Hauswirtschaftsstunde durch einen wirklich interessanten Kurs, wie zum Beispiel Stallwirtschaft oder Zwingermanagement, ersetzt worden wäre. Wenn meine Lehrer klüger gewesen wären, hätten sie mich bereits früh dazu ermutigen können, Algebra zu lieben. Die Mathematikaufgabe hätte nur lauten müssen: „Siebzehn Zebras starten um 12 Uhr mittags in westliche Richtung, sie bewegen sich mit einer Geschwindigkeit von 14 km pro Stunde. Sechs Löwen gehen ab 16 Uhr mit 6,5 km pro Stunde in östliche Richtung. Wann treffen die Zebras und die Löwen aufeinander, und wie viele Zebras überleben das Treffen?" Die in den Aufgaben normalerweise verwendeten Autos, Flugzeuge und Züge ließen mich jedoch kalt und interessierten mich nicht.

Gesegnet sei das Tier

Sogar mein religiöses Leben war von Tieren durchdrungen. Trotz des Gewichts, das unsere Kirche auf Jesus legte (der, wie ich feststellte, nicht einmal einen Hund hatte!), fühlte ich eine natürlichere Verbundenheit zu Noah, dem Held meiner Kindheit. Jona, der eine enge Beziehung zu einem Wal hatte, war einer meiner anderen Lieblingspersonen. Als ich eine Bibel mit Konkordanz erhielt, suchte ich sofort nach allen Versen – und es gibt viele –, die einen Hinweis auf Tiere enthielten: Adler, Esel, Pferd, Spatz, Löwe, Hund, Schaf, Lamm, Rind, Ziege, Schwein. Ich nahm mir zu Herzen, dass alle Tiere, genau wie ich, Geschöpfe Gottes sind. Ich ging davon aus, dass sie als solche im Kindergottesdienst genauso willkommen sind wie Kinder. Und so kam es, dass ich bereits in sehr jungen Jahren meine erste Glaubenskrise hatte, die mit einem Black and Tan Coonhound begann, den ich auf dem Weg in die Kirche traf. Er war ein großer Hund, genau die richtige Größe, um beim Gehen kameradschaftlich den Arm um ihn legen zu können. Er war ein freundlicher Hund, es brauchte nicht viel Anstrengung, ihn zu überzeugen, mich die Treppen hinunter zum Kindergottesdienst zu begleiten, wo er sich höflich neben mich legte. Wie die Lehrerin unser Kommen verpasste, werde ich nie herausfinden. Wir waren nicht heimlich gekommen, bisher war mir nicht aufgefallen, dass er kein passender Gast war. Eigentlich dachte ich, als ich mich hinsetzte, um die Bibelgeschichte des Tages zu hören, dass ein Hund und der Kindergottesdienst eine himmlische Kombination sei. Beim Aufrufen der Namen hob die Lehrerin bei jedem antwortenden Kind den Kopf und lächelte es strahlend an. „Suzanne?" fragte sie gut gelaunt, während sie den Kopf in meine Richtung drehte. Vielleicht schnappte sie nur in meiner Vorstellung nach Luft und machte einen Schritt zurück, vielleicht habe ich nur geträumt, wie ihre Lippen zuckten und sie mit unaussprechlichem Entsetzen fauchte. Auf jeden Fall erinnere ich mich an ihre Frage: „Was macht dieser Hund hier?" Es lag eine unangenehme Betonung auf dem Wort *Hund*.

Ich hielt das für ziemlich offensichtlich und sagte: „Er ist wegen dem Kindergottesdienst hier."

Ihre Antwort erschütterte meine unschuldige Zustimmung zur Lehre der Kirche. Sie sagte: „Er gehört nicht hierher!" Ich war vor den Kopf geschlagen. Gehört nicht hierher? Ist er nicht ein Geschöpf Gottes? Hat Gott nicht auch ihn erschaffen? Jesus wäre sicherlich froh, einen Coonhound in der Kirche zu haben, besonders einen, der niemandem etwas getan hat. Wenn ich diese Szene filmisch umsetzen würde, würde ich die Rolle mit einem redegewandten, leidenschaftlichen Kind besetzen, das mit großartiger Ausstrahlung den

Standpunkt des Hundes vertritt und die heilige Schrift so schnell und heftig zitiert, dass die Lehrerin sich schließlich der Ansicht der Bibel unterwirft, ein tieferes Verständnis für die Liebe Gottes zu Hunden erreicht und dem Hund erlaubt zu bleiben. Leider konnte ich mich angesichts des Zorns nicht so gut ausdrücken und protestierte nur schwach, während ich mich unter ihrem feindseligen Blick wand.

„Er stinkt." Mit dieser abschließenden Erklärung enthüllte die Lehrerin die Grenzen ihrer Liebe zu allen Geschöpfen Gottes. (Rückblickend ist mir klar, dass, wenn ich einen Leprakranken mit stinkenden Verbänden oder einen nach Gosse riechenden, unglückseligen Betrunkenen mitgebracht hätte, sich die Nächstenliebe der Lehrerin genauso schnell verflüchtigt hätte. Aber ich bin inzwischen viel älter und etwas zynischer.) Ich war empört und widersprach entschieden, der Hund stinke nicht. Nun ja, um ehrlich zu sein, er stank nicht, er roch nur so, wie manche Hunde nun einmal riechen. Und so hat Gott ihn geschaffen!

Meine Argumente trafen auf taube Ohren. Die Lehrerin bestand darauf, dass ich den Hund nach draußen zu bringen und mich ohne Hund zurück an meinen Platz zu begeben habe. Traurig und langsam stieg ich die Stufen hinauf, öffnete die Tür und blieb für einen Moment mit dem Hund stehen. Ich entschuldigte mich bei ihm, und obwohl mir die Worte fehlten, um meine tiefe Betrübnis über die Machtlosigkeit einer Fünfjährigen auszudrücken, glaube ich, dass er mich verstand. Das muss er wohl, denn seine Machtlosigkeit entsprach der meinen, auch in seiner Welt gab es viele große, starke Leute, die von ihm einzuhaltende Regeln festlegten. Ich umarmte ihn – das warme, leicht fettige Fell und der moschusartige Hundegeruch ist mir noch heute in Erinnerung – und er lehnte sich schwanzwedelnd an mich. Mit Tränen in den Augen und neuen Zweifeln im Herzen ließ ich ihn im Sonnenschein zurück und kehrte zum Kindergottesdienst zurück, unendlich älter und weiser.

Wer mich liebt, liebt meinen Käfer

Wie sich Leute und Tiere gegenseitig beeinflussen und wie Leute auf Tiere reagieren, war unendlich lehrreich. Ich lernte zum Beispiel, dass viele Erwachsene nicht annähernd so mutig sind wie es scheint. Im Alter von zehn Jahren trug ich im Sommer immer eine Kaffeekanne mit mir herum. Gönnerhaft fragten mich die Erwachsenen, was ich darin herumtrug, und da ich immer darauf brannte, die Natur mit anderen zu teilen, öffnete ich den Deckel und zeigte ihnen meinen Hirschkäfer Benjy, den ich als Haustier hielt. Ich weiß nicht, was sie von einer Zehnjährigen und einer Kaffeekanne erwarteten, aber bestimmt nicht den siebeneinhalb Zentimeter langen, eindrucksvoll wild aussehenden Benjy. Einige kreischten, bevor sie ihre Fassung wieder erlangten, und lächelten mich schwach an, einige wurden sogar bleich. Alle haben mich danach mit anderen Augen angesehen und viele fragten mich nie wieder, was ich da hatte, egal wie herausfordernd ich einen Behälter herumtrug.

Ich schätze, jedes Kind, das Geschwister hat, hegt einen Groll wegen längst vergangener Vorfälle in der Kindheit. Wenn Sie mich fragen würden, an was ich mich an meine Zeit als Vierjährige erinnere, würde ich antworten, dass ich in dem Jahr Schildkröten hatte. Angeblich gehörte eine der beiden Schildkröten meiner Schwester Sheryl. Sie ist zwei Jahre jünger als ich und wollte immer das tun, was ich tat, obwohl wir sehr unterschiedliche Interessen hatten. Sie fand Babys (menschliche Babys) unbeschreiblich aufregend; ich fand sie bei weitem nicht so faszinierend wie einen nach Regenwetter auf dem Bürgersteig sterbenden Regenwurm. Als ich glücklich mit meinen Schildkröten spielte und das Stechen ihrer winzigen Krallen auf meiner Hand spürte, war ich leicht verärgert, als Sheryl bat, eine halten zu dürfen. Aber auf das Drängen meiner Mutter willigte ich ein, den Spaß zu teilen. Mehr als drei Jahrzehnte später verziehe ich noch immer automatisch angewidert die Lippen, wenn ich mich erinnere, wie meine Schwester, als ich ihr die Schildkröte auf ihre ausgestreckte Hand setzte, „... sie hat Krallen!" oder etwas Ähnliches schrie und die unglückselige Schildkröte durch den Raum warf. Sie überlebte den Vorfall, der in meiner Erinnerung viel länger weiterlebt als die Schildkröte.

Sheryl ist inzwischen erwachsen. Sie ist nun vernünftig genug, das Berühren von Reptilien zu vermeiden, und ich bin klug genug, sie keine anfassen zu lassen. Unendlich gutherzig mag sie Tiere am liebsten aus der Entfernung, obwohl sie sie nicht immer versteht, und es gab einige Tiere, die sie auch in ihrer Nähe und sehr persönlich liebte, mit schmutzigen Pfoten, Sabber und allem. Sie hat sich meine Anerkennung an dem Tag verdient, als sie herausfand, dass ein in Abständen auftretendes Ohrproblem durch ein langes Hundehaar verursacht wurde, das sich geschickt um ihr linkes Trommelfell gewickelt hatte – das Ergebnis davon, dass sie das Bett mit einem Hund geteilt hatte. Ich liebe meine Schwester, aber trotz des ausgleichenden Hundehaars in ihrem Ohr werde ich mich bis zu meinem Todestag immer an den Schildkrötenvorfall erinnern.

Mein Vater und ich hatten häufig Auseinandersetzungen wegen Tieren. Da gab es ein Paar Kätzchen, die ich unbesonnen aufnahm und über Nacht im Auto versteckte. Es war sein Auto, und trotz meines festen Vorsatzes, lange vor ihm aufzuwachen und die Kätzchen unbemerkt ins Haus zu schleusen, wachte ich erst auf, als ich ihn „Suzanne!" brüllen hörte. Diese Kätzchen lehrten mich mehrere Sachen. Erstens, einen Wecker zu stellen, wenn ich morgens wirklich früh aufstehen muss. Zweitens, keine Kätzchen im Auto meines Vaters einzusperren, zumindest nicht ohne ihn vorher zu informieren. Außerdem, dass die Bedürfnisse eines Kätzchens nicht durch Futter (und zwar reichlich Futter) und (reichlich) Wasser befriedigt werden. Man muss auch ein Katzenklo bereitstellen. Die Kätzchen wanderten ins Tierheim, und ich verlor für eine Weile mein Taschengeld und einige Privilegien.

Eines Tages vergaß ich auch zu erwähnen, dass mir ein großer Collie nach Hause gefolgt war (sehr wohlerzogen, nachdem ich aus meinen Schnürsenkeln und meinem Gürtel eine Leine gebastelt hatte) und dass ich ihn in dem Schuppen versteckt hatte, in dem unsere Mülltonnen aufbewahrt wurden. Wie hätte ich ahnen können, dass mein Vater sein Abendessen früher beendete und sich entschloss, dann die Mülltonnen herauszuholen? Normalerweise holte er den Müll nie so früh heraus. Da ich den Hund vorübergehend vergessen hatte, war die Kombination aus tiefem Bellen, überraschtem Fluchen und das Brüllen meines Namens ein Schock für mich. Mein Taschengeld wurde auch diesmal gestrichen.

In meiner Kindheit und Jugend passierten einige Dinge, die mich für eine Mitgliedschaft in verschiedenen Selbsthilfegruppen und 12-Schritte-Programmen qualifizieren würden. Aber irgendwie überstand ich alles ziemlich unbeschadet und trage nur ein angemessenes Päckchen durchs Leben. Vielleicht dämpft bei jedem Kind mit einer verzehrenden Leidenschaft genau diese Leidenschaft die Schicksalsschläge des Lebens. Vielleicht wirkten die Tiere selbst sowohl dämpfend als auch heilend. Ich kann mir nur schwer vorstellen, dass eine Briefmarkensammlung so gut dafür geeignet gewesen wäre, die Irrwege und Prüfungen des Lebens zu bestehen, wie es meine tierischen Freunde waren.

WOHIN MICH DIE TIERE FÜHRTEN

Durch meine Kindheit und darüber hinaus begleitete mich eine richtige Arche Noah von Tieren auf meinem Lebensweg. Lange bevor ich Joseph Campbells weisen Rat „meinem Glück zu folgen" las, folgte ich bereits dem Ruf meines Herzens. Mir standen im Leben auch andere Möglichkeiten offen – meine Kunstlehrer in der High School drängten mich, auf die Kunsthochschule zu gehen, mein Englischlehrer legte mir eine Karriere als Autorin nahe. Mein Großvater, der meine große Liebe zu Büchern kannte, bot an, für eine Ausbildung zur Bibliothekarin meine Studiengebühren zu bezahlen. Ich war umgeben von Missbilligung und unheilvollen Warnungen, dass ich schließlich scheitern würde, wenn ich versuchen sollte, meine Träume zu verwirklichen. Mein hartnäckiges Bestehen auf meinem Glück erzeugte Konflikte und Schmerz in meinen Beziehungen zu Leuten, die nicht verstanden, warum ich meine Teenager-Jahre im nahe gelegenen Stall verbrachte, warum ich einen Abschluss in Viehzucht anstrebte, diesen Plan jedoch nur für die Chance aufgab, mit einer Organisation für Blindenführhunde zu arbeiten und später einen Stall und Zwinger zu verwalten und schließlich Trainer zu werden. An jeder Wegkreuzung nahm ich nur den Weg, der dorthin führte, wohin ich wollte – zu einem tieferen Verständnis eines Lebens mit Tieren.

Ich schreibe dieses Buch in einem Haus voller wundervoller Tiere – acht Hunde, sieben Katzen, drei Schildkröten und ein Papagei. Aus meinem Fenster sehe ich meine Pferde, den Esel und einige schottische Hochland-Rinder, die unsere Weiden zieren. Auf meiner Jeans befindet sich etwas Schlamm, den das Schwein Charlotte bei ihrer warmherzigen Begrüßung dort hinterlassen hat. Ich weiß, dass mein liebevoller Mann im warmen Licht des Stalls die abendlichen Arbeiten erledigt, mit den Kälbern spricht, während er ihnen zu ihrer Freude altes Brot gibt, und die Truthähne, Hühner und Wachteln für die Nacht unterbringt. In meiner Beziehung zu all diesen von mir sehr geliebten und komplexen Wesen, einschließlich der zu meinem Mann, gibt es Spuren und Echos aller Tiere, mit denen ich mein Leben teilte, und die Sämlinge der aus Trauer und Freude entspringenden Weisheit. Ich bin dankbar für die unermessliche Liebe, die mir täglich durch meinen Mann und die Tiere zuteil wird. Manchmal frage ich mich, ob ich diesen Segen verdiene. Wenn ich irgendwie zu der Person wurde, die verdient, was sie so großzügig erhält, dann liegt das zum größten Teil an dem Wohlwollen und der Vergebung der Tiere, die mich auf meinem bisherigen Lebensweg begleitet haben.

Leute, die es nicht besser wissen, nennen mich einfach „Tierliebhaberin" und finden es bezaubernd, wenn auch merkwürdig, dass ein Papagei frei durch das Haus fliegt, mir eine Schildkröte deutlich mitteilt, dass sie eine Cherry-Tomate zum Mittagessen möchte, und meine Hunde es nicht ungewöhnlich finden, mit einem Truthahn oder einem Schwein durch die Wälder zu spazieren. Ich erzähle den Leuten lustige Geschichten darüber, dass ich beim Aufwachen als Geschenk einer Katze einen toten Maulwurf oder unerklärlicherweise einen lebenden, unverletzten Jungvogel auf meinem Kopfkissen vorfinde, und wir lachen über die neuesten Abenteuer der Hunde. Während sie manchmal von meinem Wissen über Tiere und deren Eigenarten beeindruckt sind, sind die meisten Menschen verwirrt über mein unstillbares Verlangen nach einem noch tieferen, umfassenderen Verständnis. Für sie ist es ausreichend, ein Tier zu haben und „Tiere zu lieben". Sie verlassen unsere Farm mit einer unvollständigen Sicht unseres Lebens und dessen, was ich bin.

Ich bin keine Tierliebhaberin oder Haustierbesitzerin. Diese Tiere sind meine Freunde, meine Partner, meine Mitreisenden auf meinem Lebensweg. Ich „habe" keine Tiere, wie ich eine Sammlung von Kunst oder Büchern habe. Ich habe eine Beziehung zu jedem der Tiere, einige Beziehungen sind inniger als andere. Ich versuche, jedem Tier so aufmerksam zuzuhören wie einem menschlichen Freund.

Das Kümmern um die Bedürfnisse so vieler Geschöpfe formt und bestimmt den Rhythmus meines Lebens und das meines Mannes. Unsere Pläne und Ziele werden häufig durch verschiedenste kleinere und größere Krisen verzögert oder verändert, zum Beispiel durch eine unerwartete Pfütze auf dem Boden oder durch die Pflege ernsthaft erkrankter oder sterbender Tiere. Manchmal ärgern wir uns, einzeln oder gemeinsam, über die Einschränkungen, die ein Leben mit so vielen zu betreuenden Tieren mit sich bringt. Aber die sofortige und unbestreitbare Realität der Tierwelt zeigt uns auf eine Art, die wir nicht in Worte fassen können, dass es genau das Richtige für uns ist. Wir fühlen den friedlichen Zauber tief in unseren Herzen und Gedanken. Glücklicherweise versteht mein Mann, dass er keine „Tierliebhaberin" geheiratet hat, sondern jemanden, der täglich seinen Lebensweg mit Tieren teilt, immer offen für die Orte, zu denen die Tiere mich führen könnten, und die Anblicke und Geräusche, die ich ohne sie unter Umständen nicht wahrnehmen würde.

Die Reise des Lebens in Gesellschaft von Tieren ist wie eine Reise mit Engeln, Führern, Hütern, Hofnarren, Schatten und Spiegeln. Ich kann mir nicht vorstellen, wie eine Reise ohne eine derart ausgezeichnete Begleitung sein mag. Auf meiner Reise, bei der ich versuche, Tiere vollständiger zu sehen, mich auf fremdem Land bewege und mich um Sprachkenntnisse in diesen anderen Sprachen bemühe, habe ich viel mehr gefunden als nur die Tiere selbst. Wie alle Reisenden, egal wie weit der Weg sie führt, egal wie exotisch oder fremdartig das Gelände oder die Kultur ist, habe ich mich selbst gefunden.

Das Verlangen nach einem tieferen Verständnis der Tiere und der Wunsch nach Beziehungen zu ihnen ist nicht nur mir eigen. Überall, wohin ich gehe, finde ich andere, die gleichermaßen leidenschaftlich für Tiere empfinden und die mehr wissen möchten. Mit großer Freude habe ich es zu meiner Lebensaufgabe gemacht, anderen zu helfen, die Hunde besser zu verstehen, mit denen sie ihr Leben teilen, und ihnen zu helfen, ihre Beziehung zu Tieren zu vertiefen. Das ist kein einseitiger Prozess, der nur darin besteht, die wunderbaren Nuancen der Kommunikation mit und unter Hunden oder die Strukturen und das Protokoll der Hundekultur zu erklären. Es ist wichtig zu verstehen, wie und warum unsere Hunde sich so verhalten, wie sie es tun, und uns zu öffnen für eine andere Sicht der Welt: Die Sicht der Hunde auf das Leben, die Liebe und die Beziehungen. Dieses Buch bietet dem Leser das für ein besseres Verständnis der sanften Jäger, die unser Bett teilen, erforderliche Wissen, und mit diesem Wissen gehen neue Einsichten und ein größeres Bewusstsein einher.

Aber es bedarf mehr als das. Beziehungen – die eine Tiefe und Vertrautheit erreichen, die unsere Seele singen lassen – basieren auf weit mehr als auf guten Informationen darüber, wie und warum andere sich so verhalten, wie sie es tun. Wie bei jeder Beziehung bedarf es eines umfassenden Verständnisses unserer selbst und dessen, was wir einbringen. Von allen Geschenken, die Tiere anbieten können, ist das größte vielleicht die Möglichkeit, uns selbst eingehend zu erforschen. Ohne Urteil und Zeitplan, mit Geduld und einer erstaunlichen Fähigkeit zur Vergebung sind Tiere ideale Führer durch die Landschaften in unserem Inneren. In den Momenten herrlicher Übereinstimmung, aber auch in den frustrierenden, trennenden Momenten, leisten uns die Beziehungen zu unseren Hunden gute Dienste, schubsen uns sanft zu einem besseren Verständnis der Dynamik von zwei Wesen in einer bereitwilligen Partnerschaft und zu neuen Einsichten darüber, wer wir sind. Sobald wir die Reise zu den von uns ersehnten authentischen Beziehungen antreten, kommen wir nicht umhin, uns grundlegend zu verändern – oft auf eine Art, die wir nicht erwartet haben, aber von ganzem Herzen begrüßen. Ein in einer Beziehung zu einem Tier verbrachtes Leben bietet die Möglichkeit, uns vollständig Mensch und auch menschlicher werden zu lassen. Das überträgt sich, wie es bei einer bewegten Seele zwangsläufig ist, auf andere Beziehungen, zieht den Zauber durch unser gesamtes Leben.

Dieses Buch ist allen gewidmet, die die Welt in ihrer Jugend ebenfalls aus der Sicht unter einem Esszimmertisch betrachtet haben, für alle, die sich genauso sehnlich wie ich einen Schwanz zum Wedeln gewünscht haben. Es ist auch denen gewidmet, die nie an einem Knie geleckt oder den Pizzaboten angebellt haben. Es ist ein Buch für alle, die die Hundesprache und andere Sprachen fließend sprechen möchten, und alle, die diese beredtste aller Sprachen zum ersten Mal lernen möchten. Es ist allen gewidmet, deren Herzen von Tieren geformt und erfüllt wurden, die uns bereits verlassen haben, und denen, deren Herzen noch gebrochen werden, wie sie nur von Tieren gebrochen werden können. Hauptsächlich richtet sich das Buch jedoch an alle, die auf ihrem Lebensweg von Hunden und anderen Tieren als Weggefährten begleitet werden und dabei möglicherweise sich selbst entdecken.

2

DAS GEBET EINES SCHWARZEN HUNDES

Mit einem Auge,
das ruhig wurde von der Kraft der Harmonie,
der tiefen Kraft der Freude,
schauen wir in das Leben der Dinge.
WILLIAM WORDSWORTH

Ich glaube, ich habe Hunde beten sehen. Zu welchem Gott Hunde auch beten, ihre Gebete sind so still und sicherlich so tief empfunden wie unsere. Dieser Hund betete, dass die Leine reißen möge. Er zog nicht an der Leine, die ihn mit seinem Besitzer verband, sondern saß ruhig so weit entfernt, wie es die lange Suchleine zuließ. Er saß mit dem Rücken zu uns, ein glänzender, schwarzer Hund, bewegungslos auf einer saftigen grünen Wiese. Er starrte aufmerksam über die Weide und darüber hinaus, und ich hatte keinen Zweifel, dass, wenn die Leine reißen würde, sein Fluchtplan bereits feststand. Der Weidezaun zwischen ihm und der Freiheit diente mehr als Erinnerung, weniger als sinnvolles Hindernis. Er diente mehr für zufriedenere Hunde, die nicht solche Gebete haben, und meine sanften, älteren Pferde, die selbst eine dünne Schnur als Grenze ansehen. Im Geiste sah ich diesen Hund den durchhängenden Drahtzaun mit einem mühelosen Sprung überwinden und verschwinden. Ein schwarzer Blitz, der sich schnell von uns fort zu einem interessanteren Ort bewegt. Aber seine Gebete wurde nicht erhört, und so saß er desinteressiert, seinen schwarzen Rücken uns zugekehrt – eine deutliche Mitteilung an uns, die wir ihn beobachteten.

Wenn Hunde beten, tun sie es möglicherweise so wie wir. Sie beten für das, wonach sie sich sehnen, was sie benötigen und für Lösungen in Situationen, die sie nicht lösen oder denen sie nicht entkommen können. Nicht alle Gebete von Hunden betreffen schwerwiegende Probleme. Molson, die Golden Retriever-Hündin meines Mannes, betet häufig und freudig, während wir kochen. Soweit wir es sagen können, betet sie darum, dass wir ganze Eierkartons fallen lassen (was uns manchmal passiert), die Kontrolle über das verlieren, was sich auf dem Schneidebrett befindet (was häufig vorkommt), und dass wir dem Brot, das auf der Arbeitsplatte abkühlt, keine Beachtung schenken (wir lernen nur langsam). Manchmal lächelt Molson im Schlaf, und wir vermuten, dass sie sich an unseren Hochzeitstag erinnert, einen Tag, an dem ihre Gebete so sehr erhört wurden, dass es wahrscheinlich einer der besten Tage ihres Lebens war.

Die Hochzeitstorte war vorsichtig auf die Farm, wo wir heiraten wollten, und in die Kühle des Kellers gebracht worden, ein Bereich, der den Hunden nicht zugänglich ist. Die Ankunft der Torte und ihr Aufenthaltsort war Molson nicht entgangen. Immer wachsam, wartete sie auf ihre Möglichkeit in dem mit einer Hochzeit und einem Empfang verbundenen Chaos. Zwangsläufig ließ jemand eine Tür offen, und ohne die Aufmerksamkeit auf sich zu ziehen nutzte Molson den Moment und verschwand.

Ich hatte die Pferde gewaschen, damit sie für ihre Rolle in der Zeremonie schön aussahen. Als ich in den Keller ging, um Eimer und Schwamm wegzulegen, wurde ich zu meiner Überraschung von Molson begrüßt. Der verzückte Ausdruck ihres Gesichts erklärte sich schnell durch den Berg Zuckerguss auf ihrer Nase. Ungläubig stöhnend blickte ich auf die Torte, auf der zu lesen war *Herzlichen Glückwunsch Suzanne und*. Die Ecke mit Johns Namen war vollständig aufgefressen. Einen langen abergläubischen Augenblick fragte ich mich, ob das ein Omen sei, das ich beherzigen sollte, oder ein hündischer Kommentar zu unseren Heiratsplänen. (Unsere Gäste schlugen, als sie die verstümmelte Torte serviert bekamen, ebenfalls einige Auslegungen vor, aßen die Torte jedoch ohne zu zögern). Nie zuvor und auch nie wieder danach wurden Molsons Futtergebete derart spektakulär erhört. Sie betet jedoch weiterhin, und manchmal wird sie vom Küchengott erhört.

Molsons Gebete sind einfach geartet und einfach zu deuten, erfüllt von Kummer, Ärger, Liebe und Schmerz. Um die Gedanken eines Hundes verstehen zu können, muss man auf seinen Pfoten durch die Welt gehen und die Welt mit seinen Augen sehen. Um seine Gebete verstehen zu können, muss man erkennen, was ihn vollständig mit Freude erfüllt und was diese Freude trübt.

In meinem Gespräch mit Wendy, der Hundebesitzerin, versuchte ich zu verstehen, was dazu führen konnte, dass sich dieser Hund uns gegenüber verschloss. Er wurde eindeutig mit sorgfältiger Aufmerksamkeit geliebt und umsorgt – jeder Zentimeter seines Körpers zeigte seine Gesundheit, und es gab keine Spuren seiner Vergangenheit, in der er die Straßen der Stadt durchstreifte, ungeliebt war und sich alleine durchschlug. Die dazwischen liegenden Jahre mit gutem Futter und Liebe hatten diesen namenlosen Straßenhund in einen stattlichen, lustigen und intelligenten Hund namens Chance verwandelt. Trotzdem saß er dort, entfernt von uns, reserviert und desinteressiert. Etwas war schief gelaufen, warum sollte ein Hund sonst so wie er darum beten, dass die Leine reißt, damit er wegrennen kann?

Jede Beziehung ist im besten Fall kompliziert, da sich zwei Leben kreuzen, zwei Sets aus unterschiedlichen Wünschen, Interessen und Ängsten, zwei verschiedene Perspektiven und Vorstellungen der gemeinsamen Welt. In unserer Beziehung zu Tieren entwickeln sich zusätzliche Rätsel durch Sprachen und Kulturen, die sich von unseren stark unterscheiden. Die Unterschiede zwischen uns und den Tieren sind charmant und anziehend, sie verkomplizieren jedoch die ganze Angelegenheit auch. Ich bin sicher, dass jeder Hund auf Erden bis zu seinem Todestag verwirrt über bestimmte menschliche Verhaltensweisen ist. Meine Hunde lieben Wasser in jeder Form, außer das in einer Wanne in Verbindung mit Shampoo. Daher sind sie häufig nass, besonders im Sommer, wenn ihnen ihr seichter Pool dauernd zu Verfügung steht. Während ich in den meisten Nächten im Schlaf den Komfort ihrer warmen Körper begrüße, empfinde ich es nicht als angenehm, mit einem heißen, nassen Hund zu kuscheln. Wenn ich sie daher aus ihnen unverständlichen Gründen von meinem Bett vertreibe, werfen sie sich mit dramatischem Seufzen und einem Ausdruck auf den Boden, der die Wahrheit von John Steinbecks Kommentar zeigt: „Ich habe einen Blick aus Hundeaugen gesehen, einen sich rasch verlierenden Ausdruck erstaunter Geringschätzung, und ich bin überzeugt, dass Hunde im Grunde denken, Menschen seien verrückt."

Unabhängig davon, was Hunde von uns denken, es ist nicht einfach, eine enge Beziehung zu einem Tier zu haben, das über eine Variation von Ohr- und Rutenbewegungen kommuniziert, mit einem tiefen Grollen vor sich hin murmelt, wenn es verärgert ist, und sich begeistert in Verwesendem wälzt. Trotz aller Unterschiede zwischen uns und den Hunden lieben wir sie jedoch und wollen sie verstehen. Wir sehen sie an und sie sehen uns an, und wir haben den unerschütterlichen Eindruck, dass unsere Hunde versuchen, mit uns zu sprechen. Genauso unerschütterlich ist das Gefühl, dass wir häufig nicht verstehen, was sie sagen. In beiden Punkten liegen wir richtig. Was wir uns erhoffen, ist nicht unbedingt das, was wir bekommen, zumindest nicht ohne dabei einige harte Lehren erteilt zu bekommen.

Wendy wollte von Chance Kameradschaft und eine erfreulichere Bindung, so wie zu ihrem vorherigen Hund Mel. Stattdessen bekam sie ein Magenge- schwür und eine sehr komplexe Beziehung zu einem Hund, den sie liebte, aber nicht verstand. Das war nicht Wendys erste Erfahrung mit Hundehal- tung. Ihr erster Hund Mel starb im hohen Alter von fast siebzehn Jahren. Die Hündin hatte all diese Jahre als ihre ständige Begleiterin verbracht, hatte die bewegte Teenager-Zeit und das frühe Erwachsenenalter ihres Frauchens miter- lebt. Selbstsicher, sanft und intelligent wie sie war, ließ sich Mel leicht erzie- hen, und dank ihrer guten Manieren - egal in welcher Situation - war sie überall willkommen. Ob mit oder ohne Leine entfernte sie sich nie weit von Wendy, reagierte schnell auf jedes Kommando. Wendy brauchte nur darum zu bitten, schon gab Mel ihr Bestes. Bei allem, was sie tat, lebte dieser Hund nur für eine Aufgabe: Mit der Person zusammen zu sein, die sie am meisten liebte, und diese glücklich zu machen.

Als Mel starb, trauerte Wendy enorm, sie hatte wirklich ihre beste Freundin verloren. Sie wollte keinen anderen Hund - irgendwie erschien ihr das treulos gegenüber Mel. Als die Trauer jedoch unkontrollierbar und die von Mel hin- terlassene Leere beharrlicher wurde, begann sie über einen anderen Hund nachzudenken. Eines Morgens fuhr sie aus einem Impuls heraus, mit der Hoffnung, einen Hund zu finden, der eine zweite Chance im Leben benötigte, zum örtlichen Tierheim. Da war er - sein Gesicht glich dem von Mel so sehr, dass sie sofort wusste, dass sie dieser Hund nach Hause begleiten würde.

Chance machte jedoch vom ersten Moment an klar, dass er nicht Mel war, er war ein ganz anderer Hund.

Im Alter von zehn Monaten hatte Chance bereits sechs Monate im Tierheim verbracht, umgeben vom Chaos und der Traurigkeit der vielen unerwünschten Tiere. Seine Welt war auf das reduziert, was er von seinem engen Zwinger aus sehen konnte. Als er am ersten Tag in Wendys Wohnzimmer freigelassen wurde, war er überwältigt und konnte sich nur im Kreis drehen. Ein Verhalten, das er im Zwinger zu seiner Unterhaltung eingesetzt hatte, das einzige Spiel, das er kannte. Stundenlang beobachtete Wendy verblüfft und mit wachsender Bestürzung, wie er sich im Kreis drehte, unfähig war, sich zu entspannen, bis sie ihn in eine Box setzte, wo er erschöpft einschlief. Er verstand diese neue Freiheit nicht, er verstand nur seine begrenzte Zwingerwelt. Wendys Erfahrung hatte sie nicht auf diese Herausforderung vorbereitet. Als sie nach diesem ersten anstrengenden Tag, an dem sie versuchte, Chance zu helfen, die neue, größere Welt kennen zu lernen, die sie ihm bieten konnte, im Bett lag, wunderte sie sich erschöpft: „Wer hätte gedacht, dass Hunde so viel Arbeit bedeuten?" Zurückblickend sagt sie jetzt, dass sie Chance wahrscheinlich, wenn er ihr erster Hund gewesen wäre, ins Tierheim zurückgegeben hätte. Aber sie gab ihn nicht an diesen schrecklichen Ort zurück. Mel hatte ihr beigebracht, was möglich war, und Wendy war entschlossen, einen Weg zu finden, wie sie Chance das gleiche Leben und die gleichen Freiheiten bieten konnte, die Mel genossen hatte.

Trotz dieser Probleme blühte Chance unter der geduldigen Pflege von Wendy auf. Im ersten Obedience-Kurs erwies er sich als intelligent und lernwillig, und sie schlossen den Kurs als bestes Team ab. In der nächsten Trainingsstufe begannen Probleme aufzutreten. Trotz außerordentlicher Präzision und Freude beim Üben zu Hause schien Chance im Kurs nur drei Reaktionen zeigen zu können: Er zeigte gute Leistungen, legte sich hin, wie bei totaler Unterwerfung, oder lief – wenn er die Möglichkeit erhielt – davon. Das verwirrte Wendy. Wie konnte ein Hund, der zu Hause so gute Leistungen zeigte, im Kurs solche Probleme haben?

Bei dem Versuch, sein paradoxes Verhalten zu verstehen, erhielt sie eine verwirrende Vielzahl von Beurteilungen. Ein Trainer sagte ihr, dass seine Probleme darauf zurückzuführen seien, dass sich sein Nervensystem auf Grund der sechs Monate im Tierheim nicht richtig entwickelt habe. Wendy sah ein, dass er in seiner Welpenzeit vielleicht wichtige Erfahrungen nicht gemacht hatte, sie konnte jedoch nicht verstehen, wie dies erklären sollte, warum sein Verhalten außerhalb des Kurses so ganz anders war. Wenn das Verhalten durch mangelhafte Entwicklung hervorgerufen würde, müsste es auch in anderen Situationen auftreten. Ein anderer Trainer zeigte auf den auf dem Boden liegenden Chance und bezeichnete ihn als „ängstlich und unterwürfig". Ein weiterer Trainer behauptete, dass Chances frustrierendes Verhalten seinem „Willen zum Ungehorsam" entspringe – obwohl der Hund genau wisse, was er tun soll, sei er absichtlich starrsinnig. Jeder Trainer bot andere Lösungen für das Problem, kein Lösungsvorschlag erschien Wendy sinnvoll und keiner hatte Auswirkungen auf das Verhalten des Hundes.

Wendy hatte den Eindruck, zwei Hunde zu besitzen – den sie im Kurs zur Verzweiflung treibenden und den lustigen, intelligenten Hund, mit dem sie lebte. Sie versuchte verzweifelt, Chance zu verstehen, und wollte ihm das Leben und die Freiheiten geben, die sie sich für ihn wünschte. Wie zahllose Hundebesitzer, die ihre Hunde verstehen möchten, stellte Wendy alle Fragen, die ihr einfielen. Sie fragte nach der Gesundheit des Hundes (er hatte einige Allergien und sie passte seine Ernährung an), versuchte zu verstehen, wie er dachte (war Futter, Spielzeug oder eine andere Belohnung die beste Art, seine Begeisterung für die Arbeit mit ihr wiederherzustellen?), berücksichtigte seine Welpenzeit und alles, was er während seiner Zeit im Tierheim entbehren musste. Sie versuchte sogar sich vorzustellen, welche Rassen an dem Mischlingshund beteiligt waren – war sein Verhalten rassetypisch und somit genetisch bedingt? Wie viele andere entschlossene, liebevolle Besitzer versuchte Wendy viele verschiedene Trainingsmethoden und Ausbildungshilfsmittel, in der Hoffnung, die magische Methode oder die perfekte Halsung zu finden, die das Problem behebt. Sie sagte sich, dass diese Experten es besser wissen müssten als sie selbst (oder warum hat sie sonst solche Probleme?) und ignorierte ihr Unbehagen, wenn Trainer Techniken empfahlen, die ihr hart erschienen. Egal welches Buch sie las oder welchen Trainer sie fragte, egal wie viele Fragen sie stellte, die Antworten entsprachen nie dem, was sie zu finden hoffte.

Obwohl sie es noch nicht wusste, lag die Antwort auf der Hand und stand deutlich in den Augen ihres Hundes geschrieben. Sie wusste einfach nicht, wie die richtige Frage lauten musste.

In Douglas Adams Serie *Per Anhalter durch die Galaxis* gibt es einen Running Gag, in dem daran erinnert wird, dass die Antwort 42 lautet. Natürlich kennt keiner die Frage zu dieser Antwort. Es überrascht nicht, dass sich alle vorgeschlagenen Fragen als falsch herausstellen. Die Leute, die zu mir oder anderen Trainern kommen, suchen nach Antworten. Manchmal stellen sie jedoch die falschen Fragen, obwohl die Antworten direkt vor ihnen liegen.

MAGISCHE KNOTEN

In einem Seminar vor mehreren Jahren wurde ich gebeten, mit einem schwierigen und sehr starken Hund zu arbeiten. Nach vielleicht einer halben Stunde saß er ruhig neben mir, war in der Lage, sich zu beherrschen, egal wer durch die Tür hereinkam oder durch die Tür verschwand oder mit einem Hund vorbeilief. Das war ein großartiger Fortschritt für einen Hund, der an diesem Tag bereits die Tür einer Hundebox gewaltsam geöffnet und den Raum durchquert hatte, um sich auf einen anderen Hund zu stürzen. Wir begannen die Arbeit mit der normalen Leine des Hundes, einer wuchtigen Leine, die einen Elefanten gehalten hätte. Als der Hund sich entspannt hatte und mehr Selbstbeherrschung besaß, wechselte ich zu leichteren und weicheren Leinen, zuerst zu einer robusten, leichten Nylonleine und schließlich, ausgegraben aus den Tiefen meiner Tasche, zu einer dünnen Lederleine mit vielen Knoten. Ich erinnere mich, dass ich überrascht war, als mir jemand diese Leine reichte - es war meine Show-Leine, die ich nur verwende, um meine Deutschen Schäferhunde vorzuführen. Die Knoten machen die Leine griffiger. Sie eignete sich jedoch für diesen Hund, und ich dachte nicht weiter darüber nach - ich wollte nur die Leichtigkeit in meiner Hand.

Die Fortschritte des Hundes waren außergewöhnlich, und ich konnte sehen, wie sich die Räder in den Köpfen einiger Zuschauer drehten. Im Geiste dankte ich dem Hund dafür, dass er so wundervoll zeigte, wie schnell einfache Konzepte zu Verhaltensänderungen bei Hunden führen können, ohne dass Gewalt oder Strafen benötigt werden. Ich wendete mich an die Zuschauer: „Haben Sie Fragen?" Eine Frau hob ihre Hand und sagte stirnrunzelnd: „Ich kann sehen, dass es wirklich einen Unterschied macht. Aber ich weiß nicht, wie ich es bei meinem Hund anwenden soll." Bevor ich meine Antwort formulieren konnte, fuhr sie fort: „Wo genau machen Sie die Knoten?"

Die Knoten? Ich starrte sie dumm an, völlig verwirrt, unfähig, ihr zu antworten. Sie lehnte sich nach vorne und zeigte auf den Hund: „Er hat sich erheblich gebessert, sobald Sie die Leine mit den Knoten verwendet haben. Ich würde gerne wissen, wo genau ich die Knoten in meine Leine machen muss. Ist die Position der Knoten abhängig von der Größe des Hundes?"

Mein Mann wies mich später darauf hin, dass ich nicht hätte lachen sollen, während ich versuchte zu erklären, dass die Leine nur versehentlich in der Tasche mit der Ausbildungsausrüstung gelandet war. Er merkte an, dass ich ihr (natürlich zu einem überhöhten Preis) eine Leine mit „Zauberknoten" hätte verkaufen oder zumindest hätte anbieten können, eine solche Leine speziell für sie und ihren Hund anzufertigen. Obwohl sie mich während des gesamten Fortschritts des Hundes beobachtet hatte, hielt sie die Leine für den Schlüssel des Erfolgs bei dem Hund und stieß daher auf die falsche Frage: „Wo genau machen Sie die Knoten?"

Wir alle fragen früher oder später auf verschiedene Arten nach den Zauberknoten. Wir möchten wissen, wie wir unsere Beziehung zu unseren Hunden vertiefen und verbessern können, wie wir die Momente fördern können, in denen wir mit unseren Hunden in Harmonie und gegenseitigem Verständnis durchs Leben gehen. Bücher und Videos können uns zeigen, wie wir ihnen Tricks beibringen, wie wir sie davon abhalten, Löcher im Garten zu graben, oder wie wir für sie sorgen können. Wir lesen das alles und schütteln ungeduldig den Kopf, weil wir etwas anderes wissen möchten, etwas, wonach wir fragen möchten, wenn wir nach den Zauberknoten fragen. Obwohl wir es nicht in Worte fassen können, möchten wir, was Antoine de Saint-Exupéry in *Wind, Sand und Sterne* beschreibt. „Liebe besteht nicht darin, dass man einander anschaut, sondern dass man gemeinsam in dieselbe Richtung blickt."

Unseren Weg zu einer solchen Beziehung zu finden ist jedoch nicht immer einfach. Selbst wenn wir dort waren, wie Wendy mit Mel, können wir nicht den gleichen Weg einschlagen, wenn wir die Reise mit einem neuen Hund antreten. Jede Beziehung geht ihren eigenen Weg. Noch komplizierter wurde die Angelegenheit dadurch, dass Wendys Beziehung zu Mel ein Segen war, ein bereitwilliges Geschenk, nicht das Ergebnis von Wissen oder Wendys bewusster Entscheidung. Solche Beziehungen sind beeindruckend und ermöglichen uns eine Bindung, die wir nicht für möglich gehalten haben, führen aber auch zu einem bösen Erwachen, wenn wir uns wieder bei Schritt Eins befinden, mit einem neuen Hund an unserer Seite, nicht sicher, wie wir dorthin gelangen, wohin wir wollen. Wir waren schon dort und glauben, den Weg zu kennen. Doch wenn wir den Kurs bestimmen und den Weg wählen müssen, stellen wir fest, dass wir es noch nie getan haben. Obwohl wir bereits dort waren, wohin wir wollen, stellen wir beschämt und dankbar fest, dass eine gute, alte Seele wie Mel uns sicher dorthin geleitet hat. Jetzt müssen wir jedoch unseren eigenen Weg finden.

Auf der Suche danach, was möglich ist

Obwohl ihr der Anfängerkurs gefallen hatte, wurde ihr zunehmend unbehaglich zu Mute bei dem, was sie in dem Kurs für Fortgeschrittene sah. Man konnte häufig beobachten, wie Hunde am Halsband durch den Raum gezogen und angeschrien wurden oder bei heftigen Leinenkorrekturen den Halt verloren. Sie wollte das nicht mit ihrem Hund machen, obwohl die Trainerin darauf bestand, „dass es so gemacht werden muss". Wendy nahm nur noch unregelmäßig am Kurs teil und nutzte die Situation, um so mit Chance zu arbeiten, wie sie es wollte. Sie versuchte, nicht zu sehen, was mit den anderen Hunden geschah.

Eines Tages konnte Wendy nicht mehr ignorieren, was sie sah. Ungläubig und entsetzt sahen sie und Chance, wie die Trainerin einen jungen Hund ins Ohr kniff, um ihn zu zwingen, das Maul zu öffnen und ein Apportel in den

Fang zu nehmen. Das ist eine verbreitete Technik, die seit Jahrzehnten verwendet wird und von denen heiß verteidigt wird, die sie als die einzige zuverlässige Methode für das Training des Apportierens auf Kommando einsetzen. In seinem Schmerz und seiner Verwirrung spannte der Hund seine Kiefer noch fester an und kämpfte, um sich zu befreien. Die Trainerin nannte den Hund besonders stur und wies den Besitzer des Hundes an, ihr zu helfen und den Hund gleichzeitig in das andere Ohr zu kneifen. Der Hund schrie aus Protest und versuchte, sich freizukämpfen. Die Trainerin gab jedoch nicht auf, bis der Hund nach einigen Minuten erschlaffte. Wendy betrachtete den Hund, der nun benommen auf dem Boden lag, die Augen angst- und schmerzerfüllt, und fühlte sich krank. Sie sah zu Chance hinunter, um ihm zu versprechen, dass sie ihm so etwas unter keinen Umständen antun würde. Als der Hund sie ansah, sah sie eine ungeheure Traurigkeit in seinem Gesicht. In ihrem Kopf hörte sie ihn deutlich fragen: „Warum sind wir hier?" Das war eine sehr gute Frage, und Wendy kannte die Antwort. Sie kehrte nie in diesen Ausbildungskurs zurück.

Obwohl Chance bereits seinen ersten Obedience-Titel errungen hatte, verlor Wendy – da sie keinen Trainer finden konnte, dessen Methoden ihr richtig und angenehm erschienen – das Interesse am formellen Obedience-Training. Sie war jedoch noch immer tief beunruhigt über Chances Neigung wegzulaufen. Jedes Mal wenn er weglief, konnte sie sehen, dass sein Geist und sein Körper nicht mehr miteinander in Verbindung standen. Seine Augen waren leer und sein Körper floh in Panik vor dem, was ihn aus der Fassung gebracht hatte. Er kehrte erst zu ihr zurück, nachdem er sich beruhigt hatte, es sei denn, sie oder jemand anderes fing ihn vorher ein. Wendy wusste, dass sein Leben in Gefahr war, wenn er wegrannte. Sie lebte in einem Vorort, und so war es nur eine Frage der Zeit, bis er von einem Auto angefahren und verletzt oder getötet würde. Aus Angst um seine Sicherheit hatte Wendy alles versucht, was ihr verschiedene Trainer vorgeschlagen hatten, jedoch ohne Erfolg. Manchmal rannte er noch immer, als ob sein Leben davon abhinge. Obwohl ihre Erfahrungen mit dem Training ihren Glauben an Trainer im Allgemeinen erschüttert und sie Trainern gegenüber misstrauisch gemacht hatte, suchte sie eine bekannte Trainerin und Autorin auf, die einen „motivierenden" Ansatz versprach. Nachdem sie kurz mit Chance gearbeitet hatte, sagte sie Wendy, dass nur ein Elektrohalsband sein Leben retten könne. Zögernd willigte Wendy ein.

Die private Übungsstunde begann harmlos. Die Trainerin befestigte das Halsband sorgfältig an Chances Hals und schlug dann vor, eine halbe Stunde zu warten, bis der Hund das neue Halsband vergäße, bevor sie mit ihm auf einem großen eingezäunten Feld arbeiten würden. Während sie warteten, fiel Wendy auf, dass Chance bereits Zeichen von Stress zeigte, obwohl noch nicht viel passierte. Seine Ohren, die normalerweise interessiert aufgestellt waren, zeigten flach zur Seite, in einer Position, die sie als „Flugzeugohren" bezeichnete. Das war kein gutes Zeichen. Auf dem Feld wurde er sogar noch besorgter, als Wendy auf Anweisung der Trainerin die Leine abnahm und Chance befahl, sich zu setzen und in der Position zu bleiben, während sie sich etwa sechs Meter entfernte.

„Ruf ihn!", sagte die Trainerin, was Wendy tat. Als die Worte ihren Mund verließen, wusste sie bereits, dass der Hund wie von Sinnen war. Seine Augen wurden auf vertraute Weise leer. Die Ohren waren fest nach hinten am Kopf angelegt, Chance rannte an Wendy vorbei und rannte außer sich im Kreis am Zaun des Felds entlang.

„Ruf ihn noch einmal!", drängte die Trainerin, aber der Hund nahm Wendys Rufen nicht wahr und rannte weiter und weiter. Die Trainerin drückte den Knopf auf der Fernbedienung, die ein Signal an das Halsband sendete. Als der Elektroschock einsetzte, sprang Chance hoch, schrie und knurrte überrascht und schmerzvoll. Er verdrehte sich in der Luft, als er verzweifelt versuchte, in das Halsband zu beißen. Mit der Bemerkung: „Er übertönt Sie wahrscheinlich mit seinem Gejaule und kann Sie daher nicht hören", wies die Trainerin Wendy an, ihn wieder und wieder zu rufen, aber nichts durchdrang Chances Entsetzen. In dem Moment wurde Wendy bewusst, dass man einen Hund, den man liebt, nicht so behandelt. Ohne zu beachten, was die Trainerin sagte, fing Wendy den erregten Hund ein und schloss ihn in die Arme. Erst da nahm die Trainerin ihren Finger vom Knopf - sie hatte Chance die ganze Zeit Elektroschocks verpasst.

„Das sollte sein Gehirn gebraten haben", meinte die Trainerin zufrieden und fügte hinzu, dass in einigen Monaten eventuell eine weitere Übungsstunde zur Auffrischung nötig sei. Sie wies darauf hin, wie erfolgreich diese Trainingsstunde gewesen sei. Tatsächlich beobachtete Chance Wendy jetzt ängstlich und der Hund ließ sich nicht mehr dazu bewegen, weiter als ca. einen Meter von ihr wegzugehen. Es stimmte, dass das Wegrennen jetzt nicht mehr auftrat. Zu diesem Zeitpunkt war Wendy noch nicht klar, dass es durch ein neues Verhalten ersetzt wurde. Nach dieser Übungsstunde war Chance nicht mehr bereit, in einer Position zu verharren, selbst wenn Wendy nicht weiter als bis zum Ende einer zwei Meter langen Leine ging. In den darauf folgenden Monaten musste Wendy auf die winzigen Schritte des Welpentrainings zurückgreifen, um sein Vertrauen wieder aufzubauen, das in den wenigen schrecklichen Sekunden zerstört worden war. Schlimmer noch, als Chance wieder erfolgreich das Kommando „bleib" ausführte, trat das Wegrennen noch stärker auf als zuvor. Jetzt allerdings rannte er in jeder Situation davon, ohne die vorherigen Warnzeichen, die Wendy früher auf ein potentielles Problem hinwiesen.

Über zwei Jahre später standen sie auf meinem Übungsfeld, das gesammelte Gewicht von Fehlern und Missverständnissen zwischen ihnen wog schwer. Von Schuldgefühlen wegen dem, was sie zugelassen hatte, geplagt, hatte Wendy sich langsam mit der Tatsache abgefunden, dass Chance ein eingeschränktes Leben haben würde. Nur die sanfte Beharrlichkeit eines gemeinsamen Freundes hatte sie überzeugt, dass ich helfen könne, ohne Chance irgendwie zu verletzen. Nachdem sie an einem meiner Seminare teilgenommen hatte, um mich bei der Arbeit zu beobachten, hatte Wendy zugestimmt, mich mit Chance aufzusuchen. Als ich Wendy und Chance beobachtete, wie sie zu meinem Trainingsfeld gingen, hatte ich keine Zweifel, dass sie ihn liebte und er sie. Aber aus lebenslanger Erfahrung mit den Fehlern, die im Zusammenhang mit Tieren gemacht werden, weiß ich, dass Liebe alleine nicht immer ausreicht, damit jemand dorthin gelangt, wo er sehnsüchtig hingelangen möchte. Ich verstand, wie verwirrend es war, verloren am Ende des Weges zu stehen, der in gutem Glauben eingeschlagen worden war, jeder Schritt getrieben von dem tiefen Wunsch, an einen Ort zu gelangen, der so ganz anders aussah als dieses unerwartete Ziel. Den von ihr beschrittenen Weg mit seinen Biegungen und Kurven kannte ich nur zu gut. Aber ich kannte auch den Rückweg. Ich wusste, dass alles, was Wendy erkennen musste, um ihren eigenen Weg zurückzufinden, dorthin, wohin immer sie gehen wollte, in einem einfachen Satz zu finden ist: *Was zwischen einem Menschen und einem Tier möglich ist, ist nur innerhalb einer Beziehung möglich.*

Die Beziehung zwischen Wendy und Chance war beschädigt, nicht zerstört. Ohne eine Wiedergutmachung des Schadens würde so für immer eingeschränkt bleiben, was zwischen den beiden eigentlich möglich war. Die Wiederherstellung des Vertrauens und der Freude, die einst zwischen den beiden bestanden hatte, begann, als ich sie aufforderte, die Welt mit seinen Augen zu sehen. Er war einfach ein Hund, und trotz seiner Intelligenz wurde sein Verständnis der Welt von dem geprägt, was die Person, die er liebte und der er vertraute, getan und zugelassen hatte. Er verstand gute Absichten nicht. Er verstand nicht, dass ihre Fehler das Ergebnis unangebrachten Vertrauens in Trainer waren. Er wusste nur, dass es keinen Spaß mehr machte, mit ihr zu arbeiten, dass sie wiederholt ignoriert oder missverstanden hatte, was er ihr sagen wollte, wenn er sich in stummer Resignation auf den Boden legte oder angstvoll flüchtete, wenn er überfordert wurde. Auf jede ihm mögliche Weise zeigte er, wie er sich fühlte, aber sie hatte ihn nicht gehört. Er war nur ein Hund und hatte keine Möglichkeit, dieses Problem zu lösen. Er hatte nur noch seine Gebete. Früher einmal hatte er vielleicht darum gebeten, gehört zu werden, jetzt betete er dafür, entkommen zu können.

Behutsam fragte ich die traurige, reizende Frau, die jetzt an der Stelle stand, an der auch ich bereits gestanden hatte: „Wenn Sie Chance wären und das von Ihnen Beschriebene Ihnen passiert wäre, würden Sie sich sicher fühlen? Würden Sie Ihrem Menschen trauen? Würden Sie sich erwartungsvoll und voller Vorfreude auf die gemeinsame Arbeit freuen? Wären Sie gerne in einer solchen Beziehung?" Ihr Gesicht sackte zusammen, und sie schüttelte den Kopf. Einen langen Augenblick starrte sie auf ihre Füße, hob dann den Kopf und schaute mich an: „Ich liebe meinen Hund, ich wollte ihn nie verletzen. Ich wollte ihn nur ausbilden, ihm Freiheiten geben. Ich vertraute darauf, dass diese verdammten Trainer mehr wüssten als ich." Sie machte eine Pause, versuchte nicht zu weinen. Sie holte tief Luft und fragte: „Was soll ich jetzt machen?"

Um das verlorene Vertrauen wiederzugewinnen, mussten Wendy und Chance neue Wege für die gemeinsame Arbeit finden. Bei allem, was sie tat, hatte Wendy die Wahl: Würde es die Beziehung zu ihrem Hund unterstützen bzw. verbessern oder verschlechtern? Sie musste lernen, die Welt aus der Sicht ihres Hundes zu sehen, um zu verstehen, wie und warum ihre Handlungen seine Augen aufleuchten lassen oder trüben konnten. Unter Berücksichtigung der Unterschiede zwischen sich und einem Hund musste sie Chance so behandeln, wie sie selbst behandelt werden wollte, mit dem liebevollen Respekt, mit dem sie auch einen geliebten Freund behandeln würde. Die Kommunikation zwischen den beiden würde sich verbessern, wenn sie lernte, ihre Wünsche so auszudrücken, dass sie vom Hund verstanden werden würde, und wenn sie lernte, die Körpersprache und die Reaktionen von Chance zu erkennen. Ihr Hund würde sie nie anlügen, aber sie musste lernen, darauf zu vertrauen, dass das, was er ihr mitteilte, seine momentane Wahrheit war. Alles, was sie mit Chance tat, musste von einer Frage bestimmt sein: Hilft es oder schadet es der Beziehung?

„Aber wo soll ich anfangen?" fragte sie. In meinem Kopf war ihre Frage das Echo vieler vorheriger Ratsuchender, die auch gefragt hatten: „Wie machen Sie das?", als ob das Aufbauen oder Wiederaufbauen von Beziehungen zu einem Tier eine spezielle Fähigkeit ist, die erklärt und gelehrt werden kann, wie das „bei Fuß"-Gehen oder das Kommen auf Kommando. Bei dem Versuch, ihnen zu antworten, habe ich mich immer ein bisschen wie der Künstler gefühlt, der, wenn er gefragt wurde, wie man malt, antwortete: „Es ist einfach. Sie malen die rote Farbe dahin, wo das Rot hingehört, und die grüne dahin, wo das Grün hingehört, und die gelbe dahin, wo das Gelb hingehört..." Ich erinnere mich auch an die Antwort von Matisse, als eine Frau ihn gedankenlos fragte, wie lange er an einem Bild gemalt habe: „Einige Stunden ... und mein ganzes Leben."

Ich weiß, was es bedeutet, sich ein Patentrezept zu wünschen, die Hoffnung auf die Zauberknoten, der Wunsch nach Abkürzungen zu Wissen, das nur auf eine Art erworben werden kann – Übung, Ausdauer und Erfahrung. Als ich das erste Mal von Linda Tellington-Jones[1] lernte, fragte ich sie, an welcher Stelle ich mit den Berührungen anfangen solle. Linda antwortete: „Überall ist gut, es sei denn, das Tier sagt etwas anderes. Suche in dem Fall eine andere Stelle." Diese Antwort ärgerte mich anfangs. Ich wollte, dass das, was ich tat, perfekt war, und ich wollte ein genaues Rezept, um die Ergebnisse zu erreichen, die ich an Lindas Arbeit mit Tieren so bewunderte. Aber langsam wurde mir klar, dass die Antwort, die mich so frustrierte, eine völlig richtige Antwort war, die viel von der Weisheit enthielt, die Lindas Arbeit mit Tieren prägt. Der Beginn eines Dialogs zwischen Mensch und Tier, um eine Beziehung zu ermöglichen, ist wie der Beginn einer Unterhaltung. Sie müssen einen Anfangspunkt wählen, wenn dieser nicht funktioniert, suchen Sie einen neuen aus, und wenn nötig einen weiteren, bis Sie schließlich eine Übereinstimmung finden. Dann beginnen Sie, Gemeinsamkeiten zu erkunden, erfühlen dabei Ihren Weg, hören immer auf das Tier, das als Einziges sagen kann, wann Sie es richtig machen.

„Ok", sagte ich zu Wendy. „Wir beginnen folgendermaßen, diese Beziehung zu kitten: Lassen Sie Chance, wo er ist – es macht nichts, dass er nicht in unsere Richtung schaut. Sagen Sie einfach nichts und gehen Sie einen Schritt parallel zu ihm. Gehen Sie nicht auf ihn zu, gehen Sie mit langsamen Schritten, bis er Sie beachtet. Wenn er in Ihre Richtung schaut, sagen Sie nichts. Werfen Sie ihm nur ein Leckerchen zu."

Verwirrt tat sie, worum ich sie gebeten hatte. Chance war am Ende der Leine noch immer in sein Gebet vertieft, schaute jedoch über die Schulter, als er in seinem peripheren Gesichtsfeld Wendys Bewegung bemerkte. Er war überrascht über das unerwartete Leckerchen, das in seiner Nähe landete. Er schaute Wendy kurz an, bevor er sich das Leckerchen nahm, und drehte sich wieder weg, um sein Gebet wieder aufzunehmen. Sie ging einen Schritt weiter, und er schaute erneut über seine Schulter. Ein weiteres Leckerchen und diesmal ein nachdenklicher Blick des Hundes, bevor er sich wegdrehte. Einige

---

[1] Anm. d. Ü.: Linda Tellington-Jones ist die Begründerin des TTouches und der TTeam-Methode. Diese dienen zur Kommunikation mit Tieren und zur Steigerung der Fähigkeiten und des Wohlbefindens von Hunden und anderen Tieren.

Schritte und Leckerchen später passierte es. Chance schluckte das Futter und ging dann langsam auf Wendy zu. Er schaute fragend zu ihr hoch. Sie fütterte ihn noch ein bisschen, und wir konnten sehen, dass er, während er fraß, die Situation überdachte. Wie um zu testen, ob das, was er glaubte, passieren würde, drehte er sich von Wendy weg und starrte in die Ferne. „Warten Sie", sagte ich. „Bewegen Sie sich nicht und warten Sie einfach." Für einen scheinbar ewig dauernden Moment standen Wendy und ihr Hund bewegungslos voneinander getrennt. Dann drehte er sich bewusst um, ohne darum gebeten worden zu sein, und sah ihr schwanzwedelnd direkt in die Augen.

Ab diesem Moment der Trainingsstunde wich er nicht mehr von ihrer Seite. Wohin Wendy ging, ging auch er. Verblüfft und hocherfreut bewegte Wendy sich in jede mögliche Richtung, versuchte sogar vor ihm wegzurennen, aber Chance blieb immer an ihrer Seite, mit leuchtenden Augen. Immer wieder schüttelte sie ungläubig den Kopf und sagte, dass es nicht so einfach sein könne. Ich stimmte ihr zu: „Ich weiß, es klingt zu einfach. Aber schauen Sie Ihren Hund an. Was sagt er Ihnen?"

Mit einem traurigen Lächeln schaute sie ihren Hund an, der mit leuchtenden Augen und sanftem Schwanzwedeln zu ihr aufsah. „Er sagt mir, dass er glücklich ist."

„Dann glauben Sie ihm!" Ich lächelte. „Er hat Sie nie angelogen und wird es nie tun. Wenn Sie herausfinden möchten, ob etwas bei Chance funktioniert, fragen Sie ihn. Es kümmert ihn nicht, wie albern oder einfach Ihnen etwas erscheint. Ob es bei ihm funktioniert, ist alles, was zählt."

Für Wendy erforderte die Arbeit an ihrer Beziehung zu Chance in den nächsten Monaten Konzentration, aber sie nahm sie gerne auf sich. Mit jedem Tag wurde ihre Beziehung stärker. In Chances Widerstand sah sie nicht länger seinen „Willen zum Ungehorsam". Sie sah einen geliebten Freund, der sagte: „Ich verstehe das nicht" oder „Das langweilt mich" oder „Das kann ich nicht tun". Dann half sie ihm zu verstehen, machte es interessanter, ging zu etwas Abwechslungsreicherem über oder fragte nach etwas, was er tun konnte. Sie öffnete ihre Augen für die Feinheiten seiner Bewegungen und begann zu verstehen, was die schnelle Drehung eines Ohres oder ein Blick wirklich bedeutete. Chance musste nicht mehr weglaufen oder sich hinlegen, um verstanden zu werden. Er begann darauf zu vertrauen, dass Wendy die leiseren Mitteilungen sah, wie ein leichtes Abfallen der Rute oder das Anlegen der Barthaare an den Fang. Mit dem Vertrauen auf ihre Unterstützung begann er, sich mehr anzustrengen, und war jetzt bereit, partnerschaftlich mit ihr zu arbeiten und freudig neue Fähigkeiten zu erlernen.

3

Tanzen mit Hunden

Die Menschen erkennen daran,
wie du einen Hund behandelst,
wie groß deine Seele ist.
Charles F. Doran

Ich weiß nicht, was die Schildkröte dachte. Ich hoffe, dass die Angst, die sie möglicherweise empfand, schnell verflog und nur eine vage, traumhafte Erinnerung hinterließ. Für mich ist die Erinnerung ein reizendes, klares Bild: Ich reite an einem Sommerabend durch das hohe Gras, das durch die Schritte meines Ponys zu meinen Füßen raschelt. Am Feldrand, wo das Gras unter dem Schatten der Bäume dünner und kürzer ist, schnüffelt Bear an etwas. Ich drehe mein Pony in seine Richtung, und als wir uns nähern schaut Bear hoch, seine Augen leuchten vor Aufregung. „Was hast du gefunden?", frage ich, und als Antwort dreht er sich um, um sanft eine Schildkröte aufzunehmen.

„Gib sie mir", sage ich zu ihm und lehne mich aus dem Sattel nach unten. Er streckt sich, um mir sein Geschenk zu geben. Ich kann mich nicht so weit herunterbeugen, und als Bear das sieht, stellt er sich auf die Hinterpfoten und stemmt die Vorderpfoten gegen die Schulter des Ponys. Ich nehme ihm die Schildkröte ab und danke ihm für die reizende Überraschung. Während ich die verschlungenen Muster der Maserung und der Rillen untersuche, sagt mir die Größe und die Abnutzung des Panzers, dass diese alte Schildkröte schon viel erlebt hatte. Ich nehme jedoch an, dass die kurze Reise im Maul von Bear eine neue Erfahrung war. Während mein Pony ruhig steht und wartet, halte ich die Schildkröte gerade auf meiner Hand und hoffe, dass sie ihren Kopf herausstreckt. Vorsichtig erscheint der runzlige Kopf und der Spieß wird umgedreht - ein tieforangenes Auge blickt mich unverwandt an, die Farbe hebt sich stark von dem matten Braungrau des Schildkrötenkopfes ab. Da sie mich nicht besonders interessant findet, schließt sie die Augen und zieht ihren Kopf wieder zurück.

„Wir müssen sie jetzt zurücklegen", sage ich zu Bear, und er stemmt sich wieder gegen das Pony. Mit überraschender Zartheit legen sich seine kräftigen Kiefer um die Schildkröte, und mit unendlicher Vorsicht legt er die Schildkröte mit der richtigen Seite nach oben auf den Boden, bevor er einige Schritte zurückgeht, um zu sehen, was jetzt passiert. Ungeduldig gibt Bear ihr einen kleinen Stups, seine nasse Nase zieht eine Spur über den staubigen Panzer, die herrliche Farben zum Vorschein bringt. Aber die Schildkröte bewegt sich nicht. Ich drehe mit dem Pony um und rufe meinen Hund, um unseren Weg fortzusetzen.

Wenn ich an Bear denke, erfüllen mich Erinnerungen wie diese mit Freude. Aber unsere gemeinsame Reise war nicht immer so unkompliziert wie dieser Ritt durch den Sommerabend, der nur dazu diente, auf einem alten, grauen Pony über die Felder zu reiten, mit einem Hund neben mir, der an einen dunklen Wolf erinnert. Es wäre nett, wenn ich behaupten könnte, dass alle meine Erfahrungen mit Tieren reizend und gut waren, dass mich die Leute ab dem Tag meiner Geburt irrtümlich für die Schwester von Franz von Assisi oder die Tochter von Dr. Doolittle hielten. Ich würde von mir selbst lieber erzählen, wie ich instinktiv alle Tiere mit äußerstem Respekt und zärtlicher Zuneigung behandelt habe. Ich wünschte, ich könnte behaupten, dass es mir ein Rätsel sei, wie und warum Leute, die behaupten, ihre Tiere zu lieben, bereit sind, trotzdem schreckliche Ausbildungstechniken anzuwenden. Das wäre jedoch nicht wahr, obwohl die meisten meiner Fehler und egoistischen Handlungen unbemerkt stattfanden und persönliche Angelegenheiten zwischen mir und einem Tier sind.

Es gibt jedoch auch weniger schöne Erinnerungen. Ich bin vierzehn Jahre alt, und, da ich mir verzweifelt einen eigenen Hund wünsche, verbringe ich so viel Zeit mit dem Collie unserer Nachbarn, dass mich jeder für seinen Mitbesitzer hält. Ich habe ihm viele Tricks beigebracht, einige mit einem so geschickten Signal, dass leichtgläubige Zuschauer glauben, der Hund habe magische Kräfte. Frustriert darüber, dass ich keinen eigenen Hund habe, habe ich Brandy trainiert, eine seltsame Anordnung von Stühlen, Besenstielen und

Gartenmöbeln zu überspringen, die ich aus der Garage herbeischleppe und mit einiger Ähnlichkeit zu einem olympischen Parcours für Springreiter drapiere. Er ist ein sportlicher Hund und führt bereitwillig aus, worum ich ihn bitte. Eines Nachmittags, nachdem er auf Kommando fehlerfrei über meinen Kopf gesprungen war, behaupte ich frech gegenüber den Nachbarskindern, dass dieser Hund wahrscheinlich über alles springen kann – selbst über das Auto meiner Mutter. Als sie sich über meine Prahlerei lustig machen, zeige ich auf das Auto und befehle Brandy zu springen. Er fliegt freudig durch die Luft, mit seinem fließenden zobelweißen Fell, und kommt hart auf der Motorhaube auf. Während er versucht, festen Halt auf dem rutschigen Metall zu finden, dreht er sich leicht zu mir um und ich sehe seine Augen, voller Überraschung und Angst, die mich fragend anschauen. Mir wird übel von der Erkenntnis, dass ich sein Vertrauen missbraucht habe.

Die Entwicklung eines wirklich humanen Umgangs mit Tieren war ein langsamer und schmerzhafter Prozess, für den ich sorgfältig in die dunklen Winkel meiner Seele schauen musste. Anders als der externe evolutionäre Druck auf einen Vogel, außergewöhnliche Federn zu entwickeln, um einen Partner anzuziehen, kommt der Selektionsdruck auf die Seele von innen. Sie können spüren, dass diese Kraft wirkt, wenn Sie sorgfältig hinhören. Es ist die kleine, leise, innere Stimme des Gewissens, die man auch einfach überhören kann.

Ich war einundzwanzig Jahre alt und hatte bereits drei Jahre Erfahrung mit der beruflichen Arbeit mit Tieren, als ich Bear, meinen ersten Deutschen Schäferhund, erwarb. Obwohl meine Begeisterung für das Training von Tieren meine Fähigkeiten bei weitem überstieg, schaffte es Bear, herauszufinden, was ich meinte. In meinem täglichen Leben war er ein wunderbarer Begleiter. Ob er mit mir durch eine dichte, hektische Menge bei einem Konzert im Central Park lief oder die nahe gelegenen Wälder mit mir erkundete, ich musste nur ein Wort sagen oder ein Handsignal geben, um eine schnelle, freudige Reaktion von Bear zu bekommen. Wenn er im Kaufhaus ruhig in der Umkleidekabine lag, fühlte er sich genauso wohl wie während des Wartens vor dem örtlichen Postamt. Er war ein sehr angenehmer Hund.

Die Probleme begannen, als ich beschloss, mit ihm an Obedience-Wettbewerben teilzunehmen. Es erschien einfach, die Anforderungen zu erfüllen, schließlich bewältigte er im täglichen Leben viel anspruchsvollere Situationen. Da ich eine Perfektionistin bin, konzentrierte ich mich auf unangenehme Weise auf die Präzision der Ausführung, aus Angst um die Punkte, die möglicherweise abgezogen werden könnten, wenn seine Reaktion einen Hauch zu langsam ist oder er ein bisschen schief sitzt. Ich begann, an ihm herumzunörgeln, beklagte seine hartnäckige Weigerung, die gleiche Übung immer wieder zu trainieren. Manchmal, während wir die Freifolge übten, schwenkte Bear von mir weg, um sich auf die Veranda zu legen, ignorierte meine Appelle und war unempfänglich für meine Kommandos. Ich wurde frustriert, da er mangelndes Interesse für das Apportieren der offiziellen Holzhantel zeigte. Wie konnte es sich um denselben Hund handeln, der Stöckchen und Bälle holte, bis mein Arm lahm wurde? Das war der Hund, der freiwillig Schildkröten apportierte, aber meine Anweisungen, eine einfache Holzhantel zu apportieren, wurden zögerlich oder sogar überhaupt nicht befolgt.

Wenn mich jemand gefragt hätte, hätte ich selbstsicher darauf bestanden, dass Bear und ich eine wundervolle Beziehung hatten. Es gab jedoch einen Unterschied zwischen unserer Beziehung während des Trainings und der, die wir hatten, wenn er zu meinen Füßen liegend den Sonnenuntergang betrachtete oder freudig neben meinem Pony hergaloppierte. In einem Maße, das ich noch nicht definieren konnte, schob das Training uns voneinander weg. Irgendwie schwächte es unsere Beziehung zueinander, wir waren nicht mehr synchron, oft frustriert und manchmal geradezu unglücklich. Manchmal mochte ich Bear nicht - besonders, wenn er sich weigerte, zu machen, was ich wollte - obwohl ich nie aufhörte, ihn zu lieben. Ich weiß auch, dass es Zeiten gab, in denen Bear mich nicht sehr mochte, und das aus gutem Grund: Unsere Kommunikation wurde zu einer Einbahnstraße, die ausschließlich in meine Richtung führte. Das störte mich sehr - jedoch nicht genug, um meine Ziele zu vernachlässigen, meinen Ehrgeiz zu zügeln und darauf zu achten, was mein Hund mir mitteilte.

Überzeugt, dass technisches Wissen der Schlüssel zu dem sei, was ich vermisste, verschlang ich Bücher über Ausbildung und Verhalten von Hunden, nahm an Seminaren teil, las noch mehr und beobachtete andere Trainer bei der Arbeit. So erwarb ich neue Trainingsmethoden und ein tieferes Verständnis der Hunde. Dieses Wissen war nützlich für einen strukturierteren und analytischeren Ansatz für das Entwirren der Geheimnisse von Verhalten und Ausbildung. Ich wurde eine bessere Trainerin, gemäß dem Motto der Royal Air Force: „Jeder Hundeführer bekommt den Hund, den er verdient." Durch meine fleißigen Bemühungen, einem unstillbaren Wunsch, mehr zu wissen, und der Leidenschaft, eine noch bessere Trainerin zu werden, begann ich, Bears bereitwillige Zusammenarbeit zu verdienen und zu bekommen. Stolz auf die Beherrschung von Jargon und Technik fiel mir nicht auf, dass vieles von dem, was ich gelernt hatte, die Klarheit meiner Beziehung zu Tieren trübte. Trotz zunehmendem technischen Können hatte ich etwas verloren (oder verdrängt), was ich nicht genau definieren konnte, etwas, was da gewesen war, bevor mein erwachsenes Ich mehr wusste und es besser wusste. Unfähig, in Worte zu fassen, was verloren gegangen war, fühlte ich mich immerhin zu unwohl, um es unberücksichtigt zu lassen. Am Ende konnte ich es mir nur so erklären, dass es nicht so sehr daran lag, dass etwas fehlte, sondern dass sich vielmehr etwas verändert hatte.

Meine vorherigen Erfahrungen waren geprägt von meiner kindlichen Sicht auf Hunde und deren Ausbildung, jetzt jedoch, versicherte ich mir, hatte ich eine reifere, erwachsenere Perspektive, die manchmal auch unangenehme, aber notwendige Realitäten umfasste. Ernsthaft versuchte ich dem Beispiel des Trainers zu folgen, den ich bewunderte, ich wandte mich der intellektuellen Beherrschung des von mir gewählten Berufes zu – und weg von meinem Herzen.

Mit der Zeit begannen die Leute, mich um Rat zu fragen, daraus erwuchs eine Hundeschule. Zurückblickend erschauere ich in dem Bewusstsein, dass ich, obwohl ich mich Hundetrainerin nannte (und ernsthaft versuchte, mich auf verschiedene Arten [weiter] zu bilden), doch nur ein Beweis dafür war, dass jemand mit geringen Kenntnissen hilfreich sein kann für jemanden mit noch weniger Wissen. Oft war mir ziemlich unbehaglich zu Mute bei den vielen verbreiteten Trainingsmethoden, von denen ich las und die ich bei anderen Trainern beobachtete, außerdem war ich oft unzufrieden mit den Ergebnissen, die Leute mit meiner Hilfe erreichten, daher suchte ich weiter – nach mehr Freundlichkeit, mehr Harmonie, mehr Freude bei Hund und Mensch. In meinem Hinterkopf quälte mich ständig das Bewusstsein über den Unterschied zwischen dem Training und der Art, wie ich täglich mit all meinen Tieren lebte. Ich suchte einen Weg, diesen Unterschied zwischen dem täglichen Leben und einer Übungsstunde zu überbrücken. Ich musste einen Weg finden, wie der Übergang vom Alltag zum formalen Training zwar meinen Schwerpunkt, nicht aber die Beziehung zwischen mir und dem Tier veränderte.

In meinem Herzen bildete sich ein neuer Ansatz. Um genauer zu sein, eine in meinem Herzen entstehende Philosophie begann meine Denkweise zu prägen. Es gab nicht den einen einzigen Tag der Erkenntnis, vielmehr ein wachsendes Bewusstsein, dass ich nur in die Augen eines Hundes schauen muss, um den exakten Moment zu erkennen, in dem die Beziehung zwischen mir und dem Hund nicht mehr von deutlicher und freiwilliger Übereinstimmung geprägt ist. Entstand durch meine Vorgehensweise bei dem Hund Widerstand, Angst, Misstrauen oder Schmerz, wurde der klare, vertrauensvolle Blick seiner Augen getrübt? Dann musste ich einen besseren Weg finden. Zuerst unbewusst, später bewusst begann ich, alle Methoden, Philosophien und Techniken anhand dieses einfachen, aber deutlichen Standards zu beurteilen: dem Leuchten in den Augen eines Hundes. Immer wieder fragte ich mich: „Leuchten seine Augen dadurch?" Ich fand die Antwort in den Augen der Hunde. Bei der Überprüfung anhand dieses Standards zeigte sich, dass viele verbreitete Theorien und Prinzipien nicht zu mehr Vertrautheit und den tieferen, freudigeren Beziehungen führten, von denen ich wusste, dass sie mit Tieren möglich sind. Langsam gab ich die gemeinhin üblichen Weisheiten auf und begann, mein Herz und meine Gedanken zu öffnen, um das, was ich wollte und brauchte, von denen zu lernen, die es mir am besten beibringen konnten – von den Tieren selbst.

In vielen Fällen konnte ich trotz meines Wunsches nach einem besseren Weg keinen besseren finden, was mich frustrierte und mich in Bezug auf meinen Weg verunsicherte. Unglücklich verwendete ich die einzigen mir bekannten Techniken, wenn auch so sanft und effektiv wie möglich. Ich mochte es nicht, dass ich mich bei den Hunden entschuldigen und ihnen sagen musste: „...auf lange Sicht ist es so am besten für dich..." Ich beobachtete, wie das Leuchten aus ihren Augen verschwand und versuchte so schnell ich konnte, die freudige Klarheit in den Augen wieder herzustellen und damit die Spiegelung dessen, was ich getan hatte, zu überdecken. Tief in meinem Inneren fühlte ich mich manchmal ziemlich erbärmlich. Wenn ich nicht zu arrogant oder zu selbstgefällig beschäftigt war, hörte ich die kleine Stimme in mir protestieren. Zu deutlich sah ich den Schmerz und die Verwirrung in den Augen zu vieler Tiere. Immer versuchte ich zu verstehen, wie und warum das, was ich tat, das Leuchten in den Augen trübte. Außerdem suchte ich ständig nach dem, was laut meinem Herzen existieren musste: Eine Methode, wie das Leuchten beibehalten wird.

EIN GESCHENKTER GAUL

Ironischerweise kam der von mir gewünschte Wegweiser aus der Welt der Pferde. Das war die Welt, in der ich in meiner Teenager-Zeit gelernt hatte, Gewalt schnell und effektiv einzusetzen, um Tiere zu beherrschen. (Ich hatte meine Lektionen gut gelernt, wodurch ich manchmal große Anerkennung meiner Mentoren erlangte. Es war jedoch oftmals schwer, genau diese Lektionen zu vergessen.) An einem verschneiten Märzmorgen in einer kalten Reithalle in Maryland fand ich, wonach ich gesucht hatte.

Ich kann mich nicht erinnern, wie ich zu diesem Wochenendseminar von Linda Tellington-Jones, einer international anerkannten Pferdefrau, kam. Ich war überrascht, dass es keine langweiligen Vorträge oder Vorführungen mit trainierten Pferden gab. Stattdessen begann die Trainerin nach einer kurzen Einführung, anhand von Beispielen zu unterrichten. Sie arbeitete direkt mit den Pferden, die wegen eines Problems zu dem Seminar gebracht wurden. Das erste Pferd war eine Vollblutstute, die, trotz erstklassiger Blutlinien und erheblichem Geldwert als Zuchtstute, so gefährlich war, dass sowohl der Tierarzt als auch der Hufschmied sich weigerten, sie zu behandeln. Nur einer der Farmarbeiter konnte überhaupt mit ihr umgehen. Die Teilnahme des Pferdes war nur auf Grund der Tatsache möglich, dass es auf der Farm lebte, auf dem das Seminar stattfand. Vielleicht eine halbe Stunde beobachtete ich, wie diese begabte Pferdefrau mit der Stute arbeitete, ihr half, von einem verzweifelt und wild mit den Hufen schlagenden Pferd zu einer Stute zu werden, die trotz ihrer Angst und Wut ernsthaft versuchte mitzuarbeiten.

Unsichtbar auf dem Rücken dieser aufgewühlten, wunderschönen Stute reitend überwand das Verständnis die Verteidigung meines Intellekts und drang direkt in mein Herz ein. Was ich beobachtete, zuerst mit arroganten inneren Gegenargumenten und später mit bescheidener Dankbarkeit für das, was ich nicht leugnen konnte, erschütterte vieles von dem, was ich fleißig gelernt und gewissenhaft angewendet hatte. Das Erlernen von Theorien und Prinzipien wurde zu trockenen, eindimensionalen und unzulänglichen Erklärungen für die wertvolle, multisensorische Erfahrung einer Verbundenheit mit einem Tier in einer menschlichen und wirklich ganzheitlichen Art und Weise. Die Philosophie von Linda Tellington-Jones, die auf dem Papier gut erschien, erhielt ihre authentische Form in jeder ihrer Gesten und in ihren Reaktionen auf das Pferd. Es gab keine Lippenbekenntnisse für ein „menschliches Training" – das war die Integration von Herz und Denken. Als ich sie mit dieser scheinbar unmöglichen Stute beobachtete, war ich zu Tränen gerührt. Wenn mich in diesem Moment jemand aufgefordert hätte, etwas zu sagen, wäre ich nicht in der Lage gewesen zu antworten.

Die Kommunikation und die Beziehung, die ich zwischen dieser Frau und einem Pferd beobachtete, hat Teile meines Gehirns so umstrukturiert, dass die einzelnen Teile niemals mehr so zusammenpassen, wie sie es vorher taten. Das erfreute mich nur wenig mehr, als es mich ängstigte. Es war nicht einfach zu akzeptieren, dass meine Sicht der Welt neu definiert werden musste, dass der von mir erstellte Plan, der mich durch meine Welt führen sollte, jetzt unbrauchbar war, um mich dorthin zu führen, wohin ich wollte. Innerlich zerknüllte ich meinen alten Plan und schmiss ihn weg. Ausgerüstet mit neuen Zeichenstiften würde ich den Plan für meine Welt und mein Verständnis der Dinge neu zeichnen müssen. Obwohl das beängstigend war, wusste ich, dass es trotzdem notwendig war. Ich musste einfach mehr erfahren.

In den nächsten Jahren, in denen ich von dieser Frau lernte, wurde sie meine beste menschliche Lehrerin und half mir, eine neue Ebene in der Verbundenheit mit Tieren zu erreichen. Ich dachte, ich hätte großen Respekt vor Tieren; sie zeigte mir durch ihre Aufmerksamkeit und ihre Reaktionen auf Tiere, was Respekt wirklich bedeutet. Ich war bereits bekannt als sanfte Trainerin, ich lernte jedoch, dass die größte Freundlichkeit darin bestand, voller Mitgefühl zu sehen, was die Tiere über ihre Gefühle, ihre Ängste, ihre Grenzen und ihre Fähigkeiten mitteilten. Ich dachte, ich wüsste, wie man mit Tieren kommuniziert; sie zeigte mir, dass man auch zuhören muss. Ich war als Person mit sanfter Hand bekannt, lernte jedoch noch sanfter mit Tieren umzugehen, zu bitten, nicht zu fordern, und geduldig auf eine Antwort zu warten.

Als ich bereit war, es zu hören, überraschte Linda Tellington-Jones mich mit einem knappen Rat, der wie ein Pfeil in mein Herz schoss und die Arroganz und den Stolz traf, die die Basis für mein Versagen als Trainerin bildeten: „Lerne, ohne Ego auszubilden." Das tat ich mit Hilfe zahlloser Hunde, die mich in meinen Grenzen hielten, einige mit zeitlich gut gewähltem Knurren. Langsam entdeckte ich, wie ich den Tanz der Beziehung in die Übungsstunden übernehmen konnte.

Das war keine einfache Veränderung für mich. Auf dem Papier wirkt es wie ein erfreulicher und schmerzloser Prozess – die Trainerin findet einen neuen Weg, die Tiere und Menschen sind glücklich. Tatsächlich bedeutete das Finden dieses Weges auf neuen Pfaden für mich jahrelange Arbeit, das Aussortieren von Überflüssigem, um das Wichtige mitzunehmen, das Experimentieren mit jedem, der lange genug mitspielte, so dass ich meine nächste Theorie oder Idee testen konnte. Der impulsiv zerknüllte Plan meiner Welt musste hervorgesucht werden; vieles von dem, was ich gelernt hatte, war noch immer nützlich und gültig. Ich kämpfte mich vorwärts, versuchte, das Alte und das Neue zu mischen, und vertraute darauf, dass ich am Ende die Balance zwischen Technik und Philosophie finden würde, mit der mein Herz zufrieden ist. Es gab außergewöhnlich erfolgreiche Augenblicke, in denen ich mich harmonisch mit dem Tier in einem freudigen, gemeinsamen Tanz bewegte. Es gab jedoch auch Fehlschläge, die mich dazu bewegten, darüber nachzudenken, ob ich meine Hundeschule schließen, einfach aufgeben oder zu den alten Methoden zurückkehren sollte. Die intensive Freude über selbst unvollständige Erfolge half mir über meine wiederholten Fehlschläge hinweg, meine lebenslange Hartnäckigkeit bei der Verfolgung meiner Ziele war nun vorteilhaft für mich.

Jahre vergingen – Jahre des Experimentierens und Nachdenkens, in denen die beglückende Beziehung einfach stimmte, in denen ich mich von Techniken und Philosophien verabschiedete, die mich von einer echten Beziehung zu Tieren trennten. Langsam, ohne dass ich es völlig verstand oder es mir bewusst war, wurden aus kurzen Augenblicken der Verbundenheit längere Momente und dann kurze, aber freudige Tänze. Obwohl es erhebliche Konzentration und Überlegung erforderte, wurde es einfacher, Beziehungen herzustellen. Ich suchte immer nach dem Leuchten in den Augen der Tiere, versuchte, die Angst, das Misstrauen oder die Verwirrung zu überwinden, um Verständnis auf beiden Seiten zu fördern. Ich versuchte, in den Augen Freude, Selbstbewusstsein und Vertrauen zu finden. Eines Tages passierte es. Ohne Nachdenken oder Anstrengung fand ich den kühlen, weißen Ort in mir, wo es kein Ego gibt, wo ich ein Ziel habe und gleichzeitig kein Ziel, wo es nur den Hund gibt, der meine Einladung zum Tanz annimmt, und wo ich losgelöst bin von der Welt. Ab diesem Punkt war es keine Frage, dass alles, was ich tat, zu diesem Ort führt, wo der Tanz möglich ist. Zweifellos kann ich nur dem Pfad folgen, der zu diesem Ort führt.

Tanzen mit Hunden

Als ich Hobbs zum ersten Mal traf, hüpfte er wie ein Fisch an der Angel am Ende der Leine, während seine Besitzerin ihn zu meinem Übungsraum führte. Aus unserem Telefongespräch wusste ich, dass dieser kleine schwarz-weiße Hund fünf Leute gebissen hatte und andere Trainer empfohlen hatten, ihn einschläfern zu lassen. Ich wusste auch, dass ich in den Augen der Besitzerin die letzte Hoffnung für diesen Hund war. Die Frau war sehr erregt, besorgt und unruhig in ihrer Aufregung, aber ich konnte sehen, dass sie ihren Hund liebte. Wir unterhielten uns kurz, während ich ihn beobachtete. Voller Dynamik zitterte Hobbs vor Energie, die kein Ventil fand, er war ständig auf Trab, konnte seine Gedanken kaum im Zaum halten. Jedes Geräusch und jede kleinste Bewegung zog sofort seine Aufmerksamkeit auf sich.

Als sich seine Augen kurz mit meinen trafen, sah ich Intelligenz und Misstrauen in etwa gleichen Teilen. Gedanklich wandte ich mich ihm zu und fragte: „Möchtest du so sein?" Für einen Moment gab es keine Antwort. Dann drehte er langsam seinen Kopf und schaute mir lange in die Augen. Seine Antwort bildete sich deutlich in meinem Kopf: „Keiner hört mir zu." Ich versprach, ihm zuzuhören, übernahm die Leine von seiner Besitzerin und begann, nach dem besten Weg für einen Anfang zu suchen.

Ich bat Hobbs, einfach mit mir zu gehen, aber er sprang weg, zog stark in die Richtung der Ausgangstür. Ich ging mit ihm und wartete ruhig, während er verärgert an der Tür kratzte. Als er mich kurz ansah, konnte ich sehen, dass er sich wünschte, die Tür würde sich öffnen und ich würde weggehen. Aber die Tür blieb geschlossen und ich wartete, geduldig, aber hartnäckig, und die Ruhe, die ich ausstrahlte, übertrug sich allmählich auf ihn. Er beruhigte sich zusehends, seine Atmung normalisierte sich und seine Augen verloren den harten, schnellen Blick eines gefangenen Tieres. Wieder lud ich ihn ein, mit mir zu gehen, diesmal stimmte er zu, wenn auch vorsichtig und immer noch mit dem Wunsch, wegzugehen.

Als wir die Mitte des Raumes erreichten, hielt er plötzlich an. Als ich etwas Druck auf die Leine brachte, sah ich, wie er sich anspannte, sein ganzer Körper wurde steif auf Grund einer unausgesprochenen Ablehnung, seine Augen wurden im Bruchteil einer Sekunde zu den harten Augen eines Hundes, der wütend wird. Er lehnte sich zurück, um sich gegen die Leine zu stemmen, und ich ließ die Leine schnell locker, um die Spannung zu verringern. Überrascht davon entspannte er sich etwas, aber wartete wachsam auf meine nächste Bewegung. Ich wusste, er erwartete, dass ich darauf bestünde, vorwärts zu gehen. Ich fühlte, wie er sich geistig darauf vorbereitete, Widerstand zu leisten. Aus der von der Besitzerin geschilderten Geschichte wusste ich, dass er mich beißen würde, wenn ich ihn zwingen würde. Obwohl sie gesagt hatte, dass er „ohne Vorwarnung" biss, konnte ich sehen, dass das nicht stimmte. Hobbs war sehr fair. Er warnte. Das Problem war, dass die Leute die Warnungen ignorierten, was ihn zweifellos frustrierte und verwirrte. Beißen, hatte er gelernt, war eine klare Form der Kommunikation, die selbst sehr schlechte Beobachter beachteten und respektierten. Er wusste nicht, dass er sich damit sein eigenes Todesurteil ausstellte.

Ruhig ging ich den Weg zurück, den wir gekommen waren, lud ihn ein, mit mir zu kommen, was er ohne zu zögern tat. Wir arbeiteten weiter daran, einfach miteinander zu gehen. Ich bat ihn, mit mir zu gehen, wir gingen jedoch nur dorthin, wohin er bereit war zu gehen. Die bisher stille Besitzerin fragte: „Warum haben Sie ihm nachgegeben? Wie kann es gut sein, ihm das durchgehen zu lassen? Warum zwingen Sie ihn nicht einfach, das zu tun, was Sie möchten?"

Ich erinnerte sie daran, dass genau dieser Ansatz dazu geführt hatte, dass der Hund Leute biss. „Es ist sinnlos, eine Schlacht zu gewinnen, aber den Krieg zu verlieren. Dieser Hund vertraut nicht mehr darauf, dass jemand ihn hört, wenn er „Nein" sagt, daher ist er bereit zu kämpfen. Ich möchte nicht mit ihm kämpfen. Damit ich ihm helfen kann, muss er mit mir zusammenarbeiten. Er muss es bereitwillig und freiwillig tun und mit dem Vertrauen darauf, dass ich respektiere, was er mir sagt. Jetzt arbeitet er mit mir – er ist bloß im Moment noch nicht bereit, an diesem bestimmten Punkt mit mir zusammenzuarbeiten."

Als ich dies sagte, erreichten wir die gleiche Stelle, an der sich Hobbs vor einigen Minuten gesträubt hatte. Aus irgendeinem Grund stoppte er auch jetzt wieder und schaute mich an. Ich forderte ihn auf, vorwärts zu gehen, er bewegte sich jedoch nicht. Für einen langen Augenblick stand er da und schaute mich an. Ich wartete, suchte nach Zeichen, dass er einen kritischen Punkt erreicht hatte. Aber er zeigte keine. Der Hund atmete tief ein, und als ich ihn erneut aufforderte, ging er vorwärts und über die rätselhafterweise schwierige Stelle hinaus. Dann gingen wir gemeinsam weiter.

In der nächsten Stunde hörte ich jedes Mal auf ihn, wenn Hobbs mir mitteilte, dass er nicht weitergehen könne. Wir änderten die Richtung, wir taten weniger, wir versuchten es erneut. Wir tanzten gemeinsam, der Hund und ich, und er hatte mir die Führung überlassen. Ich trat ihm in keiner Weise auf die

Pfoten. Er war weich in meinen Händen, so dass ein bloßes Zittern eines Fingers an der Leine zu einem sinnvollen Signal wurde. Seine Gedanken wurden weicher, das zeigte sich auch in seinen Augen. Das Misstrauen wich langsam der vorsichtigen Überzeugung, dass ich zuhörte. Dank seines weichen Herzens gab mir Hobbs alles, worum ich ihn bat. Ich kann nicht sagen, wohin wir gingen oder was wir genau taten. Ich war der Welt entglitten, und dieser schwarzweiße Hund war alles, was ich sehen und hören konnte.

Die Besitzerin sprach mich an und erschreckte mich damit, da ich fast vergessen hatte, dass sie da war. „Ich kann nicht glauben, dass er Sie noch nicht gebissen hat." Ich wusste nicht, ob ich lachen oder weinen sollte. Ich versuchte ihr zu erklären, dass ich dem Hund keinen Grund gegeben hatte, mich zu beißen. Dadurch, dass ich auf seine leisen Signale des Protests und der Weigerung achtete, musste er sich nicht mit seinen Zähnen durchsetzen.

Es gab keine sofortige Heilung für diesen Hund. Ich sagte seiner Besitzerin, dass es Zeit brauchen würde, ihm Vertrauen beizubringen und zu lernen, seine feinen Warnsignale zu lesen. „Das ist kein einfacher Hund", erinnerte ich sie, „aber er wird Ihnen viel beibringen." Ich sah, wie sich in ihren Augen Hoffnung und wilde Entschlossenheit regten, und wusste, dass sie einen Weg in das Herz und die Gedanken dieses Hundes finden würde.

Ein Jahr später bekam ich eine Weihnachtskarte mit einem Foto von Hobbs, die ich als Erinnerung an unseren wunderbaren Tanz aufbewahre. Für jeden, der nicht die ganze Geschichte kennt, ist es ein süßes, aber bedeutungsloses Foto eines schwarz-weißen Hundes, der in einem Tierladen auf dem Schoß des Weihnachtsmanns sitzt. Ich erinnere mich jedoch an die ersten Schritte von Hobbs und seiner Besitzerin auf ihrer Reise zu diesem glücklichen Moment, genauso wie ich mich an meine eigene Reise erinnere, die mich zu diesem Ort, mit diesem Hund und diesem Tanz führte.

AUF DIE MUSIK HÖREN

Das Finden des Tanzes, der innerhalb einer Beziehung möglich ist, ist nicht einfach eine Frage von Hoffen oder Wünschen. Es ist eine lebenslange Reise. Um eine tief greifende und enge Beziehung zu Tieren zu entwickeln, müssen wir zuerst unser Bewusstsein verändern. Wenn wir uns öffnen und glauben, dass der Tanz möglich ist, dass es eine neue Musik gibt, zu der unsere Seele tanzen kann, haben wir den ersten wichtigen Schritt getan. Von diesem Moment an bedeutet das Vorwärtsgehen auf unserer Reise, dass wir lernen müssen, auf eine neue Art zu denken und zu handeln, während wir gleichzeitig unsere alten Ansichten aussortieren, in Frage stellen und vielleicht aufgeben müssen, die einst unser Denken und unser Handeln geprägt haben. Philosophisch betrachtet ziehen wir unsere Tanzschuhe an, indem wir uns für neue Möglichkeiten öffnen.

Es steht nur wenig zwischen uns und der Freude der Gemeinsamkeit. Der in der westlichen Welt bevorzugte Ansatz sieht den Hund als ein intelligentes Wesen, dessen Verhalten lediglich von Instinkten oder konditionierten Reaktionen bestimmt wird (wie der Hund in Pawlows Experiment, der beim Klang einer Glocke Speichel produzierte). Es gibt ein starkes Tabu zu anthropomorphisieren, das heißt, menschliche Eigenschaften oder Merkmale auf nicht menschliche Lebewesen zu übertragen. Obwohl mir die Gefahren der Vermenschlichung bewusst sind, habe ich nie verstanden, warum die westliche Einstellung so auf der Distanz zwischen uns und der Natur besteht. Ich habe mich oft gefragt, wieso ich weniger menschlich oder mein Hund weniger Hund sein soll, wenn ich Tieren zugestehe, dass sie Schmerz, Freude, Trauer, Liebe, Wut, Treue und andere Gefühle empfinden können. Der anerkannte Anthropologe Franz de Waal wies in seinem Artikel im *Natural History Magazine* darauf hin, dass dieses Tabu schrecklich einseitig ist. Während die Wörter *Feind*, *Hass* und *Wut* zur Beschreibung tierischen Verhaltens benutzt werden dürfen, ist es nicht akzeptabel, die Wörter *Freund*, *Liebe* oder *Trauer* zu verwenden. Wir teilen bereitwillig die hässlichen Emotionen mit Tieren, reservieren die wirklich guten Sachen jedoch für uns selbst. Auch in der englischen Grammatik ist festgelegt, dass Tiere sächlich sind. Wir stellen uns über sie, als ob etwas Schreckliches passieren würde, wenn wir die Vorstellung zulassen, dass der zu unseren Füßen liegende Hund, der auf einem Tennisball herumkaut, ebenfalls ein empfindungsfähiges Wesen ist, mit Gefühlen, Gedanken, Humor, Sprache, Vorlieben, Ängsten und Kreativität. Es fällt uns schwer, uns vorzustellen, dass der Hund ein spirituelles Wesen ist. Natürlich besteht das Schreckliche in Folgendem: Wenn unsere Hunde fühlen, denken und schlussfolgern können (nicht als unfertige Versionen von uns, sondern als vollständige, großartige Versionen ihrer selbst), sollten wir lange und sorgfältig darüber nachdenken, wie wir den besten Freund des Menschen bisher behandelt haben.

Es besteht jedoch wirklich die Gefahr, dass wir unsere Hunde als kleine Leute mit Fell ansehen. Wenn wir das tun, können wir möglicherweise nur unsere Projektionen und nicht das Tier, das tatsächlich vor uns steht, sehen. Das begrenzt nicht nur zwangsläufig die volle Ausdrucksfähigkeit im Leben des Tieres, sondern schwächt auch unsere Beziehung zu ihm. Wenn wir ein Tier (oder jemanden) nicht so sehen können, wie es ist, werden wir bestimmt enttäuscht. Wir werden dann sicherlich auch auf grausame Art und Weise handeln. Bedenken Sie die Enttäuschung einer Mutter, wenn das von ihr gemachte Bild von ihrem Sohn – ein zukünftiger Doktor – der Realität nicht standhält, weil er lieber Bäcker werden möchte. Unsere Hunde können keine kleinen Leute mit Fell sein, noch sollten wir das von ihnen verlangen. Das Glück einer Beziehung besteht nicht darin, den anderen so zu formen, dass er unseren Erwartungen und Bedürfnissen entspricht, sondern in vollem Umfang zu genießen, wer er ist.

Wenn wir davon ausgehen, dass unsere Hunde eine attraktiv verpackte, benutzerfreundliche Mischung aus Instinkten und konditionierten Reaktionen sind, setzen wir Scheuklappen auf, um alles auszuschließen, was nicht fein säuberlich in diesen erklärenden Rahmen passt oder nicht wissenschaftlich nachweisbar ist. Selbst der große Wissenschaftler Albert Einstein sagte: „Nicht alles, was zählt, kann gezählt werden, und nicht alles, was gezählt werden kann, zählt."

Wenn wir hartnäckig an der westlichen Vorstellung von Tieren festhalten, bestreiten wir möglicherweise den Zauber und die Schönheit dessen, was wir täglich mit Tieren erleben, und bauen Barrieren, die uns von dem zurückhalten, was in engeren Beziehungen zu ihnen möglich ist. Es ist ernüchternd, sich vor Augen zu halten, dass noch vor kurzem die Stummen und Tauben unter uns als in vielerlei Hinsicht geringwertiger angesehen wurden, weil sie nicht in der Lage waren, sich in der von uns verwendeten verbalen Sprache mitzuteilen. Was Helen Kellers Geschichte so zeitlos überzeugend macht, ist die Tatsache, dass eine Person, Anne Sullivan, über das Bekannte hinausreichen konnte und die Möglichkeit sah, dass in der physisch beeinträchtigten Schale des blinden, tauben und stummen Kindes ein Geist und ein Herz wohnen, die so vollständig menschlich sind wie ihre eigenen. Durch diese einfache und tief greifende Wahrnehmungsverschiebung konnte Anne Sullivan tatsächlich Wunder bewirken, die das Tor zu einer Vielzahl von Möglichkeiten aufstießen. Um die Möglichkeiten zu erforschen, müssen wir bereit sein, unsere Ansichten zu ändern und unsere Hunde als denkende, fühlende Wesen anzusehen, die uns – obwohl sie sich sehr von uns unterscheiden – in vielerlei Hinsicht ähneln. Dadurch, dass wir unsere Hunde als denkende, fühlende Wesen begreifen, eröffnen sich uns zahllose Möglichkeiten.

Die Techniken und Gesetzmäßigkeiten des Verhaltens und Trainings sind nützlich und wertvoll für unser Verständnis der Hunde. Deshalb rate ich allen Lesern, sich ständig weiterzubilden. Schon Goethe sagte: „Es ist nichts schrecklicher als tätige Unwissenheit." Begrenztes Wissen bedeutet eingeschränkte Wahlmöglichkeiten und begrenzte Ausdrucksmöglichkeiten. Jeder Künstler, jeder Handwerker und jeder Fachmann einer Kunst (wie die Ausbildung von Hunden) strebt aus einem Grund danach, die Werkzeuge seines Fachs zu beherrschen: Damit der volle, klare Ausdruck seines Herzens durchscheint. Sich danach zu sehnen, etwas auszudrücken, und dann etwas Anderes, Geringeres oder Unvollständiges zu erzeugen, ist schrecklich für die Seele.

Trotzdem ist es gut, Wissen gegen die Tatsache abzuwägen, dass die westliche, streng wissenschaftliche Vorstellung von Tieren eine neuere Erfindung in der langen Geschichte von Menschen und Hunden ist. Lange bevor Lerntheorien und Fachausdrücke wie *positive Verstärkung* oder *Signalkontrolle* den Weg in die Hundeausbildung gefunden haben, lange bevor Skinner eine einzelne Ratte durch ein Labyrinth geschickt hat, haben Menschen und Hunde Wege gefunden, miteinander zu tanzen. Die Wissenschaft ist nicht in der Lage, die Schönheit und den Zauber zu beschreiben, die uns tief im Inneren bewegen. Sie kann den Einfluss nicht erklären, den ein auf unseren Knien abgelegter Hundekopf hat oder warum ein Mensch sein Leben für das eines Freundes gibt oder warum wir so lieben, wie wir es tun. Trotzdem verlieben sich sogar Wissenschaftler, und einige sollen sogar mit ihren Hunden reden.

Das Verständnis der Hundepsychologie, des Hundeverhaltens, der Lerntheorien usw. ist hilfreich und manchmal notwendig. Allmählich wird unser Wissen mit dem kombiniert, was uns unser Herz sagt, und wir suchen weiter nach einem Weg, mit unseren Hunden zu tanzen. Um zu lernen, mit einem Hund oder einem anderen Wesen zu tanzen, muss der Wunsch von innen heraus kommen, vom Herzen. Bei unserer Suche nach engeren, bedeutungsvolleren Beziehungen müssen wir bedenken, dass Wissen hilfreich ist, jedoch auch einschränkend wirken kann und eventuell unseren Blick auf das, was möglich ist, blockiert und uns so belastet, dass wir nicht gehen können, ohne zu stolpern. Ein Tänzer, der sich auf die Technik konzentriert, vergisst unter Umständen, auf die Musik zu hören.

AUF DEM WEG ZUM TANZ

Die Suche nach dem Weg zum Tanz ist keine Frage des Einschlagens der richtigen Richtung in der Kindheit oder beim Erwerb des ersten Hundes. Auf die eine oder andere Art, und oft ohne es zu wollen, stolpern wir über die Tatsache, dass es unterschiedlich enge Beziehungen gibt. Das wissen wir bereits von menschlichen Beziehungen. Das Wort Beziehung beschreibt eine Vielzahl von Möglichkeiten, von der intensiven Beziehung zwischen Eltern und Kindern bis zur oberflächlichen, wie zum Beispiel zu dem Inhaber der Wäscherei um die Ecke. Je weiter wir uns entwickeln, je mehr wir über uns selbst lernen und je größer das von uns entwickelte Bewusstsein ist, desto mehr beginnen wir zu verstehen, dass es selbst innerhalb einer Beziehung verschiedene Ebenen gibt.

Stephen Sloane beschreibt sie wunderbar in seinem Artikel „Spirit of Harmony" (Geist der Harmonie), der in der Zeitschrift *Equus* im Juli 1995 erschien.

Die erste Ebene nennt Sloane die „mechanische" oder technische Ebene der Beziehung. Auf dieser Ebene ist die Beziehung zwischen einem Menschen und einem Hund eine Frage der Mechanik: Sie geben ein Signal, der Hund reagiert. Die relative Einfachheit dieser Ebene kann am besten mithilfe eines Cartoons von Gary Larson veranschaulicht werden, in dem zwei Amöben gezeigt werden. Eine davon beschwert sich: „Es ist immer dasselbe - Reiz, Reaktion, Reiz, Reaktion." Obwohl das zu simpel ist im Zusammenhang mit einer Beziehung, kann dieser mechanische Ansatz verwendet werden, um ein Tier so zu trainieren, dass es - sogar ziemlich komplexe - Handlungen ausführt. Probleme werden mechanisch gelöst, oftmals unter Anwendung von Gewalt. Wenn der Hund X, Y oder Z nicht tut, was man ihm sagt, bringen Sie ihn dazu. Der Hund setzt sich nicht? Dann wird auf seinen Hintern gedrückt und an seinem Halsband gezogen, bis er sitzt. Der Welpe sträubt sich und zieht, wenn Halsband und Leine angelegt werden? Dann bindet man ihn an den Türknauf an und wartet, bis er vor Erschöpfung aufgibt.

Rezepte sind auf dieser Ebene nicht nur möglich, sondern auch verbreitet. Wenn es ein gutes Rezept ist, wird eine hohe Prozentzahl von Hunden gut darauf reagieren, besonders wenn sie von einem Experten angewendet werden. Mit umfangreichen Fähigkeiten und Erfahrungen und einem tiefen Verständnis der Lernvorgänge kann ein Trainer sogar nie über diese rein technische Ebene hinausgelangen und trotzdem sehr erfolgreich sein (wenn der Erfolg nur daran gemessen wird, dass die Hunde auf die gewünschte Art reagieren). Es ist möglich, technisch bewandert zu sein, und auf einer tiefen, gefühlvollen Ebene zu versagen. Erkennbar ist das daran, dass ein Gefühl von Partnerschaft fehlt - das Tier ist nicht viel mehr als eine lebende, atmende Maschine, obwohl es eifrig versorgt wird. Technische Fähigkeiten sind eine enttäuschende Sache, obwohl sie für das bewundert werden können, was sie sind - kompetente Kunstfertigkeit. Meiner Ansicht nach sind Beziehungen ein lebendes Kunstwerk. Wenn ich das rein Mechanische als Basis für eine Beziehung ansehe, gilt dafür der gleiche Kommentar, der bei Kunstwerken als vernichtend angesehen wird: „Das ist ohne Herz, ohne Gefühl entstanden."

Die nächste Ebene über der mechanischen Ebene nennt Sloane „Motivationsebene" oder psychologische Ebene. Es ist eine einfache Ebene, auf die Sie nur neugierig werden sollten. Warum tut ein Tier etwas oder warum nicht? Motivation wird definiert als „psychologisches Merkmal, das einen Organismus zur Aktion bewegt". Bei dem Versuch zu verstehen, was den Hund motiviert, beginnen Sie, mehr über ihn zu lernen. Auf der mechanischen Ebene lautet die Frage, wie man den Hund dazu bringt, etwas von Ihnen Gewünschtes zu tun. Auf der Motivationsebene der Beziehung versuchen Sie herauszufinden, wie Sie bewirken können, dass der Hund das *tun möchte*, wozu Sie ihn bewegen wollen. Es geht also darum herauszufinden, wie Ihr Hund motiviert werden kann, sich so zu verhalten, wie Sie es sich von ihm wünschen. Ein Hund kann auf viele verschiedene Arten motiviert werden: Futter, Spielzeug, Spiel, Freiheit, Lob und Aufmerksamkeit.

Das klingt gut und angenehm, oder? Wenn wir an Motivation denken, wird das Wort in unseren Gedanken oft zum Synonym für einen angenehmen, freudigen Trainingsansatz. Aber es gibt andere, dunklere Arten zu motivieren. Mit Geld vor der Nase von jemandem zu wedeln, kann motivierend sein (wenn Geld eine funktionierende Belohnung für die Leute ist), mit einer Waffe vor den Leuten zu wedeln, kann aber auch motivierend sein. Ein Hund kann angenehm oder durch Schmerzen, Angst und Entbehrung motiviert werden. Schmerzen können auf vielerlei Arten zugefügt werden: „Korrekturen" über das Halsband, der Einsatz von Elektrohalsbändern und natürlich die Strafe durch die menschliche Hand – dies sind nur einige Beispiele. Angst ist ebenfalls sehr motivierend, und man kann dafür sorgen, dass ein Hund mehr Angst vor einer Sache hat als vor einer anderen. Nehmen wir beispielsweise einen Hund, der aufsteht und seinem Besitzer nachläuft, statt an einem zugewiesenen Ort sitzen zu bleiben, weil er Angst hat, verlassen zu werden. Wenn der Besitzer nun zurückrennt und den Hund „korrigiert", indem er ihn schreiend verflucht und schüttelt, kann der Hund schnell lernen, mehr Angst vor den Konsequenzen des Aufstehens als vor dem Verlassenwerden zu haben. Entzug von Futter, Sozialkontakt und selbst Wasser werden in der Hundeausbildung eingesetzt. Der Entzug von Wasser ist zwar selten, der von Sozialkontakten aber nicht. Ein hungriger, durstiger oder einsamer Hund ist „hochmotiviert" der Person zu gefallen, die diese Ressourcen kontrolliert. Achten Sie deshalb sehr genau darauf, woraus genau die Motivation besteht, wenn ein Trainer behauptet, über Motivation zu arbeiten, und überlegen Sie sorgfältig, wodurch ihr Hund in einer Situationen zum Arbeiten gebracht wird.

Es ist möglich, nie über die Motivationsebene hinauszugelangen und eine gute Beziehung zu einem Hund zu haben, besonders wenn es keine echten Konflikte gibt und der Besitzer mit dem Erreichten zufrieden ist. Wenn Sie über Motivation dorthin gelangen, wohin Sie möchten, warum darüber hinausgehen? Zu verstehen, wie ein Hund motiviert werden kann (durch angenehme oder unangenehme Mittel) kann zu einer erfolgreichen Ausbildung führen, jedoch nicht immer zu einer tollen Beziehung. Wenn die Motivation hauptsächlich positiv verläuft (das heißt auf Belohnung basiert), kann die Ausbildung auch wirklich angenehm für den Hund sein.

Viele Ausbildungsprobleme können behoben werden, indem das Training auf motivationsbasierende Methoden umgestellt wird. Aber nicht alle Probleme lassen sich durch ein wildes Ballspiel oder eine Hand voll Leckerchen lösen. Obwohl Wendy einen großen Teil von Chances Leistung im Training durch Futterbelohnungen verbessern konnte, konnte das Wegrennen dadurch nicht behoben werden. Sein Beispiel beweist außerdem, dass durch bestimmte Trainingsmethoden neue Probleme entstehen können, wenn nämlich über Schmerzen, Angst bzw. Entzug als Motivation gearbeitet wird.

Die Motivationsebene bot einige Antworten für Wendy, aber nicht alle Fragen konnten beantwortet werden, denn die Lösungen lagen nicht bei der Technik, sondern in der Dynamik der beiden Herzen innerhalb der Beziehung. Wie Wendy gehen viele Hundebesitzer nur so weit, wie die Motivationsebene sie bringt, und da sie einige der ersehnten Antworten dort nicht finden können, gehen sie davon aus, dass es keine gibt und dass es von diesem Punkt aus nicht weitergeht. Viele finden sich dann damit ab und machen das Beste aus dem Erreichten – so erging es auch Wendy zunächst.

Die Motivationsebene (oder psychologische Ebene) ist die, auf der auch ich als Trainerin so viele Jahre feststeckte. Die Methoden dieser Ebene waren einfach anzuwenden, und die meisten Hunde, mit denen ich arbeitete, waren erfolgreich und freudig bei ihrer Ausbildung. Zwei Sachen ließen mich nach mehr (dieser undefinierbaren Sache) suchen. Das erste war, dass ich wusste, es ist mehr möglich. Ich konnte das Wunderbare und die Freude, die ich beim Umgang mit meinen Hunden empfand, nicht leugnen. Obwohl ich Sloanes Artikel über die Ebenen von Beziehungen noch nicht kannte, erfuhr ich in diesen wunderbaren Momenten die dritte Ebene, und ich wünschte mir mehr von diesen Erfahrungen. Der andere Antrieb für meine Suche waren die Hunde, die ich nicht erreichen konnte, und die Hunde, die nur teilweise erfolgreich waren. Es wäre einfach gewesen, diesen Hunden oder ihren Besitzern die Schuld an dem Versagen oder dem unvollständigen Erfolg zu geben, aber das wäre unehrlich und unfair gewesen. Noch wäre ich motiviert gewesen, meine Suche fortzusetzen. Die Vorstellung, dass ich diesen Hunden helfen könnte, wenn ich nur einen anderen Weg wüsste, ließ mir keine Ruhe und plagt mich auch heute noch. Wenn ich rückwärts durch die Zeit reisen und das Gelernte mitnehmen könnte, würde ich zu diesen Hunden gehen, mich für das entschuldigen, was ich nicht wusste, und bitten, es nochmals versuchen zu dürfen.

An diesem kalten Morgen in Maryland fand ich, als ich Linda Tellington-Jones und dem Pferd zusah, was ich suchte – den Tanz. Der echte Tanz der Beziehung ist nur auf der dritten Ebene möglich, die Sloane die „spirituelle" Ebene nennt. Hier lautet die Frage nicht mehr, wie man den Hund dazu bringt, etwas zu tun, oder wie man den Hund dazu bringt, dass er etwas tun möchte, sondern: „Wie erreichen wir das gemeinsam?" Eine so einfache Frage, aber um sie zu stellen, müssen wir eine grundlegende Änderung in unserem Inneren vornehmen.

Erinnern Sie sich an den Rat, den mir die Trainerin gab? „Lerne, ohne Ego auszubilden." Das Erreichen der dritten, der spirituellen Ebene, erfordert, dass wir bereit sind, unser Ego beiseite zu lassen und unsere Beziehung zu unserem Tier in den Mittelpunkt zu stellen. Die Konzentration liegt nicht länger ausschließlich auf dem Hund, sondern auf der Partnerschaft zwischen uns und dem Hund und auf uns als Tanzpartner. Manchmal nenne ich diese Ebene die Schneewittchenphase, denn sobald Sie sie erreicht haben, verbringen Sie viel Zeit damit zu sagen „Spieglein, Spieglein an der Wand..." Diese Ebene erfordert die Bereitschaft, uns und unsere Motivationen ehrlich zu betrachten. Wieder und wieder. Wir sehen nicht immer ein schönes Bild vor uns. Während wir die hässlichen Falten unserer Seele anstarren, wird uns bewusst, dass es harte Arbeit wird, unseren Plan der Welt, nach dem wir gelebt haben, neu zu zeichnen. (Es mag sein, dass Ihr Plan vielleicht nur geringe Änderungen erfordert, meiner benötigte in regelmäßigen Abständen völlig neue Versionen.) Das ist keine einfache Arbeit, aber hier beginnt der Tanz wirklich. Ich weiß nicht, ob es möglich ist, vollständig auf dieser Ebene zu leben, aber ich hoffe es. Ich versuche es – immer bereit, mich zu hinterfragen und meinen Plan der Welt neu zu zeichnen.

Während die drei Ebenen auf dem Papier so klar definiert sind, gibt es in der Praxis selten so scharf konturierte Unterscheidungen. Viele von uns wandern zwischen allen drei Ebenen, obwohl wir einen Hauptteil unserer Zeit auf der einen oder anderen verbringen. Viele Leser werden eine freudige, aufregende Überraschung erleben – „Ich war auf der dritten Ebene!" Es ist der Zauber des Gefühls der Verbundenheit, den wir mit Tieren erleben, Momente, die wir nicht erklären oder gar verstehen können, Momente, die nur ein anderer Tierfreund mit einem wissenden Nicken verstehen kann, Momente, die uns auf der Suche nach mehr zurückkehren lassen. Vielleicht verstehen wir jedoch nicht, dass diese flüchtigen Momente des Gefühls der Verbundenheit mehr sein können als vergängliche Erfahrungen, kurzlebig und unvorhersehbar wie ein Regenbogen. Die dritte Ebene ist kein Moment, sondern eine Philosophie, eine Lebensart, ein Bewusstsein dessen, was wir jeden Tag schaffen können, im Großen und im Kleinen. Wir können, wenn wir bereit sind, einem weniger ausgetretenen Pfad zu folgen, öfter zu diesem glückseligen Ort der tiefen Verbundenheit finden, wo ein Tanz zu zweit möglich ist.

Der Tanz ist kein Ergebnis einer bestimmten Technik. Er entspringt einem nach der Philosophie des Herzen gelebten Leben, eine Philosophie, die alle Ihre Taten prägt. Das kann nicht erreicht werden, indem Sie Ihr Bewusstsein und Ihre Anstrengungen nur in die Momente einbringen, die „Ausbildung" bzw. „Training" genannt werden. Ein Hund ist ein Hund, vierundzwanzig Stunden am Tag. Seine Welt ist geprägt von dem, was Sie sagen und tun, und zwar nicht nur während der Trainingseinheiten, sondern während der gesamten Zeit, die er mit Ihnen verbringt. Unfähig, unehrlich zu sein in seiner eigenen Kommunikation, ein Experte bei der Beobachtung, nimmt der Hund nicht nur wahr, was Sie tun, sondern glaubt auch, dass das, was Sie tun, exakt Ihre Beziehung zu ihm widerspiegelt. Die Beziehung – der Dreh- und Angelpunkt, um den es letztendlich geht – wird in jeder Tat aufgebaut oder erschüttert.

Einige schrecken bei diesem Gedanken zurück, sagen: „Das ist zu viel Arbeit!" Damit geben sie zu, dass sie nicht bereit sind, so viel Anstrengungen und Arbeit in die Beziehung zu stecken, da es sich „nur" um einen Hund handelt. Doch für alle, die dazu bereit sind, die mit einem Hund als Partner tanzen möchten, ist diese Tatsache eine willkommene Möglichkeit, jeden Augenblick bewusst und zielgerichtet zu nutzen.

„Bildung ist etwas Wunderbares. Doch sollte man sich von Zeit zu Zeit daran erinnern, dass wirklich Wissenswertes nicht gelehrt werden kann", schrieb Oscar Wilde. Niemand kann Ihnen beibringen, wie man mit einem Hund tanzt. Es gibt keine Rezepte oder Anleitungen, keine schnellen Tipps und keine magisch geknoteten Leinen, die den Weg erleichtern. Dieses Buch bietet die warnenden Geschichten verbreiteter Fehlschläge und Missverständnisse zwischen Menschen und Hunden. Sie werden beschrieben, damit Sie nicht dieselben Fehler machen. Wenn Sie sie bereits gemacht haben, seien Sie versichert, dass viele Reisende auf diesem Weg auch stolperten. Die hier dargebotene Philosophie ist meine, aber sie zeigt den Weg zu einem echten Ort, an dem ein Hund Sie freudig begrüßt. Vielleicht hilft Ihnen dieses Buch, Ihren Weg zum Tanz zu finden, voller Freude und mit ganzem Herzen.

4

DIE QUALITÄT DER BINDUNG

Die Welt ist so leer, wenn man nur Berge, Flüsse und Städte darin denkt,
aber hie und da jemanden zu wissen, der mit uns übereinstimmt,
mit dem wir auch stillschweigend fortleben,
das macht uns dieses Erdenrund erst zu einem bewohnten Garten.
GOETHE

Wenn wir eine Beziehung zu einem Hund oder einem anderen Wesen eingehen, suchen wir nach einer Bindung oder vielmehr nach dem, was wir als Ergebnis davon empfinden: Behaglichkeit, Liebe, Anerkennung, Friede und Freude. Wir suchen und streben nach einer Qualität in der Bindung, die – hoffentlich – beiden Seiten Freude bereitet, einem Tanz zweier Seelen, die sich in gegenseitiger Übereinstimmung bewegen. Obwohl wir möglicherweise nicht in Worte fassen können, wonach wir suchen, erkennen wir es, wenn wir es finden. Einfach ausgedrückt, es fühlt sich gut an, wenn es richtig ist, und es fühlt sich nicht gut an, wenn etwas nicht stimmt. Wenn es richtig ist, ist es wunderbar, unglaublich, unbeschreiblich richtig. Wenn es falsch ist, kann es schrecklich und unerträglich falsch sein. Was uns manchmal verrückt macht, ist, dass wir, selbst wenn die Bindung stark und gut ist, möglicherweise nicht wissen, wie dieser Moment erreicht wurde oder welche zauberhafte Zutat geholfen hat, ihn entstehen zu lassen, oder warum er sich auf rätselhafte Weise leider wieder in eine Banalität oder Routine verwandelt hat.

Da diese Art starker Bindung schwer zu erreichen ist (ob zu Tieren oder zu Menschen), verstehen wir möglicherweise nicht, dass sie kein Ziel und keine „Sache", sondern ein Prozess ist, noch dazu ein dynamischer. Obwohl uns die Werbung suggeriert, dass uns bestimmte Produkte (Autos, Seife, Bier, Hundefutter oder Jeans) die gesuchten, erfüllten Beziehungen ermöglichen, gibt es in

Wahrheit keine bestimmte Formel für die Entstehung starker Bindungen. Bei unserer rastlosen Suche in Büchern, Videos und Seminaren fragen wir nach Rezepten, die uns helfen, das zu erreichen, von dem wir wissen, dass es existiert. Eine solche Beziehung zwischen uns und unseren Tieren ist möglich, wenn auch unter Umständen nicht einfach, und ganz sicher entsteht sie nicht automatisch. Wir haben sie kennen gelernt, sie gesehen oder davon gelesen – und wir möchten mehr. Wir möchten eine Straßenkarte dorthin, weil wir bereits dort waren oder andere kennen, die dort waren, und wir wissen, dass wir dorthin gelangen möchten.

Keiner von uns plant bewusst eine Beziehung voller Konflikte, Frustration oder Enttäuschung. Doch die von uns gesuchte tiefe Beziehung fehlt möglicherweise, besonders wenn wir fälschlicherweise die Gesetzmäßigkeiten des Hundeverhaltens, die Trainingstheorie und Ausbildungstechnik für eine Beziehung halten. Um zu finden, wonach wir suchen, müssen wir am Anfang beginnen, die Grundlagen prüfen, auf denen die gesamte Beziehung basiert: die Qualität der Bindung selbst.

Von Natur aus eher mechanisch waren der Hundeausbildung Wörter wie *Qualität* lange fremd. Sie können den Index der meisten Hundebücher untersuchen, ohne darin das Wort Qualität zu finden. Das könnte teilweise daran liegen, dass wir mit einem Wort wie Qualität im Zusammenhang mit der Beziehung zwischen Hunden und Menschen in trübem Wasser fischen. Wenn wir fragen: „Was ist Qualität?", befinden wir uns wirklich in Untiefen. Philosophen haben tausende von Jahren versucht, diese Frage zu beantworten, ohne eine definitive Antwort zu finden, da sich die meisten Dinge, die wirklich zählen und unser Leben stark prägen, nicht so einfach definieren lassen. In *Zen und die Kunst ein Motorrad zu warten* beschäftigt sich Robert Pirsig mit der Frage der Qualität. Ein komplexes Konzept, das schwierig zu entwirren und zu definieren ist, obwohl er es aus unzähligen Perspektiven und theoretischen Standpunkten betrachtet. Eine meiner Lieblingsideen aus seinem Buch ist, dass Qualität keine Sache ist, sondern ein Ereignis.

Mit anderen Worten, Qualität ist etwas, das *passiert*, es ist das Ergebnis aus einem Zusammentreffen. Pirsig wirft die Idee auf, dass ein Sonnenuntergang schön sein kann, dass Schönheit ein qualitatives Ereignis ist, das im Auge des

Betrachters liegt. Obwohl sie großartig sind, berühren uns nicht die Farben des Sonnenuntergangs. Wenn das der Fall wäre, würde uns jeder Sonnenuntergang so bewegen, wie einige Sonnenuntergänge es tun. Das, was wir zur Betrachtung des Sonnenuntergangs mitbringen, ist das, was uns bewegt. Ich erinnere mich nicht sehr detailliert an viele Sonnenuntergänge, obwohl ich in meinem Leben unzählige gesehen habe. Ich erinnere mich nur vage an die Freude des Eintauchens meiner Gedanken in so unerwartete Farben, die für den Zeitpunkt und den Ort auf einzigartige Weise kombiniert waren. Ich erinnere mich genauer an einen bestimmten Sonnenuntergang über entfernten Bäumen, während mich die nächtliche Brise abkühlte und meinen Schweiß trocknete, der sich entwickelte, als ich das Grab meines Hundes grub. Der Sonnenuntergang bewegte mich, wie keiner zuvor oder danach es konnte. An diesem Abend war der Sonnenuntergang mehr als ein Routineaugenblick, der bestimmte weltliche Ereignisse einleitete, wie das Füttern der Pferde oder den Beginn des Abendessens. Es war mehr als flüchtige Aufmerksamkeit, die ich dieser kurzen, aber leuchtenden Zurschaustellung entgegenbrachte, die nur zu schnell verschwand und lediglich Dunkelheit hinterließ.

DIE SCHAFFUNG VON AUSWAHL

Jedes Mal, wenn wir mit einem Hund oder einem anderen Wesen zusammen sind, haben wir die Möglichkeit, ein Qualitätsereignis zu kreieren. Unsere Beziehungen zu unseren Hunden sind dynamisch, abhängig und geprägt von der Wahl, die wir treffen. Jede unserer bewussten, gewollten und unbewussten, ungewollten Handlungen bestimmt unsere Richtung – weg von oder hin zu einer intensiveren Bindung. Oder wir bewegen uns überhaupt nicht.

Wenn Qualität tatsächlich ein Ereignis ist, haben wir in jedem Augenblick die Wahl, wie wir dieses Ereignis gestalten. Beziehungen sind keine mechanischen Prozesse, obwohl das Training häufig als mechanisch angesehen wird. Bob Bailey, ein professioneller Tiertrainer, der wissenschaftlich anerkannte Trainingsprinzipien eingesetzt hat, um über 140 verschiedene Spezies zu trai-

nieren, erklärt es schlicht: „Training ist eine mechanische Kunstfertigkeit."
Das Problem setzt ein, wenn wir die *Fertigkeit* des Trainings mit der Beziehung
selbst verwechseln. Es ist möglich, extrem gute Trainingsfertigkeiten zu haben
und nur ein geringes Gefühl für Beziehung; andererseits beweisen Millionen
von Hundebesitzern täglich, dass es möglich ist, über geringe oder keine technischen Trainingsfähigkeiten zu verfügen und trotzdem eine tiefe, bewegende
Beziehung zu einem Tier zu haben.

Obwohl Training mechanisch sein kann, halte ich es zumindest für bedauerlich, dass viele Trainer versuchen, es allein auf diese Stufe zu reduzieren. Wir
mischen keine Chemikalien, die vorhersehbar reagieren. Wir haben mit zwei
lebenden, einzigartigen Wesen zu tun, deren Wege sich kreuzen. Wenn man
Training als eine rein mechanische Angelegenheit ansieht, geht man davon
aus, dass die Ergebnisse vorhersehbar sind, so wie die Erdanziehungskraft
einen geworfenen Stein zur Erde zieht. Jeder erfahrene Tiertrainer wird Ihnen
jedoch bestätigen, dass Tiere nicht völlig vorhersehbar sind, genauso wenig
wie Menschen.

Wenn wir unsere Hunde als Organismen verstehen, die auf bestimmte
Weise reagieren, vorausgesetzt, wir setzen rechtzeitig den entsprechenden Reiz
ein, nehmen wir eine sehr mechanische Perspektive ein, die keinen Raum für
die geheimnisvollen und wundervollen Möglichkeiten einer tiefen Verbundenheit lässt, da sie diese nicht erklären kann. Obwohl wir die Dinge genießen, die die Newtonsche Physik ermöglicht – unsere Autos, Flugzeuge, Brü-
cken und Häuser – müssen wir uns anderem zuwenden, um Nichtdingliches
oder Vorgänge zu verstehen, wie zum Beispiel die Vorgänge unseres Körpers
oder eben Beziehungen. Wenn wir versuchen, die miteinander verflochtenen
biologischen und ökologischen Systeme unseres Planeten zu verstehen, die
Geheimnisse der Verbindung zwischen Körper und Seele zu enträtseln oder
ein tieferes Verständnis unserer Beziehungen zu anderen zu erlangen, versagen
die starren, mechanischen Regeln der Newtonschen Physik. Unsere Welt
besteht nicht nur aus Ursache und Wirkung, sondern aus dynamischen Wech-
selwirkungen, bis hin zu den Zellen unseres Körpers. Wie Candace Pert in
ihrem Buch *Moleküle der Gefühle* aufzeigt, erzeugen unsere Gedanken definier-
bare physiologische Veränderungen in unseren Körpern. Die Biochemie der

Zellen hilft, den Charakter unserer Gedanken zu prägen. Es ist eine nahtlose Integration der Informationen, sodass es unmöglich ist zu bestimmen, wo sie beginnen oder enden. Eine Beziehung ist - in ihrem Kern - ebenfalls eine nahtlose Integration von Informationen. Durch die Wahl, eine Beziehung zu einem anderen Wesen einzugehen - selbst eine oberflächliche -, öffnen wir uns für den dynamischen Prozess des Sendens und Empfangens von Informationen.

Die Idee zu akzeptieren, dass Qualität ein dynamisches Ereignis ist, das wir kreieren können, ist eine schwere Bürde der Verantwortung und gleichzeitig die größte aller Freiheiten. Wir können diese Möglichkeit gedanklich von uns weisen und sagen: „So ist das nun mal", als ob das Leben und unsere Wechselbeziehung mit anderen eine Art emotionales Wetter sind, auf das wir keinen Einfluss haben. Schlimmer noch, wir können unsere Hände hochhalten und in Bezug auf das Verhalten anderer sagen: „So sind sie nun mal", als ob wir keinen Einfluss auf das Verhalten anderer hätten, die uns umgeben. Beide Reaktionen sind genauso in den Beziehungen zwischen Menschen und Hunden wie in menschlichen Beziehungen verbreitet. In beiden Fällen übernehmen wir nicht die Verantwortung für unsere Welt und machen uns vor, dass wir irgendwie abseits von unserem Leben und unseren Beziehungen zu anderen stehen können. Obwohl bei der Hundeausbildung der Schwerpunkt auf dem Verhalten des Hundes liegt, ist es beinah unmöglich, den Hund von der Beziehung zwischen dem Hund und seinem Menschen zu trennen, was wiederum bedeutet, dass wir als Teil der Beziehung Verantwortung und Möglichkeiten in Bezug auf unser eigenes Verhalten haben. Das Qualitätsereignis können wir aktiv wählen, jeden Tag, jedes Mal, wenn wir mit unseren Hunden zusammen sind.

SONNENUNTERGÄNGE IN DISNEYLAND

Pirsigs zweites Buch *Lila oder Ein Versuch über die Moral* betrachtet das Konzept der Qualität genauer und definiert zwei grundlegende Arten von Qualität: statische und dynamische. Statische Qualität ist vorhersehbar, wiederholbar und umfasst meistens Menschen oder Sachen, nicht Menschen und andere Lebewesen. Disneyland ist ein Beispiel für statische Qualität. Bewusst in Klimaregionen angesiedelt, die viel gutes Wetter bieten, werden die Attraktionen von Disney sorgfältig kontrolliert, um sicherzustellen, dass alle Besucher, soweit möglich, die gleiche Erfahrung machen, zumindest in Bezug auf das, was angeboten wird. Niemand kann die innere Reaktion der Besucher steuern. Ich hatte eine starke Abneigung gegen Disneyland, konnte jedoch nicht in Worte fassen, warum ich es eintönig, fast steril fand. Jahre später, als ich Pirsigs Buch las, verstand ich, dass ich die statische Qualität der Erfahrung ablehnte.

Diese statischen Erfahrungen bzw. Erfahrungen mit fester Qualität üben eine enorme Anziehungskraft auf viele Leute aus. Wie der Erfolg von Disneyland und anderen Veranstaltungsorten beweist, hat statische Qualität ihren Wert. Es würde Ihnen schwer fallen, einen Durchschnittsmenschen zu überreden, Eintritt für einen Freizeitpark zu bezahlen, in dem er nicht sicher sein kann, ob er Micky Maus zu sehen bekommt, in dem möglicherweise auf dem Hauptweg keine Parade stattfindet und in dem die Fahrgeschäfte unter Umständen geschlossen sind. Die statische Qualität der angebotenen Erfahrung ist der Reiz. Menschen fühlen sich sicher, wenn sie wissen, was sie erwartet, wenn sie die Ereignisse und Erfahrungen, die auf sie zukommen, ziemlich gut einschätzen können.

Statische Qualität kann angenehm sein, sie kann uns gefallen und dazu führen, dass wir uns gut fühlen, aber sie hat ihre Grenzen. Selten berührt sie unsere Seele. Oft akzeptieren wir das nur Statische, weil es weniger Energie von *uns* erfordert, da es weniger von uns fordert. In Bezug auf Beziehungen kann uns die Erwartung oder der Wunsch nach statischen Erfahrungen unempfindlich machen für die komplexe Schönheit eines anderen. Im schlimmsten Fall sind solche Erwartungen destruktiv, da sie der Beziehung weder gerecht werden, noch sie bereichern. Für einige ist ein Hund kein lebendiges, atmendes Wesen mit Bedürfnissen und Erwartungen, sondern etwas, was sie „haben" können, wenn sie Lust haben, sich damit zu beschäftigen. Wie alles Lebende verleihen sich Hunde nicht für Momente statischer Qualität. Sie sind keine Geräte, Möbel oder Instrumente, die darauf warten, dass wir sie benötigen. Eine gute Stereoanlage kann uns jedes Mal, wenn wir einen Knopf drücken, tolle Musik bieten. Sie können einen Hund jedoch nicht ein- und ausschalten wie ein Radio, abhängig von Ihren Wünschen im jeweiligen Moment, und ihn den Rest der Zeit ignorieren. Einige Leute versuchen das dennoch.

Jeder Hundetrainer kann Geschichten von Leuten erzählen, die einen Hund möchten und Rat suchen, welche Art von Hund der richtige für sie ist. Auf Nachfrage berichten die Leute in aller Ernsthaftigkeit, dass sie einen Hund möchten, der freudig acht bis zehn Stunden pro Tag alleine bleibt, nie etwas zerstört, seine Blase und seinen Darm perfekt kontrolliert, sich freut, sie zu sehen, und nur einen kurzen Spaziergang um den Block benötigt, bevor er ihnen ruhig Gesellschaft leistet. Sie fragen: „Welche Art Hund soll ich mir zulegen?" Die richtige Antwort lautet: „Einen Plüschhund." Eine Zeit lang gab es in Amerika einen Fernsehwerbespot mit einer ähnlichen Situation und Antwort. Möglicherweise gibt es einen Markt für eine Hundeversion des Begleitservice. Sie könnten zum Beispiel am Telefon nach einer schönen Blondine fragen (Golden Retriever), die Sie zu einem Picknick im Park begleitet. Brauchen Sie an einem Nachmittag einen vierbeinigen Spielkameraden für die Kinder? Fragen Sie nach Nanny, dem Neufundländer, der zusätzlich als Bodyguard dient. Fühlen Sie sich unsicher, während sich Ihr Ehepartner auf Reisen befindet? Mieten Sie Günther, den Wachhund – er wird natürlich nur für die wenigen Stunden geliefert, die Sie seinen Service benötigen. Wie jede professionelle Begleitung wären diese Hunde tadellos gepflegt und angenehme Begleiter, hätten gute Manieren und würden eine „hochwertige Hund-Mensch-Erfahrung" garantieren. Sobald Sie kein Bedürfnis mehr nach einem Hund haben, könnten Sie ihn zurückgeben und Ihren normalen Tagesablauf wieder aufnehmen: Das Vergnügen des Zusammenseins mit Hunden ohne die Verantwortung. Allerdings auch nicht die seelenvollen Momente dynamischer Authentizität. Diese sterile, statische Annäherung an Hunde ist nicht so weit hergeholt, wie es scheint. In ihrem Buch *The Animal Attraction* berichtet Dr. Jonica Newby, dass in Tokio Hunde stundenweise gemietet werden können. Außerhalb von Peking können Hundeliebhaber, die keinen Hund halten können, spezielle Hundefarmen besuchen. Beide Fälle sind übrigens mehr auf den Druck des städtischen Lebens und der Gesellschaft zurückzuführen, der Hundehaltung zu einem außergewöhnlichen Luxus macht, der für viele unerreichbar bleibt, nicht auf den oberflächlichen Wunsch, die Komplexität eines mit Tieren geteilten Lebens zu vermeiden.

Dynamische Qualität ist unvorhersehbar und nicht wiederholbar. Wahrscheinlich macht die Einzigartigkeit der dynamischen Qualität sie so intensiv und bedeutungsvoll für uns. Momente dynamischer Qualität treten scheinbar zufällig auf: ein spektakulärer Sonnenuntergang; ein Rotfuchs, der aus dem Wald tritt und uns anschaut; ein märchenhafter Baum, der in Schnee gehüllt ist; der plötzliche Bogen einer Sternschnuppe am Himmel. Es gibt außerdem weniger eindrucksvolle und genauso bewegende Momente: Der Klang eines Kindes, das vor sich hin singt; das seidige Gefühl eines Hundeohrs zwischen den Fingern; der warme Druck eines Körpers, der sich an uns schmiegt; der süße Geruch von Regen im Frühling.

Momente dynamischer Qualität, Momente, die die Fähigkeit haben, unsere Seele anzurühren, sind überall um uns herum. Sie sind unvorhersehbar, sie erfordern von uns nur eins, damit wir sie erfahren können: Wir müssen zur Verfügung stehen. Da die dynamische Qualität aus uns heraus kommt, ist sie überall dort, wo wir sind, wenn wir offen sind für die Erfahrung, bereit, danach zu suchen, interessiert und wachsam, was in uns und um uns herum passiert. Veranstalter von Verlosungen liegen falsch: Im Leben *muss* man anwesend sein, um gewinnen zu können. Wenn wir gebannt vor den Abendnachrichten sitzen, sehen wir den Sonnenuntergang nicht. Wir sind auch nicht bereit, unsere Hunde oder jemand anderen, den wir lieben, zu sehen. Wir müssen die Momente dynamischer Qualität aktiv suchen, indem wir offen dafür sind und sie bemerken, indem wir in dem Moment da sind, indem wir uns in die Welt einbringen und durch die Welt gehen. Jeder Moment dynamischer Qualität ist nur durch Folgendes möglich: Sie sind da und Sie bemerken ihn. Ist der Blick eines Rotfuchses weniger durchdringend, wenn Sie nicht dort sind? Vielleicht. Was jedoch möglich ist, wenn sich Ihr Blick mit dem des Fuchses kreuzt, ist nur möglich, wenn Sie dort sind. Potentielle Begegnungen sind überall um uns herum, doch manchmal marschieren wir durch unseren Tag, ohne uns jedes vergehenden Moments bewusst zu sein, bewegen uns in dem vorgegebenen Schritt, der nicht dem natürlichen Rhythmus oder dem unseres Herzens entspricht, sondern einem unnatürlichen, extern erzeugten Rhythmus, in den wir einfallen und an den wir uns halten. Das hat seinen Preis: Wir vermissen die Momente echter Verbundenheit, die dynamischen Momente. Hunde erinnern uns daran, dass dynamische Qualität nur im Jetzt stattfinden kann.

An die, die fasziniert sind von den unendlichen Möglichkeiten dessen, was passieren kann, wenn wir die dynamische Qualität unserer Beziehungen zu Hunden und anderen pflegen, ist die einzige Anforderung das ständige Bewusstsein, dass wir in jedem Moment die Möglichkeit haben, einen Moment der Qualität herbeizuführen. Dazu müssen wir uns vollständig in den Moment einbringen, unser Bewusstsein und unsere Neugier selbst in den einfachsten Augenblick der Verbundenheit investieren. Nichts im Leben ist umsonst, aber unser Einsatz wird reich belohnt durch tiefgehende und bewegende Bindungen an unsere Hunde und außerdem eine starke Verbundenheit mit der Natur um uns herum und mit unserem tiefsten Inneren.

5

SPAZIERGÄNGE MIT HUNDEN

Da Sie mich nach Gesellschaft fragen ...
Hügel – Sir – und der Sonnenuntergang
– und ein Hund – so groß wie ich selbst.
EMILY DICKINSON

Im Juni sind die Felder unseres Hofs erfüllt vom Dröhnen der Heuerntemaschinen. Diese lärmende Bewegung von Mensch und Maschine erscheint chaotisch, aber hinter dem Traktor fließt wie eine kühle grüne Welle eine ordentliche Reihe Heu, sanft aufgehäuft, um vor der Bindung in Ballen zu trocknen. Den ganzen Tag liegen Dieseldämpfe als sonnendurchflutete Dunstschleier über den Feldern, verschwinden jedoch mit der kühlen Brise des Abends. Ein Moskito summt neben meinem Ohr, als ich durch die Leere zwischen den frischen Haufen gehe, an den kommenden Winter denkend, wenn diese einfachen Gräser die Bäuche unserer Rinder füllen werden.

Für meine Hunde gibt es keine Gedanken an Rinder und Winter. Sie zeigen nur flüchtiges Interesse für die gemähten Bereiche, durch die ich gehe, aber sie bewegen sich mit einer für dieses vertraute Feld ungewöhnlich erscheinenden Intensität an den langen Heuhaufen entlang. Methodisch arbeiten sie Reihe für Reihe durch, die Schwänze wedeln heftig und werden für einen Moment ruhig, während sie etwas herunterschlucken, bevor sie weiterziehen. Ich weiß, hinter was sie her sind, erzähle es Besuchern jedoch häufig nicht, die es für eine ländliche Szene halten. Die Hunde suchen und fressen die unglückseligen Opfer der Heusaison. Mäuse, Vögel, Schlangen, Hasen, Maulwürfe und Frösche sind im trocknenden Gras zu finden. Meine Hunde haben gelernt, dass die Heusaison Überraschungsmahlzeiten bietet.

Trotz der Intensität ihrer Suche, trotz aller gefundener Delikatessen (für Hunde), vergessen sie nie, dass wir zusammen sind. Zwischen einem Maul voller Mäuse blicken sie auf, um zu sehen, wo im Feld ich mich befinde. Manchmal setze ich mich hin und beobachte zufrieden ihre Suche. Dabei denke ich an die Geschichten von Füchsen und Kojoten, die Farmern folgen, die Heu machen. Die einfache Ausbeute der Heuhaufenküche ist kein Geheimnis, das nur meine Hunde kennen. Manchmal bewege ich mich jedoch nur aus Notwendigkeit durch ein Feld. Während ich gehe, verlieren die Hunde mich genauso wenig aus den Augen wie ich sie. Wir teilen die Verantwortung des Zusammenseins. Wenn sie feststellen, dass ich in den Nadelwald gehe und die Richtung zum Fluss einschlage, nehmen sie einen letzten, geheimnisvollen Happen und rennen mir nach. Obwohl sie umherziehen, auf der Suche nach einem verlockenden Geruch oder um heftig dort zu markieren, wo ein Kojote in der Nacht seine Nachricht hinterlassen hat, kommen die Hunde zurück zu mir, wenn ich einen anderen Pfad einschlage oder anhalte, um einen im Schatten der Nadelbäume wachsenden Flecken Lebermoos zu untersuchen. Wir sind bei jedem Schritt zusammen, ohne Worte zu benötigen, aneinander gebunden durch die unsichtbare Leine des Herzens, unverkennbar miteinander verbunden.

EINE ENTSCHEIDUNG VON BEIDEN

Die Baseballgröße Yogi Berra fasste es sehr schön zusammen: „Sie können durch einfaches Beobachten viel bemerken." Er hatte Recht - wenige Sachen sagen mir so viel über die Qualität der Bindung zwischen einem Menschen und einem Hund, wie das, was ich beobachten kann, wenn sie einfach miteinander gehen. Das klingt so einfach - mit einem Hund zusammen zu sein, während man geht. Was ich mit „miteinander" meine, ist eine Verbundenheit, die sich nicht einfach definieren lässt, aber deren Fehlen sofort deutlich wird. Es ist die Entscheidung der beiden, zusammen zu sein; nicht eine Frage dessen, jemanden mit einer Leine und einem Halsband an Sie zu binden.

Bei meinen Seminaren stehe ich normalerweise so, dass ich sehen kann, wie die Leute mit ihren Hunden das Gebäude betreten. Zu Hause beobachte ich, wie die Leute ihre Hunde aus dem Auto lassen und auf mich zugehen. Wenn es einen einzigen kurzen Moment gäbe, der eine Beziehung festhält, wäre es möglicherweise dieser: wie ein Mensch zusammen mit einem Hund geht.

Meine Freundin Rosemary ist von Illinois herüber gekommen, um einige Tage mit ihren vier Hunden bei uns auf der Farm zu verbringen. Sie ist müde von der langen Fahrt, und nachdem wir uns umarmt haben, fragt sie, ob sie mit den Hunden spazieren gehen kann. Als sie die Seitentür ihres Vans öffnet, redet sie leise mit ihren aufgeregten Hunden. Obwohl sie gute Reisende sind, haben sie nach fünfzehn Stunden genug davon, eingesperrt zu sein. Während sie sich in den Van lehnt, um die Leinen zu holen, sehe ich die Nase von Teddy über ihrer Schulter erscheinen. Seine Nasenflügel weiten sich, während er den Geruch der Farm in sich aufnimmt. Neben Rosemarys Hüfte streckt Zena ihre schwarze Nase heraus, und obwohl ich nur wenig von ihrer ergrauenden Schnauze sehen kann, weiß ich, dass sie erfreut über die Ankunft zappelt.

Als alle Leinen sicher befestigt sind, tritt Rosemary zurück. Die Hunde sind erwartungsvoll, aber halten sich zurück und warten auf ihr leises „ok". Als es kommt, springen sie aus dem Van, mit fliegenden Läufen und Schwänzen, ihre Ohren, Augen und Nasen versuchen, die ganze Farm auf ein Mal aufzunehmen. Trotz ihrer Aufregung verlieren sie sie nicht aus den Augen und ziehen nicht an den Leinen. Als sie die Tür des Vans schließt, schauen sie zu ihr auf, als wollten sie fragen: „Bist du jetzt soweit?" Während sie warten, ungeduldig, aber höflich, sortiert sie sorgfältig die Leinen in ihrer Hand und sagt: „Gehen wir." Dann gehen sie – miteinander.

Es überrascht nicht, dass Rosemary eine gute Beziehung zu ihren Hunden hat. In jedem Moment der Interaktion mit ihnen macht sie ihnen und jedem, der sie beobachtet, klar, dass sie wirklich mit ihnen zusammen ist. Die Hunde wiederum sind deutlich bei ihr, ob in den ruhigen, leeren Momenten oder wenn sie eine Aufgabe erfüllen. Wenn Schwierigkeiten auftreten, sind sie auf fehlerhafte Kommunikation zwischen Rosemary und ihren Hunden oder auf die Unfähigkeit von ihr oder ihnen zurückzuführen, auf diese Weise zusammenzuarbeiten, nicht auf einen Mangel an deutlicher Führung oder auf Konflikte in der Beziehung selbst.

Der Spaziergang mit einem Hund bietet aus gutem Grund Stoff für Cartoons. Die ewige Frage, wer wen spazieren führt, amüsiert nur oberflächlich, genau wie Witze über Pantoffelhelden nur oberflächlich witzig sind. Wenn man sie auf einer tieferen Ebene untersucht, ist nichts Lustiges an Beziehungen oder straff gespannten Leinen. Vielleicht liegt der Witz in der ironischen Tatsache, dass Beziehungen nicht immer so sind, wie wir sie uns erhoffen, oder darin, dass andere die gleichen Schwierigkeiten mit ihren Hunden, Ehepartnern, Kindern oder Chefs haben wie wir. Eigentlich ist uns jedoch peinlich bewusst – wenn wir uns einen Moment Zeit nehmen, darüber nachzudenken –, dass eine unausgewogene oder frustrierende Beziehung kein Grund zum Lachen ist.

Wie wichtig ist die Qualität der Bindung? Wie entscheidend ist es, grundlegend zu lernen, wirklich mit einem Hund zu gehen? Es kann tatsächlich eine Frage von Leben und Tod sein. Die Hauptursache für Todesfälle von Hunden in der westlichen Welt sind Verhaltensprobleme – inakzeptables, nicht kontrollierbares, unangemessenes Verhalten. Nicht Krankheiten, nicht Autounfälle, nicht Vernachlässigung oder Tierquälerei. Obwohl argumentiert werden könnte, dass die mangelnde Ausbildung und Erziehung eines Hundes eine Form von Vernachlässigung und Tierquälerei ist; vor allem dann, wenn er sich auf Grund dessen nicht angemessen verhalten kann und die daraus resultierenden Probleme zu seiner Abgabe oder sogar Einschläferung führen. Wenn wir keine gute Beziehung zu unseren Hunden entwickeln, lassen wir sie auf die schlimmste aller Arten im Stich, und sie zahlen möglicherweise mit ihrem Leben für unseren Fehler. Ob wir es nun zugeben oder nicht, wir verraten viel über unsere Beziehung zu unseren Hunden, wenn wir einfach mit ihnen gehen. Entschuldigen wir das Verhalten unserer Hunde? Ignorieren wir sie? Lassen wir uns hilflos wie Gepäck hinterherziehen? Sind wir wirklich bei ihnen, wenn wir mit ihnen gehen, zeigen wir Aufmerksamkeit für ihre Kommentare und Interessen, sind wir bereit zu helfen, sie zu verteidigen oder bei Bedarf zu beruhigen? Die Trainerin Sherry Holm hat eine wunderbare Sicht auf das einfache Gehen mit Hunden: Gibt es ein Gleichgewicht zwischen Hund und Mensch, oder fließt die Energie zu sehr in eine Richtung? Das Ziehen an der Leine ist im Grunde genommen ein Austausch von Energie. Wenn zwei harmonisch miteinander gehen, gibt es ein Gleichgewicht, das sanft zwischen den beiden hin und her schwingt. Wenn sich beide zusammen auf ein gemeinsames Ziel zu oder mit einer gemeinsamen Aufgabe bewegen, bewegt sich die Energie nicht einseitig in eine Richtung.

Stellen Sie sich vor, Sie müssten, egal wohin Sie gehen, die Hand eines menschlichen Freundes halten und er ihre. Stellen Sie sich nun vor, dass er bei jedem Schritt stark zieht. Würden Sie gerne mit so einem Freund gehen? Zu einem solchen Freund würden wir sagen: „Warum kannst du nicht einfach bei mir bleiben? Geh einfach nett neben mir, dann gehen wir gemeinsam."

Wie ist die Verbindung zu Ihrem Hund? Fühlen Sie sich herumgezogen? Als ob Sie kämpfen müssen, um den Hund zu führen oder zu leiten? Führt der Gedanke an einen Spaziergang mit Ihrem Hund zu Freude oder zu leichter Frustration? Es ist sehr lästig, bei einem Spaziergang ständig kämpfen zu müssen, und nur wenige von uns werden von ihrem Hundefreund gerne am Arm gezogen (manchmal ziemlich fest). Bei unseren Hunden denken wir möglicherweise, dass wir nicht sagen können: „Geh einfach nett neben mir", oder wir wissen nicht, wie wir es unserem Hund mitteilen können. Wenn wir die Leine als etwas betrachten, das unseren Hund nur zurückhalten soll, damit er sicher ist, sehen wir Ziehen vielleicht nur als Endergebnis des Konflikts zwischen dem, was der Hund tun möchte, und dem, was die Leine ihm erlaubt. Wir finden uns mit dem Kampf ab, ohne zu realisieren, dass er nicht nötig ist, ohne uns bewusst zu machen, dass wir möglicherweise die Qualität unserer Beziehung mindern.

Meiner Meinung nach ist das Ziehen an der Leine ein grundlegender Punkt, der die Beziehung zwischen Mensch und Hund auf vielen Ebenen widerspiegelt und beeinträchtigt. Wenn man es im Zusammenhang mit der gesamten Beziehung sieht, enthüllt dieses Ziehen Störungen in der Qualität der an beiden Enden der Leine gegebenen und erhaltenen Aufmerksamkeit und sagt etwas über den Grad der aktuellen Zusammengehörigkeit von Hund und Hundeführer aus. Ich kenne niemanden, der gerne von einem Hund herumgezogen wird. Obwohl Hunde ziehen, bezweifle ich, dass sie das vergnüglich finden – es ist schwer vorstellbar, dass es Spaß macht, gewürgt zu werden. Da sie nicht unsere Perspektiven und unsere Möglichkeiten haben, die Situation zu ändern, halten die Hunde es möglicherweise für einen unausweichlichen Teil des Spaziergangs an der Leine, besonders da wir entgegenkommenderweise unsere Rolle spielen.

Man braucht zwei für einen Tango und zwei zum Ziehen. Eine frustrierte Hundebesitzerin erzählte mir einst, dass ihr Hund immer ohne Grund zieht. Einer solchen Eröffnung konnte ich nicht widerstehen und fragte lieb: „Immer? Ohne Grund?" Sie nickte entschieden: „Ohne Grund! Das macht mich verrückt." Als ich sie fragte, ob der Hund auch zieht, wenn er nicht an der Leine ist und im Garten herumtollt, sah sie mich empört an: „Natürlich zieht er dann nicht." Ich fragte nach: „Er zieht also nur, wenn er an der Leine ist? Was passiert, wenn Sie die Leine fallen lassen? Zieht er dann noch immer?" Sie war jetzt etwas verärgert über den Verlauf der Unterhaltung und antwortete in scharfem Ton: „Natürlich nicht. Ich muss die Leine halten..." Sie stoppte, als ihr aufging, dass der Hund, damit er ziehen konnte, etwas oder jemanden haben musste, an dem er ziehen konnte. Es war ihr nie aufgefallen, dass sie zu dem Problem beitrug. Sie hatte es einzig als ein Problem ihres Hundes angesehen.

Niemand von uns wäre erbaut, jemanden zu sehen, der seinen Hund oder sein Kind die Straßen entlang zieht – so etwas spricht für die Gefühllosigkeit der Person oder dem Mangel an Respekt gegenüber dem herumgezogenen Hund oder Kind. Wir denken jedoch nicht über den Hund nach, dem sein Mensch erlaubt, ihn die Straße entlang zu ziehen. Wir denken nicht über den durch das Ziehen implizierten Mangel an Respekt nach oder den Mangel an Führung, der dazu führt. Um es einfach auszudrücken, wir verbringen zu viel Zeit damit, einfach über die Länge der Leine an den Hund gebunden durch das Leben zu gehen, statt miteinander verbunden durch unsere Aufmerksamkeit.

In den nicht geplanten Augenblicken

Auf dieser einfachsten Ebene, dem gemeinsamen Gehen, enthüllen wir die Höflichkeit und den Respekt der nicht geplanten Augenblicke des Lebens. Ich bin nie so interessiert daran, wie ein Mensch und sein Hund zusammen an einer bestimmten Aufgabe arbeiten, wie daran, wie sie in den dazwischen liegenden Momenten zusammen sind, wenn kein Ziel ihr Verhalten bestimmt oder prägt. Die Konzentration auf eine Aufgabe – besonders eine, die vergnüglich oder so anspruchsvoll ist, dass sie die volle Aufmerksamkeit erfordert – kann viel verbergen und den falschen Eindruck vermitteln, dass alles in Ordnung ist. Zeigen Sie mir nicht, was Ihr Hund tun kann, wenn Sie ihm einen Befehl geben, zeigen Sie mir nur, wie Sie mit ihm eine Straße entlanggehen, dann weiß ich viel mehr.

Wenn eine hohe Qualität vorhanden ist, ist das unverkennbar. Zwischen den beiden Partnern fließt Aufmerksamkeit, Gegenseitigkeit und Respekt, der sich in allem zeigt, was sie tun. Einfache Gesten enthüllen eine Welt und sagen mehr über eine Beziehung, als uns vielleicht klar ist. Ob bewusst oder unbewusst schauen wir auf die Qualität der Bindung, um die Beziehungen um uns herum zu beurteilen. Ich sehe in miteinander gehenden Hunden und Menschen das grobe Schema der Beziehung, eine kurze Übersicht über die Qualität der Bindung zwischen einem Menschen und einem Hund. Dieser kurze Blick auf das gemeinsame Gehen von Mensch und Hund erlaubt keinen Rückschluss auf die gesamte Beziehung. Aus langer Erfahrung habe ich jedoch gelernt, dass das gemeinsame Gehen überraschend zuverlässige Vorhersagen über das zulässt, was sich zeigt, wenn ich mehr über die Beziehung erfahre.

„Wie können Sie die Beziehung zwischen einem Hund und einem Menschen nur auf dieser Grundlage beurteilen?", protestieren Sie nun. „Sie sehen nur einen aufgeregten Hund, der einer neuen Situation ausgesetzt ist, angeregt von dem neuen Ort, anderen Hunden oder den Aktivitäten um ihn herum."

Ich würde antworten: „Genau das sehe ich – und wie der zugehörige Mensch mit dem Hund in dieser Situation umgeht, wie der Hund und der Mensch miteinander arbeiten."

Eine Klientin, Margaret, besuchte unsere Farm für eine Beratung mit ihrem fünfzehn Monate alten Deutschen Schäferhund „Luger". Am Telefon hat sie mir von ihren Schwierigkeiten bei der Arbeit in einem Hundekurs erzählt, wie ihr Hund bellt und sich auf andere Hunde stürzt, und wie inkonsistent er beim Obedience trotz seiner erheblichen Intelligenz und Sportlichkeit arbeitet. Wenn sie seine Aufmerksamkeit bekommt, ist er kooperativ, aber es ist schwierig, seine Aufmerksamkeit aufrechtzuerhalten. Sie hat große Hoffnungen für Luger, benötigt aber Hilfe für diese Trainingsprobleme.

Ich stand auf der Veranda und beobachtete, wie sie die Autotür öffnete. Luger stürzte sich auf die Öffnung, aber Margaret war darauf vorbereitet. Sicher und geschickt fing sie den Hund am Halsband und schob ihn mühsam zurück ins Auto, wobei sie mit ihrem Körper den Fluchtweg verstellte, während sie seine Leine befestigte. Es schien, als habe sie Übung mit diesem Manöver. Das Wort „bleib" drang an mein Ohr, die ersten Male gedämpft, aber beim zehnten Mal war es laut genug, und ich war ziemlich sicher, dass ich es richtig verstanden hatte. Schließlich trat sie einen Schritt zurück, und der Hund schoss wie eine Revolverkugel aus dem Auto, mit schneller Bewegung und der Nase am Boden. Hinter sich her zog er, wie unerwünschtes Gepäck, Margaret, die versuchte, auf den Füßen zu bleiben und gleichzeitig Luger unter Kontrolle zu halten.

„Er ist schrecklich aufgeregt, hier zu sein!", schrie sie mir zu, während Luger sie bei der Erkundung des Vorgartens hinter sich her zog. Schließlich wurde der Garten für Luger langweilig. Da er nichts Besseres zu tun hatte, wandte er seine Aufmerksamkeit Margaret zu, die ihn zur Vordertreppe führte, auf der ich die letzten Minuten gesessen hatte. Ich sagte zu Margaret, dass er ein sehr schöner Hund sei, und sie strahlte vor Freude über das Kompliment. Ich fügte hinzu, ich könne sehen, dass sie tatsächlich ein Problem habe, seine Aufmerksamkeit zu gewinnen. In diesem Moment entschloss sich der große Hund, zum Auto zurückzukehren und zog seine Besitzerin so plötzlich zur Seite, dass sie an eine Eule erinnerte, als sie den Kopf zu mir drehte und in aller Ernsthaftigkeit fragte: „Wie kommen Sie darauf? Sie haben ihn doch noch nicht arbeiten sehen."

Gemeinsamkeit entsteht nicht durch Nähe (andernfalls würden alle Leute in einem überfüllten Aufzug schnell Freunde werden), obwohl wir Nähe als Ersatz für Gemeinsamkeit nutzen. Genauso wie wir das Halten der Hand eines Kindes oder der Leine eines Hundes als Ersatz dafür nehmen, ihnen Aufmerksamkeit zu widmen. Um ehrlich zu sein, ersetzen wir mit der Leine häufig die Aufmerksamkeit für unsere Hunde. Folglich ersetzt die Leine bei unseren Hunden ebenfalls die Aufmerksamkeit für uns. Im Wesentlichen schließen wir den Bedarf an echter Aufmerksamkeit unsererseits aus, während wir dem Hund unabsichtlich beibringen, dass er uns nicht viel Aufmerksamkeit schenken muss – wir befinden uns am Ende der Leine. Das scheint keine so schlechte Situation zu sein. Der Hund ist sicher zurückgehalten, und wir bewegen uns scheinbar gemeinsam weiter. Mit dieser harmlos wirkenden Handlung des Anbindens des Hundes an uns und das „gemeinsame" Gehen auf diese erzwungene Art beginnen wir, die Beziehung zu schwächen. Wir haben uns damit für eine geringere Qualität der Bindung zwischen uns und unseren Hunden entschieden.

Letzten Endes kann uns diese Entscheidung zu einem späteren Zeitpunkt Probleme bereiten, in Momenten größerer Intensität und Wichtigkeit als bei einem einfachen gemeinsamen Gehen. Stellen Sie es sich so vor: Dadurch, dass wir unseren Hunden erlauben, uns zu ziehen, schwächen wir immer wieder die Gemeinsamkeit. Wir haben dann kein Recht, überrascht zu sein, wenn der Hund in anderen Situationen, wenn wir es wirklich möchten oder er wirklich aufmerksam und mit uns sein muss, ein wenig aus der Übung ist.

Eine gesunde Beziehung weist, egal unter welchen Umständen, immer eine ziemlich gleichmäßige Qualität auf. Wir würden befremdet auf eine Frau reagieren, die behauptet, dass ihr Mann zu Hause sehr gute Manieren hat, in der Öffentlichkeit jedoch zu aufgeregt ist, um sich höflich zu benehmen. Wir wären skeptisch gegenüber Eltern, die behaupten, dass sie sich zu Hause gewissenhaft um die Bedürfnisse ihrer Kinder kümmern, wenn sie im Park unaufmerksam und nicht dazugehörig erscheinen. Wenn es von der Situation oder den Umständen abhängige, erhebliche Schwankungen in der Qualität der Bindung zwischen Ihnen und Ihrem Hund gibt, ist Ihre Beziehung vielleicht nicht so stark, wie sie sein könnte.

Gegenseitige Aufmerksamkeit – vom Hund für den Hundeführer und vom Hundeführer für den Hund – sollte in jeder Situation die erste und stärkste Reaktion sein. Diese Aufmerksamkeit herzustellen erfordert Zeit, Training und fleißiges Üben. Eine Leine kann dabei als Sicherheitsnetz fungieren, für die Hindernisse, die damit unweigerlich verbunden sind, vielleicht sogar als Hilfe beim Start einer Unterhaltung ohne Worte. Vielleicht müssen wir unsere Sprache verändern, sodass wir nicht länger den Hund „spazieren führen", sondern uns bewusst entschließen, mit liebevoller Aufmerksamkeit „gemeinsam unterwegs zu sein".

Vergessen Sie nicht – der Hund hat seine eigenen Ansichten. Würde er gefragt, würde er möglicherweise berichten, dass Sie ihm zu Hause liebevolle, sorgfältige Aufmerksamkeit schenken, Sie jedoch draußen, unterwegs, sehr abgelenkt sind, sogar leicht reizbar, und er es ermüdend findet, Sie mit nach draußen zu nehmen. Während er sich zu mir herüberlehnt, damit Sie ihn nicht hören können, flüstert er mir vielleicht zu: „Und du solltest sehen, wie sie an der Leine zieht."

6

NEUANFANG

Es gibt keine Abkürzungen zu den Orten,
die es wert sind, aufgesucht zu werden.
AUTOR UNBEKANNT

Zu den Grundlagen zurückkehren zu müssen macht niemandem Spaß. Ich habe es in jedem Spiel und im Leben immer gehasst, den ganzen Weg zurück zum Startpunkt zu gehen und von vorne anzufangen. Wenn ich stattdessen auf meinem Kopf stehend „Ave Maria" rückwärts in der Sprache der Cherokee singen könnte, würde ich das viel lieber tun, als zum Anfang zurückzukehren. Von vorne beginnen zu müssen, die Lücken zu füllen, die man beim ersten Mal nicht ausgefüllt hat – das gehört nicht zu den Dingen, die irgendjemand, den ich kenne, gerne tut. Warum, fragen wir uns, können wir es nicht einfach von hier aus reparieren? Wir weisen darauf hin, wie viel wir bereits erreicht haben, wie weit wir bereits gekommen sind und fragen uns, warum wir so weit zurückmüssen. Tatsächlich ist es aber so, dass wir manchmal den ganzen Weg zurückgehen müssen, bis zum Anfang, dorthin, wo das Problem seinen Ursprung hat, um ganz von vorne zu beginnen.

Da ich die Bestürzung verstehe, die die „Neuanfangkarte" auslöst, verstand ich Kate, die einen sehr langen Weg für die Beratung auf sich genommen hatte. Sie sah mich ungläubig und etwas irritiert an. Als ich ihr in meiner Küche mitteilte, dass ein Schlüssel für die Verhaltensprobleme ihres Hundes darin lag, dass er an der Leine zieht, fiel es ihr schwer, das zu glauben.

Kate hatte ihren Hund, Angel, seit dessen Welpenzeit sorgfältig ausgebildet und wusste, wie man vieles tat. Doch sein Verhalten beunruhigte sie. Sie brachte ihn auf Grund der Intensität, mit der er sich auf Sachen konzentrierte, die er interessant fand, zu mir. Manchmal steigerte sich die Intensität nahezu zur Hysterie, wobei Angel wild am Ende der Leine sprang und schrie. Einige

Male hatte er sich losgerissen, um einen anderen Hund zu jagen. Obwohl er keinen Schaden anrichtete, war Kate alarmiert durch die Intensität der Jagd. Angel war von ihr selbst ausgewählt und aufgezogen worden und sollte ihr nächster Leistungshund werden. Sein Verhalten beschämte und verängstigte sie, sie hatte Angst, dass er aggressiv, außer Kontrolle und für die angestrebten Leistungen ungeeignet sei.

Bereit, neue Techniken zu erlernen, selbst lange, komplexe Trainingsmethoden anzuwenden, war sie sprachlos, als ich ihr sagte, dass sie zuerst zurückgehen müsse, um an der Grundlage ihrer Beziehung zu arbeiten. Zuerst musste sie lernen, wirklich mit ihm zusammen zu sein, wenn sie Zeit mit ihm verbringt, und darauf zu bestehen – sanft, ruhig –, dass er auch mit ihr zusammen ist. Ich teilte ihr mit, dass, wenn sie nicht seinen Geist für sich gewann, sie nur hoffen konnte, seinen Körper zu kontrollieren oder zumindest zurückzuhalten. Wenn sie jedoch mit ihm in Verbindung bleiben und ihm helfen konnte zu lernen, mit ihr in Verbindung zu bleiben, war alles im Rahmen ihrer gemeinsamen Fähigkeiten und Kenntnisse möglich.

„Ach, kommen Sie. Ich kann nicht einmal zählen, wie viele Hunde ich kenne, die immer ziehen, wenn sie aufgeregt sind. Viele von ihnen sind diesbezüglich viel schlimmer als Angel, verhalten sich aber nicht so wie er. Ich verstehe nicht, wie Sie sagen können, dass das zu seinem Verhaltensproblem beiträgt." Kate runzelte die Stirn und schaute mich entschlossen an.

Angel war intelligent und reagierte schnell, wie viele Hunde, mit denen ich gearbeitet habe – Hunde, die auf die kleinsten Veränderungen in ihrer Umwelt reagieren, wünschenswerte Eigenschaften bei einem Arbeitshund. Doch seine hohe Intelligenz ist ein zweischneidiges Schwert: Er reagierte fast sofort auf die Geste seiner Hundeführerin oder deren Kommando, allerdings auch genauso schnell auf andere Reize in seiner Umgebung, einschließlich der, von denen Kate wünschte, er würde sie ignorieren. Diese Hunde sind wie Maseratis, schön und schnell, sie müssen jedoch mit Vorsicht und Präzision gelenkt werden. Durch Reife, Erfahrung und Training lernen solche Hunde, gezielt zu reagieren und ihre Aufmerksamkeit angemessenen Angelegenheiten zuzuwenden. Aber Angel war noch jung. Außerdem war er impulsiv, leicht erregbar und unbeständig. Für ihn war die große Aufregung des Trainingskurses, Kates angstvolle Besorgnis, dass er einen anderen Hund angreifen könnte, und seine erhebliche Intelligenz eine schwierige Kombination.

Dass ihm erlaubt wurde, an der Leine zu ziehen, hatte einige unerwünschte Effekte: Angels Erregungsniveau stieg. Kate hing einfach an der Leine, sie entschuldigte das Ziehen als etwas, was einfach passierte, wenn ihr Hund aufgeregt war. Mit jedem Schritt erhöhte sich Angels Erregung, so dass Angel bereits stark erregt war, wenn er den Übungsplatz oder den nahe gelegenen Park erreichte, wo möglicherweise Hunde spielten. Durch ihr Verhalten als bloßer Anker hatte Kate ihre Führungsrolle aufgegeben, eine Abdankung, die vom Hund nicht unbemerkt blieb. Wenn sie schließlich ihr Ziel erreichten, raste Angels Herz und sein Adrenalinspiegel war sehr hoch. Aus rein physiologischer Sicht war er gut darauf vorbereitet, auf den Reiz – andere rennende Hunde – zu reagieren. Er stand dann beobachtend, wobei seine Aufregung von Minute zu Minute stieg, und vergaß bald Kate am anderen Ende der Leine. Wenn er schließlich seinen kritischen Zustand erreichte, explodierte er mit Bellen, Jaulen und Springen, was viele im Übungskurs als aggressives Verhalten ansahen. Unfähig, Kontakt zu seinem Geist aufzubauen, konnte Kate nur seinen Körper wegziehen, frustriert durch sein Verhalten, beschämt und enttäuscht. Das Ziehen an der Leine ist der Funken, der die Glut zum Brennen bringt. Alles andere, was passiert, ist Öl, das in das schwache Feuer gegossen wird, bis es flammend außer Kontrolle gerät.

Ich konnte die Ungläubigkeit in Kates Gesicht sehen, als ich ihr erklärte, dass hier, bei der Qualität der Bindung, die Probleme begännen und behoben werden müssten, obwohl wir eine Vielzahl von Techniken anwenden würden, um das zu erreichen. Zuerst müsse sie, um Angel helfen zu können, ihr Verständnis auf einer tiefen, fast philosophischen Ebene ändern. Dazu müsse sie sich entschließen, mit ihm zusammen zu sein, und darauf zu bestehen – sanft, aber konsequent –, dass er mit ihr zusammen sei. Selbst in den kleinsten Schritten musste sie die von ihr gewünschte Qualität der Bindung herstellen. Es gibt keine Möglichkeit, die „unwichtigen" Momente zu überspringen und die volle Aufmerksamkeit nur für die „wichtigen" Augenblicke zu reservieren, genauso wenig wie ein Bauunternehmen ein schönes Haus ohne ein solides Fundament bauen kann. Auf zahllose Arten, einige erscheinen anfangs bedeutungslos, musste sie die Beziehung aufbauen. Kate war nicht überzeugt, sie war jedoch höflich und stimmte zu, das zu überdenken und auszuprobieren. Ich konnte sehen, dass sie nicht überzeugt war und mich Reden nicht zum gewünschten Ziel bringen würde, und so bat ich Angel leise, mir zu helfen, Kate zu zeigen, was ich meinte. Ich leinte ihn an, und wir gingen nach draußen auf einen Spaziergang.

Da Angel gewohnt war, nach seinen Wünschen zu ziehen, war er überrascht, als ich begann, darauf zu bestehen, dass er nicht zieht. Da zwei nötig sind für das Ziehen (haben Sie jemals einen Hund gesehen, der zieht, wenn er nicht an der Leine ist?), gab ich ihm nichts, woran er ziehen konnte. Jedes Mal, wenn die Leine sich spannte, gab ich einen sanften Impuls an der Leine und löste dann die Spannung wieder. Zuerst beachtete er mich nicht. Das war nicht ungerechtfertigt – wir hatten uns schließlich gerade erst getroffen. Obwohl er höflich und freundlich war, hatte der Hund keinen Grund anzunehmen, dass ich von großem Interesse für ihn war oder etwas mit ihm zu tun hatte. Von ihm zu erwarten, auf Anweisungen von mir zu reagieren, wäre genauso arrogant gewesen wie zu erwarten, dass jemand, den ich gerade kennen gelernt und dem ich die Hand geschüttelt habe, meine Anweisungen befolgt, wie er sich verhalten oder benehmen sollte. Wir hatten keine Beziehung zueinander. Wie konnte ich dann einen Weg finden, eine Beziehung aufzubauen? Ich musste einen Weg finden, jemand zu werden, mit dem es sich lohnt zu arbeiten, jemand Interessantes und Lustiges. Ich nutzte seine Begeisterung für Bewegung, rief seinen Namen und rannte weg, ohne die Leine stramm werden zu lassen. Ich ermöglichte es ihm, mich einzuholen, bevor ich mich von ihm wegdrehte und in die andere Richtung rannte. Als er heftiger wurde, erlaubte ich ihm, mich zu „fangen" und bot Lob und schmackhafte Leckerchen, bevor wir fortfuhren. Er hielt es für ein wunderbares Spiel und reagierte bald schnell und freudig, wenn ich seinen Namen rief. Schon bald hatte ich große Schwierigkeiten, ihn zu überlisten, er beobachtete genau, wo ich war und was ich tat, hoffte, dass ich das Spiel wieder beginnen würde. Jetzt hatten wir eine Beziehung, wenn auch nur zarte Bande, und nahmen unseren Spaziergang wieder auf. Ich bestand noch immer darauf, dass er nicht zog, und wenn ich den Eindruck hatte, dass ich ihn verloren hatte, tanzte ich weg, rief ihn, bat ihn, wieder Kontakt zu mir aufzunehmen. Es funktionierte, jedoch nicht auf reibungslose, ununterbrochene Art. In einer Reihe von Fortschritten und Rückschritten benötigten wir fast zehn Minuten, um einige Meter zu gehen.

THANKSGIVING KOMMT FRÜHER

Ich entschied mich, mit ihm zum Stall zu gehen. Unsere Rinder, Hühner, das Schwein, die Katzen und Pferde sind eine hervorragende Ablenkung für die meisten Hunde. Ohne Konkurrenz um die Aufmerksamkeit des Hundes kann ich nur ein Stück weit lehren. Dem Hund beizubringen, selbst bei Ablenkungen mit mir in Verbindung zu bleiben, erfordert Ablenkungen. Die meisten Tiere, die bereits eine Weile mit mir verbracht haben, scheinen ihre Rolle als Lehrer zu verstehen, und passen ihr Verhalten auf so faszinierende Weise an, dass ich sie als Unterstützung von Kollegen interpretiere. (Obwohl die Mehrzahl meiner Tiere sich als ausgezeichnete Lehrerkollegen erwiesen hat, muss ich zugeben, dass Ziegen die Tiere zu sein scheinen, die sich mit dem Schüler genauso gerne einen Spaß erlauben, wie sie ihn unterrichten. Eine meiner Ziegen kann in bestimmten Trainingssituationen außerordentlich hilfreich sein, aber manchmal scheint sie der Möglichkeit, den Geist eines Hundes herauszufordern, nicht widerstehen zu können. Ich hatte einmal einen College-Professor, der ganz ähnlich war...)

Während wir gingen, plante ich, wo und wie ich Angel die verschiedenen Tiere vorstellen würde. Die Hühner bieten viel Bewegungen, aber keine Reaktion – sie beachten Hunde einfach nicht, solange sie nicht gejagt werden, wozu Angel keine Gelegenheit bekommen würde. Da man sich darauf verlassen kann, dass sie lebhaft scharren und picken, kann ich den angemessenen Abstand wählen, damit der Hund beginnt zu lernen, wie er selbst in der Anwesenheit von etwas so Faszinierendem wie einer Henne oder einem Hahn denken kann. Nach den Hühnern würde ich entscheiden, ob es an der Zeit ist, die Kühe zu treffen oder dem Schwein gegenüberzutreten. Ich würde seine Reaktion abwarten, beschloss ich. (Charlotte, das Schwein, ist eine intensive Erfahrung, ihre massige Gestalt und Furchtlosigkeit ist ein netter Gegensatz für Hunde, die angefangen haben zu glauben, dass sie die größten, gemeinsten Kreaturen in der Nachbarschaft sind. Ein Blick auf ein Schwein, das ihn ein-einhalb Meter überragt, hat schon mehr als einen Hund in einen neuen Geis-teszustand versetzt. Es ist nicht möglich, einem Hund zu erklären, dass kein Schwein auf Erden tatsächlich so groß ist, dass Charlotte auf ihren Hinterbei-nen steht und an ihrer Stalltür balanciert. Manchmal würde ich diese Informa-tion wohl auch dann nicht preisgeben, wenn ich es könnte, und stattdessen den erzieherischen Wert des Anblicks des größten Schweins der Welt seine wunderbare Wirkung zeigen lassen.)

Als wir um die Ecke der Auffahrt zum Stall einbogen, wurde mir klar, dass ich bei meinen Überlegungen, wie ich die Tiere der Farm am besten für Angel einsetzen könnte, die Truthähne vergessen hatte. Mit einem leisen Stöhnen wurde mir klar, dass das ein Problem werden könnte. Diese Truthähne sind selbstbewusste Tiere. Unendlich interessiert an dem, was auf der Farm vor sich geht, ist es manchmal schwierig, irgendetwas ohne ihre „Hilfe" zu errei-chen. Ihre aktive Teilnahme ist nicht immer erwünscht und manchmal gera-dezu Besorgnis erregend, wie an dem Tag, als John in den Stall ging und dabei einem Truthahn begegnete, der einen Schraubenzieher nach draußen trug. (Wir fragen uns noch immer, wie der Vogel an das Werkzeug kam, ob er wusste, wie man es benutzt, und was er damit vorhatte.) Da sie seit ihrer Ankunft als kleine Küken mit unseren Hunden vertraut sind, haben sie keine Angst vor Hunden. Unsere Truthähne finden Hunde faszinierend und nähern sich neuen Hunden mit Interesse und einem verhängnisvollen Funkeln in den Augen. Wenn ihnen eine unhöflich forschende Hundenase zu nahe kommt, picken sie diese scharf mit ihrem kräftigen Schnabel, und mehr als einmal hat eine Gruppe von sechs oder mehr Truthähnen einen Hund einge-kreist, wie eine Straßengang aus Schlägertypen eine alte Frau – mit schlechten Absichten und vielleicht der Idee des Straßenraubs.

Jetzt kamen sie, um mir bei der Arbeit mit Angel zu helfen. Ich wusste, sie würden den Hund vor dem Näherkommen sorgfältig einschätzen und Abstand halten, es sei denn, sie hätten den Eindruck, sie könnten ihn ein-schüchtern oder sicher ignorieren. Es ist unendlich faszinierend für mich, wie schnell und genau diese Vögel jeden Hund, den sie treffen, einschätzen können. Ich wusste, dass die Truthähne auf ihre Sicherheit achten würden, wusste aber nicht, was Angel tun würde. Ich beobachtete die Truthähne und den Hund und ermahnte mich selbst, leise zu bleiben, ruhig zu atmen und abzuwarten, was der Hund tun würde. Obwohl ich entspannt war, war ich vorbereitet auf das, was passieren könnte, wenn ich die Situation falsch eingeschätzt hätte – ich würde den Hund einfach nur zurückhalten und ihn in einen truthahnfreien Bereich lenken, wo wir neu anfangen könnten.

Es war schon ein Anblick. Angel war wie angewurzelt stehen geblieben, eine Hundestatue mit großen Augen, als sechs Truthähne auf ihn zustolzierten, die entfernt an ein verhängnisvolles Thanksgiving-Fest erinnerten. In diesem Moment machten sich die zehn Minuten bezahlt, in denen ich darauf bestanden hatte, dass sich Angel beim Gehen auf mich konzentrierte. Ich rief seinen Namen, er drehte sich zu mir um und obwohl er noch immer von den Truthähnen fasziniert war, kam er mit mir, als wir uns wegbewegten. Während ich damit beschäftigt war, Angel zu erzählen, was für ein toller Hund er sei, kamen die Truthähne etwas näher, so dass ich, als wir uns wieder ihnen zuwandten, bestürzt feststellen musste, dass der Abstand geringer geworden war.

Obwohl Angel verständlicherweise an den Vögeln interessiert war, hüpfte er nicht herum und bellte nicht. Ein zufälliger Beobachter, der die Körpersprache von Hunden nicht versteht, hätte sogar denken können, dass er ruhig stand und beobachtete. Doch an der Bewegungslosigkeit seines Körpers (Steifheit ist vielleicht das bessere Wort), dem intensiven Aufstellen seiner Ohren und seinem Starren konnte ich erkennen, wie aufgeregt der Hund wirklich war. Er war innerlich auf dem Höhepunkt, eine Rakete, die eingeschaltet und geladen, jedoch noch nicht abgefeuert war. Jetzt musste ich ihn auffordern, mit mir in Kontakt zu bleiben – und durfte nicht warten, bis er explodierte. Ich rief seinen Namen, suchte nach dem Zeichen, das jeder Hund gibt, dass er Sie gehört hat. Es gibt fast immer eins – eine leichte Drehung des Kopfes, ein Ohr, das sich nach hinten in Ihre Richtung dreht, eine blitzschnelle Bewegung der Augen oder ein leichtes Schwanzwedeln – und manchmal kann es leicht übersehen werden. Doch es ist fast immer da. Als Angel kein Zeichen gab, dass er mich hören konnte, wusste ich, dass wir in dem Gefahrenbereich waren, in dem unsere Verbindung unterbrochen werden konnte, so dass nichts, was ich sagte oder tat, ihm helfen oder Orientierung geben konnte.

In diesen Situationen habe ich den Eindruck, dass es entscheidend ist, fair zum Hund zu sein. Ich hätte Angel einfach mit einem gezielten Ruck an der Leine von den Füßen ziehen können – er war so auf die Truthähne konzentriert, dass sein Körper nicht darauf vorbereitet gewesen wäre. Solche Techniken werden täglich von Ausbildern angewendet, die dem Hund beibringen möchten, *unter allen Umständen* aufmerksam zu sein. Einige beleidigen den Hund zusätzlich, indem sie ihn mit sanfter Stimme fragen: „Oh, was ist passiert? Warst du unaufmerksam?", nachdem sie den Hund von den Füßen gezogen haben. Doch was würde Angel dadurch lernen, außer, dass ich ihm ohne Warnung Schmerzen bereite? Ich kann ihm möglicherweise beibringen, dass es eine gute Idee ist, mir unter allen Umständen Aufmerksamkeit zu schenken, da ich offensichtlich psychotisch und nicht vertrauenswürdig bin; eine Lektion, die unsere Beziehung bestimmt nicht vertiefen würde. Es würde den Hund sicher nicht überzeugen, dass wir dies gemeinsam tun und dass wir gemeinsam einen Weg finden, mit allen auftretenden Situationen fertig zu werden. Alles am Verhalten des Hundes zeigte mir, dass ihm wirklich nicht bewusst war, dass ich ihn um seine Aufmerksamkeit gebeten hatte, er konzentrierte sich ausschließlich auf die Truthähne. Gewalt anzuwenden, um seine Aufmerksamkeit auf mich zu lenken, wäre extrem unfair gewesen. Außerdem hätte es meine Entscheidung widergespiegelt, den einfachen Weg einzuschlagen, statt den Weg zu wählen, der zu der von mir gewünschten guten Bindung zwischen mir und einem Hund führt.

ES TUT MIR LEID – ALLE LEITUNGEN SIND BESETZT, BITTE VERSUCHEN SIE ES ERNEUT

Bei einem Laborversuch wurde eine Katze mit Elektroden versehen, die den Forschern halfen zu erkennen, wenn vom Gehirn ein hörbares Signal wahrgenommen wurde. Wenn der Ton abgespielt wurde, reagierte das Gehirn der Katze mit einem Signal. Ton, Signal, Ton, Signal. Dann setzten die Forscher eine Maus vor den Käfig der Katze, sodass sie sie sehen, jedoch nicht erreichen konnte. Sie waren neugierig, wie das Gehirn der Katze die konkurrierenden Reize der Maus und des Tons verarbeiten würde. Ihre Theorie war, dass das Gehirn den Ton registrieren würde, dass die Katze diesen Reiz zu Gunsten der Maus jedoch bewusst ignorieren würde. Zu ihrer Überraschung registrierte das Gehirn den Ton überhaupt nicht, wenn die Katze sich vollständig auf die Maus konzentrierte. Es war, als ob der Ton in der Wahrnehmung der Welt der Katze in diesem Moment nicht mehr existierte. Warum sie das überraschend fanden, ist mir schleierhaft – es ist mir schon unzählige Male passiert, dass ich so auf eine Aufgabe oder ein Buch konzentriert war, dass ich das Telefon nicht klingeln hörte, das Pfeifen des Teekessels nicht wahrnahm oder die Annäherung eines anderen Menschen nicht bemerkte. Mich hat allerdings niemand gefragt...

Es ist schwierig – wenn nicht sogar völlig unmöglich –, mit jemandem zu kommunizieren, der mit den Gedanken nicht hier, sondern vollkommen woanders ist. Kommunikation ist einer der Grundpfeiler einer Beziehung, aber die Voraussetzung für Kommunikation ist ein Gefühl von Gemeinsamkeit. Wenn wir uns an einen anderen Menschen wenden und sehen können, dass er mit etwas anderem beschäftigt ist – zum Beispiel dem Fußballspiel im Fernseher, dem Ausgleichen des Kontos oder dem Dekorieren einer Torte –, sind wir so höflich, auch aus gesundem Menschenverstand heraus, unsere Frage oder unsere Bemerkung zu wiederholen oder ihm zu ermöglichen, seine Tätigkeit zu beenden, bevor wir um seine Aufmerksamkeit bitten. Wir verstehen, dass er mit seinen Gedanken woanders, nicht „bei uns ist". Wenn uns nicht klar ist, dass er beschäftigt ist – oder schlimmer noch, wir davon ausgehen, dass wir absichtlich ignoriert werden –, fühlen wir uns möglicherweise verletzt und sind verärgert, wenn wir keine Reaktion erhalten. Der andere wiederum kann sich zu Recht darüber ärgern, dass wir unhöflich darauf bestehen, dass er unterbricht, woran er arbeitet, um uns seine Aufmerksamkeit zuzuwenden.

Trotzdem ignorieren wir gewohnheitsmäßig unsere Hunde, wenn sie uns mitteilen, dass sie beschäftigt sind. Ich sage *nicht*, dass Sie hilflos warten sollen, bis Ihr Hund entschieden hat, dass er das Eichhörnchen lange genug angestarrt hat. Sie sollten die Tatsache respektieren, dass Ihre Anweisung, Ihre Aufforderung oder Ihr Kommando möglicherweise nicht wahrgenommen wurde. Unsere Reaktion darauf, ignoriert zu werden, sollte nicht identisch mit der Reaktion darauf, nicht gehört zu werden, sein. Um das zu kommunizieren, was Ihr Hund verstehen soll, müssen Sie einen Weg finden, seine Konzentration auf etwas anderes zu unterbrechen und sie wieder auf sich zu lenken. Auf der grundlegenden Ebene besagt die mangelnde Aufmerksamkeit Ihres Hundes, dass Sie möglicherweise an der Qualität der Bindung arbeiten sollten. Doch Gewalt anzuwenden, um die Aufmerksamkeit eines Hundes zu erlangen (es sei denn, es geht um eine Frage von Leben und Tod) ist genauso verrückt, wie jemandem einen Klaps auf den Kopf zu verpassen, wenn er nicht reagiert, weil er mit seinen Gedanken gerade woanders war. Hunde müssen sich über unsere plötzliche und unvorhersehbare Gewalt gegen sie wundern – ich weiß nicht, wie sie unsere Handlungen sonst deuten könnten. Und sie lernen, diese unvorhersehbare Gewalt zu fürchten und uns gegenüber misstrauisch zu werden.

Dass der Hund zu vertieft ist, um Sie zu hören, ist eine bedeutende Information. Eine faire Reaktion ist es, die Situation zu berücksichtigen und zu versuchen, sie etwas zu ändern.

In Angels Fall war die Nähe zu den Truthähnen einfach zu viel – er konnte nicht gleichzeitig mir und ihnen Aufmerksamkeit schenken. Wie Edisons Bemerkung nach einem weiteren fehlgeschlagenen Versuch, einen Glühfaden herzustellen – „Jetzt kennen wir neunundneunzig Arten, wie man keine Glühbirne herstellt." –, hatte ich einige nützliche Informationen, die ich bei der nächsten Gelegenheit anwenden konnte. Es ist keine Frage von Aufsässigkeit seitens des Hundes, nur die Faszination, die von den größten Vögeln ausgeht, die er in seinem Leben jemals zu Gesicht bekommen hat. Denken Sie an ein vier oder fünf Jahre altes Kind, das zum ersten Mal in seinem Leben Micky Maus trifft – hätten Sie dessen volle Aufmerksamkeit oder wären Sie von untergeordneter Bedeutung für ein Kind mit großen Augen und offenem Mund, das gerade von Angesicht zu Angesicht einer riesigen Maus gegenübersteht? Manchmal vergessen wir, wie verblüffend die Welt für ein Wesen sein kann, das ganz in der Gegenwart lebt, statt „erwachsen" Erfahrungen einfach mit einer oberflächlichen Beurteilung abzutun, wie wir es oft machen. (Es ist schade, dass das Erwachsensein nicht zu tieferen Erfahrungen und intensiverer Freude über unsere Welt führt, sondern zu dem apathischen Glauben, dass wir bereits alles kennen und erlebt haben.) Angels Besitzerin Kate war nicht versunken in die volle Erfahrung, wie Truthähne aussehen, wie sie sich anhören, wie sie riechen, sich bewegen, wie ihre Federn in der Sonne glänzen und wie ihre Hautwülste am Hals die Farbe wechseln, wenn sich ihre Emotionen ändern. Angel nahm das jedoch alles in sich auf, alle Sinne waren beansprucht. Obwohl eine derart intensive Konzentration unsere Pläne oder Ziele durchkreuzen kann, sollten wir vielleicht von Zeit zu Zeit mit unseren Hunden gemeinsam die Welt mit echtem Staunen in unseren Augen und unserem Herzen betrachten.

Da ich wusste, dass Angel fast nur noch die Truthähne wahrnahm, versuchte ich etwas beharrlicher, seine Aufmerksamkeit zu erlangen, indem ich Impulse an der Leine gab, mit den Fingerspitzen auf seinen Kopf tippte, leicht durch die Haare an seinem Hinterteil fuhr – alles, um seine Aufmerksamkeit zu erhalten, sodass wir uns zurückziehen konnten, zusammen, zu einem Abstand, der es Angel erlaubte, sowohl die Truthähne *als auch mich* zu beachten. Die Qualität und der Zweck meiner Berührungen und der Art, wie ich die Stimme einsetzte, waren genauso, wie sie gewesen wären, wenn ich versucht hätte, die Aufmerksamkeit eines befreundeten Menschen auf mich und weg von etwas Faszinierendem zu lenken. Es ging um Beharrlichkeit; nicht darum, Wut und Ärger loszuwerden, geschweige denn dem Tier Schmerzen zuzufügen. Ich wollte nur zu ihm durchdringen, so wie jemand wiederholt auf Ihren Arm tippt, bis Sie das Signal schließlich bemerken.

Ich achtete auf die gleichen Dinge, auf die ich auch bei einem befreundeten Menschen geachtet hätte – dass sich die Augen mir zuwenden, wenn auch vielleicht nur vorübergehend, oder der Kopf oder der Körper sich mir zuwendet, obwohl die Augen auf dem Reiz verbleiben. Beides würde eine Verschiebung weg von dem Reiz und hin zu mir anzeigen. Ich wusste, dass ich in dem Bruchteil einer Sekunde, in der Angel mir seine Aufmerksamkeit schenkte, in Worten und Taten eindeutig klar machen musste, dass ich begeistert war über die Reaktion. Ich musste auch versuchen, interessanter zu sein als sechs Truthähne – ich hatte mir also eine beachtliche Leistung vorgenommen, denn ich habe keine Schwanzfedern und Flügel und mein Hautwulst am Hals ist bei weitem nicht so rot und ins Auge stechend.

Bevor Kate mich aufsuchte, hatte sie (ohne Erfolg) eine Methode ausprobiert, die von einem anderen Trainer empfohlen wurde. Bei dieser Methode wurde darauf bestanden, dass Angel nur sie anschaut und alles andere um sich herum ignoriert. In der Theorie handelt es sich um die Unvereinbarkeit von Verhaltensweisen, ein Ansatz, der zumindest auf dem Papier sinnvoll erscheint. Ein Hund, der sich mit Verhalten X beschäftigt, kann nicht gleichzeitig Verhalten Y zeigen. In der Praxis ist das Lehren von Verhaltensweisen, die nicht mit einem Konkurrenzverhalten vereinbar sind, eine sehr effektive Lösung für einige Verhaltensprobleme. Zum Beispiel kann ein Hund, der zu einer bestimmten Stelle in der Küche rennt und dort auf ein Leckerchen wartet, wenn es klingelt nicht an der Eingangstür hochspringen und Postboten oder Besucher bedrohen. Eine Person, die im Fitnessstudio trainiert, kann nicht gleichzeitig zu Hause Eis essen. Der Einsatz unvereinbarer oder konkurrierender Verhaltensweisen funktioniert dann am besten, wenn die Alternativhandlung, die das unerwünschte Verhalten ersetzen soll, es dem Hund unmöglich macht (durch Abstand oder Körperhaltung), das unerwünschte Verhalten zu zeigen.

Für Hunde wie Angel versuchen Ausbilder diese Theorie so anzuwenden: Ein Hund kann nicht völlig auf seinen Hundeführer konzentriert sein und gleichzeitig etwas anderes machen. Tatsächlich stimmt das nicht ganz, und diese Methode funktioniert nicht bei allen Hunden. Ein Hund kann sehr wohl lernen, sein Gesicht und seine Augen auf den Hundeführer zu richten, während er gleichzeitig hört oder riecht, was um ihn herum vorgeht. Das können Sie doch auch, oder? Versuchen Sie es für einen Augenblick – schauen Sie von diesem Buch auf und blicken Sie jemandem in die Augen. Wenn gerade niemand da ist, stellen Sie sich vor, dort stünde jemand. Machen Sie den Eindruck, als ob Sie sich nur auf diese Person konzentrierten. Doch während Sie das tun, widmen Sie Ihre Aufmerksamkeit der Frage, ob Sie mit jedem Zeh einzeln wackeln können. Die Augen auf jemanden zu richten, bedeutet nicht automatisch, sich auf ihn zu konzentrieren, oder? Ein durchschnittlicher Mensch ist durchaus in der Lage, den Eindruck zu erwecken, dass er jemandem zuhört, während er im Geiste weit entfernt ist und über die Existenz des Heiligen Grals oder die Geschwindigkeit einer afrikanischen Schwalbe nachdenkt. Hunde können das auch, und sie tun es. Ich habe viele Hunde beobachtet, die pflichtbewusst, wie von ihnen erwartet, ihre Augen auf den Hundeführer richteten und gleichzeitig ihre Ohren drehten, alle Arten von Informationen aufnahmen und mit den Nasen sogar noch mehr wahrnahmen – alle diese Reize fanden ihren Weg in die Gedanken des Hundes, obwohl seine Augen ständig auf das Gesicht des Hundeführers gerichtet waren.

Es ist eine ziemlich beleidigende Annahme des Trainers, dass ein Hund seine Aufmerksamkeit nicht nach seinen Wünschen verteilen kann. Aus rein philosophischer Sicht habe ich Schwierigkeiten damit, einen Hund zu bitten, sich so zu verhalten, als sei die Welt um ihn herum nicht existent. Es erscheint mir geradezu beleidigend, darauf zu bestehen, dass ein Tier – oder überhaupt jemand – ignorieren soll, was ihm seine Sinne mitteilen, und gleichzeitig so tun soll, als ob alles in Ordnung ist. Das gilt insbesondere, wenn die Aufmerksamkeit eines Hundes auf Angst beruht, obwohl das bei Angel nicht zutraf. Wie die Hundetrainerin Turid Rugaas sagt: „Wenn du ein schleimiges, grünes Monster in der Ecke siehst, fällt es dir schwer, so zu tun, als ob da kein schleimiges, grünes Monster in der Ecke wäre."

In unseren Beziehungen zu geliebten Menschen kalkulieren wir die Erfahrungen anderer ein, versuchen, sie zu verstehen und vielleicht sogar ihre Sicht der Dinge zu übernehmen. Möglicherweise teilen wir ihre Ansichten, ihre Ängste und ihre Besorgnis nicht immer, aber wenn wir sie lieben, respektieren wir ihre Realität. Als Mami zustimmte, das Licht im Flur anzulassen, war das bestimmt nicht, weil sie Angst im Dunkeln hatte.

Von Natur aus ist nichts dagegen einzuwenden, dass ein Hund die Welt und das, was um ihn herum vorgeht, beobachtet. Die Welt kann ein sehr interessanter Ort sein, und wir wären mehr als nur ein wenig töricht (oder übermäßig kontrollierend), ein intelligentes Tier zu bitten, das Gegenteil vorzutäuschen. Es ist völlig in Ordnung, wenn ein Hund Truthähne oder irgendetwas anderes mit Interesse betrachtet. Die Welt ist faszinierend für ein intelligentes, bewusst lebendes Wesen. Es gibt einen Witz über einen Mann, der es nicht vermeiden kann, schöne Frauen anzusehen; die Pointe lautet: „Ich bin verheiratet, nicht blind." Ein Hund sollte ein Hund bleiben. Wenn er eine wirkliche Beziehung zu seinem Menschen hat und seinen durch Truthähne - oder andere verblüffende Sensationen - ausgelösten Drang kontrollieren kann, heißt das nicht, dass er die Welt, die ihn umgibt, nicht wahrnimmt.

Wenn keine tiefe Bindung besteht, wenn er den Drang nicht kontrollieren kann, sind die betroffenen Menschen verantwortlich, nicht der Hund. Wenn das Verhalten des Hundes wachsame Neugier und Interesse an seiner Welt übersteigt und er lästig, beängstigend, ängstlich oder sogar gefährlich wird, gibt es ein Problem, das auf der grundlegenden Ebene der Beziehung gelöst werden muss. Die Antwort besteht jedoch nicht darin, dem Hund das Recht zu verweigern, Hund zu sein, oder ihn vollständig vom Hundeführer abhängig zu machen. Ein Hundeführer, der darauf besteht, dass der Hund den Rest der Welt ignoriert, hat Angst, die Kontrolle über den Hund zu verlieren - genauso wie eine Frau, die ihrem Mann den Ellenbogen in die Rippen stößt, wenn er eine schöne Frau ansieht, unsicher und sich der Beziehung und ihrer selbst nicht sicher ist. Bei solchen angstvollen Kontrollbedürfnissen stelle ich mir immer Erik Eriksons provokative Frage: „Warum glauben wir, dass sich ein Gesicht abgewendet hat, wenn es nur woanders hinblickt?"

Unfähig, den Unterschied zwischen Interesse und ernsthafter Absicht zu erkennen, stellen einige Hundeführer ein starres Präventionssystem auf, das ihr Verständnis nicht erweitert, sondern einfach nur den Hund unzumutbar einschränkt und seine Persönlichkeit beschneidet. Ein Hund, der systematisch darauf trainiert wird, die Welt zu ignorieren, ist ein pelziger Roboter, kein lebendiges Wesen. Außerdem bietet dieser Ansatz dem Tier keine Strategien dafür, mit etwas fertig zu werden, keine neuen oder verbesserten Wege, mit einer Situation umzugehen. Der Hund wird dadurch völlig abhängig vom Hundeführer, in einer meiner Meinung nach ungesunden Weise, die den Wunsch des Menschen widerspiegelt, das Verhalten des Hundes zu kontrollieren, statt ihn so zu erziehen, dass er mit der Welt umgehen kann. Ein Vorgehen mit mehr Liebe, das mehr auf der Beziehung basiert, wäre es, das Tier zu erziehen, ihm zu helfen, eine gesunde, produktive Art zu finden, auf die Welt um sich herum zu reagieren, seine Ängste auszulöschen oder zumindest zu reduzieren – statt ihm vorübergehende Steck-den-Kopf-in-den-Sand-Lösungen zu bieten.

JA, ABER...

Unter Ausnutzung physiologischer Fakten schien es mir fairer und auf lange Sicht produktiver, Angel zu helfen, einen anderen Weg zu finden, mit Dingen umzugehen, denen er großes Interesse entgegenbringt. Wir wussten, dass sich Angels Erregung sehr wahrscheinlich steigern würde, je länger er die Vögel anstarrte – bis er womöglich die Kontrolle über sich verlor. Daher begannen wir jede Verschiebung seiner Aufmerksamkeit weg von den Vögeln zu ermuntern und zu belohnen. Anfänglich riefen wir dieses Verhalten hervor, indem Kate einfach wegging. Um mit der Faszination der Vögel konkurrieren zu können, musste sie dabei tanzen, stampfen und laut reden, und tatsächlich blickte Angel kurz über seine Schulter, um zu sehen, wohin sie ging – ein gutes Zeichen. Es war ein gutes Stück Arbeit, ihn dazu zu bringen, seine Aufmerksamkeit freiwillig von den Vögeln zu lösen. Wir sorgten mit reichlich Lob und Leckerchen dafür, dass es das wert war! Jedes Mal, wenn er zurückschaute, wurde die Fixierung für einen Moment unterbrochen. Mit jedem Schritt lernte Angel, dass er die Truthähne beobachten und gleichzeitig ein Ohr für Kate haben konnte.

Wir wollten keinen Roboter, der das Gefühl hat, dass es schlecht ist, Truthähne zu beobachten. Wir wollten daran arbeiten, einen Hund zu erhalten, der die Welt mit Neugier und Interesse betrachtet und gleichzeitig mit seiner Besitzerin in Kontakt bleibt, in der Lage und bereit, auf sie zu reagieren, wenn sie seine volle Aufmerksamkeit fordert. Daran arbeiteten wir eine Weile, und obwohl ich zufrieden über Angels Fortschritt war, war Kate weiterhin nicht überzeugt und nicht beeindruckt. Obwohl sie zustimmte, dass sich Angel bemerkenswert gut benahm, hatte sie den Eindruck, dass das zum großen Teil daran lag, dass Truthähne normalerweise nicht in seiner Welt lebten.

In seiner täglichen Umgebung geriet Angel außer Kontrolle, wenn er sah, wie andere Hunde herumtobten und sich wild benahmen. In dieser Situation würde er sich nicht so gut benehmen, und ich würde dann sehen, was sie meinte und wie verrückt er sich benehme. Ich konnte ihr nicht verständlich machen, dass, unabhängig vom Auslöser, ein hoher Erregungszustand ein hoher Erregungszustand ist und der Lösungsansatz und die Philosophie gleich sind. Daher bat ich John, uns eine Situation zu schaffen, von der Kate dachte, dass sie für Angel am schwierigsten sei. Alle unsere Hunde wurden auf unser eingezäuntes Grundstück gelassen. Wie erwartet und gewünscht gab es einen Chor aus warnendem Bellen von meinen Hunden, als sie mich mit Angel auf dem Rasen sahen, und Angel reagierte mit zunehmender Aufregung. Doch unsere Arbeit mit den Truthähnen zahlte sich aus; er war in der Lage und bereit, mit mir in Verbindung zu bleiben, saß ruhig, als ich ihn aufforderte, und beobachtete die Hunde lediglich mit Interesse. Ich war hocherfreut über seinen Fortschritt. Ich war daher sehr überrascht, als ich mich zu Kate umdrehte und ihr Stirnrunzeln sah. Ich fragte sie, ob sie das nicht für einen Fortschritt hielte, und an ihrer Antwort konnte ich erkennen, dass sie immer noch mit dem Konzept kämpfte, dass die Qualität der Beziehung die entscheidende Grundlage ist. Interessanterweise war sie erpichter darauf, Entschuldigungen zu finden, warum er sich *nicht* schlecht benahm, statt die vorliegenden positiven Änderungen zu akzeptieren: „Ja, aber sie sind nicht aufgedreht. Obwohl sie bellen, rennen sie nicht aufgeregt herum und spielen. Erst das lässt ihn wirklich explodieren."

Mit einem Blick auf Angel, der mich ansah, stellte ich zum x-ten Mal fest, was ich an der Arbeit mit Hunden am meisten mag: Ihre Bereitschaft, neue Wege zu akzeptieren und alte aufzugeben. Wenn Sie einem Hund einen bequemeren und produktiveren Weg zeigen, das Leben zu erfahren, ist er normalerweise gerne bereit, seine Verwirrung, seine Sorgen, seinen Ärger oder seine Angst für angenehmere Gefühle einzutauschen. Menschen wehren sich hingegen manchmal gegen Veränderungen. Mit einem innerlichen Seufzen sagte ich Kate, dass ich John bitten würde, herumzurennen und mit meinen Hunden Ball zu spielen und sie fast bis in eine Hysterie zu bringen. Meine Hunde spielten gerne mit und ihr übliches aufgeregtes, lautes Spiel, nur wenige Meter entfernt, auf der anderen Seite des Zauns, war für Angel entsprechend interessant. Er explodierte jedoch nicht und spielte auch nicht verrückt, sondern vergaß nur manchmal sitzen zu bleiben, wie ich ihn angewiesen hatte. Nach einer ruhigen Erinnerung setzte er sich prompt wieder hin, beobachtete das Spiel der Hunde, noch immer unverkennbar mit mir verbunden. Ich musste nur seinen Namen flüstern, damit er seine Aufmerksamkeit sofort von den Hunden weg und mir zuwandte. Schließlich musste Kate zugeben, dass an dem, was ich ihr gesagt hatte, etwas dran war. Sie entschuldigte sich dafür, sich dem Training gedanklich so lange widersetzt zu haben, und gab zu, dass sie auf der langen Fahrt nach Hause über vieles nachdenken müsse.

Neben meinem Tisch hängt ein schönes rotes Band. Manchmal tanzt es in einer leichten Brise, und die Goldbuchstaben auf der Rosette glitzern sanft und teilen mir mit, dass das Band für einen zweiten Platz in einem Wettbewerb vergeben wurde. Es ist ein besonderes Geschenk von Angel, das erste Band, das er jemals gewonnen hat. In dem Dankesschreiben, das das Band begleitete, teilte mir Kate mit, dass Angel im ersten offiziellen Wettbewerb, nur einige Monate nachdem er die Truthähne getroffen hat, mit Stil und Präzision einen gemeinsamen Tanz mit ihr aufgeführt hatte. Kate war nicht völlig überzeugt gewesen, dass dies jemals möglich sei, und bestimmt nicht so bald. Angel hatte den ersten Platz um nur einen Punkt verpasst, da er statt auf den Tisch zu springen und sich dort sofort hinzulegen, zuerst einen Blick unter den Tisch werfen musste, um zu sehen, was sich darunter befand. Kate hatte den Eindruck, dass ich verstehen würde, warum Angel das tat. Und das tat ich auch: Die Welt ist ein interessanter Ort.

Außer dem von mir in Ehren gehaltenen Band hat mir Angel ein viel größeres Geschenk gemacht, eines, das nur in meiner Erinnerung existiert. Es ist die Erinnerung an einen Moment, in dem wir mit den Truthähnen arbeiteten. Ich stand hinter ihm, rief sanft seinen Namen und wackelte leicht an der Leine, um zu sagen: „Komm mit mir, hier entlang." Sein schöner Hals wölbte sich, als er seinen Kopf reckte, um die Truthähne so lange wie möglich im Auge zu behalten. Obwohl ich über seine unschuldige Neugier lachen musste, bestand ich mit sanften Berührungen und Erinnerungen darauf, dass er mit mir in Kontakt blieb. Ich weiß, dass er hin- und hergerissen war, unwillig, diese dunklen, gefiederten Rowdys zu verlassen, die ihn ernsthaft an ihren Klunkern vorbei anstarrten.

„Angel", rief ich ihn erneut, und ein Ohr drehte sich nach hinten, um mir zu zeigen, dass er mich gehört hatte. Ohne die Augen von den Truthähnen zu lassen, ging er rückwärts in meine Richtung. „Braver Hund", sagte ich mit tief empfundener Ernsthaftigkeit; denn das war eine wirkliche Zusammenarbeit in einer sehr schwierigen Situation. Er ging einige weitere Schritte rückwärts und überraschte mich dann, indem er sich aufrichtete und auf den beiden Hinterläufen rückwärts ging, so dass er die Truthähne gut im Auge behalten konnte. Das war sein Gegenangebot zu meiner Aufforderung – er war bereit, mit mir zu kommen, bat im Gegenzug jedoch darum, die Truthähne weiter beobachten zu dürfen. Es war nicht nötig, dass er sich von den Truthähnen abwandte, ich brauchte nur seine Kooperation, und die hatte ich – auch wenn der Stil in diesem brillanten Kompromiss einmalig war. In jedem Fall stellte er mich zufrieden und amüsierte mich. Auf diese unübliche Art zogen wir uns zurück, Angel ging mit erstaunlicher Koordination auf den Hinterläufen rückwärts. Schließlich erreichten wir einen Punkt, von dem aus die Truthähne nicht mehr sichtbar waren, und Angel ließ sich auf alle viere fallen und wendete sich mir zu, mit einem Gesichtsausdruck voller Staunen und Freude. Angel tänzelte neben mir, lächelte zu mir auf, und es war deutlich, dass er dieses neue Abenteuer als großen Spaß empfunden hatte. Während wir die Auffahrt hinuntergingen, weg von den Vögeln, schaute Angel liebevoll über seine

Schulter zurück und dann zu mir auf, sein Schwanz wedelte. Ich hatte das Gefühl, ein widerstrebendes, aber im Grunde doch einverstandenes Kind aus Disneyland hinauszuführen.

Um die Schwachpunkte einer Beziehung in Ordnung zu bringen, müssen Sie am Anfang beginnen. Die Qualität der Bindung wird auf dem Fundament des aufmerksamen Bewusstseins hergestellt und repariert. Jeden Augenblick, den sie mit dem Hund verbringen, müssen Sie bewusst erleben und sanft und beharrlich auf gegenseitige Übereinstimmung und Zusammenarbeit drängen. Das ist nicht einfach und erfordert Nachdenken. Am wichtigsten ist jedoch der Wunsch – immer wieder – einen Augenblick der Qualität herbeizuführen, der wiederum ein aufrichtiges Engagement für eine echte Gemeinsamkeit mit dem Hund erzeugt.

Einige der Menschen, mit denen ich gearbeitet habe, haben angefangen, die Qualität ihrer Beziehungen zu anderen zu untersuchen, als sie lernten, bewusst mit ihren Hunden zusammen zu sein und wirklich zuzuhören, was sie ihnen über die Erfahrung des Augenblicks sagen.

Mit dem neuen, tief gehenden Bewusstsein des Unterschieds, der auf eine bewusste Entscheidung für das Herbeiführen eines Qualitätsereignisses zurückzuführen ist, begannen sie, ebenso liebevoll und aufmerksam mit ihren Freunden und ihrer Familie umzugehen.

Das Engagement für ein wirkliches Zusammensein mit Hunden ist für einige Menschen manchmal schwieriger als erwartet, da es in jedem Augenblick eine andauerndes und größeres Bewusstsein erfordert. Viele haben mir berichtet, wie erschöpfend sie anfänglich die Arbeit fanden, ihren Hunden wirklich tiefe Aufmerksamkeit zu schenken und sich ihrer bewusst zu sein. Auf dieser entscheidenden Ebene sind wir etwas aus der Übung. In unserer modernen Welt wird aufmerksames, rücksichtsvolles Zuhören nicht gefördert, stattdessen werden uns schnelle Abschnitte oder Zitate angeboten. Das mag für eine Kurzübersicht über die Nachrichten akzeptabel sein, ist aber nicht hilfreich für eine sinnvolle Beziehung. Das Geschenk der Aufmerksamkeit und der vollen Konzentration auf das, was wir sagen, ist so rar, dass, wenn uns jemand wirklich zuhört, wir oft freudig überrascht feststellen: „Er hört mir wirklich zu!"

Seltsamerweise schenken wir anderen häufig nur kurze Aufmerksamkeits-spannen, obwohl wir möchten, dass man *uns* lange und aufmerksam zuhört. Es ist traurig, dass etwas so Grundlegendes für eine liebevolle Beziehung oft so unvollständig vorhanden ist oder sogar fehlt. Wenn wir unsere Hunde verste-hen würden, würden wir anfangen zu begreifen, dass jedes Zusammensein mit ihnen die Möglichkeit bietet, wirklich in Kommunikation miteinander zu sein. Jede Unterhaltung beginnt mit einfacher Gemeinsamkeit, einer Bewegung weg von der Welt gezielt auf ein anderes Wesen zu. Nur wenn wir uns ent-schließen, ein Qualitätsereignis herbeizuführen, indem wir unsere volle Auf-merksamkeit einbringen, öffnen wir uns wirklich dafür, einen anderen zu hören.

7

DR. DOOLITTLE

„Eine Menge Leute reden mit Tieren", bemerkte Puh.
„Mag sein, aber ..."
„Aber nur wenige hören zu", fuhr er fort.
„Und das ist das Problem", schloss er.
BENJAMIN HOFF, TAO TE PUH

Man muss einen Mann, der eine Ente als Haushälterin hat, einfach lieben. Dr. Doolittle ist seit meiner Kindheit mein Held, weil er seinen Haushalt der verlässlichen Ente Jemima Pratschel-Watschel anvertraut. Als jemand, der bereits einige Erfahrung mit Enten hat (da war diese Stockente, die einige Monate in unserem Wohnzimmer lebte, fröhlich in der Badewanne schwamm und auf den Wellen tanzend Cheerios verspeiste), kann ich bestätigen, dass unsere schwimmfüßigen Freunde keine Könige der Reinlichkeit sind. Ich war noch nie ein Fan vom Staubsaugen und anderen Hausarbeiten, und zu meiner Verteidigung weise ich seit Jahren darauf hin, dass ich noch nicht die richtige Ente für eine ordentliche Haushaltsführung gefunden habe.

Um der Wahrheit die Ehre zu geben, weit mehr als seine Wahl der Haushälterin (sie trug immer einen Staubwedel bei sich) bewunderte ich seine Fähigkeit, mit Tieren zu reden. Die Möglichkeit, fließend die Sprache der Hunde und Pferde zu sprechen, war, meiner Meinung nach, das Beste. Die Vorstellung, dass es möglich ist, mit Tieren zu reden, war für mich nicht neu, als ich in jungen Jahren erstmals auf Dr. Doolittle stieß. Wie bei den meisten Kindern enthielten auch meine Bücher zahllose Tiere mit bemerkenswerten Persönlichkeiten und herausragender Intelligenz sowie der Fähigkeit zu sprechen. Die tierischen Helden der Bücher, die ich als älteres Kind las, verloren irgendwie – ohne dass es mir auffiel – die Fähigkeit zu sprechen. Der schwarze Hengst Black Beauty, die arme Flicka, der Collie Lad, Wolfsblut und viele andere kommunizierten auch weiterhin, allerdings wortlos. Mit ihren Gesten, ihrem Widerstand, ihrem Einverständnis, ihren Missetaten und ihrem heldenhaften Verhalten sagten diese Tiere sehr viel. Der rote Faden in all diesen und vielen anderen Büchern war, dass eine beeindruckende Kommunikation ohne ein einziges Wort möglich ist. In Jack Londons *Ruf der Wildnis* wird die stille Aussage äußerster Bereitschaft eines Hundes durch Bucks Kampf, einen mit immenser Last und der törichten Fracht menschlichen Stolzes beladenen Schlitten zu ziehen, ausgedrückt. Was könnten Worte mehr über Liebe und Treue aussagen, als eine Collie-Hündin, die Schottland durchquert, um zu ihrem geliebten Jungen zurückzukehren? Selbst wenn der Autor Eric Knight der Hündin eine Stimme gegeben hätte, hätte Lassie das, was sie sagte, indem sie erschöpft und halbtot vor dem Schultor ihres jungen Herrn lag, nicht beredter auszudrücken vermocht.

Behavioristen und kognitive Wissenschaftler würden vielleicht widersprechen, aber was wir in den Augen unserer Hunde sehen, ist mehr als tierischer Instinkt oder das antrainierte Verhalten eines dummen Tieres. Wir werden angesehen mit Intelligenz, Humor, Freude, Enttäuschung, Angst, Wut, Lust, Erwartung, Erleichterung, Neugier, Begeisterung, Langeweile, Resignation, Verwunderung, Kummer, Sympathie und – unbestreitbar – Liebe. Wenn wir einen Hund als Hund respektieren, sehen wir keinen anderen Menschen, der in einem Pelz gefangen ist, dazu verurteilt, an der Leine auf allen vieren durchs Leben zu wandern. Wir sehen ein anderes empfindungsfähiges Wesen – obwohl uns die Wissenschaft daran erinnert, dass es keinen „Beweis" dafür gibt –, das Gefühle hat und Erfahrungen macht, die unseren oft ähneln, jedoch auf einzigartige Art dem Wesen des Hundes entsprechen. Unsere Hunde sehen uns an, und wir können uns des Gefühls nicht erwehren, dass sie uns etwas sagen, dass sie uns tatsächlich mehr sagen, als wir verstehen. Und wir möchten es verstehen.

Was ist los, Lassie?

Seit der Zeit, als der erste Hund sich an die Feuerstelle wagte, haben Menschen und Hunde versucht, einander zu verstehen. Wir waren nicht immer erfolgreich, aber beide Seiten versuchen es weiterhin. Etwa vierzehntausend Jahre später erreichte die Kommunikation zwischen Mensch und Hund seinen bisherigen Höhepunkt in Lassie. Nicht einmal Rin Tin Tin war so beredt oder so gut in der Lage, so viel mit kurzem Bellen auszudrücken. Lassie musste nur mit einem fragenden oder eindringlichen Blick auf der Bildfläche erscheinen, um die Frage hervorzurufen: „Was ist los, Lassie?" Als Antwort sagte Lassie so etwas wie: „Wuff, hechel, winsel, wuff!", und Großvater oder Timmy wussten sofort, dass eine Gruppe hungriger Pfadfinder drei Kilometer von der Farm entfernt in einer verlassenen Mine festsaß und leichte (mit den Sinnen eines Hundes wahrnehmbare) seismische Aktivitäten anzeigten, dass der Hauptschacht der Mine in den nächsten fünfundzwanzig Minuten einstürzen würde. Unabhängig von der Situation, egal wie kompliziert sie war, fand Lassie immer einen Weg, sie den Menschen klar zu machen und sie zur richtigen Reaktion zu veranlassen.

Wenige Szenen waren so spannend und interessant für die Zuschauer wie die schrecklichen Momente, in denen, trotz Lassies Kommunikationsversuchen, die Menschen nicht zuhörten oder die Mitteilung falsch verstanden. „Was sind das doch für Idioten", murmelten wir und warteten auf ihre Erleuchtung. Der Regisseur der Serie achtete darauf, dass die Zuschauer die Situation genau verstanden, so dass Lassies Bellen auf wundersame Weise Bedeutung erhielt. Als jemand, der eine Sammlung von Lassie-Videos als Hochzeitsgeschenk bekommen hat, kann ich Ihnen versichern, dass Sie, wenn Sie die erste Hälfte der Folge verpasst haben und in dem Moment einschalten, in dem Lassie ihre dramatische Sprechrolle hat, keine Ahnung haben, was sie sagt. Sie fragen sich vergeblich, ob das die Folge ist, in der sich der Tiger von seinem Trainer losreißt, oder die Folge, in der der gierige Stadtmensch illegal den Wald abholzt. Ohne die Informationen aus der ersten Hälfte der Folge ergibt es keinen Sinn.

Wir möchten den Hund zu unseren Füßen ansehen und fragen: „Was ist los?", und wünschen uns darauf eine Antwort. Unsere Hunde sind jedoch nicht Lassie, und man kann wohl sagen, dass wir uns bei der Kommunikation mit unseren Hunden manchmal fühlen, als ob wir in der Mitte der Folge eingeschaltet hätten. Angesichts einer Reihe bedeutungsloser Bellgeräusche sehnt man sich nach Klarheit, wie in dem Cartoon, der einen Collie auf den Eingangsstufen zeigt, der die Hausfrau mit einem aus dem Maul hängenden Arm begrüßt. Die Frau fragt: „Was ist los, Lassie? Stimmt etwas nicht mit Timmy?"

Kommunikation ist eine entscheidende Zutat jeder Beziehung, doch unsere Erfahrung mit Menschen zeigt, dass Kommunikation, selbst zwischen zwei Mitgliedern einer Spezies, die die gleiche Sprache sprechen, nicht immer einfach ist. Bei einem Ausflug nach Washington, D.C., ging ich mit meinem Mann in der Nähe eines Spiegelbeckens zwischen dem Washington Monument und dem Lincoln Memorial. Während wir liefen, achtete ich auf die verschiedenen Bäume und Pflanzen entlang des Wegs. John sagte beiläufig: „Minze?", und sofort begann ich die gepflegte Fläche sorgfältig nach etwas abzusuchen, das wie Minze aussah. Es ist eine mir bekannte Pflanze, aber egal wie sorgfältig ich suchte, ich konnte nichts finden, was entfernt wie Minze aussah. Immer noch suchend hörte ich ihn erneut fragen: „Minze?" Frustriert wandte ich mich ihm zu, beinahe schon verärgert über seine überlegene Beobachtungsgabe. Als früherer Park Ranger und passionierter Gärtner ist er bekannt dafür, wilden Spargel aus einem 40 Kilometer pro Stunde fahrenden Auto zu erspähen. „Welche Art von Minze?", fragte ich irritiert. Verblüfft über meine plötzliche Stimmungsschwankung lächelte er vorsichtig und hielt mir das Pfefferminzbonbon hin, das er mir angeboten hatte.

Wenn wir die Komplikationen nicht nur einer anderen Sprache, sondern auch einer anderen Kultur hinzufügen, wird es noch schwieriger. Wenn jemand eine andere Sprache spricht, einer anderen Kultur und einer anderen Spezies angehört, sehen wir uns der vielleicht schwierigsten Herausforderung in Bezug auf Kommunikation gegenüber (ausgenommen vielleicht die Kommunikation mit einem durchschnittlichen Teenager). Wir wundern uns, wie wir mit einem Wesen kommunizieren können, das aus der Kloschüssel trinkt und dessen Sprache aus einer geheimnisvollen Mischung aus Knurren, Bellen und Schwanzwedeln besteht. Obwohl es verlockend (und einfach) ist, sich auf die Unterschiede zwischen uns und den Hunden als Ursache für die Probleme zu konzentrieren, liegt tatsächlich ein Großteil der Schwierigkeiten nicht an Missverständnissen in der Kommunikation mit Hunden, sondern vielmehr an uns selbst.

Viele der Probleme, die unsere menschliche Kommunikation komplizieren, gibt es auch in unserer Beziehung zu Hunden. Hund oder Tochter, Welpe oder Elternteil, Waldi oder Freund, wir müssen Wege finden, zu verstehen und verstanden zu werden; das ist die Natur der Kommunikation in jeglicher Form. Wir müssen nach Wegen suchen, unsere Unterhaltung von Respekt, Neugier über die Sichtweise des anderen, der Bereitschaft zuzuhören (selbst wenn wir nicht mögen, was wir hören) und Mitgefühl dafür, wie unsere Unterhaltungen aufgenommen werden und der Hörer beeinflusst werden könnte, leiten zu lassen. Wir müssen Wege finden, mit mehr als nur unseren Ohren zuzuhören. Zuhören bedeutet, alle Sinne auf die Mitteilung des anderen auszurichten, auf die Nuancen der Augen und Gesten, auf den Atem und den Körper. Um unsere Hunde hören zu können, müssen wir mit dem Herzen zuhören.

In einer liebevollen Beziehung müssen wir bereit sein, die Arbeit auf uns zu nehmen, ein Ereignis der Qualität zu wählen, im Bewusstsein, dass wir bei jeder Begegnung in eine der beiden möglichen Richtungen gehen: zu größerem Vertrauen, Verständnis und Intensität der Verbindung oder zu größerem Abstand zwischen uns und dem anderen. Die Wahl, wie wir mit unseren Hunden kommunizieren, verbessert unsere Beziehung oder schränkt sie ein. Die norwegische Hundetrainerin Turid Rugaas ist eine Pionierin in Bezug auf das Verstehen hundlicher Kommunikation, besonders die Beschwichtigungssignale betreffend – Gesten, die von Hunden verwendet werden, um Konflikte in der Kommunikation zu mildern oder gar nicht erst aufkommen zu lassen. Diese Gesten werden gegenüber anderen Hunden, gegenüber dem Menschen und auch gegenüber Angehörigen anderer Spezies gezeigt. Darauf hinweisend, dass wir in der Kommunikation mit unseren Hunden freundlich, neutral oder bedrohend sein können, stellt Turid Rugaas eine sehr gute Frage: „Warum sollten wir unseren Hund bedrohen wollen?" Bei jeder Kommunikation haben wir die Möglichkeit zu entscheiden, wie wir mit unseren Hunden kommunizieren wollen. Wenn wir sie lieben, sie respektieren, versuchen, ein Qualitätsereignis zu schaffen, dann haben wir auch die Pflicht, auf das zu hören, was sie sagen.

Unausweichlich in jeder Kommunikation ist, dass die Gemeinsamkeit in allen unseren Beziehungen, ob mit einem Tier oder einem Menschen, wir sind. Wie heißt es so schön: „Wo immer du auch hingehst, dort bist du." Zu einem überraschenden Grad beeinflussen unsere Vorstellungen, Erwartungen und Annahmen jede Kommunikation mit uns. Vor einigen Jahren zeigte ein bekanntes Experiment mit Lehrern, wie deren Erwartungen ihren Unterricht beeinflusste. Einer Gruppe Lehrer wurde mitgeteilt, dass ihnen die klügsten und begabtesten Schüler zugewiesen worden seien. Der anderen Gruppe wurde mitgeteilt, dass ihre Klassen aus langsam lernenden, schlechten Schülern bestünde. Tatsächlich wurden die Schüler den Lehrern nach dem Zufallsprinzip zugeordnet. Das Ergebnis war beunruhigend. Die Lehrer mit den „begabten" Schülern hatten die Testergebnisse und Fortschritte, die widerspiegelten, wie klug diese Kinder waren; die Lehrer mit den „langsamen Lernern" hatten Testergebnisse, die tatsächlich zeigten, dass ihre Schüler langsam lernten. Die Forscher fanden einen wichtigen Unterschied im Lehrverhalten der Lehrer auf Grund ihrer Erwartungen. Die Lehrer mit den „begabten" Schülern hielten mangelndes Verständnis der Schüler für ein Problem des Unterrichts. Da das Kind als begabt bekannt war, konnte die einzige Ursache dafür, dass es nicht lernte, nur der Unterrichtsstil sein. Diese Lehrer stellten auf jede erdenkliche Art sicher, dass sie erfolgreich mit den von ihnen als begabt angesehenen Kindern kommunizierten. Die Lehrer der „langsamen Lerner" hingegen sahen mangelndes Verständnis eines Schülers als das bedauerliche, aber unvermeidbare Resultat der eingeschränkten Fähigkeiten des Kindes an. Wenn die Schüler den Lerninhalt nicht verstehen konnten, änderten sie ihren Kommunikationsstil nicht.

Ein ähnliches Phänomen kann man bei Hundeliebhabern weltweit beobachten. Leute gehen häufig davon aus, dass bestimmte Rassen oder Hundetypen dumm, klug, stur, faul, aggressiv bzw. freundlich sind. Ihre Vorstellungen prägen dann ihre Handlungen, manchmal höchst ungünstig für den betroffenen Hund. Was wir als dumm oder stur bezeichnen, hat oft wenig mit der Intelligenz des Hundes zu tun. Tatsächlich sagen wir, wenn wir einen Hund als dumm, stur oder faul bezeichnen, dass er nicht mit uns übereinstimmt, dass er nicht tut, was wir von ihm wollen. Wenn wir versuchen, einen Hund zu zwingen, unsere spezielle Methode zu akzeptieren, und ignorieren, was er uns über die mangelnde Eignung dieser Methode für ihn mitteilt, sagen wir in Wirklichkeit, dass wir keine Lehrmethode kennen, die bei ihm funktioniert, und dass uns das eigentlich egal ist. Der Fehler liegt unserer Meinung nach bei dem sturen, dummen, dominanten, ängstlichen (wählen Sie ein beliebiges Adjektiv aus) Hund, nicht an unserem Lehrstil für ihn. Vieles am Hundetraining ist eher starr und unnachgiebig. Es erinnert an Prokrustes, eine Gestalt aus der griechischen Mythologie, der ein spezielles Bett besaß, von dem er garantierte, dass alle Gäste, die es ausprobierten, hineinpassten. Erstaunlicherweise stimmte das – da er zu kurze Gäste dehnte und zu lange und über das Bett hinaushängende Körperteile abhackte. Passte perfekt, immer! Das tun wir mit Hunden, dehnen sie unnatürlich, um sie unseren Trainingsanforderungen anzupassen, und stutzen die Teile, die wir nicht mögen oder die nicht in unser Muster passen.

Alles ist einfach Pfirsich

In einigen Seminaren lasse ich die Teilnehmer ein Spiel spielen, das ich *Obst und Gemüse* nenne. Es ist eine Variation eines Trainingsspiels von Karen Pryor und erinnert daran, wie viel wir bei unserer Kommunikation für selbstverständlich halten. Eine eindringliche Erfahrung, wie sich Hunde fühlen könnten, und ein überraschender Blick darauf, wie unsere Erwartungen Probleme schaffen können. Die Regeln sind einfach. Die Teilnehmer werden in Paare eingeteilt, jede Person erhält einen Zettel, der nur für ihre Augen bestimmt ist. Auf diesen Zetteln stehen drei einfache Verhaltensweisen, die eine durchschnittliche Person einfach ausführen kann, z. B. „Hüpfen", „Blinzeln" oder „einen Schuh ausziehen". (Die Zettel sind farblich gekennzeichnet, so dass jede

Person eines Paares andere Verhaltensweisen als der jeweilige Partner bekommt.) Das Ziel jeder Person („des Trainers") ist es, seinem Partner („dem Hund") beizubringen, diese drei Verhaltensweisen zu zeigen. Es gibt jedoch einen Haken: Sie dürfen ihre Partner nur mit den Bezeichnungen von Obst und Gemüse anreden. Es dürfen keine anderen Wörter benutzt werden. Die Kommandos, das Lob und selbst Negatives muss mit Namen von Obst und Gemüse ausgedrückt werden. Die Trainer dürfen alle Techniken anwenden (außer schmerzhaften), dürfen jedoch die menschliche Eigenschaft, etwas Gezeigtes nachzuahmen oder nachzumachen, nicht ausnutzen. Ein Trainer darf nicht auf einem Bein stehen und dann bedeutungsvoll seinen „Hund" anschauen – ein Mensch geht unweigerlich davon aus, dass er das Verhalten des Trainers nachmachen soll. (Obwohl Hunde nachahmen, das heißt das Verhalten anderer imitieren, reservieren sie das für Handlungen, die in ihrer Natur liegen und ihnen Spaß machen – zum Beispiel Graben, wie viele Gartenliebhaber zu ihrer Bestürzung feststellen, wenn Waldi beschließt, bei der Bepflanzung zu helfen.) Die „Trainer" müssen das gewünschte Verhalten formen und fördern, ohne es vorzumachen. Die „Hunde" können sich wie ein nicht angeleinter Hund verhalten – wenn sie sich langweilen, können sie weggehen; wenn sie bedroht werden, können sie jaulen und knurren (beißen ist nicht erlaubt).

Schnell erkennen die Teilnehmer eine grundlegende Tatsache der Kommunikation: Der größte Erfolg stellt sich ein, wenn die verwendeten Wörter von beiden Partnern verstanden werden. Angesichts von „Traube", „Karotte" oder „Rübe" (ein Gemüse, das häufig auftaucht) sind die Hunde oft sehr verwirrt. Eifrig suchen sie im Gesicht und in den Gesten des Trainers nach Hinweisen danach, ob „Apfel" ein Kommando ist, etwas verhindern soll oder ein Lob bedeutet. Das Wort selbst hat keine Bedeutung; die Körpersprache gibt dem Wort Bedeutung, so lernen auch unsere echten Hunde zu verstehen, dass „So ist es brav!" ein Lob ist und „bleib" bedeutet, dass sie sich nicht bewegen sollen.

Gleichzeitig greifen Trainer, die über den Mangel an angemessenen Reaktionen des „Hundes" frustriert sind, auf die von Touristen weltweit verwendete Methode zurück – angesichts der Verwirrung eines Zuhörers wiederholen sie oft einfach das Wort etwas lauter. Obwohl Lautstärke beeindruckend sein kann, führt sie nicht zu Klarheit. Die Trainer haben manchmal Schwierigkeiten, sich zu erinnern, was sie mitteilen wollen, und verwechseln die Wörter, sodass sie loben, wenn sie einen Befehl geben wollen, oder umgekehrt. Viele haben sich schon beklagt: „Das ist viel einfacher, wenn ich weiß, was ich meine!" Die Trainer können sich das Verhalten einfach vorstellen, doch sie müssen feststellen, dass es nicht einfach ist, es in einer bedeutungslosen Sprache mitzuteilen. Wenn wir wissen, was wir mit einem Wort meinen, nehmen wir natürlich häufig an, dass der Zuhörer – unser Hund – es auch tut. „Bei Fuß" und „Platz" sind für einen Hund aber ebenso bedeutungslos wie „Pfirsich".

Für eine erfolgreiche Kommunikation müssen wir die Stimmung des Zuhörers, seinen Grad des Verstehens und darüber hinaus seinen Kenntnisstand erfassen. Die aus unserer Kommunikation ausgeschlossenen Informationen nennt Tor Nørretranders in seinem Buch *The User Illusion* Exformationen. Diese sind ein genauso entscheidender Teil der Kommunikation, wie das, was wir tatsächlich sagen. Nørretranders merkt an, dass Informationen nicht sehr interessant seien, das Interessante an einer Mitteilung sei das, was passiere, bevor sie formuliert und nachdem sie empfangen wurde.

Wenn ich meinen Hund Grizzly frage: „Wo ist dein Bumper?", enthält diese Frage eine große Menge unausgesprochener Informationen, von denen ich weiß, dass er sie bereits besitzt. „Bumper" ist einfach der Schlüssel, der die von mir gewünschte Reaktion hervorruft, doch das funktioniert nur, weil er viel über ein helloranges Plastikrohr mit kleinen Verdickungen und einem Seil gelernt hat. Vor seinem inneren Auge (und zweifellos seiner inneren Nase) taucht nicht nur eine Darstellung der Sache selbst auf, sondern auch die Erinnerung und die Erwartung von damit zusammenhängenden angenehmen Erfahrungen. Für einen Hund, der diese Informationen nicht besitzt, ist die Frage: „Wo ist dein Bumper?" genauso bedeutungslos wie die Frage: „Wo ist Timbuktu?" Es gibt keinen Unterschied zwischen Grizzlys Reaktion auf das Wort „Bumper" und der Reaktion meiner Freundin Wendy, wenn ich sage: „Lass uns Eis holen!" Ich brauche ihr nicht zu erklären, dass wir dazu unsere Schuhe anziehen, Geld heraussuchen, zum Auto laufen, etwa drei Kilometer zu unserer bevorzugten Eisdiele fahren, uns anstellen, die Geschmacksrichtung und den Becher oder die Waffel auswählen und bezahlen müssen, bevor wir anfangen können zu essen. Ich brauche ihr auch nicht zu erklären, dass Eis das süße, sehr kalte, cremige Zeug ist, das es in verschiedenen Geschmacksrichtungen und Farben gibt. Das Wort Eis beschwört diese Informationen bei ihr herauf, ihr läuft das Wasser im Mund zusammen und sie stürmt vor mir aus der Tür. Wenn sie ein Außerirdischer wäre, der gerade mit seinem Raumschiff gelandet ist, müssten wir eine längere Unterhaltung führen, um die Exformationen zu übermitteln, die alle ungesagt blieben, in der Bemerkung „Lass uns Eis holen!" jedoch trotzdem enthalten sind.

Das ist eines der größten Probleme, die wir bei der Arbeit mit Hunden oder anderen Tieren haben. Wenn wir ein Wort als Kommando oder Anweisung sagen, enthält es für uns viele Exformationen. Da wir im Geiste sehr wohl wissen, was wir mitteilen möchten, vergessen wir, dass das, *was sich im Geist des Gegenübers befindet*, zum großen Teil bestimmt, wie die Reaktion auf unsere Mitteilung schließlich ausfällt. Häufig erfahren wir etwas von der Verwirrung, die unsere Hunde befällt, wenn jemand uns bittet: „Reich mir das Dingsda!" Das bedeutungsleere Wort bietet keine sinnvolle Information, da bei uns kein klares Bild oder Gefühl hervorgerufen wird. Für unsere Hunde ist Englisch, Deutsch oder jede andere menschliche Sprache bedeutungslos, nur Erfahrung hilft ihnen zu verstehen, was wir meinen, wenn wir ein Wort sagen.

Training ist eine Art, unsere Fähigkeit zu entwickeln, mit unseren Hunden zu kommunizieren (obwohl wir, wie in vielen Gesprächen mit Menschen, häufig mehr *zum Hund* sprechen als *mit ihm*). Wenn wir trainieren, erfinden wir unsere eigene gemeinsame Sprache, so dass wir, wenn wir „Ball", „bleib" oder „komm" sagen, beim Hund die zugehörigen Bilder, Gefühle oder sogar Gerüche wachrufen können. Der Hund seinerseits lernt Entsprechendes in uns wachzurufen – ein bedeutungsvolles Anstupsen des Türknaufs mit der Nase zeigt uns an, dass er nach draußen muss, und wenn er noch ein Welpe ist, ruft uns das vielleicht lebhaft in Erinnerung, wie unsere Teppiche aussehen werden, wenn wir diese Mitteilung ignorieren.

Mit ziemlicher Sicherheit liegt der häufigste Fehler in der Kommunikation darin, dass wir zu viel als selbstverständlich ansehen und vergessen, wie viel Exformationen sogar bei einer einfachen Bitte mitschwingen. Möglicherweise haben wir vor unserem inneren Auge einen vollständigen Film über das, was wir meinen, wenn wir „sitz", "bleib" oder „nein" sagen. Wenn wir jedoch nicht sicherstellen, dass der Hund diesen Film auch gesehen und verstanden hat, werden wir Probleme bekommen. Wir werden frustriert, ebenso wie der Hund. Sehr häufig fragen wir unsere Hunde nach dem Dingsda, und sie versuchen anhand dessen, was wir ihnen beigebracht haben, so gut es geht zu raten.

Meistens vermittelt das Obst-und-Gemüse-Spiel ein eindrucksvolles Verständnis, wie sich Hunde als Empfänger unserer Mitteilungsversuche fühlen. Viele Teilnehmer berichten, dass sie stark verwirrt waren, und ihnen ist anschließend bewusst, dass das Wort „Kartoffel" in dem Spiel genauso bedeutungslos war, wie es „sitz" wahrscheinlich für den Hund ist. „Kein Wunder, dass meine Hunde verwirrt aussehen." Andere finden heraus, was jedes Wort bedeutet, wenn sie jedoch einige Minuten später gebeten werden, Mango, Pfirsich und Kiwi auszuführen, sind sie häufig verwirrt, welches Wort für welche Handlung steht – obwohl sie die drei gelernten Verhaltensweisen klar verstanden hatten. Man kann sehen, wie sie die Verhaltensweisen sortieren und versuchen sich zu erinnern, welches Wort für welche Handlung steht; oft täuschen sie sich. Echte Hunde haben natürlich das gleiche Problem, wenn sie jedoch die Kommandos verwechseln, zum Beispiel ein Platz anbieten, wenn sie sitzen sollen, werden sie unter Umständen als ungehorsam oder sogar dominant, nicht als einfach verwirrt oder unsicher angesehen. Wir erwarten häufig, dass unsere Hunde mit sehr viel mehr Bereitwilligkeit und Präzision lernen und arbeiten, als wir selbst dazu in der Lage sind.

Ein Mann, der mit einer Frau gearbeitet hatte, die viele körperliche Hilfen gab und sogar seinen Körper auf bestimmte Arten bewegt hatte, entdeckte, dass es ihn zunehmend ärgerte, angefasst zu werden, während er „Himbeere" gesagt bekam. Er verstand nicht, was sie wollte, und konnte ihre Versuche, ihn in eine Position zu zwingen, nicht leiden, egal wie sanft sie waren. Plötzlich verstand er, warum einige Hunde, mit denen er gearbeitet hatte, sich aus seinen Händen gewunden oder sogar geknurrt hatten – er hatte gedacht, sie seien dominant, stur oder hätten einen schlechten Charakter. Sogar Jahre nach dem Seminar erinnert er sich noch an seine Verwirrung und seinen Groll. Bevor er einen Hund anfasst oder versucht, ihm etwas Neues beizubringen, denkt er „Himbeere" und ist vorsichtig und rücksichtsvoll während der Kommunikation.

Doch die wichtigste Lektion, die die Leute aus dieser Übung lernen, ist das Verständnis, dass sie das Spiel mit der Annahme über die Bereitwilligkeit und Intelligenz ihrer „Hunde" begannen. Jeder Teilnehmer beginnt das Spiel mit der Überzeugung (bewusst oder unbewusst), dass sein Hund willig, kooperativ und intelligent ist. Keiner sieht seinen Partner an und denkt: „Oh, der Turnschuh-und-T-Shirt-Typ. Der ist bestimmt stur." Niemand geht davon aus, dass mangelnde Reaktion auf Sturheit, Dominanz, Unterwerfung oder Trotz zurückzuführen ist. Bei echten Hunden wird jedoch nicht ausnahmslos vorausgesetzt, dass sie willig, intelligent und kooperativ sind. Mehr als ein Schüler ist am ersten Tag zum Unterricht gekommen und hat mir mitgeteilt: „Dieser Hund ist dumm." Das wissen sie natürlich nicht etwa, weil sie fleißig versucht haben, den Hund zu erziehen, sondern weil der Hund nicht automatisch zu Lassie wurde. Das wichtigste Ziel für jeden Hundeausbilder ist es, seine Augen dafür zu öffnen, wie willig, kooperativ und intelligent Hunde sind, wenn wir effektiv mit ihnen kommunizieren.

Unsere Annahmen und Erwartungen an Hunde können zu Frustration bei Hund und Ausbilder führen. Anders als die „Hunde" im Obst-und-Gemüse-Spiel können unsere echten Hunde uns nicht auf Deutsch mitteilen, wie sie sich gerade fühlen oder wo wir etwas falsch gemacht haben. Doch sie teilen es uns – immer wieder – in der beredten Sprache der Hunde mit. Sie verstehen zu lernen erfordert Zeit, Übung, Beobachtung und den Wunsch, sie zu verstehen. Am wichtigsten ist jedoch, dass wir uns bewusst sind, dass Tiere etwas zu sagen haben. Es ist komisch, wie schwierig dieser erste Schritt sein kann, obwohl wir bereits aus unseren menschlichen Beziehungen wissen, dass die Hälfte des Erfolgs der Kommunikation auf unserer Bereitschaft beruht zu hören, was der andere zu sagen hat. Jede Folge von Lassie basiert auf dem Verständnis, dass dieser Hund etwas zu sagen hat, und Leute, die den Hund gut kannten, sahen ihre Kommunikation als aussagekräftig an. Diese einfache Annahme – dass uns ein Hund etwas Wichtiges mitteilen kann – ist ein wichtiger Schlüssel für das Verständnis, das wir suchen.

In *Kinship with All Life* denkt J. Allen Boone über die vielen Stolpersteine in ihm nach, die ihn davon abhielten, eine Verbindung mit dem Hund Strongheart aufzubauen. Er erkannte, dass die Probleme der Kommunikation auf seine Annahmen und Vorstellungen über Tiere zurückzuführen waren und nicht auf das Tier selbst. „Eine der arrogantesten Vorstellungen war die Einbildung, dass, während ich ... berechtigt war, dem unterlegenen Tier wichtige Gedanken mitzuteilen, die Tiere ... wenig von echtem Wert für mich in meiner überlegenen Position mitzuteilen hatten.“

Auch wenn wir uns vielleicht einen echten Dr. Doolittle wünschen, der uns hilft, mit Tieren zu reden, benötigen wir ihn nicht. Wir müssen nur lernen, was Dr. Doolittle die ganze Zeit wusste – dass Tiere etwas zu sagen haben. Hundeübungsplätze legen viel Gewicht auf das Reden *zu* Hunden, nicht notwendigerweise auf das Reden *mit* Hunden. Obwohl wir viel Zeit damit verbringen, unseren Hunden beizubringen, dass sie auf das reagieren, was wir ihnen sagen, wäre es vielleicht besser, den Ratschlag von Franz von Assisi zu befolgen: „Versuch erst zu verstehen, dann, verstanden zu werden.“

8

DIE KATZE IM SACK

Zuhören bedeutet ein Bewusstsein, eine Offenheit, etwas Neues
über eine Person zu lernen ... Zuhören mit der Absicht zu lernen
ist ein Weg zu einer anderen Art der Kommunikation.
ELIZABETH DEBOLD

Vor einiger Zeit las ich eine Online-Diskussion zwischen einem besorgten Hundebesitzer und einer professionellen Hundetrainerin. Nachdem der Besitzer das Verhalten genau beschrieben hatte, bat er um einen speziellen Rat, wie er eine bestimmte Trainingsmethode anwenden solle. Die Trainerin antwortete ausführlich, woraufhin der Besitzer fragte, ob er herausfinden solle, warum der Hund das Gefühl habe, sich so verhalten zu müssen. Die Trainerin antwortete, dass es im Grunde nicht wichtig sei, was der Hund fühle, nur was er tue, zähle. Das ist an sich eine angemessene Antwort. Doch die Trainerin ergänzte diese Aussage durch die Bemerkung, dass es nicht möglich sei, jemals wirklich zu wissen, was ein anderes Wesen denkt oder fühlt, daher sollten wir es nicht versuchen. Sie gab zu, dass vielleicht „einige" Trainer mit echter Begabung für das Lesen der Körpersprache von Hunden in der Lage seien, eine begründete Vermutung anzustellen, und damit dann meistens richtig lägen, doch die meisten Hundebesitzer könnten diese Fähigkeit nicht entwickeln (und sie schien zu implizieren, dass sie sich daher keine Gedanken darüber machen sollten). Schließlich schloss sie mit der Frage, was sei, wenn wir mit unserer Vermutung falsch lägen.

Was ist, wenn wir falsch liegen? Was passiert dann? Wird der siebte Schleier des Tempels reißen, weil wir ein anderes Wesen falsch verstanden haben? Werden die Sterne vom Himmel fallen, weil wir glaubten, dass ein Hund (oder eine Person oder ein anderes Lebewesen) etwas meinte, obwohl es in Wirklichkeit etwas anderes meinte? Die Antwort der Trainerin machte mich äußerst traurig. In einer vertrauensvollen, liebevollen Beziehung brauchen wir keine Angst vor Vermutungen zu haben, wenn unsere Vermutungen liebevoller Neugier und dem ehrlichen Wunsch zu verstehen entspringen. Wenn wir uns irren, können wir etwas lernen. Wenn wir ständig lernen, ein anderes Wesen zu verstehen, ist das der Schlüssel für jede Beziehung, über alle Maßen wunderbar, erstaunlich und wertvoll. Es wird nur vom Lernen, uns selbst zu verstehen, in den Schatten gestellt. Für mich ist eine Beziehung eine Reise in unerforschtes Gebiet, anders als die verschlungenen Pfade meines eigenen Geistes. Eine solche Reise erfordert, dass ich bereit bin, neue Wege auszuprobieren – sogar entlangzustolpern. In einer liebevollen Beziehung gibt es keinen Grund für angstvolle Vorsicht, nur respektvolle Rücksichtnahme. Bei jeder neuen Person und jedem neuen Tier, das ich in mein Leben aufnehme, beginne ich eine Reise ohne klaren Plan, wohin ich gehen und was ich sagen möchte. Trotzdem bin ich immer aufgeregt über die vor mir liegenden Möglichkeiten. Obwohl es heißt, dass jede Reise mit dem ersten Schritt beginnt, ist der Versuch, jemanden zu erreichen, die Hand nach ihm auszustrecken, ein vertrauensvoller Sprung. Agnes de Mille sagte: „Leben ist eine Form des Nicht-sicher- Seins, des Nichtwissens, was als Nächstes kommt oder wie es kommt... wir raten. Wir haben vielleicht Unrecht, aber wir machen einen Sprung nach dem anderen in die Dunkelheit."

In gewisser Weise bedeutet Kommunikation lebenslanges Raten. Schließlich kann man nie die genauen Gedanken eines anderen wirklich kennen oder seine exakten Gefühle erfahren. Doch wir möchten es versuchen, und wir wünschen uns verzweifelt, dass andere versuchen, uns zu verstehen. Auf der einfachsten Ebene ist Kommunikation unser Versuch, die Kluft zu überspringen, die uns von den Gedanken anderer, von anderen Arten zu denken, zu fühlen, zu verstehen, zu sehen und die Welt, die wir teilen, zu betrachten, trennt. Ab dem Moment, von dem an wir uns das Andere vorstellen können, beginnen wir den lebenslangen Prozess des Hinüberreichens, über die Grenzen unserer Haut hinaus, auf der Suche nach Verbindungen, die auf viele Arten helfen zu definieren, wer wir sind. Wir kommunizieren, weil die Welt in uns nicht ausreicht, ohne andere sind wir unvollständig. Nur durch das, was wir in unseren tiefgehendsten Beziehungen lernen, können wir die Vollständigkeit in uns finden.

In dem Maße, in dem wir in unseren Körpern gefangen sind und nicht einmal beginnen können, mehr als einen winzigen Teil der inneren, blitzschnellen Flut an Gedanken und Gefühlen mitzuteilen, sind wir alle „eine Katze im Sack". Diejenigen, die uns von außerhalb des Sacks ansehen, können nur anhand der Bewegungen und der Geräusche aus dem Sack raten, was mit der Katze im Inneren los ist. Ruhe könnte zum Beispiel ominös sein. Die Katze könnte tot sein, einfach schlafen oder in stiller Frustration abwarten. Geräusche können Schmerz, Wut oder einen besonders lauten Traum bedeuten. Wie können wir wissen, was in dem Sack vorgeht? Wir raten.

Wie gut wir raten, hängt von einer Reihe von Faktoren ab. Einer ist einfach: Sind wir wirklich neugierig auf die Katze im Sack? Wenn es uns egal ist, was mit der Katze im Sack passiert, werden wir nicht die erforderliche Energie aufbringen, um unsere Neugier zu befriedigen. Ein weiterer Faktor ist die Erfahrung – hatten wir schon einmal mit einer Katze im Sack zu tun? Offensichtlich hat ein Neuling andere Vermutungen als jemand, der ständig mit Katzen im Sack zu tun hat. Am wichtigsten ist jedoch: Wie viel Mitgefühl haben wir für die Situation?

Wir können eine Katze im Sack auf verschiedene Arten ansehen. Eine ist rein mechanisch: Die Katze ist im Sack eingesperrt, daher können wir mit ihr machen, was wir wollen, obwohl wir uns wünschen, dass sie ruhig ist. Eine weitere ist pragmatisch: Wir bedauern, dass die Katze eingesperrt ist, haben aber keine Zeit, uns eine andere Art auszudenken, wie wir sie von Punkt A nach Punkt B transportieren könnten. Wir behandeln sie fair, erwarten, dass sie darüber hinwegkommt, und wünschen uns, dass sie ruhig ist. Es gibt noch die einfühlsame Art: Wir versuchen uns vorzustellen, wie man sich in dem Sack fühlt, wie wir es für die Katze so angenehm wie möglich unter diesen Umständen machen könnten, fragen uns, ob es einen besseren Weg gibt, Katzen zu transportieren – und wünschen uns, dass die Katze ruhig ist.

Die einfühlsame Art, die Situation zu sehen, ist fraglos sehr zeitaufwändig. Dazu müssen wir langsam und sorgfältig vorgehen, darüber hinausgehen, ein Tier fair zu behandeln, um unsere Ziele zu erreichen, und das Tier bei der

Arbeit als Partner ansehen. Dazu müssen wir bereit sein, die Welt aus der Sicht des Tieres zu sehen, und danach diesen Blickwinkel sorgfältig zu durchdenken. Mitgefühl schärft unseren Blick, sodass der Blickwinkel des anderen Teil unserer Überlegung wird. Tiefes Mitgefühl kann unseren eigenen Blickwinkel und unsere Ziele erheblich verschieben. Die mitfühlende Sichtweise ist die einzige, die eine dynamische Qualität der Verbindung ermöglicht; ohne Mitgefühl streben wir nur unsere eigenen Ziele an, gleichgültig, welche Auswirkungen diese auf andere haben. Vertrautheit und eine enge Beziehung sind in diesen Einbahnstraßen nicht möglich. Obwohl es uns mehr abverlangt, denke ich, dass am Ende die durch Mitgefühl möglichen Ergebnisse und Beziehungen die hierfür erforderliche Sorgfalt und Mühe belohnen.

Den Blickwinkel eines anderen zu betrachten ist manchmal einfacher gesagt als getan. Wie ein kubanisches Sprichwort weise sagt: „Zuhören sieht einfach aus, ist es aber nicht. Jeder Kopf ist eine Welt." Egal wie mitfühlend wir sind, wir können viele Fehler machen bei unserem Versuch zu verstehen, zu raten, einige Kilometer auf den Pfoten des anderen zu gehen.

DAS KLEINE SCHWEINCHEN

Als wir unser erstes Schwein der Rasse Gloucestershire Old Spots erwarben, eine in den USA als gefährdet eingestufte Rasse, entschieden wir, dass dieses Schwein einige grundlegende Kenntnisse für sein Leben lernen müsse, damit es die größtmöglichen Freiheiten und Freuden genießen könne, die das Leben auf der Farm bietet. Nachdem wir zwei Wochen damit verbracht hatten, den kleinen Eber kennen zu lernen, den wir Connor genannt hatten (ein großartiger irischer Name für eine äußerst englische Rasse; wir sind ein wenig verrückt), stellten wir zufrieden fest, dass die fehlenden Erfahrungen der ersten Monate seines Lebens ohne intensiven Umgang mit Menschen großteils nachgeholt worden waren. Die legendäre sanfte Veranlagung der Rasse kam zum Vorschein, und es wurde Zeit, ernsthaft mit Connor zu arbeiten.

Zeit ist ein wichtiger Faktor bei Tieren, deren Lebensspannen kürzer sind als unsere. Was ein Mensch in den vierzehn Jahren von seiner Geburt bis zum verwirrenden Einsetzen der Hormone lernt, lernt ein Hund in weniger als einem Lichtgeschwindigkeitsjahr. Wenn sie einige Stopps auf dem Weg verpassen, verpassen sie eine Menge. Man kann sagen, dass die ersten sechs Monate im Leben eines Hundes bestimmen, was für ein Hund aus dem Welpen wird. Die Entwicklungsgeschwindigkeit von Hunden lässt uns Menschen sehr langsam und gemächlich erscheinen. Schweine entwickeln sich ebenfalls schnell und fügen der Herausforderung des schnellen Wachsens außerdem einen weiteren Faktor hinzu - ihr Gewicht. Ein wachsendes Jungschwein kann bis zu 900 Gramm pro Tag zulegen, und das bedeutet eine explodierende und exponentiell anwachsende Kraft. Mit jedem Tag wurde Connor erwachsener - das heißt eingefahrener in seinem Verhalten. Es kann schwierig sein, die Einstellung eines Schweins flexibel und entgegenkommend zu halten. Außerdem wog er mehr. Sehr viel mehr. Jetzt war es an der Zeit, meinen neuen Freund zu trainieren, damit er Spaziergänge durch die Felder und den Wald genießen konnte und sicher zu führen war, ein wünschenswertes Ziel bei einem Tier, das ausgewachsen bis zu 450 Kilogramm wiegen kann!

Schließlich begann Connors Leinentraining mit mehreren kurzen Übungen pro Tag, mit Hilfe einer weichen Longierleine aus Baumwolle, die in Form einer Acht um seinen Hals und hinter seinen Vorderbeinen entlanglief. Sobald er daran gewöhnt war, versuchte ich ihn aus seinem Pferch in den Gang des Stalls zu führen, wo wir in gemächlichem Schritt seine neue Fähigkeit üben konnten. Neugierig auf die Welt außerhalb des Pferchs machte Connor einige Schritte vorwärts, richtete den Schweinerüssel zum Schnüffeln aufwärts und rannte dann wild über den Betonboden des Stalls. Er hatte Spaß an seiner Entdeckungstour, und die Leine und das Geschirr schienen ihn nicht zu stören. Das ist einfacher, als ich dachte, sagte ich mir selbstgefällig, während ich meinen Freund bei seiner Entdeckungsreise begleitete. Man sollte glauben, dass ich genug Erfahrung als Trainerin hatte, um zu wissen, dass, wenn etwas - irgendetwas - in Gegenwart eines Tieres mit einem Anflug von Selbstgefälligkeit getan wird, der Hundegott, kurz bevor die Hölle losbricht, anfängt glucksend zu lachen.

Ich ruckte sanft an Connors Leinengeschirr, wollte ihn ermuntern, einige weitere Schritte zu gehen, als das Quieken begann. Es war, als ob er plötzlich feststellte, dass er zurückgehalten wurde. Scheinbar finden Schweine es generell unangebracht, geführt oder zurückgehalten zu werden, sie sind die Unabhängigkeitskämpfer der Farm: „Gib mir Freiheit oder gib mir ... nein, warte – gib mir Freiheit oder sonst passiert was!"

Man geht davon aus, dass ein quiekendes Schwein Geräusche machen kann, die den Dezibelpegel einer startenden Concorde übersteigen. Wer immer Manns genug war, diese Tatsache herauszufinden, hat mein Mitgefühl für das, was er jeden Tag für diesen Job durchmachte. (Ernsthaft, aus einem Bericht über arbeitsbedingte Verletzungen geht hervor, dass mit Schweinen arbeitende Tierärzte Gehörverluste erleiden, da sie ihre Tage in der Gesellschaft dieser Tiere verbringen.) Da ich immer an den feinen Nuancen im Tierverhalten interessiert bin, entging mir die Steigerung von einem eher niedlichen, verärgerten Nuscheln des Schweins zu Schreien, die jede Kuh auf der Farm mitten im Schritt innehalten ließen, nicht. Wenn ich ein Raubtier wäre, würden diese Schreie mich entweder so erschrecken, dass ich jeden Jagdwillen verlöre, oder mich zu neuen Höhen der Wildheit anspornen. Wenn ich natürlich ein Ferkel in Connors Größe wäre und ein böser Wolf auftauchen würde, der mir ein Geschirr anlegt und versucht, mich gemächlich den Gang des Stalls auf und ab zu führen, hätten meine Schreie einen anderen Zweck: die Ferkelversion eines Notrufs. Reagieren würde nicht die Polizei oder der Rettungswagen, sondern die Muttersau, ein sich schnell bewegender Schutzberg für kleine Ferkel. Nach meiner Schätzung waren Connors Schreie bei gutem Wetter und unter günstigen Bedingungen gut einen halben Kilometer hörbar. Glücklicherweise war Connors ziemlich große Mutter fast hundertfünfzig Kilometer entfernt. Es ist ein alter Stall und Geräusche bleiben länger erhalten und prallen vom Betonboden zur Steinmauer an der einen Seite und von dort zum weichen, verrottenden Holz des Heubodens; ich glaube nicht, dass viele Dezibel entwichen. (Einer der Hähne ist jetzt vielleicht taub, obwohl wir es nicht mit Sicherheit sagen können. Er hat noch nie auf seinen Namen gehört.)

Da ich an den Wert der mitfühlenden Sichtweise bei Tieren glaube, versuchte ich zu verstehen, wie dies aus Connors Sicht aussah. (Glauben Sie mir, mitfühlendes Denken ist unter solchen Bedingungen nicht einfach; mein Trommelfell vibrierte mit dem Sprecher von Mutter Natur, eine Vibration, die gedankenvolle Meditation nicht unterstützt.) Ich verstand, dass es frustrierend ist, davon abgehalten zu werden, sich frei zu bewegen. Daher gab ich die sanften Rucke auf und behandelte ihn wie einen Welpen, der an die Leine gewöhnt wird. Ich folgte ihm einfach, ließ ihn die Richtung bestimmen. Wir liefen den Gang des Stalls auf und ab, Connor quiekte, egal was ich tat. Selbst wenn er die Richtung bestimmen konnte, äußerte er sich lautstark über die Erfahrung, nur leicht besänftigt durch ein gelegentliches Geleebonbon, das er bekam, wenn er nuschelnd herumstand.

Ich versuchte alles, was ich in den Jahren gelernt hatte, in denen ich Welpen und sogar ausgewachsene Hunde an die Leine und Rinder und Pferde an Halfter gewöhnt hatte. Trotzdem quiekte das Schwein, obwohl es von lautstarkem: „Du bekommst mich nicht lebend!" bis zum moderateren Murmeln von: „Ich verfluche euch!" variierte. Ich fragte mich, warum es so schwierig für ihn war. Es dämmerte mir, dass es genau das war, woran ich zahllose Schüler bei ihrem Training mit Hunden erinnert hatte: Relevanz. Aus Connors Sicht war das nicht relevant für sein Leben. Es war einfach sinnlos, den Gang des Stalls auf und ab zu laufen. Er war bereits öfter dort gewesen, und Geleebonbons waren kein überzeugender Grund fortzufahren. (Unser anderes Schwein, Charlotte, hat eine für Schweine typischere Ansicht in Bezug auf Futter. Sie würde ihre Seele dafür verkaufen und führt auch alberne Aufgaben wie sitzen oder winken für ein Fruchtgummi aus.) Es ist einfach zu vergessen, dass etwas, obwohl wir es für faszinierend oder wichtig halten, von Tieren ganz anders gesehen wird. Wenn wir akzeptieren, dass einige ihrer Beschwerden sich darauf beziehen, wie langweilig oder sinnlos etwas ist, verstehen wir auch, was sie uns zu sagen haben. Um zu akzeptieren, dass ein Plan langweilig oder sinnlos ist, muss man natürlich sein Ego an dem Tag zu Hause gelassen haben und sich verpflichtet fühlen herauszufinden, wie man mehr Leben in Lektionen bringt.

„Der Sinn, mein liebes Schwein, besteht darin zu lernen, an der Leine und im Geschirr zu gehen, damit du die Freiheit hast, mit uns nach draußen in Bereiche zu gehen, die nicht zu deiner Sicherheit eingezäunt wurden." Meine Worte trafen natürlich auf taube Ohren (sein Quieken hatte vielleicht auch seinen Ohren geschadet, und wenn nicht, möchte ich Wissenschaftler ermutigen herauszufinden, warum nicht). Verbale Kommunikation mit Tieren funktioniert nur sehr eingeschränkt, sie leben mehr nach dem Motto „Zeig es mir". Also zeigte ich Connor, wofür es wichtig war. Ich ging mit ihm nach draußen, für die kurze Strecke zur Stalltür halfen viele Geleebonbons und die vorsichtige Nutzung von Blockaden. Sobald er draußen war, reduzierte sich sein Quieken, als er eifrig begann, sich seinen Weg durch den Hof zu erschnüffeln. Als wir das saftige grüne Gras des Rasens erreicht hatten, verstand er den Sinn und beruhigte sich, während er sich seinen Weg zum Haus fraß. Bei seiner zweiten Leinen-und-Geschirr-Lektion beschwerte er sich nur kurz, als er den Pferch und bis er den Stall verließ. Bei der dritten Lektion stand er höflich, während er sein Geschirr angelegt bekam, und ging dann wie ein perfekter Gentleman nach draußen in die Sonne, ohne ein einziges Quieken.

Seitdem hat Connor, wie Hunde, die beim Anblick ihrer Leine vor Freude hüpfen, sowohl das Geschirr als auch die Leine und die damit verbundene Freiheit begrüßt (oder tat es, bis er so groß wurde, dass das Anlegen des Geschirrs dem Anlegen eines Geschirrs an einen Volkswagens ohne Bremsen und mit einem entschlossenen Geist glich). Wir hatten nur noch einmal quiekende Beschwerden, und es dauerte eine Weile, bis ich verstand, was er mir sagte. Wir waren zusammen mit zwei Gästen und einigen Hunden zu einem langen Spaziergang im Wald und in den Feldern aufgebrochen. Connor war ein wunderbarer Gefährte für Spaziergänge, der eine gemächliche Geschwindigkeit vorgab und dessen Motto lautete: „Unbedingt anhalten und Blumen fressen." Auf der Hälfte der geplanten Route meinte einer der Gäste, dass er müde sei und von hungrigen Moskitos aufgefressen werde, also kehrten wir um und gingen denselben Weg zurück. In dem Moment, in dem ich meine Pläne änderte, begann Connor zu quieken. Das verwirrte mich, da er auf dem gesamten Ausflug keinen Piep von sich gegeben hatte. Je weiter wir gingen, desto mehr quiekte er, und das war das Quieken für Beschwerden, nicht für

Angst, Schmerzen oder Sorgen. Schließlich bekam ich die Antwort durch seine Änderung der Körperhaltung und seine Erkundungen. Er trottete entlang ohne Erkundungen, er sah aus und klang wie ein Kind, das verstimmt ist, weil ein lustiger Ausflug verkürzt wurde. Um meine Theorie zu testen, verließ ich den Pfad und ging mit ihm in einen Bereich, den er noch nicht erkundet hatte. Sofort senkte er den Kopf und war wieder ruhig, glücklich, dass er Neues erkunden konnte. Leider war der bereits gegangene (und erkundete) Pfad der einzig bequeme Weg nach Hause. Als wir wieder hinter den Gästen liefen, teilte mir Connor wieder mit, wie wenig er davon hielt. Er beschwerte sich auf dem ganzen Weg nach Hause.

STIMMT DAS?

Es ist in Ordnung zu raten, wie sich ein Tier fühlt, genauso wie es in Ordnung ist zu raten, was ein Mensch denkt. So lernen wir einander kennen, durch auf Erfahrungen beruhende Vermutungen, unser (immer mangelhaftes) Verständnis, wie ein Gegenüber seine Gedanken und Gefühle mitteilt, und unsere Bereitschaft, Feedback zu akzeptieren und unser Verhalten darauf abzustimmen. Es ist in Ordnung zu raten, was Ihr Hund versucht Ihnen mitzuteilen, solange Sie bereit sind zu akzeptieren, dass Sie sich täuschen können, Ihre Missverständnisse korrigieren und es erneut versuchen. Es ist nicht in Ordnung zu raten, was ein Tier denkt oder fühlt, wenn Sie nur das akzeptieren, was genau Ihren Wünschen entspricht. Viel zu häufig sind Behauptungen, dass jemand „weiß", warum ein Hund etwas getan oder nicht getan hat, selten wird die Vermutung anhand der Reaktion des Hundes überprüft. Ich stelle viele Vermutungen auf der Grundlage meiner Beobachtungen des Verhaltens eines Hundes, der Situation und vieler Jahre Erfahrung an. Ich möchte jedoch auch meine Vermutungen auf ihre Richtigkeit überprüfen. Auf die eine oder andere Art schaffe ich Situationen, die den Hund fragen: „Stimmt das? Ist das für dich so? Liege ich richtig mit meiner Vermutung?" Ich bin genauso dankbar, wenn sie stimmt, wie wenn ich falsch liege. Unerwartete Ergebnisse beweisen, dass ich mich getäuscht habe und es erneut versuchen muss; sie bieten mir auch die Möglichkeit, etwas Neues zu lernen, das ich noch nicht wusste, als ich eine falsche Vermutung anstellte. So lernen wir alle, und so lernen wir andere zu verstehen.

Eine Beziehung ist ein Lernprozess, der niemals endet; wir „beherrschen" eine Beziehung nie so wie vielleicht eine Fähigkeit, zum Beispiel das Fahrrad fahren. Doch es gibt Ähnlichkeiten, die man berücksichtigen sollte. Als Sie gelernt haben, Fahrrad zu fahren, haben Sie eine Rückkopplungsschleife genutzt. Als Sie versuchten, die scheinbar einfache Fähigkeit des Balancierens auf zwei sich bewegenden Reifen zu beherrschen, mussten Sie ständig Anpassungen anhand der Informationen, die Ihr Körper bekam, vornehmen. Zuerst war die Rückkopplungsschleife ungenau. Natürlich lag das an Ihrer Unerfahrenheit und einem Missverständnis – das Fahrrad, das nur den Gesetzen der Schwerkraft unterliegt, hatte keine Hintergedanken oder den Wunsch, Sie aus dem Sattel zu werfen. Wenn Ihnen bewusst wurde, dass Sie das Gleichgewicht verloren, glichen Sie das zu schnell, zu stark oder zu spät aus. Doch da Sie sich weiter anstrengten, wurde die Rückkopplungsschleife genauer und schneller. Sie lernten, die Anpassungen nur anhand der tatsächlichen Informationen Ihres Gleichgewichtssinns und dessen, was Sie sahen, vorzunehmen. Schließlich war die Rückkopplungsschleife schnell und unbeeinflusst von Ihrer Angst oder Besorgnis bzw. voreiligen Anpassungen und Sie fuhren mit dem Fahrrad die Straße entlang.

Beziehungen sind perfekte Rückkopplungsschleifen. Die Geschwindigkeit, Genauigkeit und die Details einer Rückkopplungsschleife bieten einen guten Hinweis auf die Intensität der Beziehung. Wenn Sie zum Beispiel einen schlechten Tag haben, scheinen Sie für Fremde oder entfernte Bekannte scheinbar in Ordnung zu sein – die Rückkopplungsschleife zwischen Ihnen ist eine sehr grobe, sodass sie die Feinheiten Ihres Ausdrucks oder Ihrer Bewegungen oft übersehen. Doch jemand, der Sie liebt, erkennt deutlich an der Form ihres Mundes oder dem Blick Ihrer Augen, dass Sie einen schlechten Tag haben. Ihnen nahe stehende Personen haben gelernt, das zu erkennen, weil sie neugierig waren, bereit, Vermutungen anzustellen und die Rückkopplungsschleifen Ihrer Reaktionen und Ihres Verhaltens zu berücksichtigen, ihre eigenen Handlungen entsprechend anzupassen und es erneut zu versuchen. Wenn wir mit einem Hund eine gesunde, vertrauensvolle Beziehung eingehen, Neugier, Mitgefühl und eine bescheidene Bereitschaft, etwas zu lernen, einbringen, kann eine hochwertige Rückkopplungsschleife geschaffen werden. Kleinste Unterscheidungen und Feinheiten werden möglich, selbst kleinste Gesten können eine große Bedeutung bekommen. Dann sind wir auf dem Weg, einander zu verstehen.

Wir alle – Menschen und Tiere – versuchen, im Leben gehört zu werden und zuzuhören. Sollte ich jemals die Fähigkeit zu sprechen oder zu schreiben verlieren, meine beiden Hauptkommunikationsformen, hoffe ich aufrichtig, dass mich jemand genug liebt, um zu raten, was ich versuche zu sagen. Ich hoffe wirklich, dass jemand neugierig darauf ist, was in mir vorgeht, und sich die Zeit nimmt, sich die ganze Mitteilung anzuhören. Ich hoffe, jemand behandelt mich wie einen Hund, den er sehr liebt.

9

UND NICHTS ALS DIE WAHRHEIT

Ehrlichkeit ist das erste Kapitel im Buch der Weisheit.
THOMAS JEFFERSON

Ein altes Sprichwort sagt, dass im Leben zwei Dinge gewiss sind: der Tod und die Steuern. Ich vermute, der Autor dieses kleinen Zynismus hatte keinen Hund, sonst hätte er gewusst, dass noch etwas anderes gewiss ist: Ein Hund wird Ihnen immer die Wahrheit sagen. (Das gilt für die Mehrzahl der Tiere, ausgenommen Menschen und unsere nächsten Verwandten, die Menschenaffen. Es ist irgendwie nett zu wissen, dass so viel gemeinsame DNS auch eindeutige Täuschung, wenn schon keine gegenüberstellbare Daumen, gestattet.) Mir ist klar, dass das nicht *die* Wahrheit ist, nach der die Menschheit seit Anbeginn der Zeit sucht, obwohl ich einräumen muss, dass Hunde ihren fairen Anteil am Rätsel haben. Ein Hund sagt Ihnen *seine* Wahrheit, die direkt seinem Verständnis und seiner Erfahrung mit der Welt entspricht. Hunde sind auf rücksichtslose und verlässliche Art immer ehrlich. Sie bekommen, was sie sehen. Es gibt keine Hintergedanken oder zumindest geheime Gedanken – unser Hund findet nichts dabei, uns eine wundervolle, liebevolle Umarmung zu schenken und sich dabei über unsere Schulter zu lehnen, um den Teller abzulecken. Das bedeutet aber nicht, dass der Hund Ihnen sagen wird, was Sie hören möchten.

Mit Ehrlichkeit meine ich, dass der Hund Ihnen mit seiner Körpersprache und seinem Verhalten wahrheitsgetreu sagt, was er in diesem Moment fühlt. Wenn ein Hund verärgert ist, macht er das deutlich. Wenn er glücklich ist, zeigt er es. Wenn wir exakt lernen können zu verstehen, was er sagt, können wir uns darauf verlassen, dass der Hund uns mitteilt, was in diesem Moment in ihm vorgeht. Hunde verbergen ihre Gefühle nicht. Wenn Sie einen Hund fragen könnten: „Wie geht es dir?" und die Antwort: „Mir geht es großartig, danke!" erhalten würden, könnten Sie ohne Risiko Ihre Farm darauf verwetten, dass das stimmt. Wenn Sie einem Menschen die gleiche Frage stellen und die gleiche fröhliche Antwort erhalten, verbirgt dieser möglicherweise seine Besorgnis darüber, dass er fünf Minuten vorher gefeuert wurde, oder seinen Ärger über etwas, was Sie vor fünfzehn Jahren getan haben. Menschliche Kommunikation ist deshalb so verzwickt, weil Menschen äußerlich ein zu einer emotionalen oder geistigen Verfassung passendes Verhalten zeigen, jedoch innerlich etwas völlig anderes empfinden können. Das wird gemeinhin lügen genannt. (Wenn Menschen besonders gut darin sind, nennen wir sie Politiker.)

Soweit mir bekannt ist, gibt es im Verhalten von Hunden keine solchen Mechanismen, die Täuschung erlauben. Das der Täuschung am nächsten kommende Verhalten, das ich einmal beobachten konnte, zeigte ein Hund, der gelernt hatte, dass, wenn er zur Tür rannte und dort überzeugend bellte, die anderen Hunde herbeigerannt kamen, um ihn zu unterstützen, wobei sie den von ihm begehrten Platz auf dem Sofa aufgaben. Die Hündin benutzte diesen Trick nicht sehr häufig – meines Wissens vielleicht vier Mal. (Was zu der Frage führt – wenn dies eine absichtliche und erfolgreiche Täuschung war, warum wandte sie sie dann nicht häufiger an bzw. jedes Mal, wenn sie auf ihren Platz auf der Couch wollte?) Unsere Schlussfolgerung war, dass sie nichts anbellte und dies tat, um die anderen von der Couch zu locken. Doch diese Schlussfolgerung sagt vielleicht mehr über unsere Geisteshaltung als das tatsächliche Verhalten des Hundes. Da ich weiß, wie scharf die Sinne von Hunden sind und wie oft ich fälschlicherweise die Mitteilungen von Hunden unberücksichtigt gelassen habe, nur weil *ich* draußen nichts sah, bin ich nicht sicher, dass da nichts war. Da ich keinen anderen Formen von Täuschungen bei Hunden (oder vielen anderen Tierarten) begegnet bin, fällt es mir schwer zu glauben, dass dieser Einzelfall einer Täuschung bedeutsam ist, obwohl ich von anderen Hunden gehört habe, die das gleiche oder ein ähnliches Verhalten gelernt haben. Wenn das das Ausmaß der Unehrlichkeit bei Hunden ist, kann ich damit jedenfalls gut leben.

KEINE WAHL

Angesichts der Tendenz, Tiere zu romantisieren und sie in bestimmten Aspekten im Vergleich zum Menschen als überlegen (statt als anders) einzustufen, ist es meiner Meinung nach wichtig zu bedenken, dass die Ehrlichkeit der Hunde der *Unfähigkeit* zu lügen entspringt. Die Ehrlichkeit der Hunde ist nicht auf eine moralische Überlegenheit zurückzuführen, sondern auf ihr Unvermögen, unaufrichtig zu sein. Lügen ist kein Teil hundlicher Kommunikation. Ich habe Hunde gesehen, die ein Verhalten angeboten haben, von dem sie dachten, dass es erwartet oder erwünscht sei, sie zeigten es jedoch nicht, weil sie jemanden täuschen wollten. Diejenigen, die einen Hund oder ein anderes Tier für seine Ehrlichkeit auf einen Sockel heben möchten, begreifen es nicht – menschliche Ehrlichkeit ist eben deshalb edel, weil sie eine bewusste Wahl zwischen Lügen und der Wahrheit widerspiegelt. Hunde haben diese Möglichkeit nicht, entscheiden sich daher also auch nicht bewusst für Ehrlichkeit. Genauso wie Gnade die nicht ausgeübte Macht widerspiegelt, beinhaltet Ehrlichkeit die Möglichkeit der Täuschung. Obwohl wir mehr als nur ein bisschen dankbar für die Ehrlichkeit von Tieren sein sollten, sollte kein Verdienst für das Unterlassen dessen, was man nicht tun kann, angerechnet werden. Sonst wäre es so, als würde man einem blinden Mann Anerkennung dafür zollen, dass er hübsche Frauen nicht anstarrt.

Andererseits sollte der Wert von Ehrlichkeit nicht unterschätzt werden. Ob nun das Ergebnis einer bewussten Entscheidung oder einfach von Unvermögen, Ehrlichkeit ist in jeder Beziehung ein außergewöhnliches Geschenk. Trotzdem unterschätzen wir häufig die vollkommene Ehrlichkeit der Hunde in Bezug auf das, was sie in einer bestimmten Situation denken. Vielleicht tun wir das aus zwei Gründen. Erstens, ständige Ehrlichkeit ist nach unseren menschlichen Erfahrungen geradezu unvorstellbar. Zweitens, völlige Ehrlichkeit ist nicht immer nur angenehm, die Wahrheit umfasst sowohl willkommene als auch unerwünschte Mitteilungen.

Selbst in unseren vertrauensvollsten Beziehungen zu Menschen sind wir uns der Möglichkeit der Täuschung bewusst. Der menschliche Geist ist leider fähig, im Großen und im Kleinen zu täuschen. Egal, wer wir sind und wie wundervoll wir zu sein versuchen, jedem von uns ist quälend bewusst, dass wir fähig sind zu lügen. Unser Bewusstsein entspringt der Erfahrung mit unserer Denkweise und unserem eigenen Verhalten. Alle Menschen kämpfen letztendlich darum, ehrlich zu werden, da unsere Bedürfnisse und Ängste unvermeidlich mit den Bedürfnissen und Ängsten anderer in Konflikt geraten. Lügen, unwichtige oder wichtige, sind eine Art, durch unbekanntes Gewässer zu navigieren. Wenn wir vernünftig sind, lernen wir jedoch, dass wir Vertrauen für momentane Erleichterung eingetauscht haben und uns selbst sehr wahrscheinlich noch weiter in sehr schwieriges Gewässer gebracht haben.

Obwohl wir möglicherweise ein Lippenbekenntnis darüber abgelegt haben, dass wir Tiere für ehrliche Wesen halten, ist es nicht einfach, dieses Wissen in unsere Beziehung mit ihnen einzubeziehen. Stellen Sie sich einen Moment lang vor, ihr Leben mit *allem*, was Sie hoffen und fürchten, worüber Sie sich sorgen, was Sie begehren, nicht mögen, hassen, lieben, vergöttern und sich ersehnen sei deutlich in ihr Gesicht und ihre Körpersprache geschrieben. Stellen Sie sich vor, wenn Sie das könnten, in diesem Punkt ein Hund zu sein und ein Leben zu leben, in dem Sie nicht in der Lage sind zu lügen. Aber was wäre dann, wenn Sie sich als Hund in einer Gruppe gut meinender, aber unwissender Leute befinden? Da deren eigenes Verhalten Lügen und bewusste Täuschung enthält, gehen sie davon aus, dass Sie ebenfalls lügen können. Alles, was Sie sagen und tun, würde durch den Filter der Annahme interpretiert, dass Sie, obwohl Sie ehrlich zu sein *scheinen*, in Wirklichkeit täuschen und Hintergedanken haben könnten. Mit diesen Leuten zu tun zu haben könnte unerträglich sein - selbst unfähig, vollkommen ehrlich zu sein, glauben sie auch nicht, dass Sie dazu in der Lage sind.

Wenn wir nicht lernen, uns unserer eigenen Reaktionen bewusst zu sein und den Hund nicht als Person, sondern nur als Hund, der tierische Ehrlichkeit anbietet, anzusehen, wird uns die Bedeutung des Geschenks dieser Ehrlichkeit nicht klar.

Hunde kennen nicht einmal eine ganz elementare Form der Täuschung - die Notlüge. Eine Form der Unehrlichkeit, die viele Leute als harmlos ansehen, da die Absicht der Notlüge darin besteht, die Gefühle des anderen zu schützen. Die menschliche Kultur lehrt uns, dass es höflich ist, unsere ersten

Reaktionen zu unterdrücken und nicht mit dem herauszuplatzen, was wir wirklich denken. Obwohl der wirkliche Sinn des Taktgefühls darin besteht, unsere Kommunikation in Bezug auf die Gefühle anderer zu prägen, bedeutet unsere Höflichkeit meist, dass wir einen feinen Grad sozialer Unehrlichkeit erlernt haben. Wenn eine Frau fragt: „Sehe ich in diesem Kleid dick aus?", gesteht nur ein Idiot oder ein sehr mutiger Freund, dass ihre erheblichen Vorzüge in einem anderen Modestil vielleicht besser zur Geltung kommen würden. (Ein Hund würde sich natürlich fragen, wozu ein Kleid überhaupt notwendig ist; völlig nackt ist für einen Hund genauso akzeptabel wie ein Designerfummel. Für Hunde ist das Leben eine Komm-wie-du-bist-Party.) Im besten Fall hält soziale Unehrlichkeit das Gewässer relativ ruhig und kennzeichnet viele Beziehungen im Frühstadium, zumindest, bis wir sehen, wie unser Boot schwimmt und wie man es am besten in diesen Gewässern steuert. In einer engen Beziehung ist Vertrautheit jedoch eng verknüpft mit dem Grad der Ehrlichkeit in uns selbst und dem anderen. In unserer Beziehung zu Hunden und anderen Tieren liegt die Barriere der völligen Ehrlichkeit nur in uns.

Es ist nicht einfach, mit völliger Ehrlichkeit umzugehen, besonders wenn sie uns in der Form dargeboten wird, wie Hunde sie uns anbieten: unverblümt und nicht taktvoll verpackt, um unwillkommene Informationen hinter unsere emotionale Verteidigung gleiten zu lassen. Manchmal wünschen wir uns möglicherweise einen Hauch sozialer Unehrlichkeit von unseren Hunden. Eine meiner Kundinnen entdeckte dies, als sie Probleme mit dem Freßverhalten ihres Hundes hatte. Bella war kein guter Fresser, obwohl ihre Besitzerin Beth über die Jahre versucht hatte, ihren Hund mit dem besten verfügbaren Futter zu füttern. Je mehr Beth dazulernte, desto mehr begann sie, den Sinn der frischen Zubereitung von eigenem Hundefutter zu begreifen. Durch die volle Kontrolle über die einzelnen Zutaten und deren Qualität konnte sie sicher sein, ihren geliebten Hund mit dem bestmöglichen Futter zu versorgen. Anhand eines der vielen verfügbaren ausgewogenen Rezepte hatte Beth gewissenhaft die Zutaten besorgt und das Futter zubereitet. Doch Bella mochte dieses neue Futter auch nicht. So wie bei allen anderen Futtersorten fraß Bella gerade genug, um am Leben zu bleiben, obwohl sie dankbar bestimmte Spezialleckerchen akzeptierte. Wenn Beth beobachtete, wie Bella ein heruntergefallenes Hühnchensandwich verschlang, frustrierte sie das. Spielte der Hund nur mit ihr? Bei dem Gedanken an die Stunden, die sie damit verbracht hatte, das bestmögliche Futter zuzubereiten, war sie verärgert und fühlte sich zurückgewiesen.

Haben Sie jemals versucht, ein achtzehn Monate altes Kleinkind mit etwas zu füttern, das es nicht mag? Das Kind berücksichtigt nicht die Kosten für das Essen, für wie gut es von Ernährungswissenschaftlern gehalten wird oder wie schwierig dieses magische Elixier zu bekommen und/ oder zuzubereiten war. Wenn es das Essen nicht mag, verzieht es sein Gesicht als Zeichen von Abscheu und weigert sich hartnäckig, sich reinlegen zu lassen (Flugzeuge, Züge usw.), sodass es doch noch etwas von dem ekligen Zeug schlucken möge. Ihr Hund ist genauso und brutal ehrlich. Sie verbringen den ganzen Tag damit, erlesene Häppchen zu zaubern, und ihr Hund schnüffelt möglicherweise nur kurz daran und dreht sich angewidert ab. Keine Entschuldigung... obwohl einige sehr nette Hunde versuchen, Sie bei Laune zu halten, indem sie das Leckerchen nehmen, mit dem Schwanz wedeln und es dann sofort ausspucken oder vorsichtig auf den Boden legen.

Auf den ersten Blick fiel mir das Erscheinungsbild des Hundes auf – Bella erweckte nicht den Anschein guter Gesundheit. Ihr Fell war stumpf und trocken, und ihre Rippen waren schon aus der Entfernung gut sichtbar. Das war eindeutig ein Hund mit ernsthaften Problemen, von denen Beth hoffte, dass ich sie enträtseln konnte. Ich fragte sie, mit was sie Bella füttere, und entdeckte überrascht, dass sie ein seit langem anerkanntes und angesehenes Rezept benutzte, das ich bei meinen eigenen Hunden mit guten Ergebnissen verwendete. Als sie meine Überraschung sah, stimmte Beth mir mit einem Nicken reumütig zu. „Ich weiß! Ich dachte, ich tue ihr etwas Gutes, aber sehen Sie nur. Die Leute halten mich auf der Straße an und beschimpfen mich, weil sie denken, dass ich meinen Hund nicht füttere! Die sollten mal sehen, wie ich mich nach Kräften bemühe, das Beste für Bella zu tun."

Ich fragte nach den Zutaten – rohes Rindfleisch, Naturreis und verschiedene Gemüsesorten – und Bellas Reaktion auf das Futter. „Sie pickt nur etwas Rindfleisch heraus, die Karotten und grünen Bohnen, aber das ist auch alles." Beth seufzte. Doch bevor ich eine weitere Frage stellen konnte, fuhr sie fort, ihre Stimme war voller Frustration und Bitterkeit. „Natürlich ist die Kleine Miss Mäkel immer um meine Füße herum, wenn ich ein Huhn brate. Außerdem verlässt sie morgens immer ihre Futterschüssel, um mich um etwas Haferflocken anzubetteln."

Jetzt machte das alles Sinn. „Sie mag Haferflocken?"

Beth nickte und fügte hinzu: „Ich esse sie jeden Morgen und Bella weiß das. Sie sitzt da und bettelt, probiert alle ihr bekannten Tricks aus, um welches zu bekommen. Ich weiß, dass ich sie damit verziehe, aber ab und zu gebe ich ihr etwas – dann hat sie wenigstens etwas im Magen."

„Haben Sie jemals daran gedacht, andere Zutaten zu verwenden? Zum Beispiel Huhn statt Rind, Haferflocken statt Naturreis?" Beth schüttelte den Kopf und erinnerte mich daran, dass das Rezept Rind, nicht Huhn enthielt. Ich versicherte ihr, dass Veränderungen in der Fleischauswahl in Ordnung sind, manchmal sogar unbedingt notwendig. Nicht jedes Futter eignet sich für jeden Hund, genauso wie Menschen ihr Essen anpassen, damit es ihnen am besten bekommt. Ich erklärte ihr, dass meiner Meinung nach gesunde Hunde, denen ihr Futter gut bekommt, gute Fresser sind und begeistert und schnell fressen – manchmal geradezu schlingen, wie es Wölfe tun, ohne viel zu kauen. (Ich hatte einige Kunden, die über dieses normale Hundeverhalten sehr beunruhigt waren und denen ich versichern musste, dass die Zähne eines Hundes dazu ausgelegt sind, so zu fressen. Die eindrucksvollen Zähne der Hunde sind dazu da, zuzupacken und zu reißen, nicht sorgfältig zu kauen. Das kräftige Verdauungssystem von Hunden erledigt die Hauptlast der Arbeit, anders als bei unseren schwachen Mägen, die unsere Nahrung – zumindest teilweise – zerkaut vorziehen.)

Wenn ein Hund nicht oder nur wenig frisst, verstehe ich das immer zuerst als wichtige Mitteilung. Da ihre Physiologie unserer grundlegend ähnelt, vermute ich seit langem, dass Hunde genauso anfällig für Unverträglichkeiten von Lebensmitteln und echte Allergien sind wie wir. (Allergien unterscheiden sich von Unverträglichkeiten darin, dass von ihnen auch das Immunsystem betroffen ist.) Es gibt keinen physiologischen Grund, warum Hunde nicht die gleichen physischen Symptome erfahren sollten, wie wir sie haben, wenn wir Nahrung zu uns nehmen, die uns nicht bekommt: Gasbildung, Krämpfe,

Übelkeit, Kopfschmerzen, saurer Magen. Doch sie können uns das nicht in Worten mitteilen – aber sie können uns, wie Bella, durch ihre Handlungen wahrheitsgetreu darauf hinweisen.

Weit mehr auf ihre Körper eingestellt als wir auf unsere, kann es Hunden schnell bewusst werden, welches Futter ihnen nicht bekommt. Die Natur stattet selbst das einfachste Wesen mit einem guten Gedächtnis zur Vermeidung der Nahrung aus, die ihm nicht bekommt. Wir besitzen diesen Mechanismus ebenfalls, ignorieren jedoch häufig, was unser Körper uns sagt. Als Baby habe ich mich wiederholt geweigert, aus einer Flasche zu trinken, und manchmal ging ich so weit, sie von mir wegzuschleudern. Der Kinderarzt meinte, ich sei verwöhnt und meine Mutter mache unter Umständen Fehler in meiner Erziehung. Da meine Mutter die Schuldgefühle einer Erstlingsmutter bereits überwunden hatte, wusste sie, dass etwas dieses Verhalten auslösen musste, da ich Wasser und verdünnten Saft gern aus einer Flasche trank. Sie begann die Stücke zusammenzufügen, und die Wahrheit kam schließlich ans Licht – ich reagierte mit schlimmen körperlichen Symptomen auf Kuhmilch, auf der meine Babymilch basierte. Wenn ich Ziegenmilch bekam, trank ich glücklich meine Flasche leer und war das perfekte Bilderbuchbaby. (Ich bin dem entwachsen, mag aber noch immer keine Milch.)

Anders als Tiere, die ihr Futter erjagen, haben Hunde keine Kontrolle darüber, was auf ihrem Teller landet. Unsere Hunde können nicht dankend ablehnen und sagen: „Danke – du machst eine leckere Muskelmagensuppe, aber Magen stößt mir manchmal auf." Schlimmer noch, ihr Futter ist oft eine Mischung aus vielen Zutaten, sodass sie sich nicht das Gute aus dem Schlechten heraussuchen können. Daher muss ihnen das ganze Futter bekommen. Sie können nur so viel fressen, dass sie am Leben bleiben, und hoffen, dass ihnen die nächste Mahlzeit besser bekommt. Beth bestätigte, dass Bellas Verhalten dem Profil eines Hundes entsprach, der versuchte, ein Problem mit dem Futter zu verdeutlichen. Der Hund war immer voller Hoffnung und hatte große Augen, wenn sein Futter zubereitet wurde, doch seine Begeisterung schwand schnell, wenn die Schüssel vor ihn gestellt wurde. „Sie schnüffelt nur daran und schaut mich dann an. Manchmal frisst sie ein bisschen, manchmal geht sie einfach weg. Wie gesagt, sie frisst nur genug, um am Leben zu bleiben."

Bella sagte auf die klarste ihr zur Verfügung stehende Weise: „Ich mag das nicht." Bellas unverblümte Ehrlichkeit berücksichtigte nicht den von Beth betriebenen Aufwand, nur die Wahrheit des Hundes. Auf Grund des menschlichen Bedürfnisses nach Akzeptanz und Anerkennung konnte Beth nicht deutlich hören, was Bella ständig sagte. Gefangen in ihrer eigenen emotionalen Reaktion auf die Zurückweisung des mit so viel Mühe zubereiteten Futters durch den Hund konnte Beth nicht wirklich verstehen, was Bella ihr ebenfalls deutlich gesagt hatte: „Ich mag Haferflocken und Huhn." Bei genauerem Nachdenken ist das sogar verständlich – schließlich fand selbst ein gut ausgebildeter Arzt, der mein Verhalten als Baby als wichtige Information hätte ansehen sollen, es einfacher, meine Erziehung für meine Mätzchen mit der Flasche verantwortlich zu machen, statt mein Verhalten auf wichtige Hinweise auf meinen Gesundheitszustand zu untersuchen. Trauriger war Beths Frage, als sie meinen Rat überdachte, Rind und Reis durch Geflügel und Flocken zu ersetzen: „Wenn ich das tue, setzt sie dann nicht einfach nur ihren Kopf durch?"

Zahllose Trainingsbücher und Trainer drängen Hundebesitzer, ihren Hunden kein Fehlverhalten „durchgehen zu lassen", vergessen jedoch zu erwähnen (wahrscheinlich, weil es ihnen gar nicht bewusst ist), dass Verhalten eine Form der Kommunikation ist. Wenn ein für den Besitzer unerwünschtes Verhalten des Hundes vorliegt, gibt es ein Problem, das untersucht und gelöst werden muss. Der Hund hat einen Grund, warum er sich so benimmt, wie er es tut – und das ist äußerst selten, weil er, wenn er einen Finger gereicht bekommt, die ganze Hand haben möchte. Ich fand es traurig, dass Beth den Schlachtruf dieser Hundetrainer so gänzlich übernommen hatte – „Lass ihm das nicht durchgehen!" –, sodass sie das Gefühl hatte, Bellas „Forderungen" nachzugeben, wenn sie Geflügel und Flocken fütterte. Wenn sie Zutaten austauscht, um die zu vermeiden, die Bella nicht mag und offensichtlich auch nicht verträgt, und solche hinzufügt, die ihr bekommen, kommt Bella nur damit durch, nicht mehr ständig Hunger zu leiden.

Sobald Beth erkannte, dass Bella nicht sie oder ihr gut gemeintes Angebot an leckerem Futter zurückwies, konnte sie sehen, wie deutlich Bella versucht hatte, mit ihr zu kommunizieren. Als ich ihr versicherte, dass sie auf dem richtigen Weg gewesen sei und ihre Absichten lobenswert seien, heiterte dies Beth auf. Sie wurde noch vergnügter, als ich ihr erklärte, dass sie und Bella bereits wüssten, was die Lösung sei. Sie musste es nur versuchen. Ich erinnerte sie auch daran, dass sie in einer Welt voller starrer Rezepte nicht viele Ratschläge für das Beachten des Körpers des Hundes als wichtigen Hinweis für die Erstellung des perfekten Futters für den Hund finden würde. (Das ist nicht das Gleiche wie in der Sendung mit Bill Cosby, in der der Vater auf seine Kinder hört und ihnen Schokoladenkuchen zum Frühstück serviert.) Sie versprach, es mit Huhn und Flocken zu versuchen.

Einige Monate später rief mich Beth an, um mir von Bellas Fortschritten zu berichten. Der Hund fraß eifrig und sein Fell war dicht und glänzend. Nachdem sie mir von Bellas neuer Begeisterung für ihr Futter erzählt hatte, fuhr Beth fort: „Wissen Sie, es ist komisch. Als ich erkannte, dass Bella mir immer die Wahrheit sagte, stellte ich fest, dass es meine Aufgabe ist, immer herauszufinden, was sie mir sagt – nicht nur über Huhn und Haferflocken. Eines Tages forderte ich sie beim Training auf, ihr Apportel aufzunehmen. Sie trottete los, begann es aufzunehmen und ließ es dann einfach fallen. Ich war überrascht: Sie weiß, wie es geht – sie macht es seit Jahren. Sie stand einfach da und starrte mich an. Zuerst wurde ich ungeduldig. Mein Trainer meinte, ich solle sie dazu bringen, es aufzunehmen, aber da fiel mir ein, wie Bella mich früher zu den Essenszeiten ansah. Es dämmerte mir, dass sie vielleicht versuchte, mir etwas zu sagen, daher tat ich nichts. Ich stand einfach da, schaute sie an und dachte über das alles nach. Ich fragte mich, warum sie das Apportel, sofort nachdem sie es aufgenommen hatte, wieder fallen ließ. Daher ging ich zu ihr, um sie mir genauer anzusehen."

Beth versagte etwas die Stimme, und ich konnte hören, wie sie tief Luft holte, bevor sie fortfuhr. „Als ich ihren Fang genauer untersuchte, war ich froh, dass ich ihr geglaubt und sie nicht angeschrien oder dazu gebracht hatte, das Apportel aufzunehmen. Irgendwie hatte sie sich einen ihrer Zähne abgebrochen, sodass der Nerv freilag. Das Aufnehmen des Apportels muss höllisch wehgetan haben. Wir ließen den Zahn behandeln, und nachdem alles verheilt war, kehrte sie zum Training zurück und zeigte hervorragende Leistungen. Wenn Bella mir jetzt etwas mitteilen möchte, bleibt sie jedes Mal stehen und sieht mich an. Dann weiß ich, dass sie mir etwas Wichtiges sagen will. Es hat unsere Beziehung vollkommen verändert und insgesamt verbessert – ich vertraue meinem Hund jetzt."

DAS GESCHENK DER ERLEUCHTUNG

Das Geschenk völliger Ehrlichkeit von Hunden anzunehmen ist nicht einfach. Es erfordert, dass wir unsere Gefühle verstehen und zwischen dem unterscheiden, was wir auf unsere Hunde projizieren und was in ihnen tatsächlich vorgeht. Auf Grund unserer menschlichen Erfahrungen fällt es uns manchmal schwer zu lernen, die Ehrlichkeit von Tieren zu akzeptieren. Für mich war es ein schwieriger Prozess – meinen Erfahrungen nach wird im Leben Ehrlichkeit nicht immer geschätzt, und auch ich war nicht immer vertrauenswürdig. Ohne Frage beeinflusste meine Erfahrung mit der menschlichen Fähigkeit zu täuschen meine Beziehungen zu Tieren. Wenn Vertrauen und Ehrlichkeit nicht Teil des täglichen Lebens sind, entsteht eine Atmosphäre des Misstrauens. Obwohl es uns möglicherweise nicht vollständig bewusst ist und wir vielleicht denken, dass wir es in unserer Beziehung zu Tieren überwinden, färbt Misstrauen alles um uns herum auf eine Art und Weise, die wir nicht beabsichtigt haben, ein tödliches Gas, das durch die Ritzen unserer Selbsterkenntnis strömt.

Sehr früh in meiner Karriere, mit achtzehn, wurde ich von einem jungen Hund gebissen. Die Hündin war aus einem Impuls heraus von Leuten, die nicht genau verstanden, wie viel Arbeit es macht, einen sehr aktiven und entschlossenen Welpen aufzuziehen, in einem Tiergeschäft gekauft worden. Angesichts mangelnder Führung und ausgestattet mit sehr viel Energie, lernte der Hund sehr schnell, dass er die Welt mit zeitlich gut gewähltem Zeigen der Zähne und einem wütenden Knurren nach seinen Wünschen gestalten konnte. Aufgeblasen vor Stolz und ausgestattet mit entsetzlich unzureichendem Wissen hielt ich ihr Verhalten für absichtliche Missachtung meiner Autorität. (Hat irgendjemand weniger Autorität, als jemand, der solche Vorstellungen hat?) Zurückblickend sehe ich meinen Mangel an Ehrlichkeit mit mir selbst als treibende Kraft an. Ich war noch nicht fähig, mir selbst gegenüber einzugestehen, wie wenig ich wirklich über Hunde und Hundeausbildung wusste. Außerdem war ich emotional misstrauisch, noch nicht reif genug, einige stark beeinflussende Erfahrungen auszuräumen, die mich gelehrt hatten, wie wenig vertrauenswürdig einige Menschen sein können. Daher war ich auch nicht fähig, Tieren volles Vertrauen zu schenken, obwohl mir zu diesem Zeitpunkt nicht bewusst war, dass meine autoritäre Vorgehensweise ein deutliches Zeichen für mein eigenes angstvolles Misstrauen war. Gerade als ich es triumphierend geschafft hatte, den „aufsässigen" Hund in eine Position zu drücken, die entfernt dem gewünschten „Platz" ähnelte, teilte mir die Hündin mit, was sie von meiner Dummheit und meinem ungehörigen Benehmen hielt: Sie versenkte ihre Zähne tief in mein Handgelenk. Ich erinnere mich nicht mehr genau, wie ich darauf reagierte, aber ich erinnere mich, dass ich im Badezimmer der Kunden stark blutete und versuchte, der verstörten Familie zu erklären, was passiert war. Ich habe mich im Geiste vielmals bei diesem Hund dafür entschuldigt, dass ich das Fiasko beendete, indem ich ihn stur, dominant und schwierig nannte. Die Hündin war die einzig Ehrliche in dem ganzen Szenario.

Ich bin das Fiasko viele Male im Geiste durchgegangen – es war eine schreckliche Situation, die ich nicht noch einmal erleben möchte. Der Biss ist mir egal, und ich sehe die Narben als fühlbare Erinnerung an, dass ich zu großer Dummheit fähig bin. Was ich nicht abschütteln kann, ist der Blick des Hundes. Immer wieder warnte die Hündin mich, völlig ehrlich in ihrer Kommunikation. Doch ich verstand sie nicht, daher hatte sie das Gefühl, dass sie keine Wahl hatte und mich beißen musste, um mit mir zu kommunizieren. Ich erinnere mich auch an den entsetzten Blick in den Augen der Kunden. Innerhalb eines kurzen Augenblicks, der auf meine Arroganz und meine Unwissenheit zurückzuführen war, hatten sie erlebt, wie ihr junger Hund sich in ein wildes Biest verwandelte, das beißen und Blut strömen lassen konnte. Sie war kein schlechter Hund, sie war einfach nur unerzogen. Meine flinkzüngige Schuldzuweisung war unfair und ich wusste das. Erst viel später war ich bereit, die Wahrheit zu akzeptieren, die in den Augen von Hunden zu erkennen ist, die manchmal unerwünschte, aber wertvolle Wahrheit über mein eigenes Verhalten. In dem Moment begann ich zu verstehen, dass die absolute Ehrlichkeit ein Geschenk des Lichts für die dunklen Ecken meiner Seele ist.

Es gibt noch ein weiteres Problem mit der Ehrlichkeit. Wir können davon ausgehen, dass der Hund ehrlich mit uns kommuniziert, *und er erwartet das auch von uns*. Das kann zu einem interessanten Dilemma führen. Fest verankert in ihrer hundlichen Perspektive gehen Hunde davon aus, dass unsere Kommunikation mit ihnen so ist, wie ihre mit uns – ehrlich, geradeheraus und bedeutsam. Darin ähneln Hunde kleinen Kindern, unfähig, uns anders zu sehen, als wir uns in der Beziehung zu ihnen geben.

Mein Lieblingskommentar dazu, was das für unser tägliches Leben bedeutet, kam von einer meiner Kundinnen. Sie versuchte, ein unwesentliches Problem mit ihren drei Hunden zu lösen, und im Verlauf des Gesprächs wurde klar, dass eine der Ursachen des Problems ihre Unbeständigkeit in ihrer Kommunikation mit den Hunden war. Bei dem Versuch, ihr klarzumachen, warum es wichtig ist, dass sie konsequent ist bei dem, was sie sagt und tut, erwähnte ich, dass Hunde nicht verstehen, warum sie mit täglich wechselnden Stimmungen nach Hause kommt. Sie sehen sie nicht als hart arbeitende Verkäuferin mit einem schrecklichen Boss. Sie sehen sie nur als Oberhaupt ihrer Familiengruppe, und schenken dem, was sie sagt und tut, daher große Aufmerksamkeit. Sie haben ihr immer die Wahrheit gesagt und erwarten, dass auch sie meint, was sie sagt. Es gab eine lange Pause an ihrem Ende der Telefonleitung, dann schnappte sie nach Luft, als ihr die volle Bedeutung dessen, was ich ihr gesagt hatte, klar wurde. „Oh, nein!", jammerte sie. „Sie meinen, sie glauben alles, was ich sage?"

Die Antwort lautete natürlich Ja – Hunde glauben, was wir sagen. Sie können unsere Kommunikation nicht anders interpretieren. Dass wir darauf vertrauen können, dass das, was unsere Hunde uns mitteilen, das ist, was sie meinen, hat seinen Preis; im Gegenzug erwarten Hunde das Gleiche von uns.

Dass die Reaktion eines Hundes immer ehrlich ist, können wir intellektuell einfach verstehen. Dieses Verständnis im täglichen Leben zu berücksichtigen, ist etwas völlig anderes, besonders, da so viele unserer täglichen menschlichen Begegnungen unehrlich oder nur teilweise vertrauenswürdig sind. Selbst wenn wir praktizieren, was wir predigen, dauert es lange, bis unser Glauben an die Ehrlichkeit von Hunden uns in Fleisch und Blut übergeht. Wie J. Allen Boone an sich selbst entdeckte, ist es möglich, sich selbst für neue Wege zu öffnen, Tiere zu sehen und sich mit ihnen zu unterhalten. Doch um das zu erreichen, müssen wir daran arbeiten, die Stolpersteine in uns selbst zu beseitigen. Wenn wir unsere Scheuklappen ablegen, sehen wir, dass vor uns ein Tier steht, das uns das erstaunliche Geschenk der Ehrlichkeit in der Kommunikation schenkt. Die Annahme dieses Geschenks öffnet uns eine neue Welt von Möglichkeiten für die Beziehung mit unseren Hunden.

Jetzt ist ein guter Zeitpunkt

Hunde bieten uns ein zweites Geschenk an, das, wie ihre Ehrlichkeit, ein zweischneidiges Schwert ist: Das Geschenk der Augenblicklichkeit. Was sie zu sagen haben, sagen sie ehrlich und in dem Moment, in dem es gesagt werden muss. In ihrer Augenblicklichkeit sind Hunde wie kleine Kinder. Ob unglücklich oder verzückt, sie warten nicht erst einige Tage oder Wochen, bis sie es uns mitteilen. Wie bei der Ehrlichkeit haben die Hunde keine Wahl – es ist einfach ihre Art. Ein Hund teilt Ihnen mit, was er fühlt. Genau in dem Moment. Nicht erst einige Stunden oder ein Jahr später. Ab dem Moment, in dem Sie daran denken, Ihre Schuhe anzuziehen, sich einen Mantel anzuziehen und nach der Leine zu greifen, teilt Ihnen Ihr Hund mit, wie begeistert er ist, dass Sie miteinander spazieren gehen werden. Bei jedem Schritt des Spaziergangs sagt Ihnen Ihr Hund, wie viel Spaß er hat und wie froh er ist, mit Ihnen zusammen zu sein. Eines der großen Vergnügen daran, mit Hunden zusammen zu sein, ist, dass sie spontan ausdrücken, was sie fühlen. Ein Hund sagt niemals: „Ich kann dir nicht alles sagen, aber..." Das ist eine Phrase, die Menschen benutzen, besonders Erwachsene.

Man sollte glauben, dass in einer Gesellschaft, die sofortige Erfüllung und Rückkopplung wünscht, diese Eigenschaft der Augenblicklichkeit erwünscht sei. Doch Augenblicklichkeit erfordert auch sofortige Reaktion. Das ist nicht

immer bequem. Egal, was sonst noch vor sich geht, Sie können einer schluch-
zenden Zweijährigen nicht sagen, dass sie aufhören soll zu weinen, und ihr
versprechen, später mit ihr über Ballons und ihre Tendenz wegzufliegen,
sobald die Schnur der kleinen Hand entwischt, zu reden. Der Verlust wird
jetzt empfunden, und das unglückliche Kind benötigt die Aufmerksamkeit
jetzt. Keine Mutterhündin sagt ihren Welpen: „Du musst warten, bis dein
Vater nach Hause kommt." oder „Wir besprechen das später." Alles, worum
man sich in dem Moment kümmern muss, wird in dem Moment, in dem die
Notwendigkeit dazu entsteht, behandelt.

Hunde verstehen verspätete Reaktionen nicht – das ist nicht Teil ihrer Welt.
Auch wenn es sicherlich zu den menschlichen Erfahrungen und unserer Art
zu sein gehört, müssen wir lernen, wirklich zu verstehen, was es in der Praxis,
im täglichen Leben bedeutet, sofort zu reagieren, wenn wir unsere Hunde
wirklich verstehen wollen. Denn in der hundlichen Kultur erfolgen Reaktionen so prompt wie die auslösende Kommunikation.

Verspätete Reaktionen haben Vorteile. Sie erlauben uns, unsere Gedanken
zu sammeln, mit unseren Emotionen umzugehen und nicht impulsiv zu handeln oder verletzend zu sein. Doch viele von uns haben auch gelernt, dass verspätete Reaktionen verletzend oder zumindest sehr überraschend sein können.
Wenige Dinge sind für eine Beziehung so zerstörerisch wie lange gehegter
Groll oder nicht angesprochene Kränkungen, die manchmal jahrelang kochen
und brodeln, bevor sie auf eine schmerzhafte und schockierende Weise ausbrechen, die ernsthafte Schäden anrichten kann, die das Maß der ursprüngli-
chen Ursache weit überschreiten.

In unserer Beziehung zu Hunden können verspätete Reaktionen auf die
Handlung eines Hundes ernsthafte Probleme hervorrufen. Bei einem menschlichen Freund können wir für einige Stunden langsam vor uns hin kochen,
bevor wir darauf hinweisen, dass etwas, was er gesagt oder getan hat, uns verletzt oder verärgert hat. An diesem Punkt kann eine Diskussion hilfreich sein,
da unser menschlicher Freund zeitlich zurückblicken und verstehen kann,
dass die Vergangenheit besprochen wird. Mit Hunden können wir das jedoch
nicht tun – einen Hund anzuschreien, der einige Stunden oder sogar nur
wenige Minuten, bevor man durch die Tür kommt und seine Tat entdeckt,

unseren besten Schuh angefressen hat, ist nicht nur nutzlos, sondern für den Hund auch sehr verwirrend und sogar ängstigend.

Hunde ziehen sehr gerade Linien, wenn sie die Punkte des Lebens miteinander verbinden. Bei einem auf Papier aufgezeichneten Labyrinth für Kinder würden Hunde sich nicht damit beschäftigen, den verschlungenen Weg vom Start bis zum Ziel nachzuverfolgen – sie würden eine gerade Linie zwischen dem Start- und dem Zielpunkt ziehen. In unserer Beziehung zu ihnen glauben Hunde, dass die Art, wie wir uns verhalten, und das, was wir tun, in direktem Zusammenhang mit dem Augenblick und ihrem eigenen Verhalten in diesem Moment steht. Daher denkt ein Hund, der seine zurückkehrende Besitzerin freudig begrüßt und sofort angeschrien oder mit bösem Gesicht angeschaut wird, nicht: „Oh, ich wette, sie ist nicht glücklich darüber, dass ich vor einigen Stunden ihre neuen Turnschuhe angefressen habe." Der Hund schleicht sich möglicherweise einfach weg, unsicher, was diesen (für ihn) unerklärlichen Zorn hervorgerufen hat. Oder er verbindet direkt den wütenden Besitzer mit der Begrüßung und geht davon aus, dass er wütend darüber ist, dass er sich genähert hat. Drücken Sie Ihr Missfallen hingegen aus, wenn Sie den Hund dabei erwischen, wie er gerade an ihren neuen Turnschuhen kaut, kann er eine einfache Rechnung anstellen (wenn ich das tue, passiert das) und die richtige Schlussfolgerung ziehen: Schuhe sind kein Kauspielzeug.

Ein Leben, in dem sozusagen alles in Echtzeit passiert, wäre aus vielen Gründen schon empfehlenswert. Stellen Sie sich vor, ein Freund würde Ihnen sofort mitteilen, wenn etwas zwischen Ihnen beiden aus dem Gleichgewicht geriete. Wir vertrauen darauf, dass unsere engen Freunde es uns mitteilen, wenn ein Stück Toilettenpapier an unserem Schuh klebt oder Spinat zwischen unseren Zähnen steckt. Die Welt wäre völlig anders, wenn unsere ehrlichen Freunde uns auch helfen würden, mehr als nur unsere körperliche Schicklichkeit in Ordnung zu halten. Es wäre gut, jemanden zu haben, der uns mitteilt, dass unser emotionaler Reißverschluss in Ordnung gebracht werden muss, doch solche Freunde sind rar. Verbunden mit der Voraussetzung, dass unsere Freunde immer ehrlich sind, würde das eine unglaubliche Freiheit bieten, in der sich eine tiefe Beziehung entwickeln könnte. Hunde teilen uns mit, wenn unser emotionaler Reißverschluss offen steht, doch wir schenken der Mitteilung nicht immer Beachtung.

Sie können es nicht später besprechen, wenn Hunde Ihnen mitteilen, dass etwas nicht stimmt. Genau dann, wenn die Dinge aus dem Gleichgewicht geraten, wenn Kommunikation am wichtigsten ist (und auch häufig fehlt), braucht der Hund eine Antwort, eine Lösung für seinen Konflikt. Ohne Ego steht der Hund vor Ihnen, ohne sich darum zu kümmern, wer zuschaut oder was andere von ihm oder Ihnen denken. Es kümmert ihn nicht, ob die Zeit läuft, der Wettkampf verloren ist oder Nachbarn zuschauen. Ihn interessiert nur, was zwischen ihm und Ihnen vorgeht, und mehr als alles andere wünscht er sich, dass wieder alles in Ordnung ist. Das fühlt sich nicht gut an, diese Sorge, diese Angst, dieses komische Verhalten von jemandem, dem er vertraut, jemandem, der beim Tanz führen muss. Daher sagt er Ihnen auf jede ihm verfügbare Weise, mit besorgten Augen, dass etwas nicht stimmt. Um ihn zu hören, müssen wir das Brüllen unseres Egos und die kritischen Stimmen zum Schweigen bringen, die uns eifrig daran erinnern wollen, dass die Zeit läuft, Leute zuschauen, wir wie Idioten wirken, nicht hierher gehören und Versager sind. Wenn wir unsere Gedanken zum Verstummen bringen, können wir die reine, süße Stimme eines Hundes hören, der uns drängt, es zu richten. Jetzt. Wenn wir lernen, das für unsere Hunde zu tun, überträgt sich das auf unsere anderen Beziehungen. Wenn wir das Geräusch unserer Gedanken unterdrücken, erinnern wir uns, dass das Leben kurz ist und Beziehungen zu unseren Lieben wertvoll sind. Um das Leben in vollen Zügen auszukosten, müssen wir uns so schnell wie möglich um Brüche und Distanz zwischen uns und denen, die uns wichtig sind, kümmern. Wie uns unsere Hunde täglich vor Augen führen, ist *jetzt* immer der beste Zeitpunkt, um Dinge gerade zu rücken. Wie seine Ehrlichkeit ist die Augenblicklichkeit des Hundes ein zweischneidiges Schwert. Unfähig zu täuschen und die Zukunft zu verstehen, lebt der Hund in der Gegenwart und erwartet, dass wir ihn dort treffen.

Ich habe einmal einer Psychologin zugehört, die die Beziehung zwischen Eltern und Kindern diskutierte. Sie wies darauf hin, dass das größte Geschenk, das Eltern ihren Kindern machen können, darin besteht, wirklich erfreut zu sein, wenn sie den Raum betreten. Als ich darüber nachdachte, wurde mir bewusst, dass unsere Hunde uns dieses Geschenk immer wieder machen. Wenn ich nach draußen gehe, um etwas Petersilie aus dem Kräuterbeet zu holen, werde ich bei meiner Rückkehr freudig und mit wedelnden Ruten begrüßt. Meine Hunde sind froh, mich zu sehen, obwohl ich nur einen Augenblick weg war. Ich dachte an meinen eigenen Sohn und fragte mich, wie oft er ein klares Willkommen in meinem Gesicht gesehen hat, wenn er in Sicht kam. Mit Scham und Bedauern dachte ich an die vielen Male, die ich ihn, John oder jeden anderen ohne Freude begrüßt hatte.

Es ist einfach, die freudige Begrüßung der Hunde als Ergebnis eines schlechten Gedächtnisses oder eines einfachen Wesens zu verspotten. Ich weiß jedoch, dass meine Hunde ein sehr gutes Gedächtnis haben und intelligente Wesen sind. Ich bin nicht bereit, dieses Geschenk der Augenblicklichkeit gering zu schätzen; es verwurzelt mich in der Realität des Hier und Jetzt. Und ich bin bestimmt nicht bereit, die Freude in den Augen meiner Hunde bei der Begrüßung unbeachtet zu lassen. Wenn Robert Frost Recht hat und das Heim der Ort ist, an dem man Sie aufnimmt, dann sollte Ihr Heim immer einen Hund beinhalten, der Sie liebt, damit Sie sich zumindest einer freudigen Begrüßung sicher sein können.

10

WAS ICH EIGENTLICH SAGEN WOLLTE...

Das größte Problem bei der Kommunikation ist die Illusion,
dass sie verwirklicht wurde.
DANIEL W. DAVENPORT

Irgendwo in den zehn Geboten für Hundeausbilder steht sicherlich, dass man den Hund eines Klienten nicht begehren soll, doch ich konnte nichts dagegen tun. Um ehrlich zu sein, ich begehrte Dodger, einen achtzehn Monate jungen Mischling mit erstaunlichen Augen und beträchtlicher Intelligenz. Seine Besitzerin Jennifer sagte mir, dass Dodger „überdreht" sei. Eine schrecklich vage Beschreibung. Eine Befragung ergab, dass er manchmal leicht erregbar war, wenn sie ihn von seinem Auslaufsystem loshakte und ins Haus brachte. Sie war auch besorgt, dass er möglicherweise aggressiv sei, da er in seiner Aufregung häufig ihre Hände und Beine in den Fang nahm. In den letzten beiden Wochen hatte Jennifer den Hund nicht mehr ins Haus bringen wollen. Sie hatte Angst, dass sich der von ihr gewünschte Familienbegleiter langsam in ein unkontrollierbares Monster verwandelte, das siebenundzwanzig Kilo wog und noch wuchs. Sie wusste, dass Dodger weder dumm noch bösartig war. Er hatte sich in der Hundeschule sehr gut gemacht, lernte jede Übung schnell und arbeitete auch zu Hause gut, sobald er sich beruhigte und an der Leine war. Doch sein zunehmend heftiges Verhalten beunruhigte sie sehr.

Während wir uns unterhielten, ließ ich den Hund im Raum frei herumlaufen und beobachtete ihn, während er ihn erkundete. Nach einigen Minuten hatte er den Raum gründlich untersucht und da er ihn ziemlich langweilig fand, setzte er sich neben Jennifer und verfolgte das Gespräch mit seinen bemerkenswert intelligenten Augen. Jedes Mal, wenn sein Name fiel, stellte er die Ohren auf und wedelte mit dem Schwanz, wenn er dann jedoch sonst nicht weiter angesprochen wurde, nahm er seinen Posten als aufmerksamer

Zuhörer wieder ein. Es vergingen einige weitere Minuten, und da er anfing, sich zu langweilen, beschloss Dodger, aufzuspringen und mit den Augen zu überprüfen, was ihm seine Nase bereits mitgeteilt hatte: Da war besonders leckeres Futter auf dem Tisch. Als er seine Vorderläufe auf die Tischkante stellte, schimpfte Jennifer: „Dodger!"

Sofort drehte der Hund den Kopf zu ihr herum, gewarnt, die Ohren aufgestellt, mit wedelndem Schwanz. Mir fiel auf, wie gut der Hund reagierte und wie bereitwillig er das anziehende Futter für eine Interaktion mit der Besitzerin eingetauscht hätte. „Dodger, geh runter!" Dodger wedelte heftiger mit dem Schwanz, doch seine Vorderpfoten blieben, wo sie waren. Jennifer schob den Stuhl nach hinten und griff nach dem Hund, versuchte ihn wegzuschubsen. In Dodgers Augen leuchtete unverkennbar Vergnügen auf. Während er den Kopf nach hinten und zu einer Seite rollte, reagierte er mit einem Pfotenschlag in Jennifers Richtung, die Zunge hing ihm dümmlich aus der Seite seines Mauls. Sie schubste ihn erneut, und wieder schwang er seinen Lauf zu ihr, schlug mit seiner großen Pfote auf ihren Unterarm. Sie ging näher zu ihm hin, versuchte, ihn sanft am Halsband zu nehmen, und als sie das tat, nahm Dodger ihren Arm ins Maul. Jennifer konnte ihn jetzt von der Tischkante vertreiben und kniete neben ihm, mit dem jungen Hund ringend, der abwechselnd seine Pfoten um ihre Arme legte und mit weit geöffnetem Maul nach ihr griff. Die ganze Zeit gab Jennifer immer lauter und atemloser Kommandos: „Aus! Dodger, sitz. Lass das. Aus! Sitz. *Sitz!!!*" Schließlich war Jennifer frei und setzte sich wieder auf ihren Stuhl, nervös und verärgert. Dodger beobachtete sie hoffnungsvoll, sein Schwanz wedelte freudig. „Sehen Sie, was ich meine? Das passiert."

Da ich wusste, dass sich die Szene wiederholen würde, sagte ich Jennifer schnell, dass sie das nächste Mal, wenn der Hund das tat, still sitzen und nichts sagen sollte. Ich würde mich darum kümmern. Bevor ich noch etwas sagen konnte, hörte Dodger einen imaginären Gong, der die zweite Runde einläutete. Mit einem erfreuten Blick auf Jennifer legte er erneut die Pfoten auf die Tischkante. Sofort schnappte ich nach Luft, als ob ich unglaublich geschockt sei, und Dodger ließ sich überrascht wieder auf den Boden fallen. In dem Moment, in dem seine Pfoten den Boden berührten, sagte ich ihm ruhig, dass er ein braver Hund sei. Er wedelte zur Bestätigung mit dem

Schwanz. Für einige Minuten schaute er zwischen Jennifer und mir hin und her, verwirrt durch die Stille. Dann kam ihm eine Idee: Er konnte die Party erneut starten, indem er die Pfoten auf den Tisch stellte! Wieder die Pfoten auf den Tisch, ein geschocktes Luftholen von mir, gefolgt von Stille. Diesmal ließ er die Pfoten auf dem Tisch, drehte den Kopf, um Jennifer und dann mich anzusehen. Dodgers Gesicht zeigte deutlich Verwirrung – das funktionierte nicht so, wie er sich das vorgestellt hatte.

Er hatte eine andere Idee, lautstark schlug er mit beiden Pfoten auf die Tischkante, sah uns an, um unsere Reaktion zu sehen. Enttäuscht, weil wir uns nicht bewegten und nichts sagten, seufzte er und kehrte auf den Boden zurück. Sofort teilte ich ihm mit, was er für ein Genie sei, etwas, was er bereits wusste, aber trotzdem gerne hörte. Mit wedelndem Schwanz sprang er sofort am Tisch hoch, doch als er hörte, wie ich nach Luft schnappte, erstarrte er. Er starrte mein Gesicht einen langen Augenblick lang an, und dann sank er in Zeitlupe zurück, um sich auf den Boden zu setzen, wobei seine Augen auf mein Gesicht gerichtet blieben. In dem Moment, in dem alle vier Pfoten auf dem Boden waren, lobte ich ihn. „Ich habe es jetzt verstanden!", stand in seinem Gesicht geschrieben, als er kam, um seinen Kopf in meinem Schoß zu vergraben und sich wohlverdiente Streicheleinheiten abzuholen, bevor er sich freiwillig mit einem zufriedenen Seufzen hinlegte. Ich gab ihm ein Kauspielzeug und er amüsierte sich leise damit.

Jennifer war sprachlos. Ihr „überdrehter" Hund lag ruhig zu ihren Füßen, und ich hatte ihn nicht ein einziges Mal angefasst, noch hatte er versucht, mich zu „attackieren". Dodger war nicht aggressiv oder überdreht. Er reagierte einfach auf Jennifers Mitteilungen. In seiner hundlichen Vorstellung war ihr Schubsen und atemloses Reden eine Aufforderung zum Spiel. Er las sehr richtig die Sanftheit und das Fehlen einer Bedrohung aus ihrem Verhalten, so wie ich, als der erste Ringkampf stattfand. Denn wenn sie verärgert oder bedrohlich gewesen wäre, hätte ich zu Gunsten von Frau und Hund eingegriffen. Wie viele junge Hunde liebte Dodger Ringkampfspiele mit Menschen, da sie heftigen Spielen unter Hunden ähneln. So wie er es mit anderen jungen Hunden gemacht hätte, schlug Dodger mit der Pfote und griff nach ihren Händen und Armen, jedoch sehr sanft. Weit davon entfernt, ihn davon abzubringen, waren

Jennifers Versuche, ihn wegzuschubsen, eine unterhaltsame Aktivität, ein Spiel für den Hund. Jennifer versuchte zu sagen: „Nein, lass das!" Doch nur ihre *Worte* sagten das, und so konnte es auch nur jemand verstehen, der ihre Sprache sprach, was Dodger nicht tat. Alle ihre Aktivitäten forderten zum Spiel auf, und der junge Hund spielte gerne mit. Wie der alte Witz, der sagt: „Ah, dein Mund sagt Nein, aber der ganze Rest von dir sagt Ja, Ja, Ja!"

In der Kommunikation fehlte eine für Dodger klare Art mitzuteilen, was Jennifer versuchte ihm zu sagen. Obwohl ihr Tonfall zweifellos missbilligend war, gab nichts sonst in ihrer Kommunikation dem jungen Hund den Eindruck, dass er etwas Falsches tat. Ein Hund interpretiert diese gesamte Mitteilung möglicherweise so, dass Jennifers „Missbilligung" ein Spielknurren war, ein Teil des Spielverhaltens von Hunden. Hunde interpretieren Mitteilungen im Zusammenhang, deuten für ihre Interpretation alle Signale gemeinsam. Das eindeutige Vergnügen in Dodgers dümmlichem, verspieltem Gesichtsausdruck war ein klarer Hinweis darauf, dass er den ganzen Vorgang sehr vergnüglich fand.

Als Jennifer verstand, wie ihre Handlungen Signale aussandten, die im Gegensatz zu dem standen, was sie sagen wollte, konnte sie ihren Körper wie einen Schalter einsetzen, um Dodger abhängig davon, was er tat, ein- und auszuschalten. Wenn sie nicht mochte, was er tat, drückte sie ihren Schock darüber verbal durch dramatisches Luftholen oder ihr Missfallen mit einer kurzen, schroffen Phrase und absolut starrer Körperhaltung aus. Diese Mitteilungen verstand Dodger sehr gut. Aus seiner hundlichen Sicht lag keine Spielaufforderung in diesen Gesten. Dodger fand schnell heraus, welche Verhaltensweisen dazu führten, dass Jennifer zum Stillstand kam und sich von ihm löste, und welche ihm Aufmerksamkeit und Lob einbrachten. (Einfache Rechnung für Hunde: Wenn du das tust, passiert das.)

Die Sprache der Hunde unterscheidet sich von unserer menschlichen. Sie umfasst Nuancen und Feinheiten, deren Gesamtheit – in einem bestimmten Zusammenhang – die ganze Kommunikation bildet. Wie unsere Hunde können wir sehr viel ausdrücken, ohne ein Wort zu sagen. Doch das eindeutig zu tun, erfordert das Bewusstsein für den eigenen Körper und die Bedeutung von Gesten. Fragen Sie einen beliebigen Mann nach *dem* Blick, und Sie sprechen mit jemandem, der versteht, dass, wenn die Augen einer Frau scharf werden und sich verengen und sich ihre Mundwinkel anspannen, sich der Wind gedreht hat und kluge Männer in Deckung gehen. (Die ganzen Spiegel in der Parfüm- und Make-up-Abteilung? In Wirklichkeit dienen sie nur dazu, *den* Blick zu perfektionieren, und die lächelnden Verkäuferinnen sind Lehrerinnen dafür. *Der* Blick muss fleißig geübt werden, damit man ihn gut beherrscht.)

Selbst wenn die Technologie möglich wäre, wären Hunderadios sinnlos. Obwohl die verbale Kommunikation Teil der Sprache von Hunden ist, kommunizieren sie nur selten ausschließlich über Geräusche. Soweit ich weiß, besteht die Kommunikation zwischen Hunden, die sich nicht sehen können, nur aus einfachen Phrasen. Für einen Hund, der sich mit einem anderen Hund unterhält, ist eine rein verbale Kommunikation nicht sehr präzise und somit auch nicht sehr nützlich für komplexe Mitteilungen. In der Sprache der Hunde dient die verbale Kommunikation ohne die zugehörigen optischen Hinweise nur für die Übermittlung einfacher Nachrichten: „Wo bist du?" „Hey, da ist jemand!" „Geh weg!" „Ich bin verletzt." „Ich bin einsam." Das entspricht in etwa dem, was wir in einem kurzen Telegramm mitteilen können – einfache Nachrichten, ohne Nuancen oder komplexe Themen.

Bei gutem Wetter steht unsere Hintertür offen, sodass die Hunde nach Belieben in den großen, eingezäunten Garten gehen können. Während wir fernsehen, geht häufig einer der Hunde von den anderen unbemerkt (oder vielleicht ist es ihnen egal) nach draußen und entdeckt bei der Erkundung des Gartens einen Hirsch, der im benachbarten Feld vorbeigeht, oder hört einen Kojoten hinter der Farm heulen. Dann wird Alarm gegeben, eine lange, verteilte Serie von Wou-Wou-Wou-Wous, gemischt mit einigen definitiven Wuffs, ein Gesang, der die anderen Rudelmitglieder informiert, dass in der Distanz etwas im Gange ist, keine unmittelbare Bedrohung. (Es unterscheidet sich vom sehr deutlichen, schroffen Warnbellen, das Näherkommende informiert, dass es besser für sie ist, eine Einladung zu haben.) Die Wirkung auf das Rudel ist elektrisierend, alle Hunde springen auf und schießen aus der Tür, um die Lage zu erkunden. Sobald sie draußen sind, können sie sehen, hören und riechen und wissen, wovon der alarmierend klingende Hund gesprochen hat.

Der Hund versteht unsere Mitteilungen als Gesamtbild, das alle unsere verbalen wie nonverbalen Mitteilungen umfasst. Weit davon entfernt zu lernen, was die genauen Worte und Phrasen bedeuten, achten Hunde sorgfältig auf das Gesamtbild dessen, was wir ihnen mitteilen. Die Sprache der Hunde ist elegant und genau, der Zusammenhang und die Übereinstimmung - nicht das gesprochene Wort - zählen am meisten. Ein guter Trainer unterscheidet sich vom durchschnittlichen (oft frustrierten) Hundebesitzer durch die Übereinstimmung seiner Signale und die Klarheit seiner Kommunikation mit dem Hund. Das bedeutet nicht, dass sie „sitz" oder „Platz" besser vortragen können. Der Unterschied besteht darin, dass ihre Mitteilung klar ist, mit ihrem Tonfall und ihrem gesamten Wesen - Geist, Körper, Einstellung - übereinstimmt.

Zahllose Bücher verweisen starr darauf, dass Hunde nicht verstehen können, was wir sagen. Obwohl es stimmt, dass ein Hund die Bedeutung von Wörtern nicht so versteht, dass er sie korrekt in Sätze fassen könnte, lernt er trotzdem mit Sicherheit die Bezeichnungen für Sachen. Es gibt Leute, die kichernd darauf hinweisen, dass ein Hund lernen kann, sich zu setzen, wenn er das Wort Vogelscheuche hört, und das für einen Beweis der Dummheit von Hunden halten. Wenn diese Leute eine Fremdsprache lernen würden und ihr Lehrer ihnen beibringen würde zu sagen: „Deine Mutter ist ein Schwein", sie jedoch in dem Glauben lassen würde, sie würden „Vielen Dank!" lernen... Sie verstehen sicherlich, was ich meine. Hunde geben sich große Mühe herauszufinden, was wir mit unserem täglichen Redefluss meinen - und verwerfen das meiste davon klugerweise als für sie bedeutungslos. Am Ende arbeitet selbst der intelligenteste aller Hunde mit einem begrenzten Vokabular, nicht anders als ein Tourist im Ausland. Wie Touristen lernen Hunde die Wörter und Phrasen, die für sie die wichtigste Bedeutung enthalten: „Wo ist die Toilette?" oder „Ich brauche etwas zu trinken." (Zugegebenerweise würden nur Hunde diese beiden Phrasen zu einer bedeutungtragenden Frage verbinden.) Das weist auf eine sehr praktische Intelligenz hin, die Hunde wahrscheinlich davon abhält, vor Langeweile zu sterben oder angesichts des scheinbar endlosen, bedeutungslosen Gelabers verrückt zu werden.

Zahllose Autoren von Hundeausbildungsbüchern sowie Hundeausbilder erinnern Hundebesitzer, dass ihr Tonfall entscheidend ist. Wenn wir Hunde als fremdsprachige Gäste in unserer Welt ansehen, ist es einfach zu verstehen, wie wichtig der Tonfall sein kann. Abhängig von meiner Stimmung finde ich diesen ganzen Tonfall-Ratschlag furchtbar witzig oder entsetzlich traurig, weil er die zu Grunde liegende Wahrheit enthüllt: Wir müssen daran erinnert werden, wie wir uns mit unseren Hunden unterhalten. Warum ist dieser Ratschlag in Bezug auf den Tonfall notwendig? Ist der Tonfall nicht in allen unseren Unterhaltungen wichtig, zumindest in denen mit jemandem, den wir lieben? Ich bezweifle, dass die meisten von uns es mögen würden, wenn unsere Freunde und Familienmitglieder uns in aggressivem Ton „Ich liebe dich!" zubrüllen würden. Wenn wir „Gib mir das Salz!" fauchen würden, wären unsere Lieben verständlicherweise beleidigt, auch wenn sie uns möglicherweise das Salz reichen würden. Ich habe keine Elternratgeber gesehen, die darauf hinweisen, dass Mütter mit sanftem, liebevollem Ton mit ihren Babys sprechen sollen. „Nach gründlicher Studie des Sprachverhaltens von Müttern in einer Vielzahl von Kulturen scheint es, dass Babys es vorziehen, nicht angeschrien zu werden." Ich habe noch keine Partnervermittlungshinweise gesehen, die einem Mann mitteilen, dass er bei einer Frau mehr erreicht, wenn er nicht in ihr Ohr schreit und ihr auf den Rücken klopft wie seinen Kumpels in der Bar. Wenn wir in unseren Beziehungen erfolgreich sein möchten, passen wir unsere Unterhaltung an, sodass sie die Liebe und den Respekt für den anderen ausdrückt.

Wenn wir nicht alle grundlegenden Höflichkeitsformen verloren haben (waren Sie schon einmal im Berufsverkehr von Long Island?), wenn uns nichts mehr an der Person oder der Beziehung liegt, wenn wir nicht die Kontrolle über unsere Gefühle verloren haben, reden wir mit anderen, die uns wichtig sind, nicht in einem barschen, fordernden Ton, kommandieren sie nicht gebieterisch herum. Auch wir mögen es überhaupt nicht, so behandelt zu werden; das ist keine liebevolle oder respektvolle Art, eine Unterhaltung zu führen. Eine deutliche Warnung, dass in einer Beziehung Ärger in der Luft liegt, ist die Art, wie wir kommunizieren. Unsere Stimme drückt nicht mehr Liebe, Geduld oder Respekt aus. Wir werden schrill, ärgerlich, fordernd, abschätzig, ungeduldig; wir hören nicht zu. (Im Gegenzug werden wir möglicherweise ebenfalls so behandelt.) Wenn wir unsere Hunde lieben, sie respektieren, das

Gefühl haben, eine Beziehung zu ihnen eingegangen und nicht nur ihr Armee-
ausbilder oder Tierpfleger zu sein, dann muss unsere verbale Kommunikation
mit ihnen so liebevoll und respektvoll sein wie bei der Kommunikation mit
einem Menschen. Das scheint mir die einfachste Form der Höflichkeit zu sein.
In einer liebevollen Beziehung ist es mehr als das - es ist eine entscheidende
Zutat, ohne die wir keinen Erfolg haben werden. Wenn wir von unserem Weg
abkommen und feststellen, dass wir unsere Hunde anschreien oder sie auf
eine Weise behandeln, die wir bei uns übel nehmen würden, müssen wir verstummen, damit wir das Echo der Angst oder des Ärgers in unseren Stimmen
widerhallen hören können.

Natürlich ist der Tonfall wichtig. Der Tonfall unserer Stimme enthält, unabhängig von den verwendeten Worten, eine Welt von Informationen. Bestürzung, Ärger, Freude, Warnung, Frustration, Besorgnis, Traurigkeit, Überraschung, Ermunterung, Verwirrung, Dringlichkeit, Zustimmung – dies alles
und viel mehr kann nur mit dem Tonfall übermittelt werden. Unsere Stimmen können wunderbare Werkzeuge für die Kommunikation bilden, die es
unseren Hunden ermöglichen, deutlich zu hören, was wir sagen möchten.
Doch die Konzentration auf unseren Tonfall ohne die Kontrolle des restlichen
Körpers ist im besten Falle sinnlos und schrecklich verwirrend für Hunde.
Hunde fallen auf das unter Menschen übliche „Tu, was ich dir sage, und igno-
riere, was ich tue" nicht herein. Die aus Stimme und Körpersprache bestehende Gesamtmitteilung sagt einem Hund, was wirklich mitgeteilt wird.
Obwohl wir Menschen stolz auf unsere sprachlichen Fähigkeiten sind und oft
glauben, dass wir hauptsächlich über die gesprochene/ geschriebene Sprache
kommunizieren, unterscheiden wir uns tatsächlich nicht sehr von Hunden
und anderen Tieren. Nonverbale Signale machen einen überraschend hohen
Prozentsatz der menschlichen Kommunikation aus. Einige Wissenschaftler
schätzen, dass bis zu 80 Prozent unserer Kommunikation aus Gesten und Körpersprache besteht.

Ich denke, wir sollten uns erinnern, dass einige der bewegendsten menschlichen Erfahrungen die Momente sprachloser Emotion sind, in denen uns die
Worte fehlen oder in denen wir verzweifelt nach der richtigen Art suchen, das
auszudrücken, was wir empfinden. In solchen Momenten greifen wir mögli-

cherweise auf genau die stillen Gesten zurück, die Tiere verwenden – einen gegen den Freund gedrückten Kopf, eine ruhig auf die Schulter oder das Bein gelegte Hand, ein Körper, der sich sanft um jemandes Trauer oder Schmerz legt. Wir behaupten stolz, dass Sprache uns von den Tieren unterscheidet, doch wenn uns angesichts zutiefst bewegender Gefühle die Sprache ausbleibt, bleibt uns wie den Tieren nur die Fähigkeit der reinen Geste. Meiner Meinung nach ist es kein trauriger Kommentar über Tiere, dass sie keine gesprochene oder geschriebene Sprache haben, um ihre Gefühle wie Liebe, Zuneigung, Freude oder Trauer auszudrücken. Es ist vielsagend, dass wir, wenn wir zutiefst bewegt sind, auf die reine Beredsamkeit der Ausdrucksweise zurückgreifen, die Tiere die ganze Zeit verwenden. Manchmal sind wir am beredsamsten, wenn wir schweigen.

ZWISCHEN DEN ZEILEN LESEN

Zu unserem Glück sind unsere Hunde gut darin, uns wie Bücher zu lesen, obwohl es ihnen manchmal offensichtlich schwer fällt, der Handlung zu folgen. Sie sind auch wahnsinnig gut darin, zwischen den Zeilen zu lesen. Unsere Abhängigkeit von verbaler Kommunikation, verbunden mit dem mangelnden Bewusstsein dafür, wie unsere Körpersprache zu dem beiträgt, was gesagt wird, führt geradewegs zu dem, was Hunde als sehr verwirrende Mitteilungen ansehen müssen. „Komm her", sagen wir zu dem Hund, der aus seinem Halsband geschlüpft ist. Angenommen, dass er die Phrase richtig verstanden hat, registriert er die Worte, diese werden jedoch gegen alles andere, was er hört und sieht, abgewogen: Die Besorgnis in unserer Stimme (wir fürchten, dass er auf die Straße rennen könnte), die Anspannung unseres Körpers, als wir uns nach vorne zu ihm beugen (eine Geste, die den Hund von uns wegschubst), die veränderte Atmung (die ihm mitteilt, dass wir alarmiert sind, er kann das jedoch nicht auf seine Handlung zurückführen), alle kleinen Signale unserer zunehmenden Frustration. Das Gesamtbild, diese angespannte, besorgte und möglicherweise verärgerte Person, die nach ihm greift, widerspricht der verbalen

Anweisung „komm her". Wenn die von uns übermittelte Mitteilung nicht vollständig von uns kontrolliert oder uns nicht bewusst ist, kann uns die Reaktion unserer Hunde sehr überraschen.

Im Zweifelsfall vernachlässigen Hunde unsere Worte und glauben unseren Taten. Wenn ich meinen Hunden freudig mitteile, dass sie wirklich böse Hunde sind, lachen sie. Wenn ich einen anderen Tonfall dabei verwende, streng spreche, sie mit düsterer Miene ansehe, lachen meine Hunde immer noch. Sie leben mit mir zusammen und sind an meine dramatischen Auftritte gewöhnt, gründlich vertraut mit der Kunst, mit einer ziemlich Verrückten zu leben, wissen sie, dass ich ebenso viele Varianten des Spielknurrens beherrsche wie sie, und sie erkennen meine vorgetäuschten Warnungen als das, was sie sind – nicht echt. Nur wenn ein strenger Ton mit harten Augen, angespanntem Kiefer, angespannten Muskeln und der sehr starren Pose einer verärgerten Person einhergeht, nehmen sie mich ernst. Ein Hund, der mich nicht gut kennt, verwechselt meine vorgetäuschte Warnung unter Umständen leicht mit einer echten, genauso wie wir häufig Gesten oder Worte von jemandem, den wir nicht gut kennen, falsch auslegen.

Noch bevor wir unseren Mund aufmachen und lange nachdem wir ihn wieder geschlossen haben, versuchen Hunde eifrig, die *gesamte* Mitteilung zu verstehen. Sie können unsere Mitteilungen jedoch nur durch den Filter ihrer hundlichen Sichtweise verstehen. Was wir mit unseren Worten eigentlich sagen, mag sich in dem Sitzungsprotokoll einer Gerichtsverhandlung nett anhören, wo sogar die heftigsten Gefühlsausbrüche unbemerkt bleiben. Ein Stenograf macht keine Hinweise, wie zum Beispiel „klang angespannt", „in verärgertem Ton" oder „sarkastisch". Meiner Erfahrung nach beschreiben Leute einander oder einem Hundetrainer, was in einer Situation mit einem Hund gesagt wurde, etwa auf die gleiche Art wie ein Sitzungsprotokoll – die Feinheiten und Tonfälle fehlen, außer die wirklich dramatischen. Doch Hunde nehmen alles genauer wahr als ein Gerichtsstenograf, hauptsächlich auf Grund ihres ganzheitlichen Aufnahmegeräts: dem Gehirn des Hundes. Feinheiten der Gesten und der Stimme werden genau registriert. Betrachten wir eine typische Szene aus der menschlichen „Protokoll"-Sichtweise und anschließend aus der Sicht des Hundes.

Szene: Ein ruhiges Haus. Ein Hund döst zu Füßen seiner Besitzerin, während sie ein Buch liest. Die Türklingel ertönt, erschreckt die Besitzerin. Der Hund steht sofort auf, geht zur Tür und bellt. Die Besitzerin folgt ihm schnell. Sie versucht, den Hund zum Schweigen zu bringen, und lässt ihn sitzen, damit sie die Tür öffnen kann. Sie brennt darauf, die monatliche Ausgabe ihrer Hundezeitschrift mit den faszinierenden Artikeln zu erhalten. Hier ist das Protokoll des nachfolgenden Dramas:

Die Türklingel ertönt.
HUND: Wuff, wuff, wuff, wuff, wuff, wuff... (Hält inne, während die Besitzerin spricht.)
BESITZERIN: Ruhe.
HUND: Wuff, wuff, wuff, wuff, wuff...
BESITZERIN: Ruhe! Ruhe!
HUND: Wuff, wuff, wuff, wuff, wuff... (Zusteller fragt, ob er später wiederkommen soll.) Knurr, knurr...
BESITZERIN: (zum Zusteller) Nein, warten Sie. (Erhebt die Stimme, um gehört zu werden.) Ich sagte, warten, bitte. Warten Sie bitte eine Minute, bis ich den Hund unter Kontrolle habe. (Wendet sich an den Hund.) Ruhe! Ruhe! Ruhe! Still!
HUND: Wuff, wuff, wuff, wuff, wuff...
BESITZERIN: Ruhe! Sitz! Ruhe! Ich sagte: Sitz! Sitz! Sitz! Ich meine es so – Sitz!
HUND: Wuff, wuff, wuff, wuff! Jaul! (Besitzerin hat ihn am Halsband gepackt.) Grrr...
BESITZERIN: Sitz! Sitz! Ruhe! (Schüttelt den Hund am Halsband, um ihren Standpunkt zu unterstreichen, und zieht ihn nach oben.)
HUND: Wuff, wuff, wuff... (Sitzt.) Wuff, wuff, wuff...

Betrachten wir nun die Szene aus der Sicht des Hundes. Die Türklingel ertönt. Sofort, als er die Türklingel hört, ist er begeistert. Die Türklingel bedeutet, dass es Zeit ist, „Was befindet sich hinter der Tür?" zu spielen. *Es könnte der nette Junge aus der Nachbarschaft sein, der spielen möchte; er kann den Ball wirklich gut werfen. Es könnte auch der nette Mann sein, der immer ein Leckerchen für mich hat, wenn er vorbeikommt, um den Stromzähler anzustarren. Ich muss nachsehen – es könnte ein Eindringling sein, der von der Tür vertrieben werden muss. Dann gibt es da noch den Typ, der jeden Tag kommt und komisches Papier durch den Schlitz in der Tür schiebt. Er lässt sich einfach vertreiben: nur einige Male bellen, funktioniert jedes Mal.* Als der Hund aufsteht, um auf die Türklingel zu reagieren, hört er ein leichtes Atemholen seiner Besitzerin. Sie ist etwas erschreckt über die Türklingel, und der Hund bemerkt das. *Aha, sie wurde auch davon überrascht!* Als sie zur Tür geht, beginnt er zu bellen, gibt bekannt, dass der Besucher vielleicht nicht willkommen ist, in jedem Fall ist er verpflichtet, alle Eingänge zu kontrollieren. Befriedigt stellt er fest, dass seine Besitzerin hinter ihm her eilt. *Kein guter Wachhund, aber sie gibt sich wenigstens Mühe.* Er verstärkt sein Bellen, um ihr zu versichern, dass er die Lage unter Kontrolle hat, und wie immer mischt sie sich ein. *Komisch,* denkt er sich. *Menschliches Bellen ist komisch. Man sollte annehmen, ihnen sei bekannt, dass einsilbige Wuffs einfacher auszusprechen sind – ich kann dieses „S" nicht aussprechen – na ja, jeder wie er es mag. Mein Gott, ist sie heute aufgedreht! Sie bellt wie ein dummer Welpe, völlig atemlos und in hohen Tönen!* Der Mann sagt etwas, und der Hund bemerkt, dass die Frau hektischer wird in ihren Handlungen und Tönen. *Oh, Mann! Jetzt legt sie richtig los. Ich frage mich, was er gesagt hat, dass sie sich so aufregt. Sie bellt ihn an, sie bellt mich an und sie bewegt sich so schnell herum wie... – zum Teufel, wenn sie einen Schwanz hätte, würde sie wahrscheinlich auch damit wedeln. Ihr Bellen wird lauter und – verdammt, jetzt geht's wieder los – wie immer hat sie den Kerl da draußen vergessen und richtet sich gegen mich. Bellt mich an, als sei ich der Eindringling! Au!* Er wünscht sich, sie wäre vorsichtiger, wenn sie nach dem Halsband greift. Verdreht es so, dass es schmerzt. Er knurrt ein wenig, um sie zu erinnern, auf das zu achten, wonach sie greift. *Verrückte Frau* – jetzt schüttelt sie sein Halsband etwas und zieht ihm den Boden unter den Vorderläufen weg. *Ich setze mich besser – wenn sie sich so benimmt, weiß man nie, was sie als Nächstes macht. Moment. Der Kerl ist ja immer noch an der Tür. Wuff, wuff, wuff...*

Der Hund würde einen anderen Eindruck erhalten, wenn wir uns, statt in sein Bellen einzufallen – dafür hält er unsere aufgeregten Äußerungen und schnellen Bewegungen höchstwahrscheinlich – langsam, ruhig und mit ruhiger Selbstsicherheit bewegen würden. Der Gesamteindruck unserer Kommunikation im obigen Szenario ist nicht der von Autorität, sondern von Aufregung und Erregung, die seiner entspricht und ihn anstachelt – was wir eigentlich von Anfang an vermeiden wollten.

Arrogant (obwohl das wahrscheinlich nicht unsere Absicht ist) bestehen wir darauf, dass Hunde, unabhängig von den Widersprüchen und den gemischten Mitteilungen unserer Kommunikation, irgendwie herausfinden müssen, was wir meinen, um dann zu gehorchen. Eine Trainingsmethode bestünde also darin, die Handlungen des Hundes zu bestrafen, obwohl sie die Reaktion auf unsere Kommunikation sind. Das ist jedoch nicht fair – Hunde leben, genau wie wir, nicht in einem Vakuum. Sie reagieren auf die Welt um sich herum und, wenn sie mit uns kommunizieren, auf die Mitteilungen, die sie erhalten. Eine meiner Hauptregeln für die Hundeausbildung ist: Wenn ich einen Hund sehe, der sich unpassend verhält, beobachte ich sorgfältig die Person am anderen Ende der Leine. Das Verhalten des Hundes wird häufig durch gegensätzliche oder unbeabsichtigte Signale des Hundeführers ausgelöst.

Wir sind häufig ungenau, widersprüchlich oder nachlässig in unserer Kommunikation, trotzdem erwarten wir, dass unsere Hunde herausfinden, was wir meinen, und sich entsprechend verhalten. Angesichts verwirrender oder gegensätzlicher Signale versuchen Hunde angestrengt herauszufinden, was gemeint ist. Verwirrt geben sie auch häufig auf und tun, was ihnen gefällt, eine intelligente Antwort auf eine Situation, in der niemand in der Lage zu sein scheint, ihnen deutlich zu sagen, warum sie etwas tun oder lassen sollen. Genau wie wir gestalten sich Hunde, bis sie andere Informationen erhalten, die Welt zu ihrem Vorteil. Sie sind nicht absichtlich böse oder versuchen, „mit etwas durchzukommen". Sie reagieren nur auf einen Mangel an klaren Informationen und nutzen die sich ihnen bietenden Möglichkeiten. Wir finden das möglicherweise ziemlich ärgerlich, besonders wenn uns nicht bewusst ist, dass wir verwirrend sind und gegensätzliche Mitteilungen senden. Doch vergleichen Sie es mit Steuerschlupflöchern. Angesichts unklarer Steuervorschriften interpretieren Menschen die Vorschriften häufig zu ihrem Vorteil. (Oder überweisen Sie dem Finanzamt im Zweifelsfall mehr Geld?) Natürlich lauert die Angst vor dem Finanzamt immer in unserem Hinterkopf. Für Hunde sind wir manchmal das Finanzamt, sagen hinterher streng: „Das darfst du nicht." Wie viele verwirrte Steuerzahler und Hunde würden berechtigterweise gerne fragen: „Warum sagst du es dann nicht gleich so, dass ich es verstehen kann?"

Wenn wir uns der von unseren Hunden angebotenen konzentrierten Aufmerksamkeit völlig bewusst sind, stellen wir fest, dass wir unsere Handlungen bereinigen müssen; häufig sind wir, nicht die Hunde, an fehlerhafter Kommunikation schuld. Angesichts eines sehr aufmerksamen Publikums (es sei denn, wir haben ihnen versehentlich beigebracht, uns nicht zu beachten) müssen wir die Fehlschläge der Kommunikation uns zuschreiben. Um unsere Hunde zu verstehen, müssen wir lernen, das Gesamtbild zu betrachten und die Gesamtmitteilung zu hören, die der Hund aussendet. Wir tun das für unsere menschlichen Freunde, doch an der weiten Welt der Feinheiten und Gesten menschlicher Kommunikation arbeiten wir bereits unser ganzes Leben mit zahllosen Menschen um uns herum. Mit Menschen üben wir seit langer Zeit, trotzdem beherrschen die meisten von uns bisher nur den Kommunikationsstil einiger weniger vertrauter Personen.

Da die meisten von uns nur eine Hand voll Hunde in ihrem Leben haben, ist es nicht überraschend, dass wir die Sprache der Hunde nicht fließend sprechen. Mit eingeschränkten Übungsmöglichkeiten und nur einer begrenzten Anzahl von Muttersprachlern der Fremdsprache, von denen man lernen kann, lernen wir nicht nebenbei erfolgreich mit unseren Hunden zu kommunizieren und zu verstehen, was sie uns mitteilen möchten. Wie bei jeder Fremdsprache braucht man Zeit und Übung, um die Sprache der Hunde zu beherrschen. Doch diese Arbeit, diese Erkundung der Welt eines anderen Wesens macht Spaß, und die Belohnungen sind vielfältig. Wir müssen nicht perfekt sein, aber wir müssen uns von Herzen wünschen, dazuzulernen und mehr zu verstehen.

Der Wunsch meiner Nichte Hannah nach einem eigenen Hund wurde wahr, als sie neun Jahre alt war und ihre Familie Ben, einen neun Jahre alten Labrador, bei sich aufnahm. Ben war ein echter Gentleman in seinen Manieren und seinem Herzen und ein perfekter Ersthund für eine fünfköpfige Familie, trotz seiner erheblichen Größe und seiner, wie Hannah trocken bemerkte, riesigen Sabbertropfen, die er produzierte, wenn er Leuten beim Essen zusah oder es sehr heiß war. In den ersten Wochen nach Bens Ankunft gab es viele Telefonate mit Tante Suzanne, als meine Schwester und ihre Familie diesen Hund in ihren geschäftigen Haushalt integrierten. Von allen wundervollen Dingen, die mir berichtet wurden, gefiel mir am besten, wie begeistert Hannah ihrer Mutter berichtete, dass sie gelernt habe, Bens feine Signale zu verstehen. Sie beschrieb, woran sie den Unterschied erkannte, ob Ben *sofort* zum Pieseln raus müsse oder ob es bei Bedarf noch ein wenig Zeit hätte. Sein Bellen enthielt eine ganze Welt von Informationen für Hannah, sie verstand sein Spielknurren und das ernsthaftere Warnbellen, das besagte: „Da ist jemand an der Tür." In lebhaften Details konnte Hannah genau die leichten Veränderungen in der Form oder dem Ausdruck von Bens Augen bestimmen, im Anheben oder Senken seiner Ohren, dem Anheben der Rute oder dem wahnsinnigen, begeisterten Wackeln seines gesamten Körpers. „Ich weiß, was er sagt, Mami, ich weiß es wirklich. Ich verstehe diesen Hund!"

Darin, in dem puren Wissen und der Liebe des Kindes, liegt der einzige Zauber, den jeder von uns braucht, um zu verstehen, was unsere Hunde uns auf so vielfältige Arten sagen, selbst wenn wir nicht zuhören. Hannahs Freude und Neugier, ihre uneingeschränkte Bereitschaft, Ben zu studieren – sorgfältig, mit liebevollen Augen und dem Vertrauen in das, was Ben ihr mitteilte – ohne Anpassung oder Intellektualisierung –, machte es ihr möglich, diesen Hund zu verstehen. Um hören zu können, was ein Hund sagt, müssen wir mit dem Herzen eines Kindes zuhören, mit mehr als nur unserem Geist verstehen, mit dem Herzen verstehen. Doch für viele Erwachsene bedeutet das einen Kampf; sie müssen lernen, ihren Intellekt beiseite zu lassen und zunächst einfach nur zuzuhören. Wenn wir nicht verstehen, dass wir unsere Hände vor unsere Augen halten, wenn wir denen Zauberkräfte zutrauen, die scheinbar mit Hunden kommunizieren können, wenn wir denken, dass das eine Fähigkeit sei, die nur wenigen von Göttern geschenkt wird, dann werden wir immer nach Dr. Doolittle oder jemandem wie ihn suchen. Doch wir alle können lernen, mit Tieren zu sprechen – und das Beste und vielleicht Wichtigste ist, wir können lernen zu hören, was sie uns zu sagen haben.

11

Bring mich zu eurem Anführer

Der Führer, der seine Macht mit Achtung ausübt,
arbeitet von innen nach außen, fängt bei sich selbst an.
Blaine Lee, The Power Principle

Es war ein langer Tag im mehrtägigen Hundeausbildungsseminar, und Carson und ich waren fix und fertig nach stundenlangem Lernen über Hunde, Training im Obedience und langem Schwimmen im See. Wir gesellten uns zu einigen anderen Teilnehmern im Aufenthaltsraum, ließen uns nieder, um ein Brettspiel zu beginnen. Da Carson verständlicherweise nicht viel von dem harten Boden hielt, ging sie auf die Couch, ließ sich hinter mir, die ich auf der Kante eines Kissens saß, nieder.

„Sie sollten ihr das nicht erlauben", warnte mich eine andere Teilnehmerin. Ich war überrascht – ich dachte, saubere Hunde seien auf den robusten Möbeln erlaubt. „Oh, ich weiß, sie haben gesagt, dass es in Ordnung sei, doch Sie sollten sie das trotzdem nicht tun lassen. Sie versucht, Ihren Geruch zu überdecken."

Für den Rest der Welt sah Carson so aus, als ob sie ein Nickerchen hielte. Wenn sie meinen Geruch überdeckte, was immer das bedeutet, war es schwer, das Verhalten vom Schlafen zu unterscheiden. Da sie sah, dass ich verwirrt war, fuhr die Frau mit ihrer Erklärung fort. „Sie sollten Ihre Hunde nie auf Möbel oder in Ihr Bett lassen. Dadurch werden sie dominant. Sie wissen schon: Alpha, Boss. Wenn Sie ihr erlauben, Ihren Geruch zu überdecken, erlauben Sie ihr, der Boss zu sein." Die Frau schaute mich mit einer Mischung aus Entsetzen und Empörung darüber an, dass ich diese Grundlagen des Verhaltens von Hunden nicht kannte. Doch sie beharrte darauf: „Ich denke mir das nicht aus. Wölfe leben in Rudeln, wissen Sie, und der Alpha-Wolf ist der Boss. Hunde leben ebenfalls in Rudeln und brauchen einen Boss. Wenn Sie

Ihre Hunde auf die Möbel lassen, glauben sie, sie seien der Boss. Sie sollten jedoch der Boss sein. Andernfalls hören Ihre Hunde nicht auf Sie. Sie respektieren Sie nicht."

„Meinen Sie, dass ich sie nicht kontrollieren kann, wenn ich sie auf die Möbel lasse?" Sie nickte, offensichtlich froh, dass ich es langsam kapierte. „Aber wenn ich dem Hund jederzeit sagen kann, dass er von den Möbeln gehen oder mein Bett verlassen soll, würde das nicht reichen? Würde das nicht Respekt zeigen?" Sie zögerte. Ich drehte mich zu Carson um und forderte sie ruhig auf, von der Couch zu gehen. Verschlafen stand Carson auf und kehrte auf den Boden zurück. „Ich denke, sie teilt sich nur die Couch mit mir, doch es ist für sie in Ordnung, sie aufzugeben, wenn ich sie dazu auffordere. Darauf kommt es doch an, oder?"

„Ich schätze schon", antwortete sie langsam. „Ich denke, Sie haben einfach Glück – sie ist ein umgänglicher Hund. Bei manchen Hunden, wie bei ihr, klappt das vielleicht, wenn Sie jedoch, wie ich, ein Rudel Hunde hätten, würden Sie verstehen, wie wichtig das ist."

Ich entschuldigte mich bei Carson und lud sie ein, wieder auf die Couch zu gehen. Sie sah mich an, als sei ich jetzt völlig verrückt geworden, sprang wieder auf die Couch und legte sich mit einem Seufzen wieder hin. Ich brachte es nicht übers Herz, der gut meinenden Frau zu sagen, dass die anderen sechs Hunde zu Hause genauso nett sind und alle die Couch verlassen, wenn ich sie dazu auffordere, und die meisten schlafen nachts in meinem Bett. Ich lächelte nur, tätschelte dankbar meinen Hund und wendete meine Aufmerksamkeit dem Spiel zu. Während wir spielten, blieb Carson bequem an meinen Rücken geschmiegt und sah aus, als ob sie schliefe, obwohl sie wahrscheinlich gerade hart daran arbeitete, meinen Geruch zu überdecken.

Obwohl ihr Rat erfüllt war von nur allzu verbreiteten Fehlinformationen darüber, was Führungsverhalten ist, hatte der gut gemeinte Rat der Frau in einem Punkt Recht. Anders als unsere menschlichen Freundschaften beinhalten unsere Freundschaften mit Hunden die Verpflichtung, die Führung zu übernehmen. Führung ist für Hunde so wichtig wie Futter, Wasser, Schutz und Liebe. Das ist sozusagen die emotionale Luft, die sie atmen. Wenn wir uns in Bezug auf Macht unbehaglich fühlen, wenn wir den Eindruck haben, dass Humanismus bedeutet, keine klaren Regeln für Hunde aufzustellen, dann sind wir womöglich unseren Hunden gegenüber grausam. Wir können eifrig daran arbeiten, das beste Futter und die beste tierärztliche Versorgung zu garantieren und alles in unserer Macht Stehende tun, um ihr Leben auf vielerlei Art und Weise so bequem wie möglich zu machen. Damit erfüllen wir aber noch immer nicht alle Bedürfnisse unserer Hunde. Wenn wir keine Führung bieten, haben wir in den Augen unserer Hunde versagt. Der Grund für viele Verhaltensprobleme von Hunden ist der Mangel an angemessener Führung. Menschen werden nicht eingeschläfert, weil sie ihren Hunden keine Führung bieten; zahllose Hunde haben wegen ihres Wunsches danach ihr Leben gelassen.

EINIGE TIERE SIND GLEICHER ALS ANDERE

Das Bedürfnis des Hundes nach Führung und die Verpflichtung des Menschen, sie zu berücksichtigen und zu übernehmen, hat nichts mit der Tiere-zu-Untertanen-machen-Vorstellung der jüdisch-christlichen Ideologie zu tun. Es hat nichts damit zu tun, die menschliche Rasse als überlegen und Tiere als unterlegen anzusehen. Es ist keine Glaubensfrage, obwohl ich mehr als einen Kunden hatte, der mir ernsthaft erklärt hat: „Ich glaube nicht daran, Regeln für andere aufzustellen." Unglücklicherweise für die Hunde solcher Leute haben die emotionalen Reaktionen und ihr „Glauben" nichts mit den Bedürfnissen von Hunden zu tun. Wenn wir uns entschließen, unser Leben mit einem Hund zu teilen, übernehmen wir – wenn wir ehrliche und mitfühlende Menschen sind – die Verpflichtung, alles zu berücksichtigen und zu beachten, was das bedeutet. In diesem Fall müssen wir akzeptieren, dass das tiefe Bedürfnis der Hunde nach Führung der Realität der hundlichen Kultur entspringt, seinem Leben als soziales Tier. In dem Moment, in dem wir das Halsband umlegten, sind wir einen Vertrag eingegangen, der dem Hund zusichert, dass wir seine Bedürfnisse erfüllen – alle.

Hunde, wie alle sozial lebenden Tiere, einschließlich Menschen, leben in einer komplexen Machthierarchie und würden George Orwell ohne weiteres zustimmen, dass einige Tiere gleicher sind als andere. Ob uns diese Vorstellung nun gefällt oder nicht; die meisten von uns müssen – vielleicht widerstrebend – zugeben, dass eine gleiche Machtverteilung in einer sozialen Gruppe, ob menschlich oder tierisch, weder möglich noch realistisch ist. Unabhängig davon, ob es uns gefällt, verstehen wir, dass einige Leute in der Welt mehr Macht haben als wir und andere weniger. Das ist die Grundwahrheit sozialer Lebewesen. Wie es so schön heißt, nicht alle können der Chef sein. Hunde gehen davon aus, dass jemand diese Rolle übernimmt.

Mit unserer Voreingenommenheit und unseren Vorstellungen von Macht stehen wir möglicherweise in direktem Gegensatz zu unseren Hunden, die in diesem Punkt ihre eigene durch und durch hundliche Sicht haben. Die meisten der Regeln, die wir für das Verhalten unserer Hunde aufstellen, erfinden wir nicht, um unser Leben als kleinliche Bürokraten leben zu können, die Macht über ein anderes Wesen ausüben. Die von uns aufgestellten Regeln und die von uns übernommene Führung bieten Sicherheit für unsere Hunde und gewährleisten gleichzeitig, dass sie die größtmögliche Freiheit und Freude in ihrem Leben genießen können.

Trotz ihrer Anpassungsfähigkeit und Geschicklichkeit müssen Hunde nach ihren hundlichen Regeln leben, die ihre Anpassung an die menschliche Kultur definieren und diese Anpassung auch einschränken. Ein Hund kann sich an ein Leben als verwöhnter Hund im Luxus oder als Begleiter australischer Eingeborener gewöhnen, doch seine Erwartungen an und sein Bedürfnis nach Führung ändern sich nicht. Je „unnatürlicher" und zivilisierter er lebt, desto größer ist jedoch sein Bedürfnis nach Führung, einfach weil er bei so einem Lebensstil unausweichlich mit einer größeren Zahl von Regeln für sein Verhalten in Konflikt gerät. In der nördlichen Sahara binden die Tuareg ihre kostbaren Windhunde nicht an, doch sie brauchen es auch nicht zu tun – in der Hauptverkehrszeit kommen dort wahrscheinlich nur vereinzelte Kamele und gelegentlich ein Auto vorbei. Diese Hunde leben auch in einer vorhersehbaren, stabileren Gesellschaft. Die komplexere Welt der Vorstädte mit ihrer Vielzahl von Leuten und Hunden und der größeren Fluktuation schafft größere

Risiken von Konflikten und Streitigkeiten (zum Beispiel mit Nachbarn, anderen Hunden oder Autos) – und der Stadthund ist sogar noch größeren Problemen ausgesetzt. Mehr mögliche Konflikte und Probleme bedeuten mehr Regeln, die wiederum mehr Führung und Anleitung von uns erfordern, damit der Hund sicher ist – und ein willkommenes Mitglied der Gesellschaft.

Wenn wir unseren Hunden keine guten Anführer sind, verweigern wir ihnen möglicherweise unabsichtlich die Fülle ihres Lebens und begrenzen stark das enge Freundschaftsverhältnis zwischen unseren Hunden und uns. Alle Hundeausbilder haben einen ständigen Zulauf an Leuten, die, obwohl sie ihren Hund sehr lieben, das Verhalten ihres Hundes in bestimmten Situationen nicht richtig kontrollieren können, zum Beispiel beim Spaziergang im Park, in der Gegenwart anderer Hunde, wenn sie Besuch bekommen oder wenn Eichhörnchen vorbeiflitzen. Daher kann der Hund an vielen Ausflügen und Veranstaltungen nicht teilnehmen, selbst wenn die Familie des Hundes ihn gerne dabei hätte. Die dadurch der Beziehung auferlegten Einschränkungen stören die Leute – sie möchten das Zusammensein mit ihrem Hund genießen und wünschen sich, dass ihr Hund sein Leben mit wenigen, wenn überhaupt welchen, Einschränkungen genießen kann. Ihnen ist auch bewusst, dass die Qualität der Beziehung in diesen schwierigen Momenten nicht so ist, wie sie es sich wünschen. Diese Probleme entstehen nicht ausschließlich durch mangelnde Führung; richtiges Training und richtige Sozialisierung sind ebenfalls entscheidend, damit der Hund lernt, mit der Komplexität eines mit Menschen geteilten Lebens umzugehen. Doch Ausbildung und Sozialisierung alleine sind kein ausreichender Ersatz für mangelnde Führung, besonders in Konfliktsituationen.

Wir würden nicht zögern, das Bedürfnis unseres Hundes nach Futter, Schutz und Liebe zu erfüllen, doch manchmal fühlen wir uns unwohl bei der Erfüllung des hundlichen Bedürfnisses nach Führung in seinem Leben. Der mit dem Halsband geschlossene Vertrag verpflichtet uns jedoch, unser eigenes Verhalten so anzupassen, dass wir unseren Hunden sinnvolle und zufriedenstellende Führung bieten.

WIE PASSE ICH INS BILD?

Das Bedürfnis des Hundes nach Führung und eine klare Definition seines Status, besonders innerhalb seiner Kernfamilie oder des gemischten Sozialgefüges aus Menschen und Hunden, ist fest in seinem Gehirn verankert. Bereits in der dritten Lebenswoche beginnen Welpen mit der lebenslangen Bemühung zu verstehen, wo ihr Platz in der sozialen Hierarchie ist. Die spätestens in der fünften Woche stattfindenden Ringkämpfe, die unwissende Betrachter für einfaches Spiel halten, dienen tatsächlich der Feststellung des Status innerhalb der Welpengruppe. Die Welpen arbeiten unerbittlich daran, in jeder möglichen Situation ihren Status im Verhältnis zu den Wurfgeschwistern herauszufinden. Wenn ihnen der Umgang mit erwachsenen Hunden erlaubt ist – wie es sein sollte –, erhalten die Welpen Hinweise auf ihren sozialen Status außerhalb der zwischen den Wurfgeschwistern etablierten Rangordnung. Wenn sie ihren Wurf verlassen und ihr neues Leben begonnen haben, erkunden sie weiterhin ihren Status.

Ob das Familien-„Rudel" des Hundes nun aus einem Hund und einem Menschen besteht oder eine komplexere soziale Gruppe aus vielen Hunden und vielen Menschen ist, der Hund stellt immer die gleichen Fragen: „Wer trägt die Verantwortung? Wie sehen die Regeln aus? Welchen Status habe ich?" Ob der Hund als Welpe oder als erwachsener Hund bei Ihnen einzieht, die Fragen bleiben die gleichen. Es ist überraschend festzustellen, dass der Welpe im zarten Alter von acht Wochen bereits seit fast fünf Wochen an diesen Fragen arbeitet. In jeder Situation, bei jeder Person und/ oder jedem Hund, den er trifft, stellt er die gleichen Fragen. Für die Antwort auf diese Fragen achtet der Hund auf bestimmte Verhaltensweisen von uns, die hohen Status und Führung anzeigen: Kontrolle über oder unbestrittenen Zugriff auf Ressourcen, Kontrolle oder Beeinflussung des Verhaltens anderer und proaktives Eingreifen. Hunde kommen mit der Einstellung von Donald McGannon auf die Welt: „Führung ist Aktion, nicht Position." Sie benötigen uns, damit wir die Führung übernehmen, doch wir bekommen nicht automatisch den Respekt oder die Führungsrolle mit dem entsprechend hohen Status, einfach weil wir aufrecht gehen und gegenüberstellbare Daumen haben, obwohl das einigen

Hunden bereits Grund genug ist. Unsere gegenüberstellbaren Daumen sind vielleicht beeindruckend (zumindest unserer eigenen Meinung nach), aber die meisten Hunde brauchen mehr, und sie beobachten uns genau, beachten Verhaltensweisen, die in ihren Augen auf hohen Status hinweisen.

Vor einigen Jahren war die Schauspielerin Winona Ryder in einer Talkshow, und im Verlauf der Unterhaltung enthüllte sie, wie es war, in einer entlegenen, sicheren Gegend mit liberalen Eltern aufzuwachsen, die nur vage Regeln aufstellten, zum Beispiel, dass sie wenigstens einige Nächte pro Woche zu Hause verbringen müsse! Als sie vom Moderator gefragt wurde, ob sie diese lose strukturierte Kindheit gemocht habe, dachte Winona einen Moment nach und schüttelte dann den Kopf. „Nein", sagte sie, „ich mochte das nicht sehr. Wie heißt es so schön, autoritäre Eltern bekommen antiautoritäre Kinder. Nun, ich hatte antiautoritäre Eltern und wünschte mir mehr Autorität in meinem Leben." Diese Aussage erregte meine Aufmerksamkeit, und mit einem Blick auf die zu meinen Füßen verstreuten Hunde fragte ich mich, welchen Stil ich als Rudelführerin habe - antiautoritär oder autoritär oder etwas dazwischen? Welchen Stil erwarten meine Hunde von mir - als Einzeltier und als Rudel? Einige Hunde kommen sogar mit einem Laisser-faire-Führungsstil prima zurecht, andere sehen ihn als Schlupfloch an, das zu ihrem Vorteil ausgenutzt wird. (Klingt nach Menschen, oder?) Wie Winona Ryder brauchen unsere Hunde möglicherweise mehr Autorität oder klar definierte Führung in ihrem Leben, als wir anbieten. Die Definition des Status ist verschwommen und für Hunde daher verwirrend. Durch ihr Verhalten teilen sie uns mit, ob unser Stil bei ihnen funktioniert. Unabhängig von unserem persönlichen Führungsstil und der Persönlichkeit des einzelnen Hundes gibt es nicht nur einen einzigen richtigen Führungsstil, genauso wenig wie es nur eine einzige effektive Art gibt, Menschen zu führen, ein erfolgreiches Elternteil zu sein oder eine haltbare Ehe zu führen. Wie es in der Unternehmenswelt heißt: Was ist das Endergebnis?

Um das Fazit Ihrer Beziehung zu Ihrem Hund zu beurteilen - die Effektivität und die Angemessenheit Ihres Führungsstils -, müssen Sie zwei grundlegende Fragen beantworten: Erstens, haben Sie unbestrittenen Zugriff auf alle Ressourcen, die Ihr Hund als wichtig empfindet? Mit anderen Worten, wenn

Sie fragen, überlässt Ihnen Ihr Hund dann alles, was er als wertvoll empfindet? Zweitens, befolgt der Hund in Momenten der Erregung, Wichtigkeit oder bei Konflikten sein Verhalten betreffende Anordnungen? Es ist egal, wie toll Ihr Hund in ruhigen Momenten trainiert ist; es zählt nur, wie gut Ihr Hund in schwierigen Situationen auf Sie hört, zum Beispiel draußen auf der Straße, beim Tierarzt, wenn die Tür klingelt, Gäste kommen und gehen, wenn eine Katze vorbeirennt oder ein anderer Hund vorbeigeht. Wenn Ihre Antwort auf eine oder beide Fragen „nein" oder „nur manchmal" lautet, dann sind das Bereiche, in denen das Verhalten Ihres Hundes auf Probleme hindeutet, die gelöst werden müssen. Die Lösung liegt im Fundament, auf der untersten Ebene von Führung und Respekt.

Eine gute Freundin von mir jammerte, wie lästig das Verhalten ihrer Hunde geworden sei. Trotz zahlloser Übungsstunden während ihres Lebens, hatten alle drei Hunde begonnen, unerwünschtes Verhalten zu zeigen. Einer rannte bei jeder Gelegenheit durch die Eingangstür davon, ein anderer war bei allen Kommandos, die ihm nicht gefielen, stocktaub, und der dritte hatte, als er erwischt wurde, wie er auf dem Küchentisch stand und Butter fraß, lediglich ohne den Hauch einer Entschuldigung gelächelt. „Was stimmt nicht mit meinen Hunden?", fragte Karen. Ich versicherte ihr, dass mit ihren Hunden alles in Ordnung sei. Sie verhielten sich nur wie Hunde und wiesen auf für sie unangenehme Weise darauf hin, dass ihr die Führung des Rudels aus der Hand glitt. Sie gab zu, dass sie schon darüber nachgedacht hatte. Mit einem anspruchsvollen Job und drei Kindern hatte Karen viele Verpflichtungen als Mutter, Arbeitnehmerin, Managerin, Ehefrau, Tochter und Rudelführerin ihrer Hunde. Manchmal verhielt sich Karen auf Grund von Überforderung und Müdigkeit so, dass sie von ihren Hunden nicht respektiert wurde. In ihrer nächsten Bemerkung brachte Karen die Schwierigkeiten dieses Problems auf den Punkt: „Weißt du, wenn ich einfach zu Hause bleiben könnte und den ganzen Tag nur Rudelführerin wäre, wäre ich eine großartige Rudelführerin!" Wären wir das nicht alle?

Jede unserer Interaktionen mit dem Hund wird von ihm als ernsthafte Antwort auf eine seiner Fragen angesehen. Lassen Sie mich das wiederholen - *jede* Interaktion mit einem Hund wird vom Hund ernst genommen. Er kann die

Welt nicht anders interpretieren. Die Welt des Hundes enthält keine nachlässigen Interaktionen. Bei jeder Interaktion mit einem anderen Hund oder einem Mensch sagt ein Hund, was er meint. Das ist eine gute und wunderbare Sache und einer der guten Aspekte des Zusammenlebens mit Hunden. Würden doch alle unsere Lieben so sinnvoll kommunizieren! Doch es ist ein zweischneidiges Schwert – stets ehrlich, bei dem, was er sagt und tut, geht der Hund davon aus, dass auch alle anderen um ihn herum ebenfalls immer ehrlich sind. Den ganzen Tag. Jeden Tag.

ZEHN ARTEN, MIT STIL ZU FÜHREN!

Bei so vielen Anforderungen an unsere Zeit und unsere Energie ist es nicht immer einfach, allen Verpflichtungen all unserer Beziehungen gerecht zu werden. Hinter den hektischen Versuchen, Zeit für die Beziehungen zu finden, die uns wichtig sind, lauert eine Gefahr, die viele von uns leider übersehen: die Tendenz der Aufgliederung und Unterteilung, was wiederum zur Vereinfachung führt. Ich vergleiche diese Neigung zur Vereinfachung mit dem *Cosmo*-Stil, einem journalistischen Stil, der durch die Artikel der Zeitschrift *Cosmopolitan*, zum Beispiel „Zehn einfache Tipps, wie Sie ein heißer Liebhaber werden!", berühmt wurde. Die Absicht dieses *Cosmo*-Stils ist möglicherweise, uns daran zu erinnern, dass wir unsere Lebensqualität verbessern können, indem wir uns einfach einige zusätzliche Minuten Zeit nehmen oder einer Sache etwas mehr Aufmerksamkeit schenken. Das ist klasse bei Kochrezepten, doch dieser Stil eignet sich nicht für Beziehungen. Man kann liebevolle, komplizierte Aspekte unseres Lebens nicht auf Aufzählungen und vereinfachte Ratschläge reduzieren.

Ob es darum geht, ein toller Liebhaber, bessere Eltern oder ein spitzenmäßiger Hundebesitzer zu sein, wir alle wissen, dass Beziehungen keine Schichttorten sind. Es gibt keine Rezepte, die man Schritt für Schritt befolgen kann, um eine tiefgehende, vertrauensvolle Beziehung zu erhalten. Die tiefen Beziehungen, die wir uns wünschen, ob mit einem Lebenspartner, Kind, Freund oder einem Hund, erfordern viel mehr als nur einige Minuten pro Tag. „Schau Liebes, ich habe zehn Minuten für dich, und gerade jetzt habe ich Zeit, deine Mutter zu sein. Lass uns also jetzt unsere Beziehung leben!" Unter solchen Bedingungen ist es zweifelhaft, ob wir es schaffen können, die für unsere Kinder notwendige beständige Führung und Anleitung auch nur annähernd zu bieten, noch viel weniger können wir eine tiefgehende Beziehung entwickeln. Wir können nicht in kurzen, hochkonzentrierten Sitzungen, in denen wir unsere Kinder „erziehen", Eltern sein. Elternschaft umfasst vielmehr die Gesamtheit unserer Aktionen in jeder Interaktion mit unseren Kindern.

Trotzdem behandelt mehr als nur ein Hundeausbildungsbuch unsere Beziehung zu Hunden im *Cosmo*-Stil und verspricht, dass Sie mit fünf oder zehn Minuten pro Tag einen gut erzogenen Hund bekommen oder dass Ihr Hund in nur einem Monat alles lernen kann, was er können soll. Ein wahrheitsgemäßer Buchtitel für ein Hundeausbildungsbuch wäre jedoch zum Beispiel „*Ihr neuer Welpe und die nächsten zwei Jahre, in denen Sie ihm helfen, ein wundervoller Hund zu werden*". Das würde sich wahrscheinlich nicht gut verkaufen, obwohl sich die falschen Versprechungen, dass Sie alles, was Sie möchten, ohne viel Aufwand bekommen können, bestimmt gut verkaufen lassen. Es stimmt, dass Sie einem Hund in nur wenigen Minuten pro Tag beibringen können, *etwas zu tun*. Überall greifen Hundebesitzer darauf vertrauend nach Halsband und Leine sowie den Übungsaufgaben mit den Unterordnungsübungen und gehen in den Garten oder in den benachbarten Park, „um den Hund zu trainieren". So lernen Hunde zu sitzen, zu bleiben, bei Fuß zu gehen und andere Nettigkeiten. Aber vielleicht lernen sie so auch, dass ihnen außerhalb der zweckorientierten Übungsstunden die Führung in ihrem Leben fehlt.

Führung und Training sind keine Synonyme, und zum Nachteil unserer Beziehung zu unseren Hunden verwechseln wir die beiden manchmal. Training bezieht sich auf das, wovon der Hund weiß, wie er es ausführen muss – bestimmte Handlungen oder Aktivitäten. Führung ist die Basis für das Verständnis des Hundes, wie seine Welt organisiert ist, bietet ihm Informationen über seinen Status in der Gruppe, leitet seine Aktionen nach Bedarf, setzt seinem Verhalten Grenzen und legt fest, wie mit wichtigen Situationen umgegangen wird. Wenn wir Training fälschlicherweise für Führung halten, werden uns manche Dinge, die unser Hund tut, verwirren. Ein Hund kann den Obe-dience-Kurs als bester abschließen und trotzdem denjenigen anknurren, der ihn auffordert, das Bett zu verlassen. Es ist gut möglich, einen Hund zu haben, der sehr gut ausgebildet ist, zahlreiche Kommandos befolgt, sogar zahllose Preise und Siegerpokale gewinnt und Sie trotzdem nicht wirklich respektiert. Genauso gut ist es möglich, einen Hund mit geringer formaler Ausbildung zu haben, der tiefen Respekt für seine Menschen empfindet.

Wie ist das möglich? Wir alle wissen, dass es einen riesigen Unterschied zwischen einem höflichen, respektvollen Kind und dem Kind gibt, das jede Menge Dinge weiß. Dass ein Kind das Alphabet beherrscht, seine Schuhe zubinden kann und seinen Namen, seine Adresse und seine Telefonnummer kennt, bedeutet nicht, dass es seine Eltern oder andere respektiert. Es kann außerdem Französisch sprechen, ein Algebra-Genie sein, gute Kenntnisse in Geschichte haben, großartig Tennis spielen – und trotzdem fürchterlich unge-hobelt sein. Egal wie wundervoll unsere Hunde ihr Gelerntes in den Kursen oder im Garten zeigen und egal ob sie den Unterordnungskurs als Beste abge-schlossen haben, wenn wir nicht in jeder Interaktion die von ihnen benötigte Führung übernehmen, haben wir lediglich einen Hund, der *Dinge* weiß. Einige der Dinge beinhalten vielleicht die Tatsache, dass wir nicht wirklich zum Tanz zwischen Hund und Mensch aufspielen.

In einer Welt, in der es manchmal scheint, als ob wir nie genug Zeit haben, erinnern uns Hunde, dass jetzt der einzige Moment ist, den wir haben – und der einzige, den wir brauchen. Bei jeder Interaktion haben wir die Zeit, auf nachlässige Arten zu handeln, die frei von Führung oder Anleitung sind. Wir können die gleiche Zeit nutzen, um Hunde mit dem zu versorgen, was sie in diesem Moment vielleicht brauchen. Wenn wir uns bewusst entscheiden, mit unseren Hunden ein Qualitätsereignis zu schaffen, entdecken wir, dass es nicht mehr Zeit erfordert, sich des anderen bewusst und vollständig präsent zu sein, wenn wir einander Aufmerksamkeit schenken, als eine flüchtige, unvoll-ständige Verbindung. Wie immer erzielt der kurze Einsatz unseres vollen Selbst reichlich Belohnungen.

DIE DYNAMIK DES STATUS

Werfen Sie die Frage der Führung auf, und Sie hören unweigerlich die Wörter *dominant* und *unterwürfig*. Wie alle Bezeichnungen sind die Begriffe *Dominanz* und *Unterwürfigkeit* nicht sonderlich informativ, obwohl sie die beiden Extreme eines bestimmten Verhaltensspektrums bezeichnen, genau wie *Tag* und *Nacht* das Vorhandensein oder das Fehlen der Sonne beschreiben. Doch sagt uns das Wort *Nacht* wirklich sehr viel? Für jemandem aus Alaska bedeutet eine Sommernacht strahlendes Licht. In gemäßigterem Klima, wo der Untergang der Sonne die Nacht definiert, gibt es endlose Variationen dafür, was und wie eine Nacht ist: mondlos, mondhell, wolkig, klar, kalt, stürmisch und endlose Kombinationen dieser und anderer Aspekte der Nacht. Um zu verstehen, wie eine bestimmte Nacht tatsächlich ist, benötigt man eine detaillierte Beschreibung der Erfahrung. Je mehr Details genannt werden, desto genauer wird die Nacht beschrieben.

Wenn ein Hund als dominant oder unterwürfig beschrieben wird, sagt mir das ziemlich wenig. Die wunderschönen Nuancen der vielfältigen Verhaltensmöglichkeiten gehen verloren, sind geschickt verborgen hinter ungeschickten, groben Bezeichnungen. Bezeichnungen haben außerdem die unangenehme Eigenschaft, unsere Sicht des Hundes auf ziemlich starre Art zu formen, wodurch es uns unmöglich wird, den wahren, komplexen Hund vor uns zu sehen. Wir sehen nur noch den Hund, der gut in die Vorstellung der Bezeichnung passt. Wenn wir die Einzelheiten der Kompliziertheit, wie unsere Hunde sich in bestimmten Momenten ausdrücken, nicht beschreiben können, wir die Feinheiten der Gesten nicht aufführen können, dann können wir einen einzelnen Hund nicht gründlich kennen. Wir können dann nur so weit gehen und nicht weiter. Auf tiefen Ebenen wird Vertrautheit auf Wissen aufgebaut, das so komplex ist, dass es sich Bezeichnungen widersetzt und anderen nicht erklärt werden kann. Je besser wir unsere Hunde als Individuen verstehen, desto weniger möchten wir die Schönheit eines Individuums in einer Bezeichnung zusammenfassen.

Dominant und *unterwürfig* sind nur dann hilfreiche Bezeichnungen, wenn wir versuchen, eine grobe Übersicht über typische *Reaktionen* zu geben. Wenn ein Konflikt entsteht, reagiert der Hund dann auf selbstbewusste, bestimmte Art oder unterwirft er sich normalerweise? Allgemein gesagt, ein dominanterer Hund ist selbstbewusst und bereit zu fordern, dass Sachen so passieren, wie er es möchte, *wenn es sich um etwas handelt, das ihm etwas bedeutet.* Wenn der Versuch unternommen wird, sein Verhalten umzulenken oder zu kontrollieren, fragt der dominantere Hund (ziemlich hartnäckig): „Warum?" – und er erwartet eine verdammt gute Antwort. Erhält er keine zufriedenstellende Antwort, formt er mit seinem Selbstbewusstsein die Welt nach seinen Vorstellungen. Solche Hunde werden häufig als stur, dickköpfig, unabhängig, sogar als schwer erziehbar bezeichnet, obwohl sie einfach nur eine sehr gute Antwort auf ihre Fragen erwarten und bereit sind, für das, was sie wollen, zu arbeiten – und sogar dafür zu kämpfen.

Einem unterwürfigen Tier fehlt der Wille, das durchzusetzen, was es möchte, wenn das bedeutet, dass es dafür jemandem widersprechen muss. Angesichts eines Konfliktes ist es bereit, sich dem anzupassen, was jemand anderes vorhat. Bei diesen Hunden kann ihre Frage nach dem „Warum?" (wenn sie überhaupt gestellt wird) manchmal mit „Weil ich es dir sage" beantwortet werden. Diese Hunde werden häufig als klug, umgänglich und leicht erziehbar bezeichnet, obwohl sie in Wahrheit einfach von Natur aus eher bereit sind, sich an unsere Pläne anzupassen, als zu argumentieren, was sie lieber tun möchten.

Ich bin nicht sicher, dass die Wörter *dominant* und *unterwürfig* ihren Platz im Zusammenhang mit Beziehungen haben – beschreiben Sie Ihre Freunde mit diesen Begriffen? Ich habe Freunde, die ich als entschlossen, furchtlos, unbekümmert, bestimmt, empfindlich, unerschütterlich oder mit anderen informativen Bezeichnungen allgemein beschreibe. Doch ich beschreibe meine menschlichen Freunde nicht als dominant oder unterwürfig. Ich gebe mir zunehmend Mühe, neue Wege zu finden, meine Hundefreunde zu beschreiben, auf Arten, die ihr Verhalten und meine Gefühle für sie widerspiegeln. So berücksichtige ich, dass die von uns verwendeten Wörter unsere Handlungen stark prägen können. Wenn ich Ihnen einen Hund als „selbstbewusst, beharrlich, intelligent, sich der Gefühle und Absichten anderer genau bewusst" beschreibe, haben Sie ein bestimmtes Bild vor Augen und verhalten sich entsprechend. Doch ich denke, dieses Bild unterscheidet sich von dem, was durch die Beschreibung „Er ist dominant" hervorgerufen wird. Bei der ersten Beschreibung fragen Sie möglicherweise nach den Nuancen, Abstufungen und Feinheiten dessen, was ich Ihnen beschrieben habe – wie selbstbewusst oder beharrlich ist er? Auf welche Art intelligent oder verglichen mit wem? Wenn ich Ihnen einen anderen Hund als „umgänglich, an Konfrontationen nicht interessiert, gelassen und unbekümmert" beschreibe, wird vor Ihrem inneren Auge ein anderes Bild hervorgerufen und Ihre Reaktion auf den Hund ist ganz anders, als wenn ich ihn als unterwürfig bezeichne.

Zwischen Dominanz und Unterwürfigkeit liegt eine ganze Welt von Möglichkeiten, und meiner Meinung nach ist der Begriff *Status* – fließend, dynamisch, kontextabhängig – besser dazu geeignet, die komplexe Art, wie Hunde auf uns und andere Menschen und Tiere reagieren, zu betrachten. Status ist eine dynamische, fließende Eigenschaft, die sich abhängig von der Situation oder dem Zusammenhang verändern und für eine bestimmte Beziehung sehr kennzeichnend sein kann. Zum Beispiel kann eine Mutter, die mit ihrem Kind die Straße entlangfährt, als der Teil des Paares angesehen werden, der den höheren Status hat. Das Kind fügt sich der Tatsache, dass sie die Ressourcen kontrolliert, und ist bereit, ihre Kontrolle und ihre Anweisungen in Bezug auf sein Verhalten zu akzeptieren. (In Ordnung, es handelt sich um ein sehr junges Kind...) Wenn die Mutter wegen zu schnellem Fahren herausgewunken wird, verändert sich ihr Status. Im Verhältnis zum Polizisten hat sie einen niedrigeren Status. Wenn sie klug ist, befolgt sie seine Anweisungen. Vorausgesetzt, dass sie nicht an einer mehrstündigen Verfolgungsjagd interessiert ist, akzeptiert sie seine Kontrolle und seine Anweisungen bezüglich ihres Verhaltens. Sie setzt ihr Kind an der Schule ab, wo es ohne ihr Wissen der König seiner Klasse ist und sogar das Taschengeld der Lehrer einkassiert. Die Mutter fährt weiter zur Arbeit, sie gehört zum mittleren Management, ihr Status liegt über dem ihrer Untergebenen und unter dem ihrer Vorgesetzten. Am Abend fährt sie alleine nach Hause. In diesem Moment können wir ihren Status nicht bestimmen, da – wie bei unseren Hunden – niemand dominant oder unterwürfig ist, hohen oder niedrigen Status hat, *außer in Beziehung zu jemand anderem.* In dieser einfachen Wahrheit wird die Komplexität sozialer Hierarchien deutlich: Es hängt alles davon ab, wo Sie sind, was Sie tun und mit wem Sie zusammen sind. In Abwesenheit anderer ist Status bedeutungslos. Ein Millionär ist auf einer einsamen Insel nur ein einsamer Mann.

Das Verständnis des relativen Status ist entscheidend für das Verständnis, wie ein Hund seine Welt sieht, da die Organisation seines täglichen Lebens und Verhaltens von dieser Frage abhängt. Bei dem Versuch, den relativen Status in seinem heimischen Rudel zu finden, versucht der Hund festzustellen, wessen Regeln er befolgen muss und für wen er Regeln aufstellen kann. Der Hund möchte stärkere Wesen nicht verärgern oder bedrohen, das könnte zu Konflikten, möglichen körperlichen Konfrontationen und vielleicht sogar körperlichen Verletzungen führen.

Hunde lernen, dass es töricht und möglicherweise ziemlich schmerzhaft ist, stärkere zu verärgern oder zu bedrohen. Andererseits ist es möglich und wahrscheinlich sogar ungefährlich, sich bei jemandem mit einem niedrigeren Rang größere Freiheiten herauszunehmen oder ihn sogar einfach zu ignorieren. Ohne eine genaue Einschätzung des relativen Status ist der Hund sich nicht sicher, wie er sich in einer bestimmten Situation am besten verhält. Das ist keine bequeme Position für einen Hund, genauso wenig wie ähnliche Situationen für uns. Viele Hunde, mit denen ich gearbeitet habe, waren ängstlich, verwirrt und sogar verärgert auf Grund eines Mangels an klarer Führung. Unsere Hunde zu lieben ist nicht genug. Hunde benötigen eine klare Strukturierung ihres relativen Status, wir müssen dieses Bedürfnis berücksichtigen und ihnen Führung bieten. Wir brauchen uns dazu nicht auf die Brust zu trommeln – oder gar unsere Hunde zu schlagen –, Führung bedeutet keine geballte Faust, sondern eine leitende Hand. Wie Dwight D. Eisenhower sagte: „Sie führen nicht, indem Sie Menschen auf den Kopf schlagen. Das ist ein Angriff, keine Führung."

Ich bin Alpha – hör mein Brüllen!

Wenn es ein einziges Wort gäbe, das ich aus dem Vokabular von Hundeliebhabern und besonders von Hundeausbildern löschen könnte, wäre es das Wort *Alpha*. Dieses griechische Wort bedeutet *Anfang* und hatte schon viele Aufgaben zu erfüllen. Hauptsächlich dient es als rechtfertigende Erklärung für den im Gang befindlichen Krieg zwischen Hunden und Menschen. Wie das Kreuz, mit dem von den Kreuzfahrern zur Rechtfertigung einer erschütternden Liste von Gräueltaten an nicht christlichen Menschen gewunken wurde, dient die Idee, dass wir uns wie Alphas verhalten, als Rechtfertigung für eine ziemliche Menge Unfairness und ausgesprochene Grausamkeiten gegenüber Hunden. Hinter dem Schlachtruf der Hundeerziehung – „Das kann ich ihm nicht durchgehen lassen!" – versteckt sich unsere Angst, dass wir unseren Status als Boss verlieren, wenn wir dem Hund das Verhalten X, Y oder Z durchgehen lassen.

Der Begriff Alpha wurde aus Tierverhaltensstudien an sozialen Tieren übernommen und wird verwendet, um das höchstrangige Tier in einer bestimmten sozialen Gruppe zu benennen oder das höchstrangige Männchen und das höchstrangige Weibchen. Sicher haben alle sozialen Tiere eine Machthierarchie, gemeinhin als „Hackordnung" bekannt, ein Begriff der ursprünglich aus Thorleif Schjelderup-Ebbes Studie aus dem Jahre 1935 am Verhalten von Geflügel übernommen wurde. Dieses Modell zur Beschreibung einer sozialen Hierarchie erinnert sehr an eine Leiter. Auf der obersten Sprosse befindet sich das höchstrangige Tier; die niedrigste Sprosse wird vom Mitglied mit dem niedrigsten Rang eingenommen, den anderen Tieren werden dazwischenliegende Positionen zugewiesen, mit einigen Tieren über und einigen Tieren unter ihnen.

Das Problem dieses strengen Modells liegt darin, dass es zwar einfach verständlich, aber auch übermäßig vereinfacht ist. Das wirkliche Leben mit Tieren ist nicht linear, sondern eine wunderbare und fließende Welle des Verständnisses und der wechselseitigen Beeinflussung der verschiedenen Mitglieder, und Autorität oder Dominanz ist oft nicht absolut, sondern hochgradig von Situationen abhängig. In seiner Erörterung des Wolfsverhaltens in *The*

Wolf weist Wolfsexperte David Mech auf seine Beobachtung hin, dass ein Wolfsrudel weder autokratisch noch demokratisch regiert wird. Obwohl der Anführer fraglos manchmal das Verhalten aller Rudelmitglieder bestimmt, geschieht das normalerweise während Krisen oder Konflikten. In den anderen Zeiten haben alle Rudelmitglieder Einfluss auf das Verhalten aller anderen Rudelmitglieder, auch auf das des Anführers.

Bei dem Versuch, zu beobachten und zu verstehen, wie Wölfe mit Wölfen umgehen und wie Hunde mit Hunden umgehen, haben wir einen gravierenden Fehler gemacht, indem wir unser Verhalten an das Verhalten angepasst haben, das *in Gefangenschaft lebende* Wölfe zeigen. Es sollte beachtet werden, dass das Verhalten von in Gefangenschaft lebenden Wölfen, wie das Verhalten aller in Gefangenschaft lebenden sozialen Spezies, einschließlich Menschen, viel starrer strukturiert ist als das von Tieren in normalen, natürlichen Lebenssituationen.

Schlussfolgerungen zu ziehen oder Ratschläge für unser eigenes Verhalten vom Verhalten gefangener Wildtiere abzuleiten ist ein schlechter Ausgangspunkt für das Verständnis dessen, was normal und für eine Spezies üblich ist. Außerdem vergessen wir, dass Hunde keine Wölfe sind – noch denken sie, dass wir es sind, und ihnen ist deutlich bewusst, dass wir auch keine Hunde sind. Obwohl wir viele Ratschläge daraus ableiten können, wie Hunde die Frage der Führung in Zusammenhang mit anderen Hunden sehen, müssen wir für uns eine für die Beziehung zwischen Mensch und Hund einzigartige Lösung finden.

Wir haben übermäßig vereinfachte und sehr ungenaue Regeln für das Führen von Hunden. Einige der „Wie bin ich der Boss des Rudels"-Ratschläge in der verbreiteten Fachliteratur sind totaler Unsinn, einige basieren auf schlecht verstandener Wahrheit und einige sind nur komisch verdrehte Interpretationen dessen, wie Hunde wirklich mit anderen Hunden umgehen. Unsere ungeschickten Rückschlüsse führen zu einem ziemlich autokratischen Umgang mit Hunden, wie aus der traurigen Tatsache zu ersehen ist, dass es eine Menge Ratschläge gibt, die das Wort *NIE* enthalten. Zum Beispiel: „Lassen Sie den Hund nie vor Ihnen durch die Tür oder auf Treppen gehen." Ich bin ein wenig verwirrt, wie diese Regel konsequent angewendet werden soll. Es ist mir ein Rätsel, wie Sie einen Hund unter Beachtung dieses Ratschlags ins Auto bekommen – sollen Sie zuerst einsteigen und den Hund dann auffordern ebenfalls einzusteigen?

„Füttern Sie Ihren Hund nie, bevor Sie essen." Dieser Ratschlag funktioniert sicher gut, wenn Sie sich mit dem Hund einen toten Hirsch teilen. Schließlich wollen Sie doch die besten Stücke für sich, oder? Ich meine, wenn Sie den Hund zuerst fressen lassen, frisst er zuerst den leckeren Mageninhalt, bevor Sie eine Chance bekommen. Ich füttere meine Hunde normalerweise, bevor ich esse, weil es mir netter erscheint und ich sie nicht zusehen lassen und sie zum Geifern bringen muss, um ihnen effektive Führung bieten zu können. Wenn mir eine Person einen Donut verweigern muss, um zu beweisen, wie viel Macht sie besitzt, stehen die Chancen gut, dass wir einige andere Fragen miteinander und ihre Vorstellung von effektiver Führung klären müssen. Wenn wir das Verhalten wilder Wölfe auf Hinweise zum Umgang mit der „Wer frisst zuerst?"-Frage untersuchen, stellen wir fest, dass, wenn es genug gibt (zum Beispiel bei einem Elchkadaver), alle ohne Rücksicht auf den Rang gleichzeitig fressen. Wenn junge Welpen vorhanden sind, bekommen sie häufig die ersten Happen von der Beute, die Mutter und andere Rudelmitglieder würgen buchstäblich ein warmes Mahl für die Nachkommen hervor. Ist die Beute knapp, ist derjenige der Gewinner, der etwas zu fassen bekommt und behalten kann; offensichtlich gewinnen dabei höherrangige Tiere häufiger als Tiere mit niedrigerem Rang. Bei Besitzern, die vor ihren Hunden essen, frage ich mich, ob eine verschwommene genetische Erinnerung die Angst hervorruft, dass in der Küche nicht genug zur Verfügung steht. Fragen sich Welpen, die nicht zuerst gefüttert werden, ob sie in einem nicht funktionierenden Rudel gelandet sind, das die Wichtigkeit, die Welpen zuerst zu füttern, nicht versteht?

Die Liste geht so noch lange weiter: Lassen Sie den Hund nie im Bett schlafen oder lassen Sie den Hund nie auf die Möbel. Lassen Sie dem Hund keinen freien Zugriff auf Spielzeug oder Knochen. Streicheln Sie den Hund nie, wenn er Sie dazu auffordert. Gehen Sie nie zu Ihrem Hund, um ihm Aufmerksamkeit zu schenken, lassen Sie ihn zu sich kommen. (Das ist ein komischer Rat, besonders weil die direkte Annäherung an ein anderes Tier ein Zeichen für hohen Status ist!) Einer meiner Lieblingsratschläge ist: Nehmen Sie Ihrem Hund seine „Beute" ab. Hä? Tatsächlich verstehe ich diesen Ratschlag ziemlich gut. Banni versuchte einmal, mit einem gefangenen Opossum im Maul durch die Tür zu schleichen. Mit gesenktem Kopf stand er in der Mitte der Hundegruppe, die darauf wartete, hineingelassen zu werden. Mir fiel jedoch etwas Komisches an ihm auf, das sich als das Opossum in seinem Fang herausstellte. Also nahm ich ihm die Beute ab. Eigentlich forderte ich ihn nur auf, sie fallen zu lassen, was gut war, denn das Opossum verhielt sich so, wie sich Opossums verhalten – es stellte sich tot. Banni ließ es fallen, und als ich zu ihm sagte: „Komm mit", nahm er es wieder auf. Als ich wieder sagte: „Lass es fallen", tat er es, dann sagte ich: „Komm mit", und er nahm es wieder auf. Das spielten wir eine Weile, was zeigt, dass es nicht einfach ist, einem Hund seine Beute abzunehmen (selbst eine lebende), es sei denn, Sie sagen zwischen „Lass es fallen" und „Komm mit" auch mal „Aus". Ich gebe diesen Hinweis für diejenigen, die verhindern möchten, dass ihre Hunde eigene Haustiere mitbringen oder ihre Beute auf dem Sofa verzehren.

All diese allzu sehr vereinfachten *Nie*-Ratschläge enthalten unausgesprochen die unheilvolle Warnung „oder Ihr Hund wird ein Alpha". Das ist genauso albern wie zu behaupten, dass Sie nie Kontrolle über Ihre Kinder haben werden, wenn Sie sie rennen und spielen lassen. Die Wahrheit ist, wenn Sie von vornherein keine Kontrolle über die Kinder haben, dann haben Sie in Situationen, in denen sie rennen, spielen und fürchterlich aufgeregt sind, mit Sicherheit keine Kontrolle über sie. Wenn Sie Ihrem Hund nicht die Anweisung geben können, von den Möbeln oder aus dem Bett zu gehen, liegt das nicht daran, dass das bequeme Sofa den Respekt des Hundes Ihnen gegenüber unterminiert hat. Bestimmte Handlungen sind an sich normalerweise nicht die Ursache, wenn es Probleme mit der Führung gibt. Der Respekt, den wir uns in den Augen unserer Hunde nicht verdient haben, ist das Problem. Unser Versäumnis, angemessene Führung zu bieten, ist Schuld, nicht die bequemen Sitzgelegenheiten. Egal wie viele Sie davon haben.

Menschen nehmen gerne Regeln und Formeln als Ersatz für das Verständnis komplexer Fragen. Ich weiß nicht warum und ich bezweifle, dass Hunde es wissen. Ich schätze, es liegt daran, dass Regeln komplexe Themen verständlicher erscheinen lassen. In der Anfangsphase des Lernens helfen uns einige grundlegende Regeln, uns weniger verloren vorzukommen, und geben unseren richtungslosen Versuchen eine grobe Orientierung. Für eine liebevolle Beziehung finde ich solche Regeln beleidigend und unpassend für alle Betroffenen. Ein Hinweis darauf, dass eine bestimmte Beziehung kein enges Verhältnis erreicht hat, ist das Bedürfnis, sich streng an Regeln zu halten. Die Abhängigkeit von Regeln enthüllt unseren Wunsch nach schnellen, einfachen Lösungen und unsere mangelnde Bereitschaft die Arbeit zu verrichten, die erforderlich ist, um unsere Hunde zu verstehen und sich den Respekt unserer Hunde zu verdienen, der solche Regeln überflüssig macht. Zu lernen, die Sprache der Hunde fließend zu sprechen, reicht über das rein theoretische Verständnis hinaus und erstreckt sich auf eine Veränderung unseres Verhaltens, sodass wir wirklich auf die Arten mit unseren Hunden kommunizieren, die für sie sinnvoll sind.

Wenn es um zwei Lebewesen geht, verlangt eine gefühlvolle Vorgehensweise, dass wir offen und aufmerksam bleiben für die tatsächliche dynamische Situation zwischen den beiden; alles andere bedeutet, sein Leben anhand von auswendig Gelerntem zu leben, nicht nach Gefühl. Auf lange Sicht wird die Schönheit dessen, was die Komplexität möglich macht, durch die Einschränkungen der Regeln verweigert und unerreichbar gemacht. Die dynamische Qualität einer nur auf gegenseitigem Einverständnis und Verständnis, nicht auf Regeln basierenden Beziehung geht verloren. Bei der Befolgung einer Reihe von Regeln haben unsere Herzen nicht die Freiheit, als Antwort aufeinander zu tanzen - wir stampfen nur lustlos die Imitation eines Walzers. Uns bleibt nur die Enttäuschung über das, was Regeln in einer Beziehung anrichten: eine statische, unbefriedigende Version des Echten, die unsere Seele weder erhellt, erweitert noch erwärmt.

12

FÜHRUNG BEDEUTET AKTION

Eine Führungseigenschaft ist die Fähigkeit, ein Problem zu erkennen,
bevor es zum Notfall wird.
ARNOLD GLASGOW

Ich habe noch niemanden getroffen, der gesagt hat: „Ich hatte gehofft, der Hund würde die Herrschaft über den Haushalt übernehmen, und er hat es getan. Glück für mich!" Stattdessen gibt es einen ständigen Strom verwirrter Kunden, die ihre von ihnen so sehr geliebten Hunde nicht kontrollieren können, frustriert über das Verhalten des Hundes sind und denen bewusst ist, dass leider etwas falsch gelaufen ist. Ohne ihre Absicht und einfach weil sie den Blickwinkel des Hundes auf die Führung nicht verstehen, haben die Besitzer abgedankt. Mangels klarer, konsequenter Führung tun Hunde das, was Hunde tun – das Beste, was sie können, wie es ihnen passt.

Bei jeder Interaktion mit ihrer Familie und mit anderen Hunden und Menschen, die sie treffen, erhalten Hunde Antworten auf ihre Frage, wer wirklich die Leitung übernimmt. Sie schenken dieser Frage viel Beachtung. Hunde sind immer einfach das, was sie sind – Hunde und sonst nichts. Wenn sie uns keinen Respekt erweisen, nicht gehorchen und kooperieren, stehen die Chancen gut, dass sie auf eine Leere reagieren. Erinnern Sie sich, wie ehrlich Hunde sind? Hier schnappt diese Ehrlichkeit wieder nach uns – manchmal im reinen Wortsinn! Der Respekt, den uns unsere Hunde erweisen, ist genau der Respekt, den wir uns verdient haben. Anhand *ihrer* Notizen – anhand der Erwartungen, die jeder Hund an soziale Interaktionen hat.

Bei oberflächlicher Betrachtung erscheint es harmlos, einen Hund zu haben, der fälschlicherweise glaubt, die Verantwortung über seinen eigenen kleinen Machtbereich zu haben. Was ist also, wenn der Hund „verwöhnt" oder außer Kontrolle ist? (Je kleiner der Hund ist, desto weniger beunruhigend ist der mangelnde Respekt eines Hundes gegenüber Menschen; ein „verwöhnter" Hund mit Pfoten in der Größe eines Tellers erhält hingegen normalerweise Beachtung.) Doch ein vierbeiniger Napoleon verärgert nicht nur die Besucher. Obgleich die Vorstellung eines Hundes, der Herrscher über sein kleines Reich zu sein, uns vielleicht amüsiert, kann diese Art der Verwechslung sehr gefährlich sein.

Ein Hund, der glaubt, das Tier mit dem höchsten Status in der Familie zu sein, ist ein ernsthaftes Problem. Gemäß den Benimmregeln von Hunden hat ein Hund, der glaubt, das Recht zu haben, Regeln für das Verhalten anderer aufzustellen, auch das Recht, diese durchzusetzen. Das kann zu Konflikten mit unseren Hunden und zu sehr unangenehmen Situationen führen, in denen beide Parteien annehmen, zu ihrem Verhalten berechtigt zu sein. Wenn wir uns nach Meinung des Hundes inakzeptabel benehmen, teilt er uns das auf seine hundliche Art mit; er behandelt uns wie einen flegelhaften Welpen. Wenn ein Hund verärgert ist, schreibt er keinen bösen Brief oder ruft an, um sich zu beschweren; er knurrt, schnappt oder beißt. Ich habe mit zahllosen Hunden gearbeitet, die in dem Glauben gelassen wurden, ihre kleine Welt zu beherrschen oder zumindest ihre kleine Ecke davon, und dann von ihren verärgerten, verängstigten und verwirrten Besitzern als „aggressiv" bezeichnet wurden. Einige dieser Hunde wurden eingeschläfert, Opfer eines mangelnden Verständnisses der Leute, die behaupteten, sie zu lieben, ihnen jedoch keine Regeln für ihr Verhalten aufstellten.

Allgemein ausgedrückt kann man es etwa so beschreiben: Hunde möchten nicht mit uns in Konflikt geraten, doch sie geraten häufig in diese unglückliche Situation. Das liegt nicht daran, dass sie uns einen Strich durch die Rechnung machen, uns eine lange Nase zeigen oder sich uns gar bewusst widersetzen möchten, obwohl sie in der Lage sind, das zu tun. Sie handeln normalerweise in gutem Glauben, und obwohl wir es vielleicht nicht mögen, geben sie uns ein genaues Feedback zu unserer Führung und ihrer Erziehung und Sozialisierung. Wenn wir den Hund in dem Glauben lassen, dass ihm die Führung übertragen wurde, übernimmt er sie auch.

Obwohl viele Trainingsmethoden betonen, dass der Rang des Hundes herabgesetzt oder ihm ein sozialer Dämpfer verpasst werden muss, ist die Wahrheit: Der Rang des Hundes muss nicht herabgesetzt werden, vielmehr müssen die *Menschen* lernen, sich wie Leute zu verhalten, die es wert sind, dass man auf sie hört. Die Betonung liegt auf dem falschen Ende der Leine; der Fehler liegt bei den Zweibeinern, nicht bei den Hunden, obwohl es sicherlich einfacher ist, den Hund zu beschuldigen als die Verantwortung für das eigene Verhalten zu übernehmen. Ungehorsam von Untergebenen ist eine Beschuldigung, die häufig von inkompetenten Anführern erhoben wird. Wenn wir die Verantwortung dafür übernehmen, unser eigenes Verhalten so zu ändern, dass wir zu Leuten werden, mit denen Hunde zusammen sein möchten und die sie respektieren, benehmen sich Hunde entsprechend. Täglich erinnern uns Hunde an die Tatsache, dass wir uns Respekt durch unser Handeln verdienen müssen, um respektiert zu werden.

DAS SYNDROM DES BEIGEN TEPPICHS

Versuchen Sie es einmal: Gehen Sie in einen überfüllten Raum und verkünden Sie, dass niemand, absolut niemand das Kalbshirn in Aspik auf dem Küchentresen anrühren soll. (Nur Menschen – Hunde rennen sofort los, um es sich anzuschauen.) Sie bekommen fröhliche Zustimmung, dass das Kalbshirn absolut sicher ist. Teilen Sie der gleichen Gruppe Menschen mit, dass Tausend-Dollar-Scheine, Schlüssel für Neuwagen und jede Menge belgische Schokolade in der Küche sind, und Sie werden feststellen, dass Sie etwas überzeugender sein müssen, damit das alles unberührt bleibt. Warum? Weil Bargeld, Autos und Schokolade ihnen wahrscheinlich wichtig sind, Kalbshirn in Aspik ist es sicherlich nicht.

Fordern Sie einen Hund auf, sich an einem ruhigen Nachmittag in der Mitte der Küche hinzusetzen, wird er dies wahrscheinlich tun. Fordern Sie den gleichen Hund auf sich zu setzen, während Katzen vorbeirennen, andere Hunde in der Nähe spielen oder jemand an die Tür klopft, dann ist das etwas ganz anderes. Wenn wir den Hund nicht in Situationen kontrollieren können, die ihm sehr wichtig sind, haben wir große Probleme, wenn der auf Futter

versessene Hund dem Kleinkind der Nachbarn den Butterkeks klaut, Fahrrad-
fahrer jagt oder Besucher attackiert. Trotz Hassos Liebe zu Futter müssen wir
ihm sagen können, den Snack des Kleinkinds in Ruhe zu lassen. Egal wie aufregend die Verfolgungsjagd ist, Mira muss ruhig zusehen (wenn auch vielleicht
mit wedelndem Schwanz und leuchtenden Augen), wie die Tour de France vor-
beisaust. Unabhängig davon, was Puschel von Onkel Dominiks Aftershave hält,
muss er Ihre Hinweise verstehen, wer willkommen ist und wer nicht. Je wichtiger etwas für einen Hund ist, desto wichtiger ist es möglicherweise, dass wir
den Respekt des Hundes haben, dass wir das Recht verdient haben, das Verhalten oder den Drang des Hundes zu kontrollieren. Wenn etwas für den Hund
wichtig ist, wird er bereit sein, es zu fordern; es ist einfach, das Verhalten von
jemandem zu kontrollieren, wenn es demjenigen nicht wichtig erscheint.

Leider kümmern wir uns manchmal nur um Verhaltensweisen, die *uns* wichtig erscheinen oder die nur in diesem Moment wichtig sind. Vielleicht ignorieren wir einen Hund, der uns anspringt, wenn wir eine alte Jeans und ein
T-Shirt tragen. Dieses Verhalten erregt jedoch bestimmt plötzlich unsere volle
Aufmerksamkeit, wenn wir einen teuren Anzug oder ein teures Kostüm tragen.
Wir vergessen, dass der Hund sorgfältig auf unsere Reaktionen auf Dinge, die
ihm wichtig sind, achtet, ebenso wie auf Dinge, die uns scheinbar (auf Grund
unseres Verhaltens) wichtig sind. Das kann zu einigen interessanten Situationen führen. Hundeausbilder in der ganzen Welt sind vertraut mit dem Syndrom des beigen Teppichs (stehen ihm aber manchmal hilflos gegenüber).

Die Hundebesitzer, die unter diesem Syndrom leiden, haben unausweichlich a) einen teuren, normalerweise ziemlich neuen beigen Teppich und b)
einen Hund, den sie in vielen Situationen nicht unter Kontrolle haben. Trotz
ihrer Unfähigkeit, den Hund ohne Vorfälle die Straße entlangzuführen oder
ihn zu kontrollieren, wenn Gäste kommen, ist etwas garantiert – dem Hund
wurde beigebracht, nie, absolut niemals, aus welchem Grund auch immer,
eine Pfote auf den beigen Teppich zu setzen. Die Besitzer versicherten mir
ernsthaft, dass ihre Hunde diese Regel stets beachteten, doch ich glaubte nicht,
dass jemand, der so wenig in der Lage war, das Verhalten seines Hundes zu
lenken, das erreichen könne. Eines Tages besuchte ich einen solchen Besitzer
für eine Beratung zu Hause und beobachtete, als wir in das Wohnzimmer gin-

gen (wo der beige Teppich lag), verblüfft, dass der Hund plötzlich stehen blieb, als ob ihn eine unsichtbare Kraft daran hinderte, den Raum zu betreten. Verwirrt, da die Hauptbeschwerde der Frau war, dass sie den Hund nicht kontrollieren könne, fragte ich sie, wie sie erreicht habe, dass der Hund den Teppich nicht betritt.

„Oh, das?" Sie wedelte leichthin mit ihrer Hand. „Das war einfach. Zuerst habe ich verhindert, dass er überhaupt hier hereinkam, dann habe ich das Gitter nur offen gelassen, wenn ich in der Nähe war und ihn beobachten konnte. Nach einer Weile konnte ich hier sitzen und mit ihm üben, dass er draußen bleibt. Jedes Mal, wenn er nur darüber nachdachte, ermahnte ich ihn, draußen zu bleiben. Ich habe lange für diesen Teppich sparen müssen und ich liebe meinen Hund, aber er kann im ganzen restlichen Haus mit uns zusammen sein. Ich möchte in diesem Raum keine schlammigen Pfoten und Hundehaare." Es war ihr wirklich wichtig, dass der Teppich sauber blieb, daher war sie bereit, fleißig zu arbeiten, sie achtete auf den kleinsten Hinweis, ob der Hund in diese Richtung wollte. Ich fragte sie, ob sie wartete, bis er auf dem Teppich war, bevor sie reagierte. „Oh, nein. Ich konnte sehen, wenn er nur darüber nachdachte, dann erinnerte oder ermahnte ich ihn."

Sie war sehr überrascht, als ich darauf hinwies, dass sie gezeigt habe, dass sie eine sehr gute Hundeausbilderin ist, indem sie a) vorsätzlich gehandelt habe und, wenn möglich, nicht nur auf die tatsächliche Aktion reagiert habe, b) Regeln aufgestellt habe, die sie immer durchgesetzt habe, egal wie sehr der Hund im Wohnzimmer sein wollte und egal was sie noch tat, c) eine Situation geschaffen habe, in der der Hund keinen Fehler machen konnte (ein Gitter aufgestellt hatte), wenn sie ihn nicht beaufsichtigen konnte, und d) ihn bewusst trainiert habe, wenn sie es konnte und ein Auge auf ihn hatte. Ich wies darauf hin, dass sie, wenn sie diese erfolgreichen Vorgehensweisen auf alles anwenden würde, was sie ihm beibringen wollte, sie wahrscheinlich sehr erfolgreich wäre. „Sie meinen, alles, was er tut, zu behandeln, als ob es wirklich wichtig ist, dass er es lernt, wie den Teppich nicht zu betreten?" Ich nickte und sie wurde nachdenklich. „Ja, das macht wirklich Sinn!" Sie und ihr Hund hatten noch eine wunderbare Beziehung.

Bedauerlicherweise erhalten unsere Hunde oft gemischte oder ungewollte Mitteilungen über ihren Status und unseren eigenen Status im Verhältnis zu ihnen. Woher wissen wir also, ob unser Hund einfach nur geliebt und verwöhnt wird und über seinen Status nicht falsch informiert ist? Ein einfacher Hinweis darauf, wie der Hund Ihr Verhalten auslegt, liegt in der Antwort einer einfachen Frage: Wenn ein Konflikt auftritt (entweder zwischen Ihnen und dem Hund oder durch äußere Umstände), akzeptiert Ihr Hund Ihre Anweisungen und die Kontrolle über sein Verhalten? Es ist egal, wie wunderbar der Hund in ruhigen Momenten auf Kommandos reagiert oder sich verhält. Es zählt nur die Bereitschaft des Hundes, Befehle von Ihnen zu befolgen, wenn *er* die Situation für wichtig hält – in anderen Worten, die Benimmregeln von Hunden besagen, dass ein Familienmitglied mit hohem Status die Entscheidungen treffen sollte.

Wenn Sie eine Liste der Situationen aufstellen, in denen Sie das Verhalten Ihres Hundes frustrierend, peinlich oder unkontrollierbar finden, haben Sie eine Liste der Situationen aufgestellt, die der Hund als wichtig einstuft. Das bedeutet nicht immer, dass diese Situationen vom Hund als angenehm empfunden werden, vielmehr ist der Hund in diesen Situationen sehr erregt, ob nun aus Beschützerinstinkt, Ärger, Aufregung, Besorgnis, Angst, Verteidigungsbereitschaft, Beutetrieb, Verzückung oder Schmerzen. In diesen „wichtigen" Momenten benötigt der Hund verzweifelt klare Führung und Anleitung, genauso wie die Leute, die Ihnen nahe stehen, Sie nicht in den einfachen und friedlichen Zeiten am dringendsten benötigen, sondern wenn komplexe, vielleicht überwältigende Gefühle es schwer machen, einen klaren Kopf zu behalten. Doch das Vertrauen in einer Beziehung, das es uns erlaubt, einzugreifen und Führung, Unterstützung und Ratschläge zu geben, muss bereits vor dem Eintreten einer Krise bestehen. Wenn Sie diese Beziehung nicht auf die verschiedensten Arten im täglichen Leben und unter weniger entscheidenden Umständen aufgebaut haben, besteht eine große Chance, dass der Hund Ihre Versuche, sein Verhalten zu kontrollieren oder zu lenken, ignoriert und missachtet.

LEG DIE EINGELEGTEN OKRAS WEG!

Viele Erziehungsratgeber sehen die Kontrolle der Ressourcen als Art, die Führung zu übernehmen. Im Kern ist das ein vernünftiger Rat. Unter Hunden zeigt sich hoher Status durch Zugang zu und Kontrolle über Ressourcen. Doch was ist eigentlich eine Ressource? Wenn Sie mich fragen, sage ich vielleicht eingelegte Okras. Bereits bei dem Gedanken daran müssen viele Leute würgen, doch einige von uns lieben sie. Ich gehören zu diesem Personenkreis, zu den komischen, den Okraliebhabern. Als ein Freund aus dem Süden mir eine Kiste eingelegter Okras schickte, öffnete ich sie freudig und fauchte meinen Mann an: „Die gehören mir!" John hob die Hände, entfernte sich einige Schritte von der Kiste und versicherte mir schnell, dass er, selbst wenn ich in diesem Moment spurlos verschwinden würde, meine eingelegten Okras nicht anrühren würde. Das liegt nicht daran, wie sehr er mich respektiert oder wie sehr er jede Konfrontation vermeiden möchte – schließlich ist reine, glückselige Harmonie der Schlüssel unseres Eheglücks. (Ja, genauso wie unsere Farm von fliegenden, grünen Schweinen bevölkert wird.) Seine Versicherung basierte auf einer Tatsache: Er hasst eingelegte Okras. Während ich sie als wertvolle und schützenswerte Ressource ansehe, interessieren sie ihn überhaupt nicht.

Offensichtliche Ressourcen sind Futter, Spielzeug, Knochen, Trockenkauartikel (Schweineohren, Kuhhufe, Ochsenziemer etc.), Leckerchen, sogar Wasser – oder die Erwartung von diesen Dingen. Ein Hund kann einen leeren Futternapf verteidigen, nicht weil er halluziniert, dass er gefüllt ist, sondern weil er für die Erwartung von Futter steht. Besucher in unserem Haus, die nicht wissen, dass ein bestimmter Schrank Leckerchen enthält, sind überrascht, wenn sich viele große Hunde um die beste Position streiten, sobald der Schrank geöffnet wird. Für die Hunde bedeutet der Schrank die Erwartung auf Leckerchen. Obwohl der Schrank auch Kartoffeln, Zwiebeln und andere für Hunde uninteressante Dinge enthält, die der Gast tatsächlich sucht, wissen die Hunde, dass sich jedes Mal, wenn der Schrank geöffnet wird, die *Möglichkeit* für ein Leckerchen eröffnet. Daher ist die Nähe zum Schrank und zu der Person, die ihn öffnet, eine Ressource für unsere Hunde, genauso wie ein leerer

Futternapf von anderen Hunden als wertvolle Ressource angesehen werden kann. Weniger offensichtliche Ressourcen sind Aufmerksamkeit, Zugang zum Haus, Garten oder zu bestimmten Räumen, Schlafbereiche (das Hundebett oder das Bett des Menschen), Freiheit, Zurückgezogenheit, Sitzplätze (auf dem Schoß oder auf Möbeln) oder Aussichtspunkte (ein Fenster oder eine Tür), bestimmte Möbel, Nähe zu einer Person oder Aktivität, eine bestimmte Position in der Nähe der Tür, des Zauns oder eines Tors.

Umfassende Aussagen darüber, was eine Ressource ist, ignorieren die Tatsache, dass jeder Hund ein Individuum ist. Was für einen Hund sehr interessant ist, bedeutet dem nächsten Hund oder einem Menschen vielleicht überhaupt nichts. Wie Schönheit ist eine Ressource nur in den Augen des Betrachters eine Ressource. Ich habe einmal einen Welpen namens Ellie an eine Frau mit einem wunderschön eingerichtetem Zuhause voller exquisiter Antiquitäten und Sammlerstücke verkauft. Wie gewohnt gab ich dem Welpen etwas Vertrautes und Bequemes von zu Hause zusammen mit Futter, Spielzeug und den Papieren mit. In diesem Fall war es ein alter Matratzenüberzug, auf dem der Welpe geschlafen hatte. Obwohl er zerrissen und mit Flecken versehen war, war er sauber und ein perfektes Lager für einen Welpen, weich und warm, jedoch nur einige Benutzungen von seiner Reise zur Müllkippe entfernt. Ich ging davon aus, dass er Ellie die Übersiedlung in ihr neues Zuhause erleichtern würde. Leider hatten ich und ihre Besitzerin unterschätzt, wie sehr der Welpe den Überzug lieb gewinnen würde.

Zuerst störte es die Besitzerin nicht, und sie ließ den Überzug auf Ellies Schlafplatz, um ihn später gegen etwas Hübscheres auszutauschen. Eines Tages zog sie den zerlumpten Überzug heraus und ersetzte ihn durch ein teures, dickes Polster. Ellie betrachtete es mit Interesse und zog dann den geliebten Überzug aus ihrer Welpenzeit auf das schöne neue Polster. Jedes Mal, wenn ihre Besitzerin versuchte, den abgenutzten Matratzenüberzug zu entsorgen, wurde Ellie unruhig, lief auf und ab und stöberte den Abfalleimer oder die Mülltonne durch, in die er geworfen worden war. Ihre Besitzerin gab ihr dann aus Mitleid den Überzug zurück. Es war peinlich, wenn Gäste zu Besuch waren. An einem bestimmten Punkt der Party ging ihr geliebter Hund nach oben und zog, wenn sie wieder auftauchte, stolz seinen geliebten Schatz hinter sich her, um ihn den amüsierten Gästen zu zeigen: das traurige Skelett eines sehr alten Matratzenüberzugs. Schließlich fand die Frau eine Lösung, die sowohl sie als auch ihren Hund glücklich machte, mit einem prächtigen, extra für Ellie angepassten Bett. Obwohl es von außen besonders schön war, gefiel es Ellie sehr gut – im Inneren befand sich ihr geliebter Überzug.

Heutzutage gebe ich den Welpen etwas mit zeitloserem Geschmack als einen schmuddeligen Überzug mit, doch wenn ich darüber nachdenke, was eine wertvolle Ressource sein könnte, denke ich immer an Ellie und ihren Matratzenüberzug. Um unsere Hunde verstehen zu können, müssen wir in ihre Welt eintreten und verstehen, was sie als wertvolle und wichtige Ressourcen ansehen. Wenn das Machtverhältnis zwischen Mensch und Hund aus dem Gleichgewicht geraten ist, erlaubt das Verständnis, was für den Hund eine wertvolle Ressource ist, deren Wert sinnvoll einzusetzen, um den Respekt des Hundes zu erlangen und ein ausgewogeneres Gleichgewicht in der Beziehung herzustellen.

Das Problem mit Hunden und Ressourcen ist nicht, wie viel Zugang der Hund zu Sachen hat, die er unterhaltsam oder angenehm findet. Schlafen im Bett, auf die Möbel springen, der Besitz von Reichtümern an Spielzeug, Knochen und Kausnacks, gestreichelt werden usw. – nichts davon führt dazu, dass der Hund durchdreht oder zu einem kleinen Napoleon wird. Wie so oft in der Hundeerziehung beschäftigen wir uns mit dem falschen Ende der Leine. (Vielleicht brauchen wir Autoaufkleber, die uns erinnern: „Welpen werden nicht durch Spielzeug verwöhnt. Welpen werden von Leuten verwöhnt.") Die wichtige Frage lautet: Haben Sie freien und unangefochtenen Zugriff auf alles, was der Hund als Ressource ansieht? Wenn ein Hund beginnt, Regeln für Ressourcen aufzustellen, ist das ein unmissverständliches Zeichen, dass Ihre Führung an einigen Stellen ungenügend ist. Dieses Zeichen sollte sehr, sehr ernst genommen werden, da der Hund die von ihm aufgestellten Regeln nach Art der Hunde durchsetzen wird, genau wie bei einem anderen Hund: mit Brummen, Knurren, Schnappen und sogar Beißen.

MEINS, ALLES MEINS

Meine Freundin Kathryn rief eines Abends an, um mich wegen eines aufkommenden Problems mit ihren beiden Hunden auszufragen. Obwohl sie die meiste Zeit recht friedlich zusammenlebten, hatte Meiske, ein älterer, aber noch sehr munterer Mischling, begonnen, Flink, einen jüngeren, sehr aktiven Kelpie, eine australische Hütehundrasse, anzuknurren. Wenn Kathryn kochte, platzierte sich Meiske zwischen die Küchentür und Kathryns Arbeitsbereich. Kathryns Haus ist ziemlich klein, daher war Meiske in dieser Position nicht weiter als eineinhalb Meter von Kathryn und der Tür entfernt, wodurch sie ein Auge auf alle Happen hatte, die in ihre Richtung geworfen werden könnten, und gleichzeitig Flink daran hindern konnte, den Raum zu betreten. Anfangs hatte sich Meiske einfach in der Nähe von Kathryn aufgehalten und Flink nur angeknurrt, wenn er versuchte, sich zu nähern. Mit der Zeit hatte Meiske begonnen, neue Regeln aufzustellen, und schließlich darauf bestanden, dass Flink keinen Fuß mehr in die Küche setzte. Flink war hin- und hergerissen zwischen seinem Respekt vor Meiske und seinem Wunsch, in der Nähe von Kathryn und den Lebensmitteln zu sein, doch Meiskes Beharrlichkeit und Konsequenz zahlte sich aus; Flink wartete im Nachbarraum.

Kathryn konnte nicht verstehen, was zwischen den beiden Hunden vorging, die seit Flinks Ankunft als Welpe vor einigen Jahren friedlich zusammengelebt hatten. „Hat sich die Rangordnung im Rudel verschoben?", fragte sie sich. War das eine Frage der Dominanz? Forderte Flink Meiske auf Arten heraus, die Kathryn nicht verstand? Besorgnis erregend war der erhebliche Alters- und Größenunterschied. Obwohl es ihr schwer fiel, sich vorzustellen, dass das Problem zu ernsthaften Kämpfen und Verletzungen führen könnte, wusste Kathryn, dass, wenn Meiske Flink angreifen sollte, der jüngere, stärkere Hund das alte Mädchen einfach verletzen und vielleicht sogar töten konnte.

Sie hoffte auf Einsichten von mir in diese Verhaltensweisen der Hunde und war ziemlich überrascht, als ich ihr antwortete, dass sie, statt das Verhalten ihrer Hunde zu überprüfen, ihr eigenes Verhalten untersuchen müsse. Insbesondere müsse sie beginnen, sich wie eine Führungskraft zu benehmen. Als Anführerin müsse sie Meiske erinnern, dass es zwar eine wertvolle Ressource ist, sich in der Küche aufzuhalten, sie diese Ressource jedoch nicht verteidigen dürfe. (Eine menschliche Parallele wären zwei Kinder, die sich um das Portemonnaie ihres Vaters streiten. Es ist egal, welches Kind die Regeln aufstellt und was das für Regeln sind: „Du darfst es nicht halten, nur anfassen." Die eigentliche Geschichte wird deutlich, wenn der Vater auftaucht und sein Portemonnaie zurückverlangt. Keines der Kinder hat das Recht, diesen Gegenstand für sich zu beanspruchen.) Diese Ressource war etwas, was Kathryn als Familienmitglied mit hohem Status kontrollierte; Zugriff auf Ressourcen unterliegen ihrer Entscheidung, sie liegen nicht im Ermessen der Hunde. Die Lösung war sehr einfach. Jedes Mal, wenn Meiskes Verhalten anzeigte, dass sie eine bestimmte Ressource kontrollierte, zeigte ihr Kathryn sanft, aber unmissverständlich, dass es ihr nicht zustand, diese Regeln aufzustellen.

Wenn Meiske Flink in der Küche anknurrte, wurde sie ruhig aus der Küche geführt. Natürlich sah Meiske das als vorübergehende geistige Umnachtung von Kathryn an und versuchte häufig, die Küche wieder zu betreten. Jedes Mal machte Kathryn klar, dass sie nicht willkommen war. Meiske war ein bisschen verstimmt und verwirrt über diese neuen Regeln, doch schließlich verstand sie die Mitteilung und lag von nun an ruhig auf einem neuen Beobachtungsposten im Flur. Auf diese einfache, auf Deeskalation ausgerichtete Art konnte Kathryn Meiske mitteilen (und zwar so, dass sie es verstand): „Meine Küche. Nicht deine. Hunde dürfen hier herein, weil ich sage, dass sie es dürfen." Obwohl sie von dieser neuen Entwicklung nicht entzückt war, beobachtete Meiske von draußen, wie Flink es sich in der Küche bequem machte. Nach einigen Minuten rief Kathryn Meiske in die Küche und forderte sie auf, sich zu setzen, was Meiske freudig tat. Sie gab jedem Hund ein Leckerchen, streichelte sie kurz und wandte sich dem Kochen zu. Für einige Minuten herrschte Frieden, doch dann, als Flink sich bewegte, um sich näher bei Kathryn niederzulassen, wurde ein Knurren hörbar. Ruhig begleitete Kathryn Meiske aus dem Raum, und der ganze Zyklus begann von vorne.

Innerhalb eines Abends voller Konsequenz verstand Meiske, dass, sosehr sie auch bei Kathryn in der Küche sein wollte, sie nicht das Recht hatte, Regeln für diese Ressource aufzustellen. Wenn sie sich auf eine Art verhielt, die keine Toleranz für Flink zeigte, wurde die von ihr so begehrte Ressource unerreichbar für sie. Ohne ihre Stimme zu erheben und ohne körperliche Gewalt ausüben zu müssen, machte Kathryn ihren Standpunkt auf eine Weise klar, die Meiske gut verstand. Meiske wiederum zeigte, dass sie die Situation verstand und akzeptierte. (Wäre die Kommunikation für Meiske nicht verständlich gewesen, hätte sie ihr Verhalten nicht geändert, sondern es verstärkt, eine übliche Reaktion von Hunden auf Verwirrung durch unklare oder nicht schlüssige Mitteilungen.) Die Nachricht war deutlich: Nicht deins. Meins. Am wichtigsten: Ich teile die Ressource nur dann mit dir, *wenn* du dich auf eine für mich akzeptable Art und Weise verhältst. Eine Ressource mit einem Tier mit niedrigerem Status zu teilen, ist nur für Tiere mit sehr hohem Status üblich.

Obwohl sich Kathryn anfänglich wie viele Besitzer fühlte – unbehaglich bei dieser Vorgehensweise, mit dem Gefühl des Beigeschmacks von Diktatur und sogar einem unangenehmen Niveau der Kontrolle –, lernte sie, darauf zu achten, ob diese Vorgehensweise ihren Hunden sinnvoll erschien. Wenn wir zulassen, dass unsere emotionalen Interpretationen unserer Handlungen die Realität dessen missachten, was für einen Hund, wie das Verhalten des Hundes zeigt, funktioniert (oder nicht funktioniert), haben wir die Beziehung verlassen und sind in etwas eingetreten, das nur in unseren eigenen Vorstellungen existiert. Die meisten von uns hatten schon einmal eine Beziehung zu einem Menschen, in der die andere Person sich weigerte, unser Verhalten zu sehen oder zu verstehen, und der Situation seine eigene Auslegung oder sein eigenes Wertesystem zuwies. Im besten Fall macht einen so etwas verrückt, und ab einem bestimmten Niveau ist es ein Akt des Ichbezogenseins, der uns ausschließt und die Welt nach den Vorstellungen des anderen formt.

LASS UNS TAUSCHEN!

Hoher Status zeigt sich in der Kontrolle über oder dem Zugang zu Ressourcen und in Führungsaktivitäten, das Beschützen von Futter oder anderem Besitz ist eine etwas andere Sache. Hierfür ist das Verständnis der Hundekultur und der „Gesetze der Hunde" wichtig, um uns von Fehlern abzuhalten, die wir nicht machen möchten.

Angesichts der Frage, wie man drei Welpen in der sechsten Woche unterhalten könnte, die nur am Knabbern und Kauen interessiert zu sein scheinen (in Ordnung, die in ihrer Freizeit fressen, pinkeln und ihre Häufchen machen), durchsuchten wir den Gefrierschrank und fanden perfekte Knochen für Welpen. Rohe Rinderknochen in genau der richtigen Größe, perfekt geeignet für kleine, eifrige Kiefer, die außerdem noch ein bisschen Nahrung boten, wenn die Welpen ihre scharfen Zähne einsetzten, um Fleischstückchen und Fett von den Knochen zu ziehen. Damit die Welpen ununterbrochen nagen konnten, sperrten wir die erwachsenen Hunde für einige Stunden aus dem Welpenbereich aus. Als ich nach draußen ging, um zu sehen, was die Welpen machten, öffnete ich das Gitter. Sofort sprangen die Erwachsenen über die niedrige Absperrung, die verhinderte, dass die Welpen ihren Bereich verließen. Die entzückten Welpen gaben ihre Knochen auf und kamen herbeigerannt, um die Älteren zu begrüßen.

Ich wies die Erwachsenen an, die Knochen in Ruhe zu lassen. Das taten sie, doch durch ihre Seitenblicke und das beiläufige Vorbeigehen an den Knochen machten sie klar, dass sie ein Auge auf die kleinen Schätze hatten, für den Fall, dass ich meine Meinung änderte oder es vergaß. Nachdem die anfängliche Begeisterung über das Wiedersehen vorbei war, kehrten die Welpen zu ihren Knochen zurück. Ich beobachtete, wie der Welpe Bird sich einen schnappte, wodurch er die Aufmerksamkeit der zweijährigen Bee erregte. Mit gesenkter Nase und klaren Absichten bezüglich des Knochens näherte sich Bee Bird, die sich geschickt wegdrehte, ihren Wertgegenstand außer Reichweite hielt. Nach nur zwei oder drei geschickten Drehungen ließ Bee den Welpen weggehen, betrachtete ihn mit einem sanften Ausdruck und wedelndem Schwanz, während Bird sich damit abmühte, einen Knochen in der Größe ihres Kopfes zu tragen.

Wie Bird zeigte, haben sogar junge Welpen das Recht auf die Ausübung eines der am meisten respektierten Gesetze in der Kultur der Hunde: Besitz. Egal wie niedrig der Rang des Hundes ist, wenn er etwas in seinem Maul oder seiner unmittelbaren Nähe hat, hat er das Recht, es zu verteidigen, *wenn er das möchte*. Der Wolfsexperte David Mech hat das gleiche Verhalten bei wilden Wölfen beobachtet, er nannte es „Besitzbereich" um das Maul des Hundes. Um unsere Hunde fair zu behandeln, müssen wir uns daran erinnern, wenn wir mit ihnen arbeiten, damit sie lernen, uns auf Befehl freiwillig ihren Besitz zu geben. Wenn wir es vergessen sollten, erhalten wir möglicherweise eine Reaktion vom Hund, die uns überrascht oder verärgert, und schockieren unseren Hund durch unser ungehöriges Benehmen!

Allgemein ausgedrückt, je höher der Status des Hundes, desto größer ist der Bereich um ihn herum, der für ihn „nähere Umgebung" bedeutet. Hunde mit sehr hohem Status platzieren möglicherweise etwas in einem ziemlichen Abstand zu ihren Pfoten und betrachten es trotzdem als ihren Besitz. Das war der beliebte Sport meines Hundes Bear, der mit einem wertvollen Fund sehr bei den Welpen angab, die eine oder zwei Lektionen über das Respektieren dieser grundlegenden Regel lernen mussten. Dramatisch legte Bear sich hin, legte den Gegenstand bewusst genau so weit von seinen Pfoten entfernt hin, dass er ihn mit ausgestrecktem Kopf noch erreichen konnte. Abhängig von der sozialen Entwicklung der Welpen wartete Bear einfach, bis die Welpen Interesse zeigten, wobei er die Augen nicht von den Jungen ließ und den Welpen sofort warnte, sobald dieser einen Hinweis darauf gab, dass er darüber nachdachte, sich den Knochen zu schnappen. Ein weiter entwickelter Welpe erhielt die beiläufigere Version, bei der Bear den Anschein erweckte, sehr desinteressiert an dem Knochen zu sein, obwohl er die Welpen in seinem peripheren Gesichtsfeld genau beobachtete. Versuche des Welpen, sich den Gegenstand zu schnappen, wurden oft mit dramatischen Lautäußerungen und heftigem Schnappen in der Luft beantwortet.

Hunde mit niedrigem Rang müssen ihren Besitz möglicherweise direkt unter dem Kinn oder tatsächlich im Fang haben, damit er als ihr Besitz anerkannt wird. Bird zum Beispiel hätte nicht gewagt, in der Gegenwart von Bee ihren Knochen abzulegen – sie hätte ihn höchstens auf den Boden gelegt und sich dann direkt darüber gestellt. Allgemein gesagt gibt es ein umgekehrtes Verhältnis zwischen dem Abstand, in dem der Hund das Gefühl hat, seinen Besitz verteidigen zu müssen, und seinem Selbstbewusstsein. Ein sehr selbstbewusster Hund blickt nicht einmal kurz auf, während Sie direkt an ihm vorbeigehen, während er einen leckeren Knochen benagt, wohingegen ein sehr viel unsicherer Hund möglicherweise beginnt, ängstlich zu knurren, wenn Sie den Raum betreten oder in seine Richtung sehen. (Hinweis: Wenn ein Hund seit seiner frühen Welpenzeit richtig behandelt wurde, sollte er sich wegen seines Besitzes nicht ängstigen oder sorgen, zumindest in Bezug auf Menschen. Doch das erfordert bewusste und systematische Desensibilisierung, zum Beispiel anhand des Welpenerziehungsprogramms *Serious Puppy Training* von Dr. Ian Dunbar.)

Obwohl sich Bee, eine junge Erwachsene, den Knochen des kleinen Welpen hätte schnappen können, reagierte sie so, als ob ihr älterer Bruder Grizzly den Knochen gehabt hätte – interessierte Untersuchung, Untersuchungsergebnis: „Oh, ich hätte ihn gerne", aber respektvolle Anerkennung der Antwort: „Nein, tut mir leid, das ist meiner!", selbst von einem sechs Wochen alten Welpen. Das bedeutet nicht, dass Besitz dem Besitzer unangefochtenes Recht gibt, den Gegenstand zu behalten, egal um welchen Gegenstand es sich handelt. Ein Hund mit hohem Status kann seinen Status einsetzen, um den anderen Hund einzuschüchtern, damit er den Gegenstand fallen lässt oder vom Futter weggeht, indem er nur einen Blick auf ihn wirft. Bei einem Haus, in dem wir einmal gelebt haben, gab es einen Pool, der für die Hunde einfach perfekt war, die hocherfreut Bälle und anderes Spielzeug daraus apportierten, indem sie von der Seite hineinsprangen und dann darum konkurrierten, den Gegenstand zuerst zu erwischen. Unser ältester Rüde zu dieser Zeit, Barni, sah ein, dass er in seinem fortgeschrittenen Alter keine Chance mehr hatte, die Jüngeren im Wettlauf um das Spielzeug zu schlagen. Nach einer Weile eignete er sich eine neue Strategie an. Wir warfen einen Ball und er beobachtete, wie die Jüngeren sich spritzend ins Wasser stürzten, eifrig bemüht, als erste zu dem Ball zu gelangen. Während sie sich beim Schwimmen verausgabten, ging Barni zu den Stufen hinüber – dem einzigen Ausgang aus dem Pool – und wartete. Um aus dem Pool zu kommen, mussten sie an ihm vorbei, und an diesem Punkt setzte er seinen Status durch ein unmissverständliches Starren ein; widerstrebend ließen sie das Spielzeug fallen und es gehörte ihm. Manchmal drehte ein Hund seinen Kopf von Barni weg und versuchte vorbeizuschleichen. Das funktionierte manchmal, besonders wenn sich gleichzeitig mehrere Hunde mit Bällen näherten. Einige Hunde schwammen bewusst eine Weile herum, warteten darauf, dass ein anderer Hund an den Stufen das Opferlamm spielte, und rannten dann, während Barni mit einem anderen Hund beschäftigt war, vorbei und aus dem Pool heraus.

Hunde mit niedrigem Rang verteidigen ihren Besitz möglicherweise sogar gegen Hunde mit höherem Status. Selbst im zarten Alter von sechs Wochen begleitete Bird ihr Ausweichmanöver mit einem Knurren, um Bee mitzuteilen, dass sie ihren Knochen behalten wollte. Abgesehen davon, dass das ein faszinierender Einblick in das Verhalten von Hunden ist, was bedeutet das für uns in unserer Beziehung zu unseren Hunden? Es weist darauf hin, dass Status alleine für unsere Hunde ein unzureichender Grund ist, um einen Gegenstand abzugeben, ob es sich nun um Futter oder Spielzeug handelt. Selbst ein Hund, der Sie als Familienmitglied mit hohem Status respektiert, besitzt die absolut natürliche Neigung, einen Gegenstand einfach aufzunehmen und Sie zu meiden. Das ist eine natürliche, angemessene und *keinesfalls respektlose* Reaktion. Aus der Sicht des Hundes hat er das Recht, das zu tun. Auf unsere Versuche, ihm den Gegenstand zu entwinden oder ihn einzuschüchtern, damit er ihn aufgibt, reagiert der Hund verständlicherweise mit einer für Hunde sehr typischen Reaktion, mit Knurren und Warnungen. Wir verhalten uns nicht wie Anführer oder Familienmitglieder mit hohem Status, sondern einfach nur unhöflich.

Das Verständnis, dass in der Welt der Hunde Besitz neunzig Prozent der Regeln ausmacht, führt uns zu einer anderen Vorgehensweise bei dem Versuch, dem Hund beizubringen, seinen Besitz freiwillig abzugeben. Immer wenn wir in der Lage sind, freiwillige Zustimmung voneinander zu erhalten, umgehen wir die potentiell heiklen Konfliktmomente und eine mögliche Konfrontation. Wir wenden dieses Prinzip bereits in unseren Beziehungen zu

Menschen an – jemanden zu zwingen, Ihren Forderungen zuzustimmen, führt auf kurze Sicht zu „Erfolg", wenn wir Erfolg nur als das Erreichen unseres Ziels ansehen. Den anderen von der Zusammenarbeit zu überzeugen, hat langfristige Effekte; möglicherweise haben sie den Kampf gewonnen, den Krieg jedoch verloren – und unter Umständen haben Sie der Beziehung Schaden zugefügt. Freiwillige Aktionen lassen die Würde intakt, und bei einem sozialen Tier sollte der Wert und die Wichtigkeit des Faktors „nicht das Gesicht verlieren" nicht unterschätzt werden. Erzwungene Zustimmung kann einen Steigerungseffekt haben: Ein Hund, dem ein Happen Müll aus dem Maul entwunden wird, gibt eventuell auf – diesmal. Nächstes Mal ist er jedoch möglicherweise schneller bereit, seinen Besitz zu verteidigen. Da er nun weiß, dass Sie zu einer körperlichen Konfrontation bereit sind, ist er möglicherweise bereit, ebenfalls zu kämpfen. Bei ersten Anzeichen von Interesse Ihrerseits rennt der Hund vielleicht weg oder knurrt. Das kann schnell zu einem üblen Zyklus mit Emotionen und Frustrationen auf beiden Seiten eskalieren.

Es ist wichtig, den Wert dessen, was für einen Hund von Bedeutung ist, zu respektieren und ihn gegen die praktische Realität abzuwägen, dass Hunde manchmal, wie Kinder, vor Sachen geschützt werden müssen, die sie finden, stehlen oder bekommen, die unter Umständen nicht gut für sie sind. Die einfachste Vorgehensweise ist es, dem Hund beizubringen, dass es gut und rentabel ist, Ihnen freiwillig jeden Gegenstand zu geben. Eine Methode, das beizubringen, ist, besondere Trainingssitzungen einzurichten, in denen Sie Ihren Hund systematisch bitten, den Gegenstand aus seinem Maul gegen ein besonders leckeres Leckerchen in Ihrer Hand „zu tauschen". Wenn er den Gegenstand fallen lässt, heben Sie ihn schnell auf, während Sie ihm gleichzeitig das Leckerchen ins Maul stecken. Dann, das ist der entscheidende Teil, *geben Sie ihm seinen Schatz zurück*. Wiederholen Sie das immer wieder mit jedem Gegenstand, den Sie sich vorstellen können, dadurch lernt der Hund, dass die Aufgabe seines Schatzes ihm ein Leckerchen einbringt und er seinen Besitz zurückbekommt. Manchmal kann man beides haben!

Bei der Arbeit mit einem Tierheimhund war ich amüsiert von seinen Versuchen, sowohl die Spielzeugbanane zu behalten als auch die angebotene Leber aus meiner Hand zu fressen. Mindestens eine Minute lang versuchte der Hund jede vorstellbare Möglichkeit, die Banane in seinem Maul so zu verschieben, dass er Platz für die Leber hatte. Als das nicht funktionierte, ließ er das Spielzeug schließlich fallen und nahm die Leber. Da sein Verhalten zeigte, dass er sehr besorgt war, seine seltene Möglichkeit, mit einem Spielzeug zu spielen, zu verpassen (Tierheimhunde leben häufig ein schrecklich entbehrungsreiches Leben, da ihr Überleben höhere Priorität hat als Spielzeug und Zeit zum Spielen), griff ich nicht mit der Hand nach dem Spielzeug, sondern stellte ruhig einen Fuß darauf. Wenn ich direkt nach dem Spielzeug gegriffen hätte, hätte der Hund vielleicht das Bedürfnis gehabt, das Leckerchen schnell hinunterzuschlingen und sich dann verzweifelt auf sein geliebtes Spielzeug zu stürzen.

Statt nach dem Spielzeug zu greifen, warf ich ein weiteres Leckerchen an ihm vorbei, so dass er sich von mir wegdrehen musste, um sich kurz die Leber zu schnappen. Das gab mir Zeit, ein Schlupfloch im Besitzrecht von Hunden auszunutzen – wenn die Aufmerksamkeit freiwillig vom Gegenstand abgewendet wird und ein anderer Hund ihn sich schnappt, ist das fair. Welpen und entschlossene Junghunde lernen, so nah, wie es der andere Hund zulässt, geduldig zu warten; beobachtend warten sie auf den Moment, in dem die Aufmerksamkeit des Besitzers abgelenkt wird. Sobald die Aufmerksamkeit wirklich etwas anderem zugewendet wurde, sind sie am Zug. Ich habe noch keinen normalen Hund gesehen, der den Hund, der ihm unter diesen Umständen den Besitz erfolgreich abgenommen hat, danach gejagt hat (obwohl ich gesehen habe, wie ein Hund gejagt wurde, der versucht hatte, den Besitz unter den wachsamen Augen des Besitzers zu klauen!), doch das Ritual von „Das gehört mir!" und „Überlass es mir!" kann von vorne beginnen – und tut es häufig auch.

Obwohl dem Hund auffiel, dass ich das Spielzeug in meinem Besitz hatte, als er sich umdrehte, hatte ich es aus seiner hundlichen Sicht „fair" zu Wege gebracht und ohne ihm das Gefühl der Bedrohung zu vermitteln. Aus seiner Sicht war jedoch das Beste, dass ich es ihm mit einem Lächeln zurückgab. Nach einigen Minuten Übung war der Hund damit einverstanden, mir das Spielzeug im Tausch gegen ein Leckerchen zu geben, indem er es auf meine Hand legte. Er hatte gelernt, darauf zu vertrauen, dass ich mein Wort hielt und nur vorübergehend das eine gegen das andere austauschen wollte. Der Tausch mit mir bedeutete nicht den Verlust seines Spielzeugs.

Schließlich, nach einiger Zeit, wäre ich einen Schritt weiter gegangen und hätte den eingetauschten Gegenstand gelegentlich behalten, ihm jedoch im Gegenzug ein anderes Spielzeug oder einen anderen angemessenen Schatz gegeben, so dass die Vorstellung „Wenn du mir das gibst, gebe ich dir das und dann bekommst du dein Spielzeug zurück" fest verankert würde. Zum Schluss hätte ich mit dem Hund gearbeitet, bis er mir selbst ohne einen bestimmten Tauschgegenstand im Sinn freiwillig alles überlassen hätte, damit ich es interessiert untersuchen könnte. Ich liebe es, wie Hunde mich mit großer Neugier beobachten, wenn ich einen Gegenstand ansehe und sogar daran rieche; einige sehen ein bisschen besorgt aus, wenn ich zu begeistert von ihrem Besitz bin, andere wedeln als Zustimmung, dass er tatsächlich toll ist, mit ihrem Schwanz. Ich möchte und arbeite daran, dass der Hund geduldig wartet, bis ich ihm den Gegenstand zurückgebe, was ich nach einigen Sekunden tue, wobei ich ihnen normalerweise sage: „Das ist wirklich etwas Besonderes! Vielen Dank!"

Wenn man das Tauschen in ruhiger Umgebung übt, ist das die Vorbereitung für den Tag, an dem man ihm seinen Schatz nicht wiedergeben kann – zum Beispiel einen teuren Schuh oder einen Hühnerknochen. Als Bee im Teenageralter war und mit einer ganzen Packung Butter ins Wohnzimmer stolzierte, musste ich nur mit fröhlicher Neugier fragen: „Was hast du denn da?", da kam sie direkt zu mir und gab mir höchst erfreut ihre Beute. Obwohl ich ihr die Butter nicht zurückgab, teilte ich ihr schnell mit, wie erfreut ich war, dass sie sie mir überlassen hatte, und wir rannten sofort gemeinsam in die Küche, um eine leckere Belohnung zu suchen. Dann suchte ich rasch ein passendes Spielzeug und spielte mit ihr. Nachdem sie die Butter sicher apportiert hatte, ließ sich Bee freudig mit dem Spielzeug nieder und alles endete angenehm, ohne Verärgerung auf einer der beiden Seiten.

Obwohl unangefochtener Zugang zu Ressourcen eine Schlüsselhandlung von Anführern ist, müssen wir auch berücksichtigen, dass aus Sicht der Hunde selbst ein kleiner Welpe das Recht hat, das zu behalten, was er im Maul hat. Wenn wir dieses grundlegende Gesetz des Verhaltens von Hunden verstehen, können wir neue Wege finden, unsere Hunde zu ermutigen, mit uns auf Arten zusammenzuarbeiten, die sicher für sie sind und der Beziehung nicht schaden, was hingegen passieren kann, wenn wir aus Sicht der Hunde sinnlos handeln.

13

WEM GEHÖRT DIE COUCH ÜBERHAUPT?

Wenn ich hören kann, was er mir erzählt,
wenn ich verstehen kann, wie er es empfindet,
wenn ich den emotionalen Beigeschmack,
den es für ihn hat, wahrnehmen kann,
dann setze ich das Vorzeichen der Kräfte der Veränderung in ihm frei.
CARL ROGERS

Die Afghanenhündin Opal war ein reizender Hund, und ihre Besitzerin Mary Anne war begeistert von dem ruhigen, gut erzogenen Tier. Opals Vergangenheit war unbekannt – eine Tierschutzgruppe hatte sie in einem Tierheim entdeckt und in Pflege genommen, bis Mary Anne sie bei sich aufnahm. Alles war bestens, bis zu dem Tag, an dem Mary Anne das Wohnzimmer betrat und Opal auf der Couch vorfand. Das war an sich kein Problem – die Hunde waren auf den Möbeln willkommen. Auf Grund langjähriger Erfahrung mit Hunden wusste Mary Anne, dass Windhunde ein Gen besitzen, das sie in jeder Situation unfehlbar zum nächstgelegenen (und weichsten) Kissen führt. Überrascht wurde sie von dem tiefen Knurren, das Opal von sich gab, als Mary Anne sich der Couch näherte. Obwohl Mary Anne darüber erstaunt war, ging sie näher, winkte mit der Hand, während sie Opal aufforderte, die Couch zu verlassen. Das Knurren wurde stärker, und als Mary Anne nach dem Hund griff, um ihn sanft zum Boden zu geleiten, schnappten lange Kiefer in der Luft neben ihrer Hand zu. Unsicher, was sie tun sollte, verließ Mary Anne den Raum, nicht bereit, sich beißen zu lassen. Während sie aus dem Küchenfenster starrte und diese hässliche Wendung der Lage überdachte, kam Opal mit wedelndem Schwanz in den Raum. Der Hund schien in Ordnung zu sein, so freundlich und liebevoll wie immer, und Mary Anne führt das Verhalten auf eine mögliche Hinterlassenschaft aus der mysteriösen Vergangenheit des

Hundes oder vielleicht nur einen schlechten Tag zurück. Vielleicht, sagte sie sich, hatte sie den Hund nur überrascht oder aus seinen Träumen geweckt. Es vergingen einige Tage, bevor sich die Situation wiederholte. Diesmal begann Opal zu knurren, sobald Mary Anne den Raum betrat. Diesmal war Mary Anne so beunruhigt, dass sie sich nach Hilfe umsah.

Als ich Opal traf, erinnerte mich der zurückhaltende, gefühlvolle Blick des Afghanen an meinen eigenen Afghanen, den ich vor vielen Jahren besessen hatte. Sie fühlte sich überraschend sicher in meinem Wohnzimmer, der von den Gerüchen meiner Hunde erfüllt war. Das warnende Bellen hinter meiner Bürotür (Carson informierte alle Interessierten, dass sie im Dienst war), verdiente nur einen wenig interessierten Blick des Windhundes, der sich ruhig zwischen Mary Anne und mir zusammenrollte. Obwohl Opal sehr ruhig und friedlich war, war sie auch sehr selbstsicher, was Mary Anne nicht vollständig erkannte. „Das arme Ding – sie tut mir so leid. Wie kann man sich bloß von einem derart schönen Hund trennen?" Sie sah mit einem mitleidigen Blick auf Opal herunter. „Ich schätze, diese Aggression ist vielleicht auf Misshandlung zurückzuführen?"

Wenn Problemverhalten auftreten, suchen gutherzige Besitzer wie Mary Anne manchmal die Ursache in der Vergangenheit des Hundes, sie glauben, dass das Verhalten das Ergebnis vorheriger Misshandlung ist. Wie Mary Anne haben viele Besitzer eines geretteten oder von Vorbesitzern übernommenen Tieres das Bild des „armen Dings" so deutlich vor Augen, dass sie die Realität des vor ihnen stehenden Hundes nicht sehen können. Opals selbstsichere Begrüßung und ihre totale Entspannung in einem Gebiet, das deutlich vielen fremden großen Hunden gehörte, bewies, dass sie ein ziemlich selbstsicherer Hund war. Mitgefühl für die vergangenen Erfahrungen eines Hundes ist gut, und das Verständnis der Vergangenheit des Hundes kann wichtige Hinweise geben. Bei extremen Misshandlungen oder extremer Vernachlässigung können sich Lücken auftun, die nur grob gefüllt werden können, die niemals völlig überwunden werden; manchmal bleiben Narben an Körper und Seele zurück. Doch wir müssen unsere Augen immer offen halten, um unsere Hunde so zu sehen, wie sie wirklich sind. Wir dürfen sie nicht in der Vergangenheit einsperren oder die emotionale Bürde für sie tragen, die sie selbst längst abgeworfen haben.

Wenn gute, verlässliche Informationen vorhanden sind, hilft das Verständnis der Vergangenheit zu verstehen, warum bestimmte Verhaltensweisen oder Einstellungen schwieriger zu ändern sind. Viel zu häufig stellen sich gut meinende Besitzer wie Mary Anne jedoch die Vergangenheit des Hundes nur vor. Obwohl viele Hunde in ihrer Vergangenheit misshandelt wurden, ist es nicht gut für sie, wenn wir ihr Verhalten durch diesen Filter betrachten. Keine Beziehung kann sich gut entwickeln, wenn einer der Beteiligten damit beschäftigt ist zu „halluzinieren", wie die Wirklichkeit des anderen sein könnte. Ein enges Verhältnis basiert nicht auf Vermutungen, sondern auf dem Wissen, wie die Welt durch die Augen des anderen aussieht. Bei dem Versuch, einander kennen zu lernen, können wir raten, doch dann müssen wir Wege finden zu fragen, ob unsere Vermutungen richtig sind („Ist das so für dich?"). Wenn wir keinen Weg finden, den Hund irgendwie zu fragen, ob unsere Vermutungen stimmen, beschäftigen wir uns nur mit gut gemeinten Halluzinationen.

Ich erinnere Kunden oft daran, dass sie, wenn sie den Hund einfach auf der Straße gefunden hätten, keine Ahnung von der Vergangenheit des Hundes hätten, keine rationalen Erklärungen oder Entschuldigungen, warum sich ihr Hund auf eine bestimmte Weise verhält. Sie könnten nur das bewerten, was eingeschätzt werden muss: Welche, wenn überhaupt welche, der Verhaltensweisen des Hundes weisen darauf hin, dass er andere - bessere - Wege kennen lernen muss, sein Leben zu leben, damit Angst, Besorgnis, Unsicherheit oder sogar Verärgerung minimiert oder verhindert werden? Nach dieser Einschätzung ist es Zeit, an positiven Veränderungen zu arbeiten. Wie eine Zen-Weisheit besagt: „Wenn das so ist, wie soll ich fortfahren?" Unerwünschtes oder unproduktives Verhalten - unabhängig von der Ursache - muss immer behoben werden. Aufgrund Mary Annes Gutherzigkeit hatte Opal unglücklicherweise angenommen, dass sie diejenige im Haushalt sei, die den höchsten Status habe. Damit sich Opal sicher und geliebt fühlte, hatte Mary Anne eifrig versucht, alle Bedürfnisse des Hundes zu erfüllen. Wenn Opal ihre Hand anstupste, wurde sie von Mary Anne mit Aufmerksamkeit überhäuft, da sie versuchte, die von ihr angenommenen traurigen Umstände aus der Vergangenheit des Hundes auszugleichen. Wenn Opal einen Blick zu ihrem Futternapf hinüberwarf, gab ihr Mary Anne schnell eine Leckerei. Eine kleine Rastlosigkeit seitens Opal führte dazu, dass Mary Anne aufsprang, um den Hund nach draußen zu bringen oder sogar spazieren zu führen. Obwohl diese liebevolle Fürsorge nur auf den besten Absichten beruhte, ging der Schuss nach hinten los. Aus der Sicht von Hunden sind bestimmte Privilegien, zum Beispiel Zugang zu Ressourcen und das Recht, Aufmerksamkeit zu erregen/ zu fordern, mit einem hohen Status verbunden. Wenn Mary Anne auf Opals Wunsch hin wertvolle Ressourcen, zum Beispiel Futter und Spaß (Spaziergänge), bot, interpretierte der Windhund dies als Beweis für seinen hohen Status. Wenn Mary Anne auf seinen Wunsch, gestreichelt zu werden, reagierte, unterstrich das nur die Mitteilung. Obendrein wirkten Mary Annes Gesten dem Hund gegenüber selbst aus meiner menschlichen Sicht ziemlich unterwürfig: langsam, fast zögerlich, schnell bereit, auf ein Zeichen von Opal zu erstarren oder sich zurückzuziehen. Obwohl ich wusste, dass Mary Anne nur sanft handeln und bedrohlich wirkende Verhaltensweisen vermeiden wollte, sah Opal aus ihrer hundlichen Sicht ihre Kommunikation ganz anders. Nach Monaten, in denen sie diese unbewussten Mitteilungen über ihren Status erhalten hatte, hatte Opal das Gefühl, dass sie als ranghöchstes Familienmitglied das Recht hatte, anderen mitzuteilen, dass sie auf der Couch nicht gestört werden wollte. Das Aufstellen von Regeln ist das Privileg der Ranghohen, und sie hatte die Absicht, ihre Verordnungen nach Art der Hunde durchzusetzen, das heißt durch Knurren und sogar Beißen.

Konflikte zwischen Mensch und Hund entstehen, wenn wir uns nicht bewusst sind, dass das, was wir als liebevolle Pflege interpretieren, vom Hund als Respekt ihm gegenüber und als Zustimmung, dass er die Ressourcen kontrolliert, angesehen werden kann. Wir wollen sagen: „Du wirst geliebt und gepflegt, deine Bedürfnisse werden erfüllt." Der Hund versteht stattdessen möglicherweise: „Dein Wunsch ist mir Befehl." Es bedarf keiner großen Vorstellungskraft und keines übermäßig genauen Verständnisses von Hunden, um zu sehen, wie schnell das zu einem ernsthaften Problem werden kann. Eine Mitteilung, die auf dem Weg vom Sender zum Empfänger verändert wird, ist immer problematisch, besonders wenn wir nicht darauf achten, ob die empfangene Mitteilung genauso ankommt, wie sie uns verlassen hat.

Während wir das alles diskutierten, war Mary Anne überrascht, wie sehr sich ihre Sicht von der des Hundes unterschied. Sie verstand, wie Opal die falsche Schlussfolgerung gezogen haben könnte, doch stirnrunzelnd sagte sie: „Aber ich verstehe das nicht. Mein ganzes Leben lang hatte ich Hunde, viele aus dem Tierheim, und ich habe sie alle genauso wie Opal behandelt. Keiner von ihnen hat mich jemals angeknurrt oder schien zu denken, dass er der Boss sei. Ich verstehe ihren Standpunkt, aber er erscheint mir nicht sinnvoll, wenn ich alle Hunde berücksichtige, die ich bereits hatte."

Mary Annes Schlussfolgerung ist verständlich und ziemlich verbreitet. Eine Frau aus einem Seminar reagierte genauso auf Grund ihrer Erfahrungen. Sie hatte ihr ganzes Leben Cocker Spaniels, hatte sie alle gleich behandelt und hatte immer unterwürfige Hunde mit gutem Benehmen, die eine wahre Freude waren – bis zu ihrem letzten Hund, einem besonders begabten Welpen, den sie besonders wegen seiner entschlossenen Einstellung und seinen sportlichen Fähigkeiten als ihren nächsten Wettkampfhund ausgewählt hatte. Dieser Hund entzückte sie durch seinen blitzschnellen Geist, bestürzte sie jedoch auch häufig durch sein problematisches Verhalten. Als ich darauf hinwies, dass dieser Hund eine deutlichere Führung brauchte, konnte sie das kaum glauben – ihr besonderer Führungsstil war lange Zeit bei vielen Hunden sehr erfolgreich gewesen.

Was Mary Anne und die Spanielliebhaberin übersahen war die Tatsache, dass ein Hund zwar ein Hund, aber doch jeder Hund anders ist. Jeder, der mehr als ein Kind aufgezogen hat und mehr als eine gute Freundschaft hatte, versteht, dass Beziehungen jeglicher Art nur erfolgreich sein können, wenn wir unseren besonderen Stil an die Bedürfnisse und Reaktionen des anderen anpassen. Starr in unseren bevorzugten Verhaltensmustern zu verharren und darauf zu bestehen, dass alle anderen sich verbiegen, um uns zu gefallen, ist wohl kaum eine effektive Vorgehensweise in einer Beziehung. Dem anderen dann die Schuld zuzuweisen, wenn Konflikte entstehen, ist extrem egoistisch und verleugnet die Wichtigkeit der Bedürfnisse des anderen. In einer liebevollen Beziehung, selbst wenn wir die Führungsrolle innehaben (vielleicht besonders dann), müssen wir berücksichtigen, was uns das Verhalten des anderen über unser eigenes Verhalten sagt. Das Fazit für die Besitzerin der Cocker Spaniels war, dass die Vorgehensweise, die in ihrem zwanzigjährigen Umgang mit Cocker Spaniels gut funktioniert hatte, offensichtlich für diesen kecken, selbstbewussten Welpen keine ausreichende Führung darstellte. Mary Annes vorherige Hunde waren vielleicht nicht so selbstbewusst wie Opal und möglicherweise einfach nicht daran interessiert, einen hohen Rang einzunehmen.

Im Gegensatz zu den üblichen Vorstellungen sind nicht alle Hunde Möchtegernchefs, die nur darauf warten, dass die Menschen einen Schnitzer machen, damit sie den Haushalt, wenn nicht gar das ganze Land oder die Welt übernehmen können. Doch alle Hunde sind bereit, ihre Welt so zu formen, wie es ihnen am besten passt. Die vorherigen Hunde der Spanielliebhaberin fanden ihre Welt vielleicht einfach prima, daher war es einfach und angenehm, mit dem Strom zu schwimmen. Wenn das Leben schön ist, warum dann Ärger machen? (Wie Politikern bekannt ist, verursachen gut gefütterte und unterhaltene Bürger selten Probleme.) Aus welchem Grund auch immer – unterschiedliche Erfahrungen oder Persönlichkeiten –, Mary Annes vorherige Hunde waren offensichtlich glücklich mit ihrem sanften Stil. Opal hingegen sah die Welt anders und fühlte sich wohl mit ihrem hohen Status. Ihre Persönlichkeit war ziemlich stark und selbstsicher – unhöfliche Hunde, denen sie begegnete, erhielten kaum mehr als einen hochmütigen Blick. Menschen, für die sie sich nicht interessierte, schaute sie nicht an, sie sah durch sie hindurch, als ob sie nicht existierten. Man kann sagen, dass ihre Persönlichkeit sensibler für und interessierter an Feinheiten des Führungsstils war. Aus Opals Sicht hatte Mary Annes gewissenhafte Erfüllung all ihrer Bedürfnisse gezeigt, dass Mary Anne leicht erziehbar und unterwürfig war; mit anderen Worten, niedriger Status. Das hat nichts mit Liebe zu tun – Opal liebte Mary Anne offensichtlich und umgekehrt. Doch Liebe und Führung sind aus Sicht der Hunde zwei verschiedene Dinge, und trotz aller Liebe legte Opal Regeln für die Couch fest.

Die Lösung des Problems erforderte, dass Mary Anne Opal klar machte, dass sie ihren Respekt verdiente. „Muss ich sie anschreien oder sie herumziehen oder -stoßen? Das werde ich nämlich nicht tun", warnte mich Mary Anne. Sie war erleichtert, als sie erfuhr, dass die effektivsten Methoden auch die humansten waren, keine Strafe beinhalteten und der Deeskalation dienten. Wie Opal bereits gezeigt hatte, wird in Situationen, in denen der Respekt für eine Person eingeschränkt ist, jede Konfrontation oder jede Gewaltanwendung vom Hund als Angriff von jemandem mit niedrigerem Status gewertet und kann zu einer für Hunde typischen Reaktion führen.

Den Respekt eines Hundes kann man erlangen, indem man klar macht, dass die geschätzten Ressourcen von uns kommen – und nur nachdem der Hund „bitte" gesagt hat. Wenn ein Hund direkt auf uns zugeht und uns seinen Ball oder sein Spielzeug in den Schoß legt, sagt er: „Spiel mit mir." Darin ist keine Form von „bitte" enthalten. Stellen Sie sich Ihren Hund als unhöfliches Kind vor, das auf Sie zukommt, Ihnen ein Brettspiel vor die Nase knallt und fordert, dass Sie mit ihm spielen – *jetzt*. Wir würden ein solches Verhalten inakzeptabel finden, und um das Kind zu erinnern, dass es angemessenere und respektvollere Arten gibt, miteinander umzugehen, stellen wir vielleicht Bedingungen: „Ich spiele mit dir, nachdem du den Müll rausgebracht hast." Oder: „Verlass den Raum, komm zurück und frage mich nochmals, aber diesmal netter, mit den Worten ‚bitte' und ‚danke". Selbst kleine Kinder können lernen, nicht nur auf etwas zu zeigen und zu erwarten, dass sie es gereicht bekommen. Kluge Eltern bringen ihren Kindern bei, als Bedingung für die Erfüllung ihres Wunsches „bitte" zu sagen.

Mensch oder Welpe, Höflichkeit zählt. Beispielsweise muss ein Hund mit niedrigem Status, der mit einem Hund mit hohem Status spielen möchte, bei seiner Spielaufforderung respektvolles Verhalten zeigen. Vorderkörpertiefstellung, über die Schnauze lecken, niedrige Körperhaltung, kriechen – diese Gesten zeigen Respekt und Achtung und sind aus Sicht von Hunden Teil einer höflichen Unterhaltung. Wenn wir unseren Teil der Abmachung nicht einhalten, indem wir uns wie ein Tier mit hohem Status verhalten, das auf Höflichkeit besteht, interpretiert unser Hund unsere Reaktionen auf die von ihm geäußerten Wünsche möglicherweise als Beweis, dass er einen höheren Status besitzt als wir. Dann haben wir wirklich kein Recht, geschockt zu sein, wenn uns unser Hund mitteilt, dass wir uns wie rangniedrige Welpen verhalten haben, die seinen Respekt nicht verdienen.

Mary Anne hatte Opal bereits beigebracht, auf Befehl zu sitzen und sich hinzulegen, daher wurde das die Art des Hundes, „bitte" zu sagen. Bei den Mahlzeiten oder wenn sie ihr ein Leckerchen gab, forderte Mary Anne Opal auf, sich zu setzen oder sich hinzulegen (was sie bereits konnte), wobei sie dem Hund drei Sekunden gab, den Befehl zu befolgen. Wenn Opal sie ignorierte, stellte Mary Anne den Napf zurück auf die Arbeitsplatte und drehte sich fünf oder zehn Sekunden von ihr weg, dann versuchte sie es erneut. Wenn sie der Hund nach drei Versuchen noch immer ignorierte, stellte Mary Anne das Futter in den Schrank oder den Kühlschrank und verließ wortlos die Küche, um einige Minuten ein Buch zu lesen oder aus dem Fenster zu starren. Dann probierte sie es nochmals. Nur wenn Opal sich innerhalb des gewünschten Zeitraums setzte oder hinlegte, gab ihr Mary Anne Futter. Eine ähnliche Vorgehensweise wurde angewendet, um nach draußen zu gehen. Opal musste sich setzen oder hinlegen, bevor die Tür geöffnet wurde. Gestreichelt wurde sie nur, egal wie gewinnend sie darum bat, nachdem Opal sich wie aufgefordert hingesetzt oder hingelegt hatte, die Streicheleinheiten wurden außerdem recht kurz gehalten. Mary Anne wies darauf hin, dass das sehr schwer fallen würde. Das ist es für viele Besitzer. Sie war erleichtert darüber, dass sie, sobald sie sich den Respekt von Opal verdient hatte und sich das Machtverhältnis im Haus verlagert hatte, das Streicheln nicht mehr einschränken musste. Doch es war entscheidend dafür, dass Opal sie in einem neuen Licht sah. Mit der Zeit würde Mary Anne zunehmend erwarten, dass Opal sofort auf den ersten Befehl reagierte und für Aufmerksamkeit mehr tun musste, als sich nur zu setzen.

Im zweiten Teil des Programms würde Opal lernen, auf Befehl auf die Möbel zu springen und sie auf Befehl zu verlassen. Ausgestattet mit einigen wohlschmeckenden Leckerchen begannen wir, in meinem Wohnzimmer daran zu arbeiten. Ich gab Opal ein oder zwei Leckerchen, damit sie wusste, welche Leckereien ich anzubieten hatte. Ich entfernte mich von der Couch, auf der sich Opal neben mir zusammengerollt hatte, während Mary Anne und ich uns unterhielten, und rief sie zu mir, belohnte sie mit mehreren Leckerchen und lobte sie. Ich ging zurück zur Couch, klopfte auf die Kissen, lud Opal ein, es sich bequem zu machen. Opal sprang hinauf, und während ich ihr ein Leckerchen gab, teilte ich ihr begeistert mit, was für ein Genie sie sei.

Ich zeigte ihr ein Leckerchen und warf es auf den Boden, als ich den Eindruck hatte, dass sie bereit war, das Sofa zu verlassen, sagte ich: „Runter!" Es ging hinauf und hinunter, wir übten, was „Mach es dir bequem." (ein von Mary Anne gewähltes Kommando) und „runter" bedeutete. Opal hielt das für ein sehr erfreuliches Spiel und hüpfte bald bei einem ruhigen Befehl in Erwartung einer Belohnung von der Couch. Nach einer kurzen Pause für Opal und einer kurzen Besprechung der Technik mit Mary Anne, war Mary Anne an der Reihe, mit ihrem Hund zu üben. Zu ihrer Freude reagierte Opal genauso gut und eifrig wie bei mir. „Warum funktioniert das so gut?", fragte sie mich, als sie und Opal eine Pause machten. „Liegt es einfach daran, dass sie weiß, dass das nicht ihre Couch ist?"

Den Unterschied machte nicht die Couch aus, sondern die Gefühlslage des Hundes. In meinem Wohnzimmer war Opal entspannt, fühlte sich nicht bedroht und hatte daher eine angenehme Einstellung. Als Mary Anne ihr Wohnzimmer zu Hause betrat, hatte der Hund sie aufgefordert, sich zurückzuziehen. An diesem Punkt braute sich in Opals Geist eine mögliche Konfrontation zusammen. Mary Annes anfänglicher Versuch, Opal einfach zu zwingen, egal wie sanft, die Couch zu verlassen, hatte die Erregung des Hundes zusätzlich gesteigert. Da Opal sich für den höchstrangigen Hund hielt, sah sie Mary Annes Handlung als Aufsässigkeit an und reagierte nach Art der Hunde darauf: dramatischeres Knurren und ein warnendes Schnappen. In meinem Wohnzimmer hatte nichts Opals entspannten Zustand beeinträchtigt. Wenn ich das Bedürfnis gehabt hätte, Opal zu zeigen, wer der Boss ist, indem ich sie gewaltsam von der Couch entfernt hätte, hätte sich die Situation schnell ändern können.

Aus Opals Sicht verließ sie die Couch nicht, weil ich sie dazu brachte; sie verließ sie *freiwillig*, um sich das Leckerchen zu holen, das ich auf den Boden geworfen hatte. In allen Trainingssituationen (eigentlich in jeder Beziehung) können Provokationen um den Status durch das Erlangen freiwilliger Zusammenarbeit raffiniert umgangen werden. Wenn sich die Königin von England bereit erklärt, Schach mit Ihnen zu spielen, macht Ihre Einwilligung Status unwichtig. Wenn Sie jedoch versuchen, die Königin zu zwingen, mit Ihnen zu spielen, handelt es sich bei Ihnen eher um jemanden, von dem sie Anweisungen mit einem Lächeln entgegennimmt. Die eigentliche Ursache des Problems, das zu dem Couch-Vorfall führte, war die Frage der Führung und des Status; den Status eines Hundes anzufechten, löst nicht das eigentliche Problem, das allgemeiner angegangen werden muss. Ohne die Erwartung von Bedrohungen, ohne mögliche Konfrontationen, ohne Anfechtung ihres Status blieb Opal ruhig, kooperativ und genoss die Interaktion.

Opal war entspannt und an diesem „Spiel" interessiert, verteidigte keine wertvolle Ressource. Zu Hause würde Mary Anne nicht warten, bis Opal auf der Couch und bereits verteidigungs- und konfrontationsbereit war, sondern sie würde den Hund bewusst ins Wohnzimmer mitnehmen, um das „bequem machen/ runter"-Spiel zu spielen. Das würde sie mehrmals am Tag machen. Wege zu finden, vorsichtig und sanft gefühlsgeladene Bereiche nochmals aufzusuchen, ist viel produktiver als die direkte Konfrontation in sehr intensiven Momenten. Festzustellen, was das Problem ist, erlaubt uns, zurückzutreten und eine liebevollere, mitfühlendere Vorgehensweise zu suchen, um an einer Lösung zu arbeiten, die für alle Beteiligten geeignet ist, ohne verletzte Gefühle oder verletzten Stolz.

Wie viele andere Hunde war Opal kein böser Hund. Sie war einfach ein Hund, und sie reagierte auf das, was sie für die Regeln und die Machtstruktur im Haushalt hielt. Die Regeln zu ändern und die Machtverhältnisse so zu verschieben, dass Mary Anne und alle anderen Menschen einen höheren Status als Opal hatten, würde etwas Zeit brauchen. Doch Mary Anne war bereit, das Notwendige zu tun. Sie war erfreut über die Möglichkeit, Konfrontationen zu vermeiden, wodurch sie in Sicherheit blieb und sich Opals Respekt verdiente. In den darauf folgenden Wochen befand sich Opal auf Grund der neuen Regeln in einigen irritierenden Situationen. Als Opal erstmals die dritte Aufforderung, sich hinzulegen, bevor sie ihr Futter bekam, rundweg ignorierte, stellte Mary Anne ihren Napf in den Kühlschrank und ging weg. Opal war verblüfft. Sie folgte Mary Anne, stupste sie an, als wollte sie sagen: „Entschuldigung? Hast du nicht etwas vergessen?" Wie geplant ignorierte Mary Anne Opal ruhig einige Minuten, bevor sie ihr eine neue Chance gab. Diesmal wurde Mary Annes Aufforderung sofort befolgt, und Opal hatte einen deutlich erleichterten Blick, als sie ihr Futter bekam. Nach einem Monat, in dem die neuen Regeln beharrlich und konsequent angewendet wurden, war das Gleichgewicht in der Beziehung von Opal und Mary Anne sehr viel angemessener, und Mary Anne verhielt sich viel mehr wie jemand, der den Respekt eines Hundes verdient. Obwohl Opal noch immer den Luxus liebte, sah sie die Couch nicht mehr als die ihre an, und verließ sie, wenn jemand sie ruhig dazu aufforderte.

Opal und Mary Anne mussten daran arbeiten, ein gutes Gleichgewicht in ihrer Beziehung zu erreichen. Es gab eine Zeit des Unbehagens, was typisch ist für Beziehungen, in denen Problembereiche hervorgehoben werden, auf die sich die Aufmerksamkeit und Energie konzentriert. Mary Anne berichtete, dass ihr anfänglich vieles, was sie mit Opal tat, unnatürlich vorkam. Obwohl die vorherige Vorgehensweise Mary Anne „natürlicher" vorgekommen war, hatte Opals Verhalten unmissverständlich darauf hingewiesen, dass diese Vorgehensweise bei diesem Hund nicht funktionierte. Ich ermutigte Mary Anne, ihre Gefühle des Unbehagens wie beim Erlernen eines neuen Tanzes zu sehen – zuerst kommen einem die Schritte komisch vor, ungewohnt, und geschmeidige Bewegungen sind noch nicht möglich. Doch mit der Zeit und zunehmender Übung lernen die Füße, sich einfach zu bewegen, ohne dass den Schritten besondere Aufmerksamkeit geschenkt werden muss; dann kehrt der Spaß am Tanz zurück. Obwohl es ihr zuerst ein wenig falsch vorkam, blieb Mary Anne beharrlich, dadurch ermutigt, wie viel besser sie sich in Bezug auf Opal und ihre Beziehung zueinander fühlte. Zusätzlich zu ihrer zunehmenden Zufriedenheit mit der Beziehung, die durch diese Veränderung möglich wurde, beobachtete sie auch Opal, um die Bestätigung zu erhalten, dass diese neue Vorgehensweise auch Opals Meinung nach funktionierte. Schließlich wird die endgültige Entscheidung, ob eine Maßnahme funktioniert, von den beiden an der Beziehung Beteiligten getroffen, egal was ein Trainer, ein Buch, ein Tierarzt oder eine andere Quelle für Ratschläge sagt.

14

ICH GEHE VORAN – DAS KÖNNTE GEFÄHRLICH SEIN

*Führung sollte aus dem Verständnis der Bedürfnisse
derjenigen entstehen, die davon betroffen sind.*
MARIAN ANDERSON

Während ich eines Nachts in einem Hotelzimmer von Kanal zu Kanal schaltete, schaltete ich zufällig zu einem Spaghetti-Western, der sich so sehr Stereotypen bediente, dass er schon wieder amüsant war. In einer Szene geht eine arme Farmerfamilie ihren Aufgaben nach (bei denen sich alle Schauspieler auf mysteriöse Weise genau vor dem alten Anwesen aufhalten), als der Böse, ein benachbarter Rancher, der ihnen gegenüber seine Forderungen geltend machen will, herbeigeritten kommt. Das kleine Mädchen flüchtete sich sofort hinter den bauschigen Rock der Mutter, der Junge der Familie reagierte ungehalten, war bereit, es mit dem Bösen aufzunehmen, ich schätze mit seinen bloßen zehnjährigen Händen. Der Familienvater ließ die Schaufel fallen und schritt nach vorne, mit einer ausholenden, kräftigen Geste versammelte er seine Familie hinter sich, brachte sich unmissverständlich in die erste Verteidigungslinie zum Schutz vor allem, was seine Lieben bedrohen könnte. Obwohl das eine abgedroschene Szene war, war ich beeindruckt von der in der Geste enthaltenen Mitteilung und von der durch das Vortreten des Mannes symbolisierten Führung: „Zuerst musst du an mir vorbeikommen."

Diese besondere Geste des Vortretens, sozusagen in die Schusslinie, wird von Hunden verstanden und von ihnen angewendet. Gehen Sie als Fremder in einen Raum voller Welpen, stehen sie einer wachsamen (wenn nicht sogar zornigen) Hundemutter gegenüber. Hunde mit starkem Wach- und Schutztrieb treten automatisch nach vorne, um sich zwischen die vermeintliche Gefahr und ihre Leute zu stellen, eine Geste, die uns sehr willkommen ist, wenn wir uns in Furcht erregenden Situationen befinden. Bei verschiedenen Gelegenheiten mussten meine Hunde sich angesichts sehr realer Bedrohungen in die Schusslinie bringen; wenn sie in einer dunklen Straße knurrend zwischen mir und einem bedrohlichen Fremden standen, war ich grenzenlos erleichtert.

Abgesehen von der Kontrolle über oder dem Zugang zu Ressourcen und der Kontrolle oder der Lenkung des Verhaltens gibt es in der Welt der Hunde eine dritte Komponente der Führung: proaktives Eingreifen. Obwohl es in den meisten Hundeerziehungsbüchern selten behandelt wird, ist es trotzdem von entscheidender Wichtigkeit für die Wahrnehmung der eigenen Sicherheit des Hundes, sowohl innerhalb seiner engen Familiengruppe als auch in dem größeren Zusammenhang der Welt. Proaktives Eingreifen ist etwas, das die meisten von uns in ihrem täglichen Leben bereits verstehen und anwenden. Einfach ausgedrückt bedeutet es, damit zu rechnen und bereit zu sein, auf mögliche Bedrohungen gegen unsere Lieben, besonders gegen die, die schwächer sind als wir, zu reagieren. Kein geistig gesunder Elternteil würde erlauben, dass jemand auf sein Kind zugeht und es schlägt oder es verbal belästigt! Eine angemessene Schutzreaktion wäre es, das Kind buchstäblich hinter sich zu platzieren und sich selbst direkt zwischen die Bedrohung und das Kind zu positionieren. Durch das einfache Vortreten zeigt sich, wer die Verantwortung hat, auch ohne dass ein Wort geäußert wird (zum Beispiel: „Du musst es zuerst mit mir aufnehmen...").

ER MÖCHTE NUR „HALLO" SAGEN

Leider vermissen viele Hunde das schützende Eingreifen aktionsbereiter Führung. Es ist bedauerlich und schockierend, wie viele Hunde mir als „aggressiv gegenüber anderen Hunden" vorgestellt werden, die sich tatsächlich einfach verletzlich und ungeschützt fühlten. In den meisten Fällen, die ich gesehen habe, kümmerte sich der „aggressive" Hund um seine eigenen Angelegenheiten und saß oder lag häufig ruhig neben seinem Besitzer, als – entweder spielerisch oder mit bösen Absichten – ein unhöflicher Hund zu ihm hinrannte, in ihn hineinrannte, ihn ansprang oder ihn angriff. Kommentare über „diesen aggressiven Hund" werden unvermeidlich, wenn sich die Besitzer zurückziehen, die zugelassen haben, dass sich ihr Hund unhöflich verhält (damit ist der Hund gemeint, in dessen Bereich eingedrungen wurde). Dann kommt der typische Kommentar (normalerweise wird er in verletztem Ton abgegeben): „Er wollte nur ‚Hallo' sagen...".

Wir würden nicht sehr viel von Eltern halten, die ihrem Kind erlauben, einen Fremden anzuspringen, während die Eltern nur lächeln und anmerken, wie freundlich ihr Kind das doch eigentlich gemeint hätte. Doch Hundebesitzer erlauben ihren Hunden häufig, sich derart unhöflich zu benehmen, zu fremden Hunden zu rennen, sie sogar anzuspringen und damit Verteidigungsreaktionen hervorzurufen. Den Besitzern solcher Hunde ist vielleicht nicht klar, dass sie ihre Tiere in Gefahr und andere Hunde und Menschen in schwierige und unangenehme Situationen bringen. Da sie glauben, dass ihr Hund außer Stande ist, aggressiv zu sein, und ihnen nicht klar ist, dass Unhöflichkeit auch eine Form der Aggression sein kann, sehen sie nur das Knurren des Hundes, dem die Unhöflichkeit gilt.

Meiner Erfahrung nach verursachen die Besitzer von Hunderassen, die als nicht aggressiv angesehen werden, die meisten Probleme bei der Begegnung von Hunden. Das liegt nicht daran, dass diese Leute unvorsichtiger oder dümmer als andere Hundehalter sind. Das Problem wurzelt in ihrem mangelnden Bewusstsein, dass ihr Hund unhöflich ist. Die Besitzer der als nicht aggressiv angesehenen Rassen scheinen sich keine Gedanken darüber zu machen, dass Unhöflichkeit viele Formen annehmen kann. Jeder kann sehen, dass ein Hund, der sich auf etwas stürzt und knurrt, unhöflich ist. Viel zu wenigen Leuten ist jedoch bewusst, dass das Eindringen in den Bereich eines anderen – egal wie nett und ruhig – in der Welt der Hunde genauso unhöflich ist. Besitzer unhöflicher Hunde sehen die Handlungen ihrer Hunde nicht als unhöflich an; sie sehen nur „Freundlichkeit". Daher die übliche Bemerkung: „Er wollte nur ‚Hallo' sagen..."

Alarmiert, verlegen und verärgert durch das aggressive Verhalten ihrer Hunde sind die Besitzer häufig unfähig festzustellen, was das unerfreuliche Ereignis ausgelöst hat. Hier ist ein Brief von einem besorgten Besitzer, den ich einst bekam:

„Cream ist ein reizender Hund, sie befolgt Kommandos gut und ist wundervoll im Umgang mit Leuten und Kindern. Sie hat regelmäßig Umgang mit Hundefreunden, mit denen sie fast täglich spielt – sie ringen, beißen sich spielerisch und rennen gemeinsam herum. Sie kommt gut mit ruhigen Hunden aus, aber sie hat ein Problem: Sie hasst junge, überdrehte Hunde. Wenn ein Hund anfängt, sie immer wieder anzuspringen, wird Cream aggressiv – beginnt zu knurren, zeigt die Zähne, und wenn der Hund das nach einigen Sekunden noch nicht kapiert hat, greift sie den Hund an. Sie zeigt dieses aggressive Verhalten nur bei jungen, überdrehten Hunden."

Lassen Sie uns das ein wenig verändern:

„Maggie kann gut mit Leuten umgehen, die ruhig sind und ein gutes Benehmen haben, und behandelt sie entsprechend. Sie hat endlose Geduld mit Kindern und ist sehr nett zu ihnen, sogar zu den frechen. Doch wenn laute, widerliche Teenager sie herumschubsen, wird sie richtig komisch – sie fordert sie auf, sie in Ruhe zu lassen. Wenn sie nicht aufhören, schreit sie sie an. Was können wir mit Maggie machen? Ihr Verhalten verwirrt uns."

Plötzlich verstehen wir die Geschichte ganz anders, und das Verhalten des Hundes ist nicht mehr verwirrend. Einen Hund wie Cream als aggressiv zu bezeichnen ist genauso unsinnig, wie eine Frau eine griesgrämige Zicke zu nennen, bloß weil sie einen Fremden, der sie betatscht hat, geohrfeigt hat. Da diese Hunde von ihren entsetzten Besitzern häufig bestraft werden (oft auf Grund der Ratschläge von Trainern, die sich nicht mit Hundeverhalten auskennen...), befinden sich die Hunde in einer schrecklichen Situation. Der Hund ist nicht nur den Unhöflichkeiten der anderen Hunde ausgesetzt, sondern wird dann auch noch vom Besitzer angegriffen (bestraft). Da verwundert es nicht sehr, dass diese Hunde sehr alarmiert auf andere reagieren, die ihren persönlichen Bereich nicht respektieren oder aufgeregt und regelrecht außer Kontrolle sind. Einige Hunde beginnen beträchtliche Sicherheitszonen um sich zu errichten und kompensieren so den fehlenden Schutz durch den Hundeführer. Mangels klarer Führung, die proaktives Eingreifen bietet, haben diese angeblich aggressiven Hunde häufig das Bedürfnis, auf übertriebene Weise zu reagieren. Dafür werden sie dann oft hart bestraft, aus den Hundekursen verbannt und von denen völlig missverstanden, die ihnen eigentlich liebevollen, aufmerksamen Schutz bieten sollten – das proaktive Einschreiten der Führung.

Obwohl die gleichen Besitzer es einem Fremden nicht erlauben würden, ihren Hund zu treten oder ihn anzuschreien, versuchen sie nicht, ihren Hund vor der Unhöflichkeit anderer Hunde und vor Menschen zu schützen, die ihren Hunden erlauben, sich unhöflich zu benehmen. Das liegt nicht daran, dass sie herzlos, gefühllos oder sorglos sind. Sie gehen möglicherweise einfach davon aus, dass alles, was Hunde tun, „natürlich" ist und sie nicht eingreifen sollten. Vielleicht sind sie überzeugt, besonders nachdem es ihnen mehrfach so gesagt wurde, dass ihre Hunde (die möglicherweise völlig angemessen und normal reagieren) „aggressiv" oder „bösartig" sind, und fühlen sich schuldig wegen des Verhaltens ihres Hundes. Selbst Hundeführer, denen klar ist, dass in den persönlichen Bereich ihres Hundes eingedrungen wurde, finden wenig Unterstützung von anderen Leuten, die ein eingeschränktes Verständnis von Aggression haben und daher alles, was entfernt bedrohlich wirkt, auf vereinfachte, oft falsche Weise sehen.

Für Hunde, die Probleme mit anderen Hunden haben, die in ihren persönlichen Bereich eindringen, oder die nicht selbstbewusst genug sind, um neue Hunde oder Menschen zu treffen, bedeutet es viel, wenn sich der Hundeführer schützend vor sie stellt. Diese Geste sagt dem Hund: „Ich sehe die Bedrohung und beschütze dich." Mit anderen Worten, der Hund sieht in unserer Handlung die Versicherung, dass wir bereit sind, uns wie Anführer zu verhalten, eine Versicherung, die für ihn Erleichterung bedeutet oder zumindest sein Bedürfnis, sich selbst zu verteidigen, minimiert. Das einfache Vortreten des Menschen mit Absicht und Selbstbewusstsein kann bei dem anderen

Hund dazu führen, dass er sich zurückzieht oder langsamer wird. Wenn es diesen Effekt nicht hat, sind Sie zumindest in der Position, etwas zu unternehmen, bevor Ihr Hund unhöflich kontaktiert oder möglicherweise angegriffen werden kann. Obwohl meistens weitere Fehler in der Führung zur Besorgnis des Hundes, dass er ungeschützt ist, beitragen, führt diese einfache Geste der Hundeführer bei besorgten Hunden häufig zu der erforderlichen Erleichterung und einem Gefühl der Sicherheit. Vertrauen wird in einer Beziehung auf dem Glauben aufgebaut, dass unser Verhalten beachtet und darauf reagiert, wenn auch nicht immer völlig verstanden wird. Meiner Erfahrung nach haben Hunde, deren Besitzer frühe Anzeichen von Unbehagen erkennen und darauf reagieren, indem sie handeln, großes Vertrauen, dass ihre Besitzer sie in fast jeder Situation schützen können. Meiner Meinung nach ist ein entscheidender Teil meiner Beziehungen zu Tieren und Menschen das Versprechen „Ich beschütze dich". So gut ich kann, halte ich dieses Versprechen. Um zu diesem Versprechen zu stehen, muss ich wachsam und bereit sein, mich für sie Schädlichem oder Gefährlichem auszusetzen. Nicht nur, wenn die Menschen und anderen Hunde um mich herum kooperativ und höflich sind. Nicht wenn es bequem oder angenehm für mich ist. Jederzeit der Beschützer eines Hundes, der Verfechter seiner Rechte zu sein, selbst wenn es bedeutet, aufzustehen und in seinem Namen zu sprechen, ist das wirkliche Geschenk einer liebevollen Beziehung.

LASS DAS – JETZT!

Ein weiterer Aspekt proaktiven Eingreifens betrifft das Entschärfen potentieller Konflikte. Führung erfordert, dass wir die Interaktion anderer Familienmitglieder wachsam beobachten und, wenn wir es für nötig halten, einen aufkommenden Konflikt beenden. Meine Mutter hatte immer ein besonders wachsames Auge darauf, wie ihre vier Kinder sich gegenseitig ärgerten. Wenn sie Streitereien aufkeimen sah, griff sie auf verschiedene Arten vermittelnd ein. Manchmal richtete sie unsere Aufmerksamkeit auf etwas anderes, gab uns

Aufgaben, die unsere Konzentration in Anspruch nahmen, vorzugsweise trennte sie uns für eine Weile. Manchmal, wenn sie uns nicht ablenken konnte, griff sie auf deutliche Warnungen zurück: „Lasst das! Sofort!"

Unsere Rolle als Hundeführer erfordert von uns, auf die gleiche Art wachsam auf mögliche Konflikte zu achten, die einfachen Gesten zu bemerken, die die Hunde kurz zeigen. Als Rudelführerin war meine Hündin Vali bemerkenswert gut darin festzustellen, ob zwei Hunde eine mürrische, aber höfliche Diskussion austrugen oder sich ein ernsthafter Streit ankündigte. Von ihrem bevorzugten Sitzplatz auf der Couch aus sah sie auf und beobachtete die entsprechenden Hunde. Manchmal seufzte sie nur und schaute weg, in diesen Fällen lösten die zankenden Hunde das Problem ohne ihr Eingreifen – ein scharfes Bellen oder ein unzufriedenes Murren, und es war vorbei. Manchmal jedoch sah sie etwas anderes, stand von der Couch auf, ging direkt auf die beiden Kontrahenten zu und positionierte sich genau zwischen den beiden Hunden. Dort stand sie ruhig, drehte ihren Kopf erst zum einen, dann zum anderen Hund und wartete, bis jeder seiner eigenen Wege gegangen war. Nachdem die Krise abgewendet war, zog sie sich auf die Couch zurück und hielt wieder ihr Nickerchen.

Wie Hunde es bei Hunden tun, müssen menschliche Hundeführer lernen, die feinen Zeichen zu lesen, die darauf hindeuten, dass sich Probleme zusammenbrauen, und proaktiv einzuschreiten. Das kann ermüdend sein, da es viel Aufmerksamkeit erfordert, besonders wenn viel Konfliktpotential vorhanden ist, zum Beispiel, wenn unbekannte Hunde zum ersten Mal miteinander bekannt gemacht werden, bei der Aufregung von Hundeschulkursen oder Ausstellungen, bei Neuzugängen zu einer festen Gruppe, in Gegenwart wertvoller Ressourcen (Spielzeug, Knochen, Futter, Aufmerksamkeit) oder bei der Ankunft von Gästen. In stabilen Gruppen ist die erforderliche Aufmerksamkeit minimal, vermehrte Aufmerksamkeit (und bei Bedarf vermehrtes Eingreifen) wird nur in Momenten erforderlich, wenn sich mögliche Konflikte abzeichnen. Im Großen und Ganzen bilden Hunde eine friedliche Gruppe, die lieber feiert als streitet, aber vorbeugen ist immer besser als heilen. Ein kluger Anführer erkennt die Momente, in denen die Aufregung ungewöhnlich steigt und die Emotionen mehr als gewöhnlich aufwallen, und bewahrt den Frieden, indem er den Ton angibt.

Besitzer mehrerer Hunde haben größere Aufgaben vor sich, da wir Menschen dazu neigen, einen Hund zu beschuldigen oder den (vermeintlich) unterlegenen Hund zu bemitleiden. Da wir oft den relativen Status der beiden Hunde oder die Situation verkennen (weil wir sie normalerweise nicht aus der Sicht der Hunde sehen), ist es klug, die Vorgehensweise kluger menschlicher Mütter zu übernehmen: Keine der beiden Parteien wird unterstützt, sondern beide Parteien werden ermahnt, sich zu benehmen. Wie meine Mutter so oft sagte: „Mir ist egal, wer angefangen hat. Ihr geht beide auf euer Zimmer!" Manchmal sage ich den beteiligten Hunden einfach, dass sie aufhören sollen, und sie beenden den Streit ohne weitere Einmischungen. Doch manchmal muss ich meine Mitteilung untermauern, indem ich beide anweise, sich in getrennten Ecken auf ihre Decken zu legen und einige Minuten dort zu bleiben – eine Technik, die ihnen auch erlaubt, sich zu beruhigen.

Manchmal hört ein Hund einfach nicht auf, oder keiner der beiden möchte nachgeben. Oder die Hunde wechseln zu einem Kriegsgebiet, in dem die Konflikte zwischen den Kontrahenten für Außenstehende unergründlich sind, das jedoch weltweit von Eltern an dem Protestgeschrei vom Rücksitz erkannt wird: „Mama – sie schaut mich schon wieder so an!" Was diesen besonderen Blick ausmacht und welche Reaktionen er beim Opfer auslöst, übersteigt das Verständnis jedes sterblichen Erwachsenen. Für die beiden beteiligten Kinder ist das jedoch mehr als nur eine Art, sich die Zeit während einer langen Autofahrt zu vertreiben – es ist ein echter Konflikt. Hunde tragen ähnliche Konflikte aus, obwohl diese selten durch langweilige Autofahrten ausgelöst werden (die meisten Hunde nutzen Autofahrten dazu, zu schlafen oder den Kopf aus dem Fenster zu halten). Achten Sie auf Blickkontakt – selbst auf große Entfernung – als möglichen Auslöser für die hundliche Version des Grimassenschneidens von Teenagern aus Schulbussen heraus. Gelangweilte Hunde unterhalten sich manchmal dadurch, dass sie ein ähnliches Spiel spielen, sie setzen ausschließlich Blickkontakte ein, um andere Hunde aufzuregen. Hunde, die das tun, haben den gleichen unfehlbaren Instinkt wie Kinder, die dieses Spiel spielen, und sie suchen ihre Opfer mit großem Erfolg aus. Sie wählen keine selbstbewussten, selbstsicheren Hunde oder Menschen aus. Stattdessen ist ihr Ziel der unsichere, unreife oder schlichtweg angsterfüllte Hund, daher erhalten sie garantiert eine faszinierende Reaktion. Zahllose Besitzer sind schrecklich überrascht, wenn ihr Hund in ein Bellen oder Knurren gegenüber einem Hund ausbricht, der doch „nichts getan hat, außer ihn anzuschauen". Das Gegenteil ist ebenfalls möglich – Sie können geschockt darüber sein, dass ihr Hund das Ziel scheinbar unerklärlicher Verärgerung eines anderen Hundes ist. Als Faustregel gilt, dass Hunde außer im Spiel oder bei Herausforderungen keinen lang anhaltenden Blickkontakt miteinander haben. Angemessene Führung beinhaltet das Beobachten, was ihre Hunde beobachten, und das Sicherstellen, dass sie sich nicht gegenseitig unhöflich anstarren, genauso wie verantwortungsvolle Eltern ihren Kindern nicht erlauben würden, sich so töricht und unhöflich zu benehmen.

Manche unserer Besucher, die die Interaktionen zwischen den Hunden beobachten, scheinen zu denken, dass wir am Drehort einer Naturdokumentation leben und ich eine Ausgabe des Drehbuchs dafür habe. Wenn sich die Lage zu einem leichten Grummeln erhitzt, werden schnell interessierte Fragen gestellt: „Warum haben sie das getan? Was bedeutet das? Warum knurrt er sie an?" Die Besucher sind geschockt, wenn ich dann manchmal antworte, dass ich keine Ahnung habe, was die Hunde einander mitteilen. Obwohl es schön ist zu verstehen, was das Problem ausgelöst hat, müssen wir manchmal einfach das: „Mama, sie schaut mich schon wieder so an!" akzeptieren. Wie die klugen Eltern, die den Kindern dann Scheuklappen anlegen oder den Unruhestifter an der nächsten Raststätte zurücklassen, müssen wir nur darauf vertrauen, dass der Konflikt echt, wenn auch mysteriös ist, und die Beteiligten entsprechend behandeln. Die mütterliche Vorgehensweise ist normalerweise angemessen – ich begleite die beiden Hunde zu ihren Liegeplätzen oder trenne sie für kurze Zeit voneinander.

Unsere Hunde verlassen sich darauf, dass wir sie beschützen. Darauf zu achten, was um Sie herum vorgeht und was Ihrem Hund passiert, ist ein großartiges Geschenk Ihrer Aufmerksamkeit. Wir alle sehnen uns nach einem lebenden, atmenden Schutzengel, der über uns wacht. Traditionell bieten Hunde der Menschheit das; es erscheint nur fair, dem Hund an unserer Seite diese liebevolle, beschützende Aufmerksamkeit zu geben.

Die Abmachung einhalten

Die Konzepte der Macht, des Status und der Führung sind uns im Zusammenhang mit unserer Beziehung zu unseren Hunden vielleicht unangenehm. Trotzdem, egal wie ungern wir in diesen Begriffen denken, ändert das nichts daran, dass Hunde die Welt mit Hilfe dieser Begriffe verstehen. Wenn wir die Wichtigkeit wohlwollender, verlässlicher und gerechter Führung für Hunde nicht ausreichend beachten, lassen wir unsere Hunde im Stich. Wenn wir es nicht schaffen, unsere emotionalen Reaktionen auf Macht zu kontrollieren, leiden sie unter der Unsicherheit und der Besorgnis, die viele Hunde bei mangelnder Führung verspüren.

Hunde interpretieren inkonsequente oder untaugliche Führung nicht als vorübergehenden Fehler oder als die Handlung eines gestressten Menschen, der versucht, zu vielen Rollen gleichzeitig gerecht zu werden. Hunde verstehen nicht, dass unsere Unfähigkeit, unsere eigenen Gefühle außer Acht zu lassen, uns möglicherweise davon abhält, uns so zu verhalten, wie sie es brauchen. Hunde glauben angesichts unangemessener oder veränderter Führung, dass Änderungen in der Luft liegen. Wenn ein Anführer alt, unfähig, schwach oder in irgendeiner Weise behindert ist, ist die natürliche Folge in der Welt der Hunde, dass die Rolle des Anführers von jemand Qualifizierterem übernommen wird, der bereit ist, diese Rolle zu übernehmen. Jemand muss die Führung übernehmen, vorzugsweise jemand, der Stärke, Sicherheit und Kompetenz ausstrahlt, und Veränderungen im Verhalten des Gruppenführers deuten darauf hin, dass möglicherweise ein anderes Mitglied der Gruppe diese Position übernehmen sollte. Unser Verhalten – unabhängig davon, ob wir das beabsichtigen – dient unter Umständen als Hinweis dafür, dass die Hierarchie der Gruppe überprüft und neu strukturiert werden muss: „Wir suchen qualifizierten Anführer für ein kleines, miteinander vertrautes Rudel. Wohlmeinende Managementfähigkeiten werden vorausgesetzt."

Diese Unsicherheit darüber, wer die Führung innehat, kann zu großer Besorgnis bei Hunden führen, wie bei uns allen angesichts unsicherer, bevorstehender Änderungen. Es kann dazu führen, dass Hunde sich interessant verhalten (wenn auch oft irritierend, verwirrend oder sogar beängstigend), wenn sie versuchen, ihre Welt und ihre Position darin neu zu bestimmen. Die Neustrukturierung der Familiengruppe des Hundes ist nicht weniger irritierend und verwirrend für einen Hund als eine ähnliche Veränderung für uns in unseren menschlichen Familien und Gruppen. Nach dem Tod unserer langjährigen Rudelführerin mussten unsere Hunde die Rangordnung zwischen sich neu bestimmen. Obwohl die Stabilität, die John und ich in Bezug auf Führung bieten konnten, ihren Stress etwas reduzierte, hinterließ der Tod des alten Hundes mehr als nur eine Leere in unserem Herzen – sie hinterließ eine Lücke, auf Grund derer die Hunde ihren relativen Status zueinander neu bestimmen mussten.

Wir brauchen keine unbarmherzigen Diktatoren oder besorgte Bürokraten, die das Bedürfnis haben, jeden Unterabschnitt jeder Regel und Vorschrift durchzusetzen. Wir müssen unsere Hunde fragen, ob sie vielleicht mehr von uns benötigen oder ob wir ihnen eine Führung mit leichterer Hand oder mit klarerem Stil bieten sollten.

Wie fragen wir sie das? Wir beobachten, wie sie ihren Tag verleben, stellen fest, wann wir sie nicht kontrollieren oder lenken können, wann sie uns ignorieren oder uns bedrohen und was wir tun können, um Konfrontationen oder „Ärger" zu vermeiden. Wenn wir ehrlich beurteilen können, wo die Freiheit und die Freude des Hundes durch sein Verhalten eingeschränkt wird, wo unsere Beziehung angespannt wirkt, dann haben wir die Bereiche ermittelt, an denen wir arbeiten müssen. Bei dem Versuch, unseren Hunden Führung zu bieten, müssen wir vielleicht eine Reise in unser Inneres unternehmen, um unsere Gefühle in Bezug auf Macht und Status zu erkunden und das einzigartige Gleichgewicht zu finden, das zwischen einem Menschen und einem Hund existiert.

Wir können unsere Köpfe mit theoretischem Wissen vollstopfen, doch unsere Hunde lassen sich nur durch unsere Handlungen beeindrucken. Auf jeden Fall müssen wir handeln, damit unsere Hunde nicht für unsere Fehler mit dem Leben bezahlen müssen. Liebe ist schließlich eine Aktion, kein Gefühl, und Führung muss liebevoller Anleitung entspringen. Goethe hat es schön zusammengefasst: „Wissen ist nicht genug, wir müssen es anwenden. Wollen ist nicht genug, wir müssen es tun."

In jedem Moment, selbst aus den unbedeutendsten unserer Handlungen, lesen unsere Hunde die Antwort auf ihre lebenslange Frage: „Wer hat die Führung übernommen? Welche Regeln gibt es? Wo gehöre ich hin?" In jedem Moment geben wir unsere Antworten. Wenn unsere Köpfe erfüllt sind von Vorstellungen von Alphawölfen und Regeln oder wenn wir vor unseren Gefühlen für Autorität, Status und Führung zurückschrecken, übersehen wir die vielen wunderbaren und sanften Arten, wie wir unseren Hunden die Antworten geben können, die sie sich wünschen und die sie von uns hören müssen.

15

ABER WAS HAST DU FÜR EIN ENTSETZLICH GROSSES MAUL?

Geschrei macht den Wolf größer, als er ist.
DEUTSCHES SPRICHWORT

Als Rotkäppchen feststellt, dass Großmutters Augen viel größer sind, als sie sie in Erinnerung hat, wird ihre Besorgnis durch die gewiefte Versicherung: „Damit ich dich besser sehen kann", schnell entkräftet. Verwirrt über Großmutters ungewöhnlich große, komisch geformte Ohren wird das törichte Mädchen von der Erklärung: „Damit ich dich besser hören kann", überzeugt. Doch selbst das liebe, begriffsstutzige Rotkäppchen kann das große Maul nicht übersehen, die Ansammlung weißer, glänzender, langer und scharfer Zähne, und in diesem Moment versteht sie, dass die Haare am Kinn der Großmutter keine Frage persönlicher Schönheitsvorstellungen sind. Etwas stimmt überhaupt nicht, und obwohl das kleine Rotkäppchen schwer von Begriff ist und nur sehr langsam versteht, dass sie eine geeignete Beute für jedes wachsame Raubtier darstellt, weiß sogar sie, dass Reißzähne normalerweise keinen Spaß ankündigen.

Im Zusammenhang mit Beziehungen zwischen Hunden und Menschen ist Aggression ein Thema, das uns an den weisen Rat von J. R. R. Tolkien erinnert, einen lebendigen Drachen in unseren Berechnungen nicht unberücksichtigt zu lassen, wenn wir in seiner Nähe leben. Der Drachen ist in diesem Fall nicht die Möglichkeit, dass unsere Hunde ohne Warnung oder Grund gewaltsam gegen uns aufbegehren. Obwohl das Aggressionspotential des Hundes sehr real ist und respektiert werden muss, entwickeln sich normale, gesunde Hunde nicht unversehens zu Berserkern, wenden sich nicht „plötzlich" gegen ihre Besitzer und verhalten sich nicht grundlos aggressiv. Stattdessen lauert der Drachen in Form unseres Unverständnisses.

Viele Aspekte unserer Beziehungen zu unseren Hunden weisen Parallelen zu unseren menschlichen Beziehungen auf oder sind in vielen Situationen so ähnlich, dass wir ohne Risiko das Wort *Hund* durchstreichen und durch *Kind*, *Liebhaber(in)* oder *Freund(in)* ersetzen und immer noch richtig erkennen können, was eine liebevolle Handlung oder Reaktion wäre. Wenn ein Hund brummt, knurrt, schnappt oder beißt, befinden wir uns in einem fremden Land und wissen nicht so recht, wie wir uns darin sicher bewegen können. Vernünftigerweise haben wir Angst vor kehligem Grummeln und gebleckten Zähnen. Ob es sich dabei um eine archetypische Reaktion auf die Drohung eines Raubtiers handelt oder nur den gesunden Menschenverstand widerspiegelt, beides ändert nichts an der Tatsache, dass nur wenige von uns beißende oder knurrende Hunde gleichmütig betrachten.

Unser mangelndes Verständnis dessen, welche Ursache hinter dem Knurren, Brummen, Schnappen und Beißen des Hundes steckt, kann zu ernsthaften Problemen in unserer Beziehung zu unseren Hunden führen. Wo das Verständnis fehlt oder unvollständig ist, schleicht sich Angst ein, um die Lücke zwischen dem zu füllen, was wir wissen. Dann leben wir an einem unbehaglichen Ort, an dem wir eine Bedrohung nicht von einer Einladung unterscheiden können. Unfähig, die Verhaltensweisen zu verstehen, die uns ängstigen, bedrohen oder zu Verletzungen führen können, können wir den Hund selbst nicht verstehen. Der Hund hingegen trägt die Hauptlast unseres mangelnden Verständnisses und unserer Angst; im Zweifelsfall nehmen wir häufig das Schlimmste an. Am Ende sind wir verwirrt und verängstigt durch das aggressive Verhalten des Hundes und unsicher, wie wir am besten reagieren sollen. Frustriert enden wir damit, dass wir mit dem unerwünschten Verhalten zurechtkommen, statt an einer Lösung zu arbeiten. Am anderen Ende des Spektrums zahlt der Hund womöglich mit dem Leben, mit der einfachen – und sehr wahrscheinlich ungenauen – Erklärung: „Er war aggressiv..."

Die uralte keltische Geschichte des Hundes Gelert ist es wert, wiederholt zu werden. Der Jagdhund eines Ritters, Gelert, wurde geschätzt für seine Fähigkeit, Wölfe zu töten, und war darüber hinaus der treue und liebenswerte

Begleiter des Ritters und seiner Familie. Die Geschichte erzählt vom Wolf, der sich in den Raum des Kindes schlich, und dem heftigen Kampf zwischen dem loyalen Hund und dem Wolf. Bei ihrem Kampf wird die Wiege des Babys umgestoßen, und das Kind bleibt unverletzt unter dem Bettzeug liegen. Der Wolf und der Hund kämpfen einen tödlichen Kampf, und das Blut fließt in Strömen. Schließlich schafft es der Hund, den Wolf in einer dunklen Ecke des Zimmers zu töten. Auf Grund der Kampfgeräusche stürzen die Wachen und die Amme des Kindes herein und finden Gelert allein in der Mitte des Raums stehend vor, blutüberströmt. Nach kurzem Überblick über die Szene, ohne die Leiche des Wolfes in der dunklen Ecke zu entdecken oder unter das Bettzeug der umgestürzten Wiege zu schauen, ziehen alle Anwesenden die Schlussfolgerung, dass Gelert das Kind getötet und gefressen hat. Überrascht und wütend ordnet der trauernde Ritter an, dass der Hund sofort getötet wird. Erst nach dem Tod des Hundes wird entdeckt, dass das Kind am Leben und wohlauf ist. Der Körper des Wolfes zeugt von der Loyalität des Hundes. Und der tote Hund von der Angst und Ungläubigkeit der Menschen.

Aggression ist ein stark befrachtetes Wort, das verschiedene Bilder heraufbeschwört, abhängig vom Geist des Sprechers und des Zuhörers. Es ist jedoch nicht sehr anschaulich oder aussagekräftig. Die Bezeichnung eines Verhaltens als „aggressiv" sagt uns nichts über die Situation und die das Verhalten auslösende Motivation. „Der Hund ist aggressiv", kann bedeuten, dass er Ihnen, wenn er die Gelegenheit dazu bekommt, die Kehle aufreißt. Es kann jedoch genauso gut bedeuten, dass der Hund knurrt, wenn man versucht, ihm die Krallen zu schneiden, dass er auf der Straße andere Hunde wild anbellt, das Auto heftig gegen Gefahren, wie Passanten mit Einkaufswagen, verteidigt, ein Eichhörnchen getötet oder einen Einbrecher gebissen hat. Diese und ähnliche Verhaltensweisen werden häufig als aggressiv bezeichnet, doch sie sind nicht dasselbe und sollten nicht gleich behandelt werden.

Warum verhalten sich Hunde aggressiv? Egal wie beängstigend wir ihr Verhalten finden, erleichtert es uns zu verstehen, dass sich Hunde aus den gleichen Gründen aggressiv verhalten wie wir: Angst, Schmerz, Verwirrung, Wut, Schutz des Territoriums (bei Menschen ist das als Krieg bekannt), Schutz der Familie (normalerweise werden Welpen bewacht, doch scheinträchtige Hündinnen beschützen manchmal auch imaginäre oder Ersatzwelpen, zum Beispiel Spielzeug; Hunde verteidigen andere Familienmitglieder, egal welcher Spezies sie angehören), Selbstverteidigung, Schutz von Besitz und Ressourcen, sexuelle Konflikte, sozialer Status, Hunger. Wie Menschen können sich auch Hunde auf Grund von biochemischen Ungleichgewichten, verschiedenen Krankheiten, genetischen Defekten, geistiger und/ oder körperlicher Misshandlung, Drogen oder Chemikalien auf abnormale Art aggressiv verhalten, und auch aus Gründen, die wissenschaftlich nicht erklärbar sind. Wie ihre menschlichen Pendants sind solche abnormalen Hunde rar, können jedoch extrem gefährlich sein.

Nachdem wir bereits festgestellt haben, dass Hunde sich begründet so verhalten, wie sie es tun (unabhängig davon, ob es sich nun um einen guten Grund handelt, ob wir den Grund verstehen oder wenigstens in etwa erahnen können), wissen wir, dass jedes von uns als „aggressiv" bezeichnete Verhalten eine Ursache hat. Bei aggressivem menschlichen Verhalten wird die Situation, in der die Tat begangen wurde, zusammen mit der Motivation oder Absicht der Tat in der abschließenden Beurteilung der Schwere der Tat berücksichtigt. (Bedenken Sie, dass in der menschlichen Gesellschaft Selbstverteidigung eine gerechtfertigte Motivation für etwas so Schreckliches wie Mord ist.) Wie bei allen Verhaltensweisen ist der Zusammenhang, in dem das Verhalten gezeigt wird, entscheidend für unser Verständnis, was das Knurren, Schnappen oder Brummen ausgelöst hat. Wenn wir die „Aggression" nicht im richtigen Zusammenhang sehen können, werden wir es zweifellos nur aus einer Perspektive sehen – unserer. Aus dieser eingeschränkten und oft angstvollen Perspektive sehen wir es zweifellos falsch.

Die Wurzel jeden aggressiven Verhaltens (nicht des Raubtierverhaltens) ist eine einfache Wahrheit: Auf irgendeiner Ebene gibt es ein Problem, einen Konflikt – körperlich, mental oder emotional. Wenn wir diese wichtigste Tatsache in unserem Gedächtnis behalten können, während wir uns mit Fragen der Aggression beschäftigen, dann können wir die mystische Vorstellung, dass nur Experten Aggression verstehen können, beiseite schieben. Obwohl die Hilfe eines Experten erforderlich sein kann, um ein Aggressionsproblem zu lösen, sind wir alle fähig, uns in den Hund hineinzuversetzen und vielleicht zu verstehen, wie er einen Konflikt möglicherweise erlebt. Ob Ihnen dieser Konflikt oder dieses Problem völlig klar ist, ist eine andere Geschichte, doch Sie können sich darauf verlassen, dass Hunde Ihnen ihre im Moment geltende Wahrheit sagen. Wenn sich ein Hund auf eine Art verhält, die aggressiv erscheint, hat er einen Grund dafür. Normale, gesunde Hunde bekämpfen keine Windmühlen und kämpfen auch nicht in nicht existierenden Schlachten. Nicht einmal Boxer betreiben Schattenboxen. Krankheit, Schmerz, biochemische Störungen, Anfälle und Krankheiten können Hunde abnormal aggressiv handeln lassen. (Der erste Schritt bei aggressivem Verhalten ist daher eine gründliche medizinische Untersuchung, um diese möglichen Ursachen auszuschließen. Doch sogar in diesen Fällen ist das aggressive Verhalten ein deutliches Zeichen, dass etwas nicht stimmt.)

DIESE ART VON HUND

Beim Umgang mit jeder Form von Aggression müssen wir vorsichtig vorgehen und aufmerksam auf die Stolpersteine unserer eigenen (häufig falschen) Annahmen achten. Wenn wir das Verhalten eines Hundes wirklich verstehen möchten, dürfen wir nie vergessen, dass alle Hunde einfach Hunde sind. Je verklärter unsere Sicht des Hundes ist, desto stärker werden wir zwangsläufig geschockt, entsetzt und ernsthaft enttäuscht von unserem vierbeinigen Freund sein, wenn er sich wie ein Hund verhält. Ich habe viele verwirrte Hundebesitzer getroffen, die mir erzählten: „Ich hätte nie geglaubt, dass Waldi (wählen Sie eine oder mehrere Optionen: bellen, knurren, brummen, schnappen, beißen, angreifen, töten) würde! Ich habe nicht gedacht, dass er diese Art von Hund ist." Ich bin mir nicht sicher, was „diese Art von Hund" für ein Hund sein könnte. *Alle* Hunde sind die gleiche Art von Hund - Hunde, die bellen, knurren, brummen, schnappen und beißen können.

Jeder Hund - unabhängig von seiner Herkunft, seinem Stammbaum oder seiner Persönlichkeit - besitzt das gesamte Repertoire normalen Hundeverhaltens. Ich habe noch nie einen Hund getroffen, der nicht knurren, brummen, bellen, schnappen oder beißen konnte. *Alle diese Verhaltensweisen gehören zum Normalverhalten von Hunden* und sind integraler Bestandteil der Kommunikation von Hunden. (Ironischerweise verhindern die gleichen Verhaltensweisen ernsthafte Gewalt zwischen Hunden!) Der Unterschied von Hund zu Hund hat mit der individuellen Persönlichkeit des Hundes, seinen sozialen Erfahrungen, seiner Genetik, seiner Erziehung, seiner Gesundheit, seinem Geschlecht, seinem Alter, seiner Ernährung und der Situation zu tun. Der einzige Unterschied zwischen einzelnen Hunden und größeren Gruppen einzelner Rassen ist die Schnelligkeit, mit der verschiedene Verhaltensweisen ausgelöst werden, und wie weit der Hund in seiner Aggression geht. Bei Hunden, die als Wachhunde gezüchtet wurden, kann möglicherweise schneller aggressives Verhalten ausgelöst werden als bei Stöber- oder Gesellschaftshunden. Doch das garantiert nicht, dass Wach- oder Gebrauchshunde beißen und dass Schoß- oder Begleithunde und Retriever es nicht tun. Eine vertraute Parallele finden wir in unserem Verständnis, dass Männer sehr wahrscheinlich eher Gewalt anwenden als Frauen, obwohl Frauen genauso dazu in der Lage sind. Obwohl Erwachsene wahrscheinlich öfter gefährlich sind als Kinder bleibt die Tatsache, dass Kinder gefährliches Verhalten – sogar tödliches – zeigen können. Auf einen einzelnen Hund oder eine Gruppe von Rassen hinzuweisen und Annahmen aufzustellen, ist wahrscheinlich genauso hilfreich für Ihre Beziehung zu einem Hund wie die Beurteilung einer Kriminalitätsstatistik über häusliche Gewalt für Ihre Ehe.

Leute, die die Schönfärberei, dass bestimmte Hunde oder Rassen nicht aggressiv sind, glauben, sind ausnahmslos geschockt, wenn sie feststellen, dass ihr Hund, der die Propaganda nicht gelesen hat, durch sein Verhalten beweist, dass Tantchens Schoßhund wie ein Straßenhund brummen, knurren, schnappen und beißen kann. Konrad Lorenz beschrieb, wie er aus seinem Fenster auf eine grausige Szene im blutigen Schnee blickte, wo zwei Hunde ein Reh getötet und wild in Stücke gerissen hatten. Er drehte sich herum und sah seine vierjährige Enkelin vor dem Kamin schlafen, friedlich an zwei große Hunde gekuschelt – die gleichen beiden Hunde, die das Reh getötet hatten. Ein Hund ist eben ein Hund.

Wir wollen an den Lassie-Mythos glauben, uns auf die sanfte, versöhnliche und liebevolle Natur des Hundes konzentrieren. Von allen Steinen, an denen wir uns unseren emotionalen Zeh stoßen können, ist das ein sehr großer. Wir wollen nicht glauben, dass der zu unseren Füßen liegende Hund ein Raubtier ist, und zwar ein mächtiges. Vielleicht möchten wir nicht, dass die Menschen und Tiere, die wir am meisten lieben, eine dunkle, hässliche Seite haben; wir idealisieren sie mit einem: „Oh, das würde er nie tun!" oder „Sie ist nicht diese Art von Mensch!" In jeder derart verklärten Beziehung führt die idealistische Sicht des anderen nicht zu einem tieferen Verständnis oder einer engeren Beziehung, sondern unausweichlich zu Enttäuschungen, die unvermeidbar sind, wenn wir nicht das Potential für das Licht und das Dunkel in allen von uns akzeptieren. Das soll nicht heißen, dass alle Hunde früher oder später aggressiv reagieren, genauso wenig wie alle Menschen irgendwann eine andere Person verletzen. Das in uns allen lauernde Potential für das Dunkel muss erkannt und unsere Beziehungen müssen so aufgebaut werden, dass sie das freudige Licht fördern und nicht die hässlichen Möglichkeiten auslösen.

GIFTIGE WELPEN

Mythen und falsche Vorstellungen über Hunde und ihre Gewaltfähigkeit sind weit verbreitet, und einige enthalten im besten Fall ein Körnchen Wahrheit, doch die meisten Horrorgeschichten entspringen mangelndem Verständnis, das zu Angst führt. Ich trug einmal einen zehn Wochen alten Deutschen Schäferhund über einen überfüllten Flohmarkt. Er war sehr müde nach einem geschäftigen Morgen voller neuer Begegnungen mit Menschen und Erlebnissen und froh, in meinen Armen zu liegen, als wir zum Auto zurückgingen. Ein Mann näherte sich, woraufhin der Welpe wild mit dem Schwanz wedelte. „Ist er freundlich?", fragte er. Nachdem ich ihm versichert hatte, dass der Welpe nett sei, streckte er die Hand aus und streichelte ihn. Der Welpe, der fix und fertig war, nahm all seine Kräfte zusammen, um sich zu dem Mann hinüberzulehnen und sein Gesicht zu küssen, während der Mann mir von seinen eigenen Hunden und davon erzählte, wie sehr er sie liebte. „Was für ein Hund ist das überhaupt?", fragte der Mann zwischen dem dem Welpen geltenden süßen Gurren. Als ich ihn informierte, dass es ein kleiner Deutscher Schäferhund sei, zuckte er zurück, als habe sich der Welpe in eine Kobra verwandelt. „Wow! Die sind giftig, wenn sie groß sind, oder?"

Obwohl ich zugegebenermaßen vorher oder seit dieser Flohmarktbegegnung noch nie gehört habe, dass jemand einen Hund als giftig bezeichnet, habe ich viele Variationen dieses Themas gehört. Wie *jeder* weiß, wenden sich einige Hunde, wenn sie groß sind, gegen ihre Besitzer. Wie bereits der Volksmund sagt, sind einige Rassen von Natur aus bösartig; andere sind Babykiller. Diese und andere Unwahrheiten dienen weder den Hunden noch uns; wenn sie in unseren Hintergedanken herumspuken, bedarf es nur eines kleinen Missverständnisses, um unsere Angst auszulösen. Obwohl fast jeder, den Sie treffen, Ihnen Geschichten von beißenden Hunden und tödlichen Angriffen erzählen kann, sind Hunde als Spezies erstaunlich gut darin, mit Menschen zu leben. Tatsächlich leben sie friedlicher mit Menschen zusammen als Menschen.

Um fair zu sein, sollten wir, wenn wir das aggressive Verhalten von Hunden betrachten, auch unser eigenes Verhalten berücksichtigen. In seinen Seminaren lässt der Tierarzt und Hundeverhaltensexperte Dr. Ian Dunbar die Teilnehmer eine einfache Übung durchführen, damit sie ihr Bewusstsein für das Ausmaß der „Aggression" in der menschlichen Gesellschaft verbessern. Zuerst fragt er, wie viele Teilnehmer jemals verärgert waren oder einen Streit mit jemandem hatten; natürlich heben alle die Hand. Er fragt, wie viele bereits so verärgert waren, dass sie die Stimme erhoben oder jemanden angeschrien haben (das entspricht dem Knurren oder Bellen bei Hunden) – wieder heben alle die Hand. Wie viele waren schon so wütend, dass sie jemanden aus Ärger körperlich berührt haben? Jetzt werden etwas weniger Hände gehoben. Schließlich fragt Dr. Dunbar, wer eine andere Person so ernsthaft verletzt hat, dass diese ins Krankenhaus musste. Keine Hand wird gehoben. Er zeigt damit, dass Menschen offensichtlich streitsüchtig sind und dass es „aggressives" Verhalten in jeder durchschnittlichen Menschengruppe gibt. Trotzdem übersteigt die Aggression selten den deutlichen Ausdruck von Ärger, Angst, Verwirrung, Selbstverteidigung oder die Verteidigung von Besitz. Verletzende Angriffe auf andere oder Mord sind glücklicherweise ziemlich selten – selbst unter Menschen. Das gleiche gilt für Hunde. Genauso wie die menschliche Gesellschaft Regeln und Tabus besitzt, die uns davon abhalten, uns gegenseitig zu verletzen oder umzubringen, und uns ermöglichen, relativ friedlich miteinander zu leben, haben auch unsere Hunde normale Aggressionshemmungen.

Mit Ausnahme seltener Einzeltiere und der speziell für Kämpfe gezüchteten Rassen lieben durchschnittliche Hunde Streit, Auseinandersetzungen oder Schlägereien genauso wenig wie durchschnittliche Menschen. Verärgert, in der Defensive oder verängstigt zu sein ist weder für Hunde noch für Menschen angenehm; Hunde sind klug genug, so gut es geht zu versuchen, Zusammenstöße zu vermeiden oder Situationen schnell zu lösen, die diese unangenehmen Gefühle auslösen – was man von Menschen nicht immer behaupten kann. Obwohl sie zu „Mord" fähig sind, setzen Hunde ihr erhebliches aggressives Potential selten ein, und wie wir beherrschen sie ihre Handlungen, sodass die Kommunikation klar ist und minimaler Schaden (wenn überhaupt) entsteht.

Um die Sache in die richtige Perspektive zu rücken, weist Dr. Dunbar in seinem Video „Dog Aggression: Biting" (Aggressionsverhalten bei Hunden: Beißen) aus dem Jahr 1998 darauf hin, dass pro Jahr mehr Kinder von ihren Eltern als von Hunden getötet werden. Dr. Dunbar weist auf eine erschütternde Statistik hin: In den USA sterben etwa zweitausend Kinder pro Jahr durch die Hand ihrer eigenen Eltern, weniger als ein Dutzend werden von Hunden getötet. Trotzdem schauen die Leute Kinder nicht an und flüstern: „Seid vorsichtig, Eltern können sich gegen euch richten." (Vielleicht sollten sie es tun.) Tausende Kinder werden jedes Jahr bei Autounfällen ernsthaft verletzt oder getötet, trotzdem verbieten wir, wie Dr. Dunbar anmerkt, nicht Fords, Hondas oder andere Fahrzeuge.

Hunde, die beißen oder angreifen, stellen ein ernsthaftes Problem dar, das nicht ignoriert werden sollte, doch unsere automatische Reaktion auf jedes Verhalten, das uns entfernt an Aggression erinnert, enthüllt einen schrecklichen Mangel an Wissen über Hunde und aggressives Verhalten. Geschichtslehrer lehren uns, dass es dem, was wir fürchten und nicht verstehen, in den Händen der Menschen nicht gut ergeht. Hunde bilden keine Ausnahme.

WAS IST AGGRESSION?

Was macht Aggression aus? Streng aus der Sicht der Beziehung zwischen Hund und Mensch ist die einfachste Definition der Aggression wahrscheinlich folgende: Verhalten, das wir als bedrohlich bzw. alarmierend empfinden oder das bei uns zu Verletzungen führt. Während die Akademiker und Behavioristen, die gerade in Ohnmacht gefallen sind, wiederbelebt werden, sollten wir das überdenken. Ich bin mir wohl bewusst, dass meine Definition dessen, was Aggression ausmacht, für Behavioristen und Hundetrainer wahrscheinlich höchst unbefriedigend ist. Doch scheint es mir fair, in dem Zusammenhang, in dem das Verhalten interpretiert wird – in der Beziehung –, Aggression als etwas zu definieren, was uns bedroht, alarmiert oder verletzt. Das Gefühl von Bedrohung oder Angst ist für ein enges Vertrauensverhältnis kaum förderlich.

Wir müssen (beiden Seiten) die Möglichkeit einräumen, dass ein unschuldiges Verhalten falsch ausgelegt werden könnte und ungewollt das Gefühl von Bedrohung oder Angst auslösen kann. Das liegt teilweise an dem Unterschied zwischen Hunden und Menschen – länger anhaltender direkter Blickkontakt zwischen Hunden wird als Herausforderung angesehen, in der westlichen Welt wird es von Menschen jedoch als Interesse und Aufmerksamkeit gedeutet. (In einigen menschlichen Kulturen wird direkter Blickkontakt jedoch als unhöflich angesehen.) Einzelne können jede Geste auf Grund persönlicher (oder mangelnder) Erfahrungen falsch auslegen. Zum Beispiel wirkt eine Person, die sich zur Begrüßung eines Hundes zu ihm herabbeugt, auf uns freundlich und nicht aggressiv, obwohl ein ängstlicher Hund diese gut gemeinte Geste als schreckliche Bedrohung ansehen könnte. Genauso sind Hunde verwirrt durch unsere verängstigte oder verärgerte Reaktion auf ihr Verhalten, das uns nicht bedrohen oder ängstigen sollte, zum Beispiel wenn Hunde beim Spiel knurren, mit fast unerklärlicher Freude brummen oder sogar reizend „lächeln", was für das ungeübte Auge wie ein ängstliches Knurren wirken kann. Eine unserer Freundinnen hat buchstäblich Jahre gebraucht, um zu verstehen, dass, wenn einer unserer Hunde in ihrer Nähe liegt und einen anderen warnend anknurrt, das Knurren nicht ihr gilt – obwohl in all diesen Jahren keines unserer Tiere sie auf irgendeine Weise bedroht hat. Der Begriff *Aggression* deckt eine ganze Reihe von Verhaltensweisen ab, von selbstbewussten Andro-hungen körperlicher Gewalt bis zu ängstlichen Reaktionen, die dazu dienen, einen Fluchtweg zu eröffnen und/ oder alles zu verscheuchen, was den Hund ängstigt. Doch bei den meisten Hundebesitzern besteht „Aggression" norma-lerweise aus folgenden grundlegenden Komponenten: Bellen, Knurren, Brum-men, Schnappen, Anspringen von Personen oder anderen Tieren, Beißen und jegliche Kombination oder Variation dieser Verhaltensweisen. Unglücklicher-weise für den Hund werden die gleichen Verhaltensweisen auch in aggressions-losen Verhaltensweisen verwendet, die wir auf Grund unserer geringen Fähig-keiten in der Sprache der Hunde oft nicht unterscheiden können.

Da wir selbst sozial lebende Lebewesen sind, wissen wir, dass Meinungsver-schiedenheiten, Abneigungen und sogar lautstarkes, aber relativ harmloses Streiten zum Leben gehört, auch wenn es nicht immer vergnüglich, produktiv oder wünschenswert ist. Mit ausreichenden Erfahrungen und Kenntnissen können wir das Verhalten anderer Leute in den richtigen Zusammenhang und in die richtige Perspektive rücken. Eine Person, die während eines Streits ihre Stimme erhebt oder aus Wut die Tür zuwirft, ist unserer Meinung nach nicht gefährdet, demnächst unausweichlich zum Mörder zu werden. Doch bei einem Hund, der seine Besitzer anknurrt, wird davon ausgegangen, dass er nur einen Schritt davor steht, „sich gegen sie zu wenden". Von einem Hund, der sich lautstark mit anderen Hunden streitet, wird häufig behauptet, dass er versu-che, sie umzubringen. Irgendwie hat sich in unseren Köpfen festgesetzt, dass es einen unabdingbaren Verlauf vom tiefen Knurren zur Ermordung von Hun-den gibt.

Weil wir vielleicht angsterfüllt annehmen, dass sich ein Knurren unaus-weichlich zum Biss steigert und Bisse sich in tödliche Angriffe verwandeln (eine besonders häufige Angst, wenn sich das aggressive Verhalten gegen andere Hunde richtet), reagieren wir schnell auf *alles*, was wir als Aggression ansehen. Unfähig, ein verärgertes Grummeln von einer ernsthaften Bedro-hung zu unterscheiden, versuchen wir einfach, alle Verhaltensweisen zu unter-drücken, die uns schlimm vorkommen, unabhängig von der Ursache und dem Wert dieser Kommunikation für uns oder für andere Tiere. Dadurch verhin-dern wir nicht nur, dass wir unsere Hunde verstehen und unsere Beziehung zu ihnen verbessern, sondern setzen auch unvernünftige Erwartungen in das Verhalten unserer Hunde. Ich habe Leute getroffen, die ernsthaft erwarteten, dass ihr Hund niemals knurrt, sich nie streitet, alle anderen Hunde und Menschen, die er trifft, mag und gut mit ihnen auskommt – also auf eine Art durch das Leben geht, die selbst ein Heiliger kaum erreichen könnte. Wer von uns erfüllt auch nur annähernd diese Erwartungen? Ich würde innerhalb einer Stunde scheitern.

Unter die breite Kategorie *Aggression* fallen viele Verhaltensweisen. Das Schlüsselwort hier ist *Verhalten*, das heißt Kommunikation. Ob ein Hund mit dem Schwanz wedelt oder in Ihren Arm beißt, er kommuniziert. Wir sind bloß nicht immer begeistert darüber, die möglicherweise weniger angenehme Kommunikation der Hunde zu empfangen. Knurren, Schnappen oder sogar Bisse als bedeutsame Kommunikation zu schätzen erfordert die Bereitschaft, die in uns natürlich aufsteigende Angst zu erkennen und damit umzugehen. Unsere Angst angesichts des aggressiven Verhaltens des Hundes versteckt sich vielleicht hinter Verärgerung – „Wie kannst du nur!" oder „Damit wirst du nicht durchkommen!" Unerkannt und ungelöst führt unsere Angst vielleicht dazu, dass wir auf das Verhalten des Hundes auf eine Art und Weise reagieren, die für den Hund, uns selbst und die Beziehung zwischen uns nicht die beste ist. Wenn wir die aggressive Kommunikation unseres Hundes als Anfechtung unserer Autorität ansehen und nicht verstehen, dass unsere eigene Angst zu dieser Ansicht führt, haben wir das Gefühl, dass es gerechtfertigt ist, unsererseits mit Aggression zu reagieren. Wenn Sie Ihrem Hund beweisen möchten, dass Sie größer und stärker sind als er, ist eine aggressive Antwort Ihrerseits eine mögliche Reaktion. Wenn Sie an einer vertrauensvollen Beziehung interessiert sind, müssen Sie verstehen, dass jede Art der Aggression eine bedeutsame und sehr wichtige Kommunikation darstellt.

Lies es von meinen Lippen

Kürzlich hat mir eine Trainerin gezeigt, wie „aggressiv" ein kleiner Hund war. Während der Hund wegsah, näherte sie sich ihm und schwebte über ihm wie seine persönliche Wetterfront. Sie tippte ihn leicht am Hinterteil an. Sehr langsam und bedächtig drehte der Hund ihr seinen Kopf zu, um zu ihr aufzuschauen, er hielt seinen Kopf ruhig, mit harten Augen fixierte er ihr Gesicht. Sie tippte ihn erneut an, der Hund legte daraufhin ein Ohr zurück, verengte seine Augen ein bisschen und kräuselte die der Trainerin zugewandte Lippe. Sie tippte ihn nochmals an, dieses Mal knurrte der Hund leise und hob seine Lippe etwas mehr an, sodass die unteren Spitzen seiner Zähne sichtbar wurden. „Sehen Sie, was ich meine?", fragte sie mich. Als ich sie fragte, warum sie die ersten beiden Warnungen, die der Hund freundlich gegeben hatte, bevor er sich zu einem Knurren und zum Zeigen der Zähne gesteigert hatte, ignoriert habe, schaute sie mich verdutzt an. Sie hatte keine Warnungen des Hundes gesehen, bis seine Zähne sichtbar wurden. Durch ihr mangelndes Verständnis zwang sie den Hund, seine Warnung sehr deutlich zu machen. Ihr Fehler, nicht der des Hundes!

Nach besten Kräften versuchen normale Hunde, Aggression in ihrem Leben zu minimieren. Sie verwenden beredte, geschickte Kommunikation, die nur bei Bedarf eskaliert, um ihre Meinung zu verdeutlichen. Genau wie Menschen steigern Hunde ihre Kommunikation, sie beginnen mit kleinen Anzeichen von Furcht, Verärgerung, Schmerz oder Verwirrung und steigern sie bis zu dem Punkt, an dem sie beachtet werden oder eine Konfrontation unausweichlich ist. Außer diesen offensichtlichen Gesten gibt es eine ganze Reihe feinerer Gesten, die Hunde verwenden, um ihren Geisteszustand anzuzeigen. Bei einem normalen, gesunden Hund ist dies das erste Anzeichen, dass etwas schief läuft – es ist keine Attacke. Stattdessen setzt der Hund andere Kommunikationssignale ein – Körperhaltung, Geschwindigkeit und Richtung der Kopf- und Augenbewegungen, die Position der Ohren, des Schwanzes und sogar der Barthaare. Kleine Veränderungen der Atmung, der Ausdruck der Augen und sogar der Winkel der Kopfhaltung können einem anderen Hund oder Menschen, der darauf achtet und das Gesagte versteht, viel sagen.

„Ach, das ist ja alles mysteriös", sagen wir vielleicht und geben die Hoffnung auf, jemals verstehen zu können, was uns unsere Hunde sagen. Wenn wir das tun, vergessen wir, dass wir gelernt haben, genau diese Feinheiten bei den Leuten um uns herum genau zu erkennen: Allein der Blick einer verärgerten Mutter reicht aus, ein Kind verstummen zu lassen; ein Blickkontakt, der nur einen Bruchteil zu lange aufrechterhalten wird, kann einen Flirt signalisieren; das bloße Anspannen der Lippen oder des Kiefers signalisiert uns die Verärgerung des anderen. Das Erlernen der Warnsignale von Hunden erfordert Übung und ein Bewusstsein für die frühen, weniger offensichtlichen Signale, die anzeigen, dass er nicht mehr entspannt und ausgeglichen ist.

Normale, gesunde Hunde befolgen den Knigge der Hunde für sich steigernde Kommunikationssignale, die auch als Warnungen angesehen werden können. Da sich Hunde nur als Reaktion auf einen vermeintlichen Konflikt aggressiv verhalten, sind die von uns beobachteten aggressiven Verhaltensweisen Warnungen, dass der Hund sich in irgendeiner Form unter Druck gesetzt fühlt. Da wir die vielen (aus der Sicht des Hundes) fairen Warnungen nicht bemerken, machen wir immer mehr Fehler, bis der Hund schließlich das Kommunikationsniveau findet, das wir beachten. Obwohl sie uns warnen sollen, sind diese feinen Gesten nicht immer effektive Signale, da unser mentaler Empfang recht schlecht ist. Da wir die vielen dem Knurren, Schnappen oder Beißen vorangegangenen Signale ignoriert oder nicht bemerkt haben, sind wir geschockt. Wenn wir gefragt werden, sagen wir: „Plötzlich ist er völlig durchgedreht." Wenn der Hund gefragt würde, sähe seine Version ganz anders aus: „Ich habe sie gewarnt, immer wieder, schließlich tat ich, was ich tun musste, um zu ihnen durchzudringen."

Lassen Sie uns für einen Moment eine menschliche Parallele betrachten. Sie stehen in einer Schlange vor dem Kino, sich der Leute um Sie herum bewusst, aber in freudiger Erwartung des Films. Die Schlange bewegt sich ein Stück vorwärts und als sie wieder stoppt, wird Ihnen bewusst, dass die hinter Ihnen stehende Person unangenehm nah bei Ihnen steht. Sie gehen etwas von der Person weg, so weit es bei dem Gedränge möglich ist. Zu Ihrer Verärgerung bemerken Sie, dass die Person noch immer nah hinter Ihnen ist. Mit einem verärgerten Blick über Ihre Schulter atmen Sie ruhig, aber hörbar aus.

Beide Verhaltensweisen sind ein bedeutsamer und unmissverständlicher Ausdruck der Verärgerung. Plötzlich verspüren Sie einen heißen Atem in Ihrem Nacken – der Narr lehnt sich doch tatsächlich nach vorne, um Kontakt zu Ihnen aufzunehmen. Mit verengten Augen und eisiger Ausstrahlung drehen Sie sich herum und sagen mit langsamem, absichtlichem Brummen: „Könnten Sie bitte etwas Abstand nehmen und mich in Ruhe lassen?" Wieder kombinieren Sie Körperhaltung und Sprache, um Ihre zunehmende Verärgerung zu verdeutlichen. Für eine Sekunde denken Sie darüber nach, die Schlange zu verlassen und wegzugehen, doch der Gedanke verärgert Sie noch mehr – Sie stehen bereits seit einer halben Stunde an, Sie möchten den Film sehen und Sie werden nicht wegen eines ungehobelten Idioten darauf verzichten. Als sich zwei Hände um Ihre Taille legen und Sie in eine feste Umarmung ziehen, sind Sie entrüstet und alarmiert. Während Sie sich daraus lösen, erheben Sie Ihre Stimme: „Lassen Sie mich sofort in Ruhe!" Ihr Kampf und Ihr Protest sind deutliche Signale. Zu Ihrem Entsetzen beachtet die Person Ihren Ausbruch und Ihren Kampf nicht, sondern versucht Sie sogar noch fester zu halten. Wütend drehen Sie sich herum und schlagen ihn. Überrascht lässt er Sie los, starrt Sie mit verletzter Verblüffung an und fragt: „Warum haben Sie das gemacht?"

Wenn wir die Warnsignale anderer verstehen, wird eine intensivere Beziehung möglich. Wenn wir gegebene Warnungen nicht verstehen, können wir unser eigenes Verhalten nicht anpassen oder an den Problemen arbeiten, die zu den Warnungen führen. Die sich langsam anspannenden Kiefer eines Freundes warnen uns, dass wir uns auf gefährliches Gebiet begeben. Wenn wir das jedoch nicht als Warnsignal verstehen oder nicht beachten, machen wir vielleicht weitere Fehler, bis der Freund schließlich wirklich verärgert ist und uns anschreit. In einer gesunden Beziehung bedeuten solche Warnungen nicht, dass man nicht weiter auf das Thema bzw. die Situation, die zu der Warnung geführt haben, eingeht und nie wieder darauf zu sprechen kommt. Das Vermeiden von Problemen führt schließlich nicht zu einer Vertiefung der Vertrautheit und des Vertrauens. Eine sanfte, liebevolle und mitfühlende Vorgehensweise bei heiklen oder schwierigen Fragen kann einen möglichen Konflikt in eine Möglichkeit für Wachstum, zunehmendes Vertrauen und ein engeres Verhältnis verwandeln. Die angespannten Kiefer eines Freundes deuten auf ein Problem hin, das angegangen werden sollte. Das Beachten der Warnsignale erlaubt uns, vorsichtig, liebevoll und respektvoll einen Weg zu finden, auf das Thema auf anderem Weg oder zu einem anderen Zeitpunkt zurückzukommen, um herauszufinden, was möglicherweise nicht in Ordnung ist.

Diese Angelegenheit wird für Hunde und Menschen jedoch dadurch verkompliziert, dass Hunde ihre Warnsignale erheblich variieren. Um genau zu sein, Hunde verwenden – unabhängig von der Rasse – die gleichen grundlegenden Signale in ihrer Kommunikation. Ein Hund aus der Mongolei könnte ohne Schwierigkeiten mit einem Hund aus Wuppertal sprechen und ihn verstehen. (Hunde werden nie die UNO brauchen, was für alle Beteiligten wahrscheinlich gut ist. Der Dackel würde die Friedenssicherungsmaßnahmen bei einem Boxeraufstand vielleicht nicht unterstützen.) Die *Geschwindigkeit* der Warnsignale und die *Steigerung* von leichter Verärgerung zu ernsthafteren Signalen kann stark variieren, genauso wie einige Menschen einen langen Geduldsfaden besitzen, während andere wie eine Granate mit gezogenem Stift herumlaufen. Einige Hunde sind in ihrem Kommunikationsstil genauso langsam und bedächtig wie ein Politiker, der eine Dauerrede hält; andere Hunde sind impulsiver, sie wechseln in wenigen Sekunden von leichter Verärgerung zu einem starken Rüffel. Ich habe Hunde getroffen, die lange, komplexe Telegramme als Warnung verschickten, halbe Romane, als sei Tolstoi als Hund zurück auf die Erde gekommen, um *Krieg und Frieden* in einer neuen Sprache auszuarbeiten. Ich habe auch Hunde getroffen, deren Warnsignale treffend als hundliche Haikus charakterisiert werden können, dicht in der Bedeutung und sehr kurz.

In einer wunderbaren Zeit teilte ich mein Leben mit der üblichen Zahl Deutscher Schäferhunde sowie einem Labradormischling, einem Sheltie und einem Deerhound. Dadurch lernten die in diesen Jahren geborenen Welpen viele Akzente, bevor sie in ein neues Zuhause kamen. Das war kein völlig schmerzloser Prozess. Scheinbar sind Deerhounds auf Grund ihrer schottischen Herkunft eher einsilbig, verlieren keine unnötigen Worte. Deutsche Schäferhunde hingegen lieben es, in die Länge gezogene, schauerliche

Geschichten zu erzählen, voller ernster Warnungen über die Wichtigkeit des Respekts gegenüber Älteren, die die Welpen warnen sollen (oder vielleicht auch nur langweilen...). Schäferhunde sind ein zur Dramatik neigendes Volk, das eine erhebliche Bandbreite an Geräuschen und Gesichtsausdrücken beherrscht, von „dem Blick" bis zur ernsthaften, von Knurren und Zähne blecken begleiteten Warnung, die, wenn sie ignoriert wird, nur zu einem Schnappen in Richtung des Welpen führt. Die Welpen – etwa sechs Wochen alt – stapften bloß mit wackeligen Schritten durchs Haus, lernten gute Manieren (das heißt nervten alle) und wurden wohlwollend toleriert. Fred, der Deerhound, hatte sich klugerweise auf die Couch zurückgezogen, um das Ganze fröhlich von dieser welpenfreien Zone aus zu beobachten. Einer der munteren kleinen Frechdachse beschloss, dass, wenn die Couch gut genug für Onkel Fred war, sie bestimmt auch gut genug für ihn sei. Er legte die Vorderpfoten auf die Kissenkante und bemühte sich hinaufzuklettern, um sich zu seinem großen Kumpel zu gesellen. Als Fred das sah, setzte er sich auf, so dass er gegen das Rückenkissen lehnte, alle Füße außer Reichweite des Welpen. Doch Beharrlichkeit zahlt sich aus, und der Welpe, erfreut über seinen Erfolg, schlängelte sich zu ihm hinüber, um seine Freude zu teilen.

An die weitschweifigen, langatmigen Reden seiner deutschen Verwandten gewöhnt, bemerkte der Welpe das erste Anzeichen von Freds Verärgerung nicht – ein ruhiger, feindseliger Blick an seiner langen, bärtigen Nase entlang auf das ausgelassene Tier zu seinen Füßen. Er übersah auch das nächste Warnsignal, eine hochgezogene Augenbraue (dem Welpen zugewandt). Leider bemerkte er auch nicht die letzte Warnung, zwei hochgezogene Augenbrauen und „den Blick". Da es sich um einen ziemlich begriffsstutzigen Welpen zu handeln schien, machte Fred seine Verärgerung kristallklar, indem er sich zu dem Welpen herabbeugte und ihn anbrüllte, wobei er ihn lediglich mit seinem heißen Atem berührte. Während der Welpe vom Sofa stürzte, begann er zu schreien, als würden ihm die Eingeweide von unsichtbaren Händen in Zeitlupe durch die Nase herausgezogen. Die anderen Hunde zuckten mit keiner Wimper, und die Mutter der Welpen schaute nur kurz auf, um zu sehen, ob er nicht von einem Adler oder etwas, was ihre Einmischung erfordern würde, weggetragen wurde. Da Welpen durch Taten lernen, musste jeder der Welpen aus dem Wurf aus erster Hand lernen, wie ruhig Onkel Fred murmelte: „Geh weg, du kleine Nervensäge!" Schließlich kamen alle Welpen in ein neues Zuhause, klüger und mit ziemlich perfekten Kenntnissen in der Sprache der Schäferhunde und in der eleganten, aber wortkargen Sprache der Deerhounds.

Ich denke nicht, dass Hunde verstehen, dass uns die feineren Signale nicht bewusst sind. Sie benutzen schließlich das, was sie als deutliche Sprache kennen, ihre Muttersprache, die einzige, die sie kennen. Hunde gehen davon aus, dass wir diese Signale sehen und verstehen, genauso wie wir davon ausgehen, dass das von uns Gesagte verstanden wird (eine Annahme, die sich nicht bewahrheitet, wenn wir mit jemandem sprechen, der taub ist, eine andere Sprache spricht oder einfach nicht anwesend ist). Meiner Erfahrung nach interpretieren Hunde (wie wir!) unseren Mangel an angemessenen Reaktionen so, dass ihre Kommunikation verstanden, aber *ignoriert* wurde. Das ist ein wichtiger Unterschied. Wenn wir glauben, dass uns jemand nicht gehört oder vielleicht nicht verstanden hat, was wir meinen, ist unsere Reaktion ganz anders, als wenn wir glauben, dass wir bewusst ignoriert werden. Die Dinge können sich sehr schnell sehr hässlich entwickeln, wenn wir den Eindruck haben, dass wir missachtet oder bewusst ignoriert, statt einfach nicht gehört werden. Hunde sind in dieser Beziehung gleich. Wie bei uns variiert die Reaktion eines Hundes je nach seiner Persönlichkeit und Erfahrung, der Situation und der der anderen Beteiligten. Einige Hunde versuchen ihre Mitteilung sehr, sehr deutlich zu machen, ohne jemals auf auch nur entfernt aggressiv wirkendes Verhalten zurückzugreifen. Andere Hunde steigern ihre Kommunikation auf der Verärgerungsskala so rasant, dass sie beachtet wird. Das Zeigen perlweißer Zähne erregt die Aufmerksamkeit der meisten Leute, nicht nur wegen der schönen Farbe.

Ich kann mir nur vorstellen, wie verrückt unser Verhalten Hunde machen muss, die die Feinheiten und Gesten der Kommunikation meisterhaft beherrschen. Ich vermute, Hunde halten uns für ganz nett, aber ziemlich begriffsstutzig. Ich weiß, dass sie ihre Signale für uns manchmal sorgfältig übertreiben, genauso wie wir langsam und übertrieben mit Kindern oder verwirrten Menschen reden. Leider lernen Hunde manchmal, dass ihre feinen Warnungen unbeachtet bleiben, ihr Knurren und Schnappen jedoch unsere Aufmerksamkeit erregt.

AGGRESSION KANN SCHMERZEN

Das größte Geschenk, das ich jemals von einem anderen Hundetrainer erhalten habe, bekam ich vor vielen Jahren. Ich war 19 Jahre alt und arbeitete in einem Ausbildungszentrum, in dem verschiedene Hundesportarten mit unterschiedlichen Rassen trainiert wurden. Unter anderem wurde dort mit den Hunden auch im Schutzdienst gearbeitet. Was das Geschenk war? Ein Biss von einem wirklich gut ausgebildeten Hund. „Du brauchst keine Angst vor Hunden zu haben, aber du musst immer respektieren, wie stark sie sind", sagte er. „Du solltest diese Stärke selbst einmal fühlen, weil du sie dann nie vergessen wirst." Er stellte mich in die richtige Position, mein linker Arm wurde von einem mit Stahl ausgekleideten, stark gepolsterten Ärmel geschützt, und brachte einen seiner Schutzhunde herein. Als der Hund den Beißarm sah, bekam er lebhafte Augen und begann in der Erwartung des Spiels, das er so gut kannte, zu bellen. Der Trainer wies mich an, den geschützten linken Arm am weitesten von mir weg zum Hund hin zu halten und ließ diesen mit einem leisen Kommando frei.

Wie immer in solchen Momenten verwandelte sich die Zeit auf wundersame Weise in eine Zeitlupe, in der jede Sekunde gestreckt wurde, so dass ich alles deutlich sehen konnte. Ich erinnere mich, wie beeindruckt ich davon war, wie mühelos der Hund den Abstand zwischen uns mit zwei Sprüngen überwand, seine dunklen Augen aufmerksam auf den Beißarm gerichtet, als ob die Welt um ihn herum nicht mehr existierte. Wenn mich jemand auf ein Raumschiff gebeamt hätte und nur der Beißarm mitten in der Luft hängen geblieben wäre, wäre es dem Hund sicherlich nicht aufgefallen. Obwohl ich diesem Trainer vertraute und wusste, dass dies ein freundlicher, gefestigter und ausgezeichnet ausgebildeter Hund war, konnte ich nicht verhindern, dass Angst in mir aufstieg, als der Hund mit geöffnetem Kiefer fast schwebend direkt auf mich zusprang.

Die pure Kraft des Hundes, der seine Zähne in den gepolsterten Arm versenkte, ließ mich zurückwanken und schleuderte mich zur Seite, dann tanzten wir den unheimlichen, symbolischen Tanz von Raubtier und Beute. Unerschütterlich wie der Tod, jedoch mit einem freudigen Glitzern in seinen Augen, von dem ich hoffe, dass der Sensenmann es nicht hat, hing der Hund an seinem Kiefer, seine Hinterpfoten berührten kaum den Boden. Wenn ich größer gewesen wäre, als ich bin, hätte der Hund in der Luft gehangen – was für ihn keinen Unterschied gemacht hätte.

„Versuch, ob du ihn von deinem Arm abschütteln kannst", schlug der Hundetrainer mit einem angedeuteten Lächeln vor. Mehr als einmal in meinem Leben, das ich mit Tieren teile, habe ich eindrucksvolle Hinweise darauf erhalten, dass Menschen in jeder Hinsicht körperlich schwache Wesen sind und nur einige Gramm einer grauen Masse uns erlauben, in dieser Welt zu überleben. Das war eine dieser Gelegenheiten. Ich versuchte mein Bestes, den Hund von dem Schutzarm abzuschütteln oder zumindest seinen Griff zu bewegen. Dank jahrelanger Stallarbeit bin ich ziemlich kräftig für meine Größe, doch er bewegte nicht einmal einen Zahn, obwohl ich mir bei dem Versuch fast den Arm auskugelte.

Als der Schock des Zusammenpralls verging und die in mir aufgestiegene Angst nachließ, konnte ich sehen, dass dies in diesem Augenblick für den Hund ein Spiel war. Ein heftiges Spiel, das für den neuen zweibeinigen Mitspieler etwas beängstigend war, trotzdem nur ein Spiel. Ich stellte interessiert fest, dass sein Ausdruck sich nicht von dem unterschied, den meine Hunde haben, wenn sie versuchten, einen großen Ast aus dem Bach zu ziehen, oder ein Zerrspiel mit mir spielen. In den Augen des Hundes spiegelte sich weder Ärger noch Bedrohung, nur Aufregung. Seinen Blick habe ich bei vielen Hunden gesehen, wenn sie leidenschaftlich ihre Fähigkeiten in aufregenden Situationen zeigten. Durch das alles hindurch konnte ich fühlen, wie die Stahleinlage des Schutzarms gegen meinen Arm gedrückt wurde, wie kräftige Ersatzzähne des Hundes.

Nachdem der Hundetrainer die eindrucksvolle Kraft von Hunden gezeigt hatte, gab er ein Kommando und der Hund ließ den Arm sofort los. Als er zu seinem Hundeführer trottete, warf er mir, oder besser gesagt dem Arm, einen wehmütigen, widerstrebenden Blick über die Schulter zu. Das war das zweite höchst Erstaunliche für mich an diesem Tag: Dass es möglich war, mit einem Hund so zu arbeiten, dass seine ganze Kraft und all seine Fähigkeiten von einem schwachen Menschen gelenkt werden können, der trotz körperlicher Einschränkungen einen Weg fand, in den Geist des Hundes zu schlüpfen und ihn für seine eigenen Zwecke zu nutzen. Was möglich ist, ist sowohl aufregend als auch sehr ernüchternd. *

Ich möchte keineswegs unberücksichtigt lassen, wie beängstigend oder gefährlich ein Hund sein kann. Nur ein völlig ahnungsloser Narr würde die Fähigkeit des Hundes, Verletzungen zuzufügen, abstreiten oder unberücksichtigt lassen. Ich wurde bereits gebissen und habe sehr tiefes Knurren nur wenige Zentimeter von meiner Kehle gehört. Im Alter von vierzehn musste ich hilflos zusehen, wie der Hund unserer Familie meiner neun Jahre alten Schwester das Gesicht zerriss und ihr halbes Ohr abbiss. Ich habe selbst erlebt, wozu Hunde fähig sind.

Ich möchte dem Leser auch nicht versichern, dass das Knurren, Schnappen oder Beißen eines Hundes einfach nur Kommunikation darstellt, „natürlich" ist und daher kein Grund zur Besorgnis. Aggression ist – wie jedes Verhalten – Kommunikation und muss als solche verstanden werden. **Jedes aggressive Verhalten ist eine ernst zu nehmende Warnung, die beachtet werden und um die man sich mit professioneller Unterstützung so schnell wie möglich kümmern muss.** Der Schaden, den ein Hund in Sekunden anrichten kann, verschlägt einem die Sprache – und kann tödlich enden. Wir verhalten uns idiotisch, wenn wir die von den Hunden gegebenen Warnungen ignorieren. Glauben Sie dem Hund, wenn er Ihnen mitteilt, dass etwas nicht in Ordnung ist. Suchen Sie sich schnell Hilfe, um die Dinge gerade zu biegen. Leider finden

---

* Anmerkung des Verlages: Die Autorin weiß um die in manchen Trainings zum Schutzdienst vorkommenden unsauberen Trainingsmethoden und lehnt diese selbstverständlich strikt ab. In ihrer Beschreibung geht es einzig und allein darum, die zu diesem Zeitpunkt gesammelten Erfahrungen weiterzugeben.

Leute viele Gründe, warum sie sich nicht um das gefährliche Verhalten von Hunden kümmern: Scham, Verleugnung, Verlegenheit, Ärger und der fehlgeleitete Glaube, dass „sich das mit der Zeit von alleine legen wird". Die sofortige Beachtung der Mitteilung, dass etwas schief läuft, ist ein Akt liebevoller Verantwortung in jeder Beziehung.

Täuschen Sie sich nicht: Trotz der Hemmungen und friedenserhaltenden Absichten der Hunde sind Hunde unglaublich kräftig und können erheblichen Schaden anrichten. Das bedeutet nicht, dass Sie Ihren Familienhund sofort gegen ein Aquarium mit Guppies eintauschen sollen, doch Sie sollten sich bewusst sein, dass Mutter Natur Hunde mit einer Vielzahl von Fähigkeiten und Waffen ausgestattet hat, die tödlich sein können. Durch das volle Bewusstsein dessen, zu was ein Hund fähig ist, sind wir umso überraschter und dankbarer, wie selten er seine Kraft einsetzt. Es sollte uns auch die gewaltige Verantwortung bewusst machen, die wir als Hundebesitzer haben.

16

LEG DIE PFANNKUCHEN HIN, DANN WIRD NIEMAND VERLETZT

Jeder glaubt gar leicht, was er fürchtet und was er wünscht.
JEAN DE LA FONTAINE

Wenn wir uns tief genug in unsere eigene Reaktion auf das, was wir als aggressives Verhalten ansehen, vertiefen, sind wir möglicherweise leicht peinlich berührt, dass unser Vertrauen in Hunde allgemein oder sogar in einen bestimmten Hund nur so wenig weit reicht. Es reicht genau bis zu dem Punkt, an dem sich unser Verständnis erschöpft. Je weniger wir wissen, desto weniger vertrauen wir einem Hund, der sich unserer Ansicht nach aggressiv verhält. Wenn wir nicht wissen, was das Verhalten unseres Hundes bedeutet, reagieren wir selbst möglicherweise aggressiv – weil wir Angst haben. Wenn wir ein Spielknurren nicht von einer ernst gemeinten Warnung unterscheiden können, eine Beschwerde nicht von einer Bedrohung, kennen wir nur einen kleinen Teil der Sprache des Hundes und werden früher oder später unweigerlich unangemessen reagieren, wodurch wir riskieren, die Beziehung zu schädigen.

Es ist Sonntagmorgen, und ich bereite das Frühstück für eine Besucherin. Wie immer ist der Boden von Hunden übersät (unsere einzigen Teppiche sind lebendig und haben sehr natürliche Farben, zum Beispiel Wolfsgrau). Ich reiche ihr einen Teller mit Pfannkuchen und dränge sie, diese zu essen, solange sie noch warm sind. Carson setzt sich neben sie und beobachtet sie höflich, in der Hoffnung, dass unser Gast von Außerirdischen entführt wird und die Pfannkuchen dadurch herrenlos werden oder dass der Gast zumindest einem verhungernden Hund ein oder zwei Bissen anbietet. Da unsere Besucherin selbst Hundebesitzerin ist, ist sie es gewohnt, beim Essen genau überwacht zu werden und potentielle Überfälle auf den Teller abzuwehren, daher mache ich mir nicht die Mühe, Carson mitzuteilen, dass es in einigen Ländern als unhöflich angesehen wird, andere beim Essen anzustarren. Mein Gast versichert Carson lediglich, dass die Pfannkuchen tatsächlich sehr lecker sind, beachtet sie sonst jedoch nicht weiter, *bis* sie ein Knurren hört und sieht, dass Carson ihre Lippen für ein unmissverständliches Knurren hochgezogen hat. Obwohl sie selbst Hundeliebhaberin ist, ist sie etwas eingeschüchtert von unserer kleinen Armee aus Deutschen Schäferhunden. Als sie feststellt, dass plötzlich der Kopf eines knurrenden Hundes auf ihren Schoß gerichtet ist, erstarrt sie, die Gabel mit dem Pfannkuchen bleibt mitten in der Luft hängen.

Ich habe das Knurren gehört, und da ich meine Hunde kenne, drehe ich mich nicht einmal herum. Ich zweifle keine Sekunde daran, dass es nur Teil einer Kommunikation zwischen den Hunden ist; sie haben sehr selten einen Menschen mit einem Knurren bedacht, normalerweise als Reaktion auf eine gegen mich gerichtete Bedrohung. Doch ich hatte vergessen, dass mein Gast sich nicht so sicher ist bei meinen Hunden, daher überraschte mich das ängstliche: „Warum tut sie das?" (Man vergisst leicht, dass nicht jeder mit einer Schar von Hunden zusammenlebt und den ganzen Tag die Konversationen des Rudels hört.)

Während ich mich umdrehe, schätze ich die Komponenten der Situation bereits im Geiste ein: Carson, Pfannkuchen (Carsons bevorzugtes Frühstück), Gast (von meinen Hunden richtig als gutgläubiges Opfer eingeschätzt, von dem man einen ganzen Teller voller Pfannkuchen ergaunern kann) und einer oder mehrere der anderen anwesenden Hunde. Aus der Sicherheit unter dem Tisch heraus, wo sie von jemandem, der am Tisch sitzt, nicht gesehen werden kann, hatte Otter die andere Flanke des Gastes gesichert. Carsons Knurren und Brummen galt nicht, wie mein Gast fürchtete, ihren Oberschenkeln, sondern war über ihre Schenkel direkt gegen Otter gerichtet. Ihre Mitteilung kann grob als: „Wenn diesem leichtgläubigen Opfer Pfannkuchen entlockt werden können, gehören sie mir", übersetzt werden.

Schnell weise ich Otter und Carson an, sich hinzulegen, und warne Carson, dass sie kein Recht hat, diese Pfannkuchen zu verteidigen. Sie sieht mich an und vielleicht zum tausendsten Mal bin ich froh, dass sie nicht sprechen kann. Sie würde für meinen Geschmack wahrscheinlich zu sehr nach einem Anwalt klingen – sie hat für alles eine Ausrede. „Euer Ehren, ich habe mein Futter nur gegen einen anderen Hund verteidigt, was, wie uns allen bekannt ist, ein gottgegebenes Recht und ein altehrwürdiges Gesetz unter Hunden ist." Auf die Frage nach den Eigentumsrechten an den Pfannkuchen würde Carson wahrscheinlich ein interessantes Argument für die Verteidigung durch Bevollmächtigte anbringen und außerdem anmerken, dass sie nicht nur ihre potentiellen zukünftigen Ansprüche an die Pfannkuchen geltend gemacht habe, sondern auch edelmütig meinem Gast geholfen habe, mögliche Raubzüge von Otter abzuwehren. Während Carson zu einem verzweifelten Häuflein zusammensinkt und dramatisch seufzt, um zu unterstreichen, wie unfair sie die ganze Situation findet, beginnt unser Gast wieder zu atmen.

Was hätte passieren können, wenn ich nicht tiefes Vertrauen in meine Hunde und ein gutes Verständnis des Hundeverhaltens hätte? Carson hat nichts Falsches getan – sie kommunizierte mit Otter, sie hat nicht den Gast bedroht. Carsons Handlungen unterschieden sich nicht von denen einer Mutter, die über einen Gast hinweg ein freches Kind zurechtweist, das droht, Ketchup über den Kopf seiner Schwester zu gießen. Die Person, über die hinwegkommuniziert wird, versteht, dass die Warnung oder die Androhung verschiedener Strafen nicht ihr gilt. Nachdem die Mutter die Kinder davor gewarnt hat, sich gegenseitig mit diversen Soßen zu beschmieren, dreht sie sich möglicherweise wieder um, setzt die Konversation fort oder fragt freundlich, ob der Gast noch etwas Kaffee möchte. Den Gast anlächelnd, dreht sich die Mutter vielleicht den Bruchteil einer Sekunde später wieder dem Kind zu und runzelt wieder die Stirn, ein warnender Gesichtsausdruck, und wendet sich mit milderem Gesichtsausdruck wieder dem Gast zu. Sie ist nicht verrückt; sie ist nur eine Mutter.

Hunde nehmen solche Konversationsverschiebungen genauso mühelos und häufig vor wie wir – das ist Teil des Lebens als soziale Spezies, das manchmal mehrere Unterhaltungen gleichzeitig oder schnell hintereinander geführte Konversationen erfordert. Wir hingegen sprechen eine sehr langsame, gestelzte Form der Hundesprache, sodass die reine Möglichkeit des mühelosen Wechsels zwischen Unterhaltungen unsere Vorstellungen übersteigt. Da wir außerdem eine ziemlich arrogante Spezies sind, gehen wir davon aus, dass, wenn wir es uns nicht vorstellen können, Hunde es sich auch nicht vorstellen können. Unglücklicherweise für Hunde sind wir entweder nicht in der Lage, die Fähigkeit, zwischen Unterhaltungen zu wechseln, zu erkennen, oder diese stoppt in dem Moment, in dem das Knurren einsetzt, sodass wir ab diesem Moment buchstäblich nicht mehr sehen, was der Hund wirklich tut. Carson hätte möglicherweise, sobald sie mit Otter fertig gewesen wäre, wieder aufgeschaut, die reine Höflichkeit in Person, und den Gast angewedelt, der aus ihrer Sicht in die Unterhaltung mit Otter nicht einbezogen gewesen war. Der Gast, fixiert auf das Knurren, wäre unfähig gewesen, Carsons eindeutig freundlichen Ausdruck dem Gast und den Pfannkuchen gegenüber zu bemerken und zu verstehen.

Wenn ich nur einen Hund gesehen hätte, der einen Gast anknurrt, wenn ich Carson nicht vertraut hätte, wenn ich befürchtet hätte, dass meine Hunde gefährlich sein könnten, wenn ich im Hinterkopf gehabt hätte, dass Deutsche Schäferhunde sich ohne Vorwarnung gegen Menschen richten könnten, hätte ich vielleicht die falsche Schlussfolgerung gezogen. Ich hätte es als gerechtfertigt empfunden, Carson zu „korrigieren", indem ich sie gegriffen und angeschrien hätte, was sie verständlicherweise als einen grundlosen Angriff von mir angesehen hätte. Wenn sie nicht Carson wäre (ein gefestigter, vertrauensvoller Hund), sondern ein labiler Hund, ohne tiefes Vertrauen in mich, könnte sie gerechtfertigterweise auf meinen grundlosen Angriff zur Selbstverteidigung mit Knurren oder sogar Schnappen reagieren. Wenn ich das wiederum nicht als Reaktion ansehen würde, als verständliche Selbstverteidigung, sondern es als zusätzliche Bedrohung gegen mich empfinden würde, könnte die Lage schnell zu einem zugespitzten Kampf führen, Gefühle könnten verletzt werden oder es könnte sogar zu körperlichen Verletzungen kommen. Meine abschließende Beurteilung wäre, dass Carson ein gefährlicher Hund ist, der meinen Gast und mich bedroht hat. Alles nur, weil Otter gehofft hatte, etwas von den Pfannkuchen abzubekommen, die Carson eventuell von ihrem Opfer ergaunern könnte. Angst scheint sich besonders gerne in Teufelskreisen aufzuhalten.

Hunde befinden sich immer wieder in solchen Situationen, in denen ihr absolut normales, untadeliges und für Menschen in keiner Weise bedrohliches Verhalten von den Leuten um sie herum völlig missverstanden wird. Das muss sehr verwirrend für sie sein.

Bringen Sie einen Hund in schlechten Ruf und...

Die Mehrzahl der mir und den Hundetrainern weltweit als „aggressiv" vorgestellten Hunde sind außer Kontrolle, reagieren auf inkonsequente oder unzulängliche Führung, sind nicht ausreichend sozialisiert, sind ängstlich, werden missverstanden, haben Schmerzen oder verteidigen sich gegen – manchmal als Training bezeichnete – sie gerichtete Gewalt. Das heißt nicht, dass diese Hunde harmlos sind – ein verwirrter, verängstigter, gereizter, wütender oder respektloser Hund kann ziemlich gefährlich sein; die Bezeichnung „aggressiv" beschreibt weder den Umfang und die potentielle Gefahr des Verhaltens, noch ist sie hilfreich bei der Behebung des Problemverhaltens. Doch sogar unter professionellen Hundetrainern gibt es einen erschreckenden Mangel an Verständnis der unzähligen Verhaltensweisen, die gemeinhin unter dem Begriff Aggression zusammengefasst werden. Für einige Hunde ist dieser Mangel an Verständnis tödlich. Andere haben mehr Glück.

Der Welpe Chelsea zog, als er den Raum betrat, so sehr an der Leine, dass er aussah, als sei er dem Iditarod-Schlittenhunderennen entsprungen. Die Hündin zog am anderen Ende der Leine einen Menschen hinter sich her, der offensichtlich mehr der Geschwindigkeitsregelung als der Lenkung diente. Mit erhobenem Schwanz und aufgestellten Ohren hüpfte der Welpe freudig herum, unfähig, länger als eine oder zwei Sekunden stillzustehen, während er sich umschaute und schnüffelte. Alles wies darauf hin, dass er einfach sehr aufgeregt war – und mehr als nur ein wenig außer Kontrolle. Als die Hündin mich sah, veränderte sich ihre Körperhaltung und ihre Einstellung dramatisch: Der Hund zog sich schnell zurück und bellte, der Schwanz fiel herab und wedelte, zeigte jedoch die typisch ängstliche Einstellung.

„Ich schätze, Sie sehen das Problem", schrie die Frau durch den Lärm des Gebells. Ich lächelte nur und bot ihr etwa drei Meter von der Stelle entfernt, an der ich ruhig saß, einen Sitzplatz an. Ich sah keinen aggressiven Hund, nur einen aufgeregten, außer Kontrolle geratenen Junghund, der außerdem unsicher war. Obwohl sie laut und eindrucksvoll bellte, lag darin keine ernsthafte Bedrohung – das Bellen erfolgte in einer hohen Tonlage und in schnellen

Wiederholungen. Es war schwierig, diesen Hund mit der Meinung des vorherigen Hundetrainers in Einklang zu bringen: Dass dieser Hund sehr gefährlich sei, am Ende beißen werde und deshalb eingeschläfert werden solle, bevor er jemanden verletzen könne.

Während wir dort saßen und uns eine Weile unterhielten, wobei ich einige Hintergrundinformationen erhielt, erkundete der Welpe, so weit es die Leine zuließ, seine Umgebung. Er hüpfte mit einem überraschten Bellen zurück, als er versehentlich einen Stuhl verschob. Die Hündin zog sich an die Seite ihrer Besitzerin zurück, um den Stuhl mit zerfurchter Stirn zu betrachten, doch als er sich nicht nochmals bewegte, beschloss sie, dass sie sich ihm wieder nähern konnte. Ich lud die Frau ein, näher zu kommen, damit der Hund mich erreichen konnte, wenn er es wollte. Vorsichtig näherte sich Chelsea und schnüffelte an meinen Schuhen und Beinen. Auf ihre Annäherung vorbereitet, öffnete ich meine Hand und ließ ein kleines Stück Hühnchen auf den Boden fallen. Das überraschte den Welpen angenehm, der das unerwartete Leckerchen freudig verputzte und herumschnüffelte, um nach mehr zu suchen. Sobald sie in meine Richtung schaute, ließ ich ein weiteres Leckerchen fallen und achtete dieses Mal darauf, dass der Hund meine geöffnete Hand sah. Sie fraß es und starrte dann auf meine Hand. Ich wartete ab, bis sie meine Hand mit ihrer Nase berührte, dann öffnete ich sie und enthüllte mehrere Leckerchen. Ich gab ihr eins und forderte sie dann leise auf, sich zu setzen, was sie tat. Ich belohnte sie dafür mit einem sanften Lob und dem restlichen Hähnchenfleisch. Überraschend sanft leckte sie meine Hand sauber und schaute dann zu mir auf, mit lebhaften und interessierten Augen. Wir betrachteten einander, und mir fiel auf, dass direkter Blickkontakt, zumindest in dieser Situation, sie nicht störte. Sie hielt meinem Blick stand, ihr Blick war aufmerksam und entspannt.

Ich behielt sie im Auge und veränderte meine Position auf meinem Stuhl leicht, um nach der Tüte mit dem Hähnchenfleisch zu greifen. Wie ich vermutet hatte, brachte meine Bewegung sie dazu, sich einige Schritte zurückzuziehen, ihr Ausdruck war nicht mehr entspannt, sondern etwas besorgt. Für eine Weile spielten wir das einfache Spiel der Annäherung und des Ausführens einfacher Übungen, zum Beispiel Sitzen und Hinlegen, im Austausch gegen

Leckerchen. Bald konnte ich sie streicheln, sanft am Halsband anfassen und mit meiner Hand über ihren Rücken streichen. Die Berührung ihres Hinterteils ließ sie wegtänzeln, wobei sie ihr Hinterteil aus meiner Reichweite hielt; gleichzeitig wedelte sie mit dem Schwanz und stieß meine Hand mit der Nase an – eine Kombination von Gesten, die ich als: „Bitte fass mich dort nicht an, ich möchte jedoch trotzdem in deiner Nähe sein", auslegte. Ihre Besitzerin meldete sich und merkte an, dass sie vergessen habe, mir mitzuteilen, dass Chelsea sich von Fremden nicht gerne am Hinterteil anfassen lasse. Eine Tatsache, die mich nicht überraschte. Meiner Erfahrung nach lassen sich ängstliche oder besorgte Hunde nicht gerne am Hinterteil anfassen. Einige, wie Chelsea, bewegen ihr Hinterteil einfach nur außer Reichweite. Andere schützen sich durch Knurren oder mehr. Wie Tiertherapeuten und Hundetrainer, die sich mit Körperarbeit beschäftigen, bereits seit langem wissen, stehen emotionale Muster häufig in Verbindung mit körperlichen Strukturen. Das trifft auch bei uns zu, wir halten unsere emotionalen Spannungen an verschiedenen Stellen, zum Beispiel in unseren Kiefern, unserem Nacken und unseren Schultern. Ängstliche Hunde und Pferde sind häufig empfindlich an ihrem Hinterteil. Wie die berühmte „Wer-war-zuerst-da-Huhn-oder-Ei-Frage" ist es schwer zu sagen, ob die Empfindlichkeit am Hinterteil die Entstehung der Angst fördert oder ob die Angst zu der Empfindlichkeit führt. Bei der Arbeit mit ängstlichen Hunden ist es wichtig, ihnen beizubringen, es als angenehm zu empfinden, am Hinterteil (eigentlich am ganzen Körper) angefasst zu werden, das ist ein wichtiger Teil der Behandlung.

Weit entfernt von der Beurteilung des vorherigen Hundetrainers der durch „Dominanz" ausgelösten Aggression (das würde eher einen sehr selbstbewussten Hund beschreiben, der Aggression einsetzt, um seinen Willen durchzusetzen), sah ich im Verhalten dieses Welpen mangelndes Selbstvertrauen. Jedes Mal, wenn ich etwas mehr forderte oder sie an einer neuen Stelle berührte, blitzte in ihren Augen Besorgnis auf und sie zog sich zurück. Ich beanspruchte sie jedoch nicht so sehr, dass sie das Gefühl hatte, bellen zu müssen, um mich zu warnen. Ihr sonst üblicher bellender Rückzug war ein typisches Zeichen für niedriges Selbstbewusstsein. Doch die leckeren Häppchen halfen, sie schnell zu überzeugen, dass dies doch nicht so schlecht sei. Ich bat die Besitzerin, den Hund abzuleinen, damit er sich frei im Raum bewegen könne.

Chelsea begann vorsichtig den Raum zu erkunden, schlich sich verstohlen zu der Spielzeugkiste in der Ecke. Ihr Verhalten war eine interessante Mischung zwischen neugieriger Erkundung und gelegentlichem ängstlichen Rückzug, wenn sie auf etwas Komisches traf, zum Beispiel auf den Stapel Hürden in der einen Ecke. Ich wartete, bis sie ihre Aufmerksamkeit etwas anderem widmete, dann stand ich ruhig auf, wobei ich mir mehr Hühnchen nahm. Zuerst nahm der Hund diese Veränderung nicht wahr, während er mit halb geschlossenen Augen glücklich am Teppich entlangschnüffelte. Zweifellos las er faszinierende Geschichten anderer Hunde, die vor ihm hier gewesen waren. Die Hündin war eineinhalb Meter von mir entfernt, als sie bemerkte, dass sich etwas verändert hatte. Trotz unserer vorherigen angenehmen Annäherung, als ich saß, stand ich nun, und das änderte alles. Ihre Augen wurden größer, und sie begann zu bellen, während sie sich in einen ihrer Meinung nach sicheren Abstand zurückzog.

„Oh, mein Gott", stieß die besorgte Besitzerin hervor. Ich wusste, sie hatte Angst, dass mich die Hündin angreifen könnte. Lächelnd versicherte ich ihr, dass alles in Ordnung sei. Das war es auch. Ich bezweifelte nicht, dass, wenn ich sie in diesem Moment in eine Ecke gedrängt hätte oder versucht hätte, sie gewaltsam zu bändigen, sie den Eindruck hätte gewinnen können, nach mir schnappen oder mich sogar beißen zu müssen, obwohl ich schätze, dass sie einfach versucht hätte, zu entkommen. Chelsea war kein kleiner Killer, der seine tödlichen Fähigkeiten zur Vorbereitung auf eine Karriere als hundlicher Terrorist im Erwachsenenalter verfeinerte. Sie war in einigen Situationen einfach unsicher und ängstlich, zum Beispiel bei Fremden und komischen Gegenständen wie sich bewegenden Stühlen. Wie die Besitzerin auf meine Frage hin bestätigte, war dies Chelseas Verhaltensmuster in solchen Situationen: Bellen und den Rückzug antreten. Dank ihrer zunehmenden Größe und der Lautstärke ihres Bellens hatte dieses Verhalten - zumindest aus ihrer Sicht - bei der Lösung beängstigender Situationen ziemlich gut funktioniert. Sich nähernde Menschen und Hunde zogen sich angesichts dieser wild klingenden

Zurschaustellung schnell zurück. Das Zurückziehen – so weit wie möglich – gab dem Hund ein Gefühl von ein wenig Sicherheit.

Auf lange Sicht hatte dieses Verhaltensmuster des Bellens und des Rückzugs dem Hund nicht die Fähigkeit verschafft, mit beängstigenden Situationen umzugehen. Chelsea war kein böser Hund. Sie setzte einfach die beste Lösung ein, die sie für den Umgang mit Dingen hatte, die sie nicht verstand. Leider hatte ihre Lösung ihr die Bezeichnung „aggressiv" eingebracht. Wenn der fürsorgliche Züchter nicht auf einer zweiten Meinung bestanden hätte, hätte diese Beurteilung möglicherweise bereits in ihrem zarten Alter zu ihrem Tod geführt. Wenn sie reifer und selbstbewusster geworden wäre, wäre Bellen und Rückzug vielleicht noch immer ihre einzige Reaktion gewesen, möglicherweise hätte sie nie jemanden gebissen. Doch das Potential eines ernsthaften Problems zu unterschätzen würde bedeuten zu unterschätzen, was passiert, wenn sich ein Hund in eine Situation gedrängt fühlt, die nur durch Kampf oder Flucht gelöst werden kann.

Jede Situation, die Besorgnis, Ärger, Schmerz oder Angst beim Hund auslöst, ist eine Situation, in der ein Biss ausgelöst werden kann. Die gefährlichsten Verhaltensweisen von Hunden sind die aggressiven Verhaltensweisen (besonders die ängstlichen), die kontrolliert werden, mit denen sich jedoch niemand befasst und die nicht gelöst werden, für die der Hund keine neuen Fähigkeiten im Umgang mit den auslösenden Situationen erwirbt. (Eigentlich bildet in jeder Beziehung die Kombination aus intensiven Gefühlen – besonders Angst oder Wut – und unzureichenden Fähigkeiten für den Umgang mit der Situation, die solche Gefühle auslöst, ein Minenfeld potentieller Möglichkeiten.) Geschlossene Türen, verriegelte Tore, sorgfältig kontrollierte Umgebungen und sogar die Vereinbarung aller Familienmitglieder, den Hund zu schützen oder das Verhalten zu steuern, helfen nicht, eine potentielle Zeitbombe zu entschärfen. Unfälle geschehen, Hunde befreien sich, Menschen machen Fehler. Hier in dem großzügig bemessenen Trainingsraum hatte Chelsea genug Platz, sich auf eine sichere Distanz zurückzuziehen, und konnte mich trotzdem im Blick behalten. Zu Hause, in einem vollen Raum, wo Wände und Möbel möglicherweise Fluchtwege blockieren oder einen bereits besorgten Hund am Ausweichen hindern, gibt es unter Umständen – aus Chelseas Sicht – keine andere Möglichkeit, außer zu schnappen oder zu beißen. In diesem Moment profitierte sie außerdem von meinem Wunsch, dass sie sich sicher fühlte. In anderen Situationen könnte eine gut meinende, aber unwissende Person, die sie einfach begrüßen möchte oder zufällig auf sie trifft, Chelsea versehentlich so unter Druck setzen, dass diese damit nicht mehr umgehen kann. Dadurch könnte unabsichtlich ein Schnappen oder sogar ein Biss ausgelöst werden.

Chelsea war kein Hund mit tiefsitzenden Ängsten, nur ein Hund, der ziemlich unsicher war. Wenn Chelseas alarmierendes Verhalten richtig als mangelndes Selbstbewusstsein eingeschätzt, ihr Selbstbewusstsein aufgebaut und ihre Angst nicht bestraft worden wäre, hätte sie dieses Verhalten möglicherweise schnell und ohne große Probleme überwunden. Die starke genetische Gesundheit des Welpen und die frühe Sozialisierung kamen zum Vorschein, während ich mit ihm daran arbeitete, sein Selbstbewusstsein zu stärken. Innerhalb weniger Minuten konnte er vor mir stehen und freudig meine Hand anstupsen, um mehr Futter zu bekommen. Da ich wusste, dass die Besitzerin zu Hause gewissenhaft an der Unterordnung gearbeitet hatte, begann ich, den Welpen die Übungen ausführen zu lassen, wies ihn an, alle Übungen auszuführen, die er kannte: sitz, Platz, steh, bleib, bei Fuß und hier. (Es gibt nichts besseres, als aufgefordert zu werden, etwas zu tun, das man ausführen kann, um das Selbstbewusstsein von jemand Ängstlichem zu stärken: „Ich weiß, wie es geht!") Sie kannte ihre Übungen und war eine wunderbare Partnerin bei unserer gemeinsamen Arbeit. Als ihr klar wurde, dass ich sie nicht verletzen oder ängstigen würde, sondern die Lage angenehm machte, spielte sie mit ganzer Seele mit. Anfänglich bewegte ich mich vorsichtig, meine Gesten und Bewegungen waren langsam und behutsam. Doch als Chelseas Selbstbewusstsein und ihr Vertrauen in mich stieg, bewegte ich mich schneller, machte ausholende und schnelle Gesten. In weniger als zehn Minuten konnten wir wie verrückt durch den Trainingsraum tollen, jauchzen, lachen und herumtanzen. Ich mischte die Kommandos so schnell, wie sie mir einfielen und sie sie ausführen konnte. Der außer Kontrolle geratene Hund, der ängstliche, zurückschreckende Welpe war eigentlich ein Genie, das wirklich gerne mit Menschen arbeitete.

In Fällen wie diesen alarmiert mich nicht das Verhalten des Hundes, sondern die traurige Tatsache, dass sein Verhalten völlig falsch verstanden und für „aggressiv" gehalten wurde. In Chelseas Fall führte mangelndes Verständnis eines Hundetrainers fast zu ihrem Tod. Nur weil der Züchter die Besitzerin gedrängt hatte, eine zweite Meinung eines anderen Trainers (in diesem Fall von mir) einzuholen, wurde das Leben des Welpen gerettet. Leider sind solche Missverständnisse nicht selten. Unglücklicherweise zahlen die Hunde mit ihrem Leben dafür, dass wir nicht verstehen, was sie versuchen uns mit ihrem Verhalten mitzuteilen – dass sie unsicher sind, ängstlich, nicht die nötigen Fähigkeiten haben, die komplizierte und verwirrende menschliche Welt mit uns zu teilen.

KANNST DU MICH HÖREN?

Vor einigen Jahren bekam ich einen Brief von einer Frau, die mich um Hilfe für ihren Hund Baron bat, Abkömmling einer großen Rasse, die ausgewachsen mindestens 57 Kilogramm wiegt. Ihrer Beschreibung nach war der Hund ziemlich normal, gut sozialisiert und erzogen. Scheinbar hatte Baron gehinkt, und als sie seine Pfote und sein Bein untersuchen wollte, hatte er sie angeknurrt. Geschockt hatte sie ihn sofort angeschrien und ihn in ein „dominantes Platz" auf den Boden gedrückt, um ihn zu erinnern, dass sie der Boss war. Danach ließ sie ihn etwa zehn Minuten Unterordnungsübungen durchführen (obwohl er noch immer hinkte). Als sie wieder nach seiner Pfote griff, knurrte er bereits, bevor sie seine Pfote berührte. Wieder schrie sie ihn an und warf ihn zu Boden. Der dritte Versuch führte zu einem kurzen Knurren, das stoppte, als sie ihn anschrie. Da sie nichts finden konnte, ging sie mit ihm zum Tierarzt.

Als der Tierarzt versuchte, die Pfote des Hundes zu untersuchen, war kein Knurren zu hören, bevor Baron still die Hand des Tierarztes ins Maul nahm, ohne Verletzungen zu verursachen, er hinterließ nur Spucke. Beschämt und verärgert über das Verhalten ihres Hundes wiederholte die Frau den Zyklus aus

Schreien, dominantem Niederdrücken und Unterordnung. Schließlich lag der Hund nach einem Kampf still, und seine Pfote wurde untersucht. Es wurde nichts Ernsthaftes gefunden, obwohl der Hund noch einige Tage humpelte.

In ihrem Brief war sie sehr besorgt, dass der Hund potentiell aggressiv sei. Obwohl sie begonnen hatte, die Pfote des Hundes mehrmals pro Tag anzufassen, jedes Knurren oder Ins-Maul-Nehmen der Hände bestrafte, knurrte Baron noch immer. Ihrer Ansicht nach öffnete jedes erlaubte Knurren die Tür zu weiterer Aggression. Ihrer Meinung nach bewies die Tatsache, dass der Hund die Hand des Tierarztes ins Maul genommen hatte, dass sie damit richtig lag. Sie hatte Hilfe bei Hundetrainern vor Ort gesucht, war jedoch entsetzt von deren Empfehlungen, die das Umlegen eines Elektrohalsbandes anrieten, um dem Hund beizubringen, nicht zu knurren, wenn seine Pfote berührt wurde. Ihre Frage an mich lautete: „Wie bringe ich meinem Hund bei, niemals zu knurren oder sein Maul um meine Hand zu legen, selbst wenn er Schmerzen hat?"

Ich bekomme immer mal wieder Briefe, die mich traurig machen; das war einer davon. Obwohl die Frau es eindeutig gut meinte, konnte die Philosophie, die dieses Dilemma ausgelöst hatte, nicht in einem kurzen Brief abgehandelt werden. Wenn ich ihr ihre Stimme und ihre Fähigkeit zu schreiben nahm, wie würde sie bei Schmerzen oder Angst kommunizieren? Wonach sie fragte, war nicht nur unrealistisch, sondern auch unfair – sie wollte einen Hund, der nur auf eine für sie akzeptable Weise mit ihr kommunizierte.

Unfähig, das Knurren des Hundes als Kommunikation anzusehen, interpretierte die Frau das Knurren angstvoll als Bedrohung und sorgte sich ziemlich, dass diese „Aggression" schlimmer werden könne. Bedrohungen (echte oder vermeintliche) ängstigen uns; in unserer Angst schlagen wir oft gegen die vermeintliche Attacke zurück. Leider sind viele „Ausbildungstechniken" wenig mehr als schlecht kaschierte Angriffe auf Hunde, die uns vielleicht bedroht haben. Solche angeblich „gerechtfertigten" Angriffe sollen ihnen „Respekt" beibringen, was eigentlich bedeutet, sich uns widerstandslos zu unterwerfen, egal was wir ihnen antun. Diese Vorgehensweise erinnert mich an eine Szene aus *Der Malteserfalke*, in der Humphrey Bogart Peter Lorre zum zweiten Mal schlägt. Als Lorre sich drohend über diese Beleidigung beklagt, antwortet Bogart ihm, dass man, wenn man geschlagen werde, es akzeptiere und möge.

Die meisten von uns würden sich in einer ähnlichen Situation wahrscheinlich so wie dieser Hund verhalten. Wenn Sie jemanden gewarnt haben, dass Sie Angst davor haben, dass er Ihre Hand anfasst, und derjenige diese Warnung ignoriert und Ihre Hand trotzdem anfasst, erheben Sie vielleicht etwas die Stimme: „Ich sagte, lass mich in Ruhe!" Wenn derjenige Sie als Antwort auf diesen verständlichen Ausbruch angreift, Sie zu Boden wirft und Sie dann zwingt, Multiplikationstabellen aufzusagen, fänden Sie das bestimmt sehr beängstigend, denn das wäre sicherlich keine normale Reaktion auf Ihre mündliche Warnung. Wenn sich dieses Szenario wiederholen würde, würden Sie wahrscheinlich lernen, dass es das kleinere der beiden Übel ist, sich die Hand untersuchen zu lassen, aber Ihr Vertrauen in die Person wäre gestört. Unser mangelndes Vertrauen und Verständnis muss für unsere Hunde sehr verwirrend sein, die mit uns auf die deutlichste ihnen bekannte Weise kommunizieren: nach Art der Hunde.

Aus der Sicht des Hundes sieht die Geschichte ganz anders aus. Wenn wir in der Zeit zurückreisen und die Ereignisse nochmals betrachten könnten, wobei wir den Hund die ganze Zeit im Auge haben könnten, würden wir eine andere Version dessen, was passierte, sehen. Der Hund humpelt, ein deutliches Zeichen, dass er Schmerzen hat. Als die Frau nach seiner Pfote greift, verändern sich der Ausdruck und die Körperhaltung des Hundes leicht. Unbemerkt senkt sich die Rute etwas. Er dreht seinen Kopf von ihr weg, leckt sich vielleicht über den Fang oder – abhängig von seinem Temperament – hält seinen Kopf in die Nähe der Pfote oder über sie, schützt sie vor Kontakt, genauso wie er ihn über ein Spielzeug halten würde, das er nicht hergeben möchte. Wie jeder, der eine Berührung in einem schmerzenden Bereich erwartet, hält er den Atem an; seine Lippen sind vielleicht leicht zusammengepresst, und seine Ohren gleiten nach hinten und unten. Mit jedem dieser Zeichen sagt er: „Sei bitte vorsichtig. Das ist ein Problem für mich." Doch erpicht auf ihre Untersuchung bemerkt sie die Zeichen nicht. Der Hund versucht wahrscheinlich, die Pfote aus ihrer Hand zu ziehen, doch sie lässt das nicht zu. Als sie die Pfote untersucht, knurrt der Hund – da alle seine anderen Zeichen ignoriert wurden. Zu seiner Erleichterung scheint die Frau ihn zu verstehen und lässt die Pfote los.

Was dann passiert, entspricht nicht den Erwartungen des Hundes: Die Frau brüllt ihn an und drückt ihn auf den Boden. Aus der Sicht des Hundes ist diese Aggression schockierend und irrational. Sie hakt die Leine ins Halsband und besteht darauf, dass er bei Fuß geht, sitzt und sich hinlegt. Bemüht, ihren unerklärlichen Zorn zu besänftigen und mit dem Wunsch, keine weitere Aggression auszulösen, befolgt er die Anweisungen. Schließlich scheint sie sich beruhigt zu haben, doch zu seiner Bestürzung greift sie wieder nach seiner Pfote. Zusätzlich zum Schmerz in der Pfote hat er nun eine weitere Besorgnis: seine unberechenbare Besitzerin, die ihn ohne Grund angreifen könnte. Er hat Angst und Schmerzen, ist verärgert und verwirrt, daher wartet er nicht, bis sie die Pfote erneut berührt – er knurrt, sobald sie beginnt, danach zu greifen. Als sie ihn erneut anschreit und zu Boden wirft, fängt er an zu verstehen, dass sie auf sein Knurren reagiert. Aus der Sicht des Hundes ist das sinnlos. In seiner ganzen Körpersprache hat er sie deutlich gewarnt, er hat sie (aus seiner Sicht) nicht zum Kampf herausgefordert; trotzdem reagiert sie (aus seiner Sicht, der Sicht eines Hundes) abnormal, gefährlich und eindeutig aggressiv. Als er zum dritten Mal knurrt, achtet er auf ihre mündliche Warnung und vermeidet damit ihre Aggression. Obwohl er noch immer Angst hat und obwohl seine Pfote schmerzt, beschließt er, dass es weniger schlimm ist, die Pfote untersucht zu bekommen, als von seiner Besitzerin angegriffen zu werden.

Als er zum Tierarzt kommt, versucht er erneut, alle Beteiligten mit vielen feinen Signalen zu warnen, doch seine Zeichen werden nicht beachtet. Er warnt, so deutlich er kann, obwohl er klug genug ist, nicht zu knurren – seine Besitzerin hat ihm beigebracht, dass Knurren inakzeptabel ist. Was mich überrascht, ist, dass der Hund – trotz der aus seiner Sicht körperlichen Angriffe – noch immer kooperativ ist, sein Verhalten noch immer hemmt, nicht tut, wozu er gut in der Lage ist: beißen. Es ist ein sehr großer Hund, dessen Maul leicht die ganze Hand des Tierarztes umfasst, ein Hund mit sehr kräftigen Kiefern, die die Hand leicht hätten verstümmeln oder mühelos Finger hätten abbeißen können. Doch er hinterließ keinen Kratzer – übte keinen Druck aus, er hielt die Hand des Mannes einfach, versuchte seine Ansicht sehr deutlich zu machen: „Bitte, lass das."

Bei meiner Arbeit mit Hunden habe ich mehr als einmal einen überraschten oder erleichterten Blick eines Hundes gesehen, der feststellte, dass ich
seine feinen Zeichen gesehen und beachtet hatte, sodass er nicht knurren oder
beißen musste. Kunden sind häufig sehr überrascht, wenn ich ihnen freudig
versichere, dass es ein gutes Zeichen sei, dass der Hund knurrt, bevor er beißt
(oder einfach knurrt, ohne zu beißen). Obwohl es mir lieber wäre, wenn eine
glücklichere Beziehung zwischen dem Kunden und dem Hund bestünde,
sodass das Knurren gar nicht notwendig wäre, ist es gut, dass der Hund noch
bereit ist zu warnen, damit wir unser Verhalten ändern können. Er informiert
uns, wo die schwierigen Stellen sind, er greift nicht einfach an. „Sei vorsichtig", sagt er uns, „du bewegst dich auf dünnem Eis." Obwohl ihre Kommuni-
kationsmethode manchmal alarmierend sein kann, wenn wir nicht verstehen,
dass Knurren und Schnappen wertvolle Mitteilungen sind, bin ich dankbar,
dass die Hunde es weiterhin versuchen.

In jeder Beziehung bietet Feedback (sogar unwillkommenes, das große Frustration und Wut anzeigt) die Möglichkeit, das zu Grunde liegende Problem zu
untersuchen und an einer Lösung zu arbeiten. Zu ignorieren, was uns andere
über ihre Frustration, Wut oder Angst mitteilen, ist sehr gefühllos und wird
die Beziehung am Ende auf einer sehr grundlegenden Ebene zerstören. Hunde,
die nicht warnen, sondern beißen, sind sehr schwierig. Seien Sie dankbar für
das Knurren und *bestrafen Sie es nicht*, doch arbeiten Sie an dem, was das Knurren ausgelöst hat. Ein Knurren zu bestrafen oder zu unterdrücken ändert
nichts an dem zu Grunde liegenden Gefühl, genauso wenig wie das Unterdrücken eines „Verdammt!" in der Gegenwart der Tante das auslösende Gefühl
ändert. Wenn er bestraft wird, damit er verstummt, lernt der Hund, Ihnen
dieses sehr wichtige Warnsignal nicht mehr zu geben. Obwohl es für uns möglicherweise sehr viel überraschender ist, wenn er „ohne Warnung" beißt, vergessen wir, dass wir ihm beigebracht haben, dass wir seine Warnungen nicht
hören möchten!

Ein Knurren kann einfach der Auslöser für unsere schlimmsten Ängste sein,
oder es kann ein wichtiges Signal und eine Möglichkeit für besseres Verständnis sein. Wir müssen bereit sein zu akzeptieren, dass nicht alle Mitteilungen
unserer Hunde glücklich und angenehm sind; ein Hund muss uns vielleicht

mitteilen, dass er Angst hat oder verletzt oder verunsichert oder verärgert ist. Wenn wir alles ignorieren, was wir nicht hören möchten, verpassen wir die Möglichkeit, unseren Hunden zu helfen, mit dem umzugehen, was sie ängstigt, verletzt, verwirrt oder verärgert. Wenn wir, wie es leider viel zu verbreitet ist, unseren Hund für diese Kommunikation bestrafen, schaden wir der Beziehung ernsthaft. Keine Beziehung kann sich gut entwickeln, wenn die Kommunikation blockiert ist.

ZUHÖREN

Wenn wir das Verhalten eines Hundes verstehen möchten – und besonders Verhalten, das wir als aggressiv ansehen – dürfen wir nicht aus den Augen verlieren, dass Verhalten Kommunikation ist, und Kommunikation erfolgt nicht in einem Vakuum. Es richtet sich aus einem bestimmten Grund an jemanden, und die ganze Geschichte ist wichtig für unser Verständnis und für unsere Entscheidung, wie wir reagieren.

Zu verstehen, dass Aggression eine Form der Kommunikation ist, bedeutet *nicht*, dass das Verhalten akzeptabel ist, genauso wenig wie das Verhalten eines Kindes, das seinen Bruder schlägt, oder einer Person, die den Bankangestellten anschreit, weil ein Scheck geplatzt ist. Es bedeutet, dass wir uns Mühe geben, die Mitteilung hinter dem Verhalten zu erkennen. Ein Hund, der den Tierarzt anknurrt, der seine schmerzhafte Ohreninfektion untersuchen möchte, unterscheidet sich von dem Hund, der jemanden anknurrt, der Blickkontakt zu ihm aufnimmt. Ein Hund, der einen Hasen angreift und tötet, fällt in eine andere Kategorie als ein Hund, der ein Kind angreift und schwer verletzt. Ein Hund, der einen Einbrecher beißt, der in unser Heim eingedrungen ist, unterscheidet sich erheblich von einem Hund, der Tante Lilli beißt, die uns besucht und aufsteht, um ins Badezimmer zu gehen und sich die Nase zu pudern. Ein Hund, der zu unseren Gunsten aggressiv reagiert und Angreifer oder Diebe in die Flucht schlägt, wird als Held angesehen; wenn er die Hand beißt, die ihn füttert, ist er ein Schuft.

Wenn wir die Motivation für das Verhalten verstehen, wenn wir sehen, was uns der Hund mitteilen möchte, wenn wir die Situation aus der Sicht des Hundes sehen können, können wir das Problem besser beurteilen und verständnisvoll beheben.

Beziehungen zu Menschen und Tieren können nur dann neue Höhen des Verständnisses und der Vertrautheit erreichen, wenn wir lernen, auf die wirklichen Mitteilungen hinter dem Verhalten zu hören, statt nur auf das Verhalten selbst zu reagieren. Wenn Ihr enger Freund plötzlich begänne, Sie anzuschreien und Sie zu schlagen, wie würden Sie reagieren? Ich wäre geschockt und würde sehr genau darauf achten, mich in Sicherheit zu bringen. Abhängig von meinen Erfahrungen mit brüllenden und schreienden Leuten und dieser Person im Besonderen würde ich möglicherweise beschließen wegzugehen, aus Angst, verletzt zu werden. Wenn ich meinem Freund nicht vertraue und nicht glaube, dass er einen guten Grund hat, sich so zu verhalten, nehme ich sein Verhalten vielleicht sehr persönlich und reagiere emotional, schreie zurück und schlage meinerseits ein- oder zweimal zu. Meine Reaktion trägt nicht dazu bei, die Situation zu beheben – Reaktionen führen selten zu einer Lösung, können uns in einer bedrohlichen Situation allerdings am Leben halten, genau dazu dienen sie. Als Mutter Natur die Kampf-oder-Flucht-Reaktion einführte, sollte diese nicht als Mechanismus für die Entwicklung enger, vertrauensvoller Beziehungen dienen; sie sorgte nur dafür, dass wir lange genug leben, um solche Beziehungen zu genießen. Als grundsätzliche Regel gilt: Wenn Sie reagieren, bauen Sie keine Beziehung auf.

Meine Reaktion entspringt nicht mitfühlendem Interesse und dem Wunsch zu verstehen, warum mein Freund sich so verhält; sie basiert einfach auf der Furcht oder dem Ärger, den sein Verhalten in mir ausgelöst hat. Das erzeugt einen Teufelskreis von Reaktionen: Schreien und Schlagen (hervorgerufen durch einen inneren Status meines Freundes), das meine Reaktionen hervorruft (ausgelöst von meiner Angst, die mich schreien und zuschlagen lässt), woraufhin eine weitere Reaktion erfolgt (mein Freund reagiert jetzt auf mein Schreien und Schlagen und auf die ursprüngliche, zu Grunde liegende Ursache). Dieser Teufelskreis ist charakteristisch für nicht voll ausgereifte menschliche Beziehungen, leider ist er jedoch auch typisch für Beziehungen zwischen

Menschen und Tieren. Wenn ich reif genug bin zu verstehen, dass sich nicht jedes gegen mich gerichtete Verhalten auf mich bezieht, bin ich besser in der Lage, sorgfältig nach der wirklichen Mitteilung hinter dem Verhalten zu suchen.

Dieses Buch beschäftigt sich nicht mit der Behandlung oder der Lösung von bestimmten Verhaltensproblemen. Ich beabsichtige nur, aggressives Verhalten in Zusammenhang mit der Beziehung zwischen Mensch und Hund zu setzen und dem Leser die Augen (und das Herz) dafür zu öffnen, dass Aggression eine Form der Kommunikation darstellt. Ich möchte auch ein Warnsignal im Kopf des Lesers aufstellen – *jedes aggressive Verhalten ist eine Warnung, die beachtet werden und sorgfältig in die Überlegungen einbezogen werden muss.* Selbst im besten Fall, in dem kein wirkliches Problem vorliegt und wir das untadelige Verhalten des Hundes nur als aggressiv missverstanden haben, ist das ein Zeichen dafür, dass unsere Beziehung nicht auf tiefem, vertrauensvollem Verständnis aufbaut; wir müssen dazulernen, um zu verstehen, was unsere Hunde uns zu sagen haben. Aggressives Verhalten kann eine Warnung sein, dass etwas in der Beziehung fürchterlich schief läuft, eine Warnung, dass wir den Status in Bezug aufeinander ausgleichen müssen und unseren Hunden eindeutige, faire Führung bieten müssen. Aggression kann uns auch warnen, dass etwas im Inneren unseres Hundes nicht stimmt, dass er Angst, Unruhe oder Schmerzen empfindet und unsere Hilfe benötigt. In liebevollen Beziehungen können wir uns von solchen Warnungen nicht abwenden; wir müssen darauf reagieren, hoffentlich aus dem tief empfundenen Wunsch heraus, die Probleme zu beheben, oder – zumindest – aus der Erkenntnis, dass wir, als wir Hunde in unser Leben aufgenommen haben, die Verantwortung für ihre Bedürfnisse akzeptiert haben.

Verständlicherweise neigen wir im Zusammenhang mit unserer Beziehung zu Hunden dazu, die Dinge ziemlich persönlich zu nehmen. Es ist eine Sache, eine akademische Abhandlung über Aggression zu lesen; es ist etwas völlig anderes, wenn *unser* Hund *uns* anknurrt. Wir sind nur sehr selten dankbar für diese Form der Kommunikation.

„Nun, mein guter Jethro. Danke für den rechtzeitigen Kommentar zu meinem Verhalten oder meinen Gesten, die dir bedrohlich erschienen sein können. Ich werde untersuchen, was dich dazu veranlasst haben könnte, und herausfinden, wie ich dieses Problem am besten lösen kann. Ich schätze dein Knurren sehr, da ich davon ausgehe, dass es deinen Versuch darstellt, den vermeintlichen Konflikt zwischen dir und mir zu lösen." Wenn wir lernen, die Mitteilung im Knurren, Brummen oder Schnappen eines Hundes zu schätzen, verstehen wir den Hund (und häufig uns selbst) besser.

17

WAS TIMMY LASSIE NIE ANGETAN HÄTTE

Bis wir den Mut haben, Grausamkeit als das zu erkennen, was sie ist...
unabhängig davon, ob das Opfer ein Mensch oder ein Tier ist...
können wir nicht erwarten, dass sich die Dinge
in dieser Welt wirklich verbessern.
RACHEL CARSON

Vicki ist verärgert, weil ihr Hund Salty Löcher im Garten gräbt. Als sie das vom Hund gegrabene Loch betrachtet, hat sie eine Idee. Sie schnappt sich einen Spaten und eine Schaufel und vergrößert Saltys Loch, macht es ganz rund. Als es perfekt ist, tanzt Vicki einen Freudentanz und füllt, noch immer tanzend, das Loch mit dem Gartenschlauch mit Wasser, dann hält sie Saltys Kopf unter Wasser. Sie tut überrascht, als Salty kämpft, um sich zu befreien, und sagt zu dem Hund: „Aber ich dachte, du liebst es, Löcher zu graben!" Jeden Tag in den nächsten drei Wochen verbessert Vicki Saltys neue Löcher oder gräbt die alten neu und füllt sie mit Wasser, dann hält sie den Kopf ihres Hundes unter Wasser.

Vicki zeigt scheinbar keine Reue über ihre Handlungen. Sie beschreibt sie sogar sehr detailliert, bemerkt, dass sie diese „verrückte, unheilbare Reaktion auf den Anblick eines Lochs hat...". Die einzige Art, sie davon abzuhalten, Salty das anzutun, sagt sie, sei es, sie von Löchern fern zu halten. Sie bemerkt, dass Salty im Garten keine Löcher mehr gräbt und selbst dann nervös wird, wenn sie ein Loch im Wald sieht, das sie nicht gegraben hat.

Wie reagieren wir auf Vicki und ihre Behandlung von Tieren? Wenn Vicki ein Kind wäre, würden wir alle Beteiligten drängen, sie von einem Fachmann behandeln zu lassen. Obwohl nicht alle Kinder, die Tiere misshandeln, dazu übergehen, Gewaltverbrechen zu begehen, ist ein solches Verhalten ein deutliches Warnzeichen, dass dieses Kind Hilfe benötigt. Die meisten Kinder, die Tiere misshandeln, sind selbst Opfer von Gewalt. Doch Vicki ist kein Kind mehr. Sie ist eine Erwachsene, noch dazu eine Hundetrainerin, die Leuten ihre Hilfe anbietet, um „die Poesie im Obedience" zu entdecken.

Sie ist eine reale Person, diese Vicki Hearne, Hundetrainerin, Autorin, Professorin und Dichterin, und die oben beschriebenen Handlungen stammen aus ihrem Buch aus dem Jahr 1986, *Adams' Task: Calling Animals by Name*.

Weit davon entfernt, zensiert oder zu einer Therapie gezwungen zu werden, wurde Hearne für ihre wunderbar geschriebene philosophische Erforschung unserer Beziehung zu Tieren gepriesen. Wie kommt es, dass Hearnes Handlungen akzeptabel sind? Liegt es daran, dass sie kein Kind mehr ist? Die meisten Leser wären entsetzt, wenn ein Kind einem Hund das antäte, was Hearne Salty antat, sind jedoch merkwürdig still, wenn ein Erwachsener – und besonders ein *Hundetrainer*, ein *Experte* – so etwas tut. Offensichtlich werden Kinder, irgendwie, an einem bestimmten Punkt, alt genug, um auf neue Art mit ihrem alten Freund Waldi umzugehen, auf eine Art, die eindeutig nicht nett ist. Ist das ein Übergangsritus, der unbemerkt bleibt oder nicht gefeiert wird, jedoch trotzdem real ist? Wo genau liegt der Punkt, ab dem wir nicht mehr nett zu unserem Hund sein müssen? Wenn uns Reife dazu berechtigt, Tiere so zu behandeln, wo genau in unserer Entwicklung wenden wir uns vom beständigen Mitgefühl ab?

Irgendwie gibt es einen sozial akzeptablen Verlauf vom Entsetzen über die Behandlung von Black Beauty zu der Frage: „Wie kräftig soll der Klaps oder Schlag sein? Eine gute Faustregel ist, dass der Klaps nicht fest genug war, wenn Sie beim ersten Mal keine Reaktion – kein Jaulen oder anderes Zeichen – bemerkt haben." Wer würde so ein Buch für seine Kinder kaufen? Wir wären entsetzt, wenn wir einen solchen Rat im Programm einer Organisation für Kinder oder im Programm der nationalen „Sei nett zu Tieren-Woche" finden würden. Wenn ein Lehrer vorschlagen würde, eine solche Vorstellung im Unterricht von Kindern umzusetzen, würde das die Haare der Mitarbeiter der entsprechenden Schulbehörde innerhalb von Sekunden ergrauen lassen. Trotzdem haben viele Erwachsene das Buch gekauft, aus dem ich dieses Zitat entnommen habe – *Wer kennt schon seinen Hund* von den Mönchen von New Skete. Es wurde in der englischen Originalausgabe erstmals 1978 von Little Brown veröffentlicht und ist auch heute noch in den meisten Buchläden erhältlich. Dieses Buch beantwortet die Frage, wie kräftig ein Klaps oder Schlag sein soll, beschäftigt sich jedoch auch mit der Spiritualität des Hundes. Meiner Meinung nach eine eigenartige Themenkombination, obwohl mir die vielen Rechtfertigungen und Erklärungen dafür, „die Rute nicht zu schonen", bekannt sind.

In *Spare the Child* (Verschone das Kind) bietet der Historiker Philip Greven eine überraschende Studie der Wurzeln und der Folgen körperlicher Strafen bei Kindern in Amerika. Beim Lesen von Grevens Werk traf mich eine enorme Welle der Traurigkeit über die in vielen unserer engsten menschlichen Beziehungen enthaltene Gewalt wie ein Schlag. Kein Wunder, dass wir ohne nachzudenken oder mit voller Akzeptanz diese hässliche Eigenschaft auch in unsere Beziehung zu Tieren einbringen. Es ist eine alte Eigenschaft, die von Generation zu Generation weitergegeben wird, uns ist nicht klar, dass unter den Eigenschaften, die wir als Kinder übernehmen, nicht nur strahlende und wunderbare Eigenschaften sind, sondern auch dunkel anmutende. Wir können diese Kette unterbrechen und diese Eigenschaft aus unserem Leben verbannen, doch zuerst müssen wir sie aus unserem Leben herausarbeiten.

DES KAISERS NEUE KARRIERE

Adams Task: Calling Animals by Name war keine leichte Lektüre, und es ist anzunehmen, dass die Herausgeber und Leser intelligente Leute sind. Trotzdem glitt das erschütternde Bild einer Frau, die den Kopf ihres Hundes unter Wasser drückt, vorbei, ohne einen Schrei der Empörung auszulösen. Geblendet von hochfliegender Prosa und philosophischen Betrachtungen, geschickten Zitaten von Nietzsche, Vonnegut, Auden, Xenophon und Shakespeare, verloren die Leser den echten Hund in der echten Situation, als die echte Person grausam war, aus den Augen. Vielleicht wurde der hässliche Gegensatz sogar bemerkt, doch niemand erhob die Stimme zum Protest. Ich hoffe nicht; ich möchte lieber glauben, dass die Leser Seite um Seite in dumpfem Unverständnis lasen. Obwohl gedankenlose Akzeptanz bestürzend ist, finde ich es schlimmer, unmenschliches Verhalten zu beobachten und nichts zu sagen.

Vergessen Sie die glitzernden, polierten Phrasen. Richten Sie Ihren Blick für einen Moment nur auf den Hund. Sehen Sie den Hund, der neben ihr steht, ihr sogar hilft zu graben. Der Hund ist etwas überrascht, tanzt jedoch freudig ihren Freudentanz mit, den Hearne aufführt, als sie das Loch vergrößert. Sehen Sie, wie der Hund mit dem Schwanz wedelt, und den fragenden, aber glücklichen Ausdruck auf seinem Gesicht, während er hinter Hearne hertrottet, als sie den Gartenschlauch zum Loch zieht. Sehen Sie, wie der Hund neugierig und mit Interesse beobachtet, wie das Wasser in das Loch läuft, das den frisch gegrabenen Dreck aufwirbelt und das Loch innerhalb einer Minute in einen schlammigen See verwandelt, dessen Wasser zu dem Hund und der Frau aufsteigt, die an seinem Rand stehen. Sehen Sie die Überraschung des Hundes, als die Frau nach ihm greift und seinen Kopf in das Loch steckt, dessen Wasser immer noch herumwirbelt. Sehen Sie, wie der Körper des Hundes sich reflexartig nach oben krümmt, weg von dem Schock des kalten, schlammigen Wassers, das seinen Kopf bedeckt, in seine Ohren und seine Nase dringt, bevor der Überlebensinstinkt einsetzt und die Atmung eingestellt wird. Als sich der Hund befreit und zur Frau aufschaut, sagen Sie mir, was sehen Sie in den Augen des Hundes: Vertrauen? Freude? Die Poesie in der Seele des Hundes, von der Hearne ihren Lesern erzählt?

Ich denke, wir hatten unsere Scheuklappen eine sehr lange Zeit an.

Es wäre beinahe schön, über Vicki Hearne als eine Art verdorbenes Monster schreiben zu können, eine gestörte Einzelperson, deren Philosophie sich so sehr von der einer Durchschnittsperson unterscheidet, dass es uns fast unmöglich ist, die Welt, in der sie lebt, zu verstehen. Wenn Vicki Hearne eine bizarre, unerklärliche Ausnahme in unserer Gesellschaft wäre, eine der unüblichen Randerscheinungen, könnten wir beruhigter schlafen, sie als Spinnerin oder sogar als traurigen Fall abtun, der eher bedauert als zensiert werden sollte. Doch Vicki Hearne ist keine ungewöhnliche Anomalie, noch sind Leute wie sie ungewöhnlich. Sie stellte eine gewandte, sogar elegante Stimme dar, die einige provozierende Fragen stellte und faszinierende Vorstellungen dazu aufwarf, wie wir Beziehungen zu Hunden und anderen Tieren eingehen. Ihre Anflüge poetischen Sinnierens sind verführerisch, wenn wir uns erlauben, uns von schönen Worten einlullen zu lassen, und den lebenden, atmenden Hund vergessen, der kein Konzept darstellt, mit dem man spielen kann, keine Idee, mit der man in der verdünnten Luft der Gedanken spielen kann. Wir müssen uns immer daran erinnern, *den Hund zu sehen*.

Hearne war kein Monster, sondern einfach ein Beispiel und eine von vielen, die, obwohl sie die Freuden der Beziehungen zwischen Menschen und Hunden rühmen, trotzdem ihrer Philosophie auf schmerzhafte und unmenschliche Art Leben einhauchen.

Obwohl wir lieber glauben möchten, dass die Unvereinbarkeit zwischen schönen Gedanken und nicht so schönen Taten erstaunlich offensichtlich sei, ist diese Besorgnis erregende (und häufig unbemerkte) Kluft zwischen Philosophie und Praxis sehr verbreitet. In kurzer Zeit kann ich im Angebot eines Buchladens Trainer finden, die mir versichern, dass ich nur eine Leine, ein Halsband und eine Fliegenklatsche benötige, um den „Zauber" der Hundeerziehung zu entdecken; die mich ermutigen, meine Finger in den Rachen des Welpen zu stecken, bis er würgt, damit er lernt, nicht wie ein normaler Welpe forschend zu nagen; die mir ernsthaft erzählen, wie ich meinen Hund effektiv von unten gegen das Kinn schlage und ihn, einen Alphawolf (erstaunlich schlecht, muss ich hinzufügen) imitierend, zu Boden werfe, und mir mitteilen, wie ich die traurige, lange Liste von „Trainingstechniken" umsetze. Jedes dieser Bücher beschreibt auch die Wunder der Liebe und der möglichen Verbundenheit mit einem Hund. Der beste Freund des Menschen sollte an dieser Stelle vielleicht murmeln: „Mit Freunden wie diesen braucht man keine Feinde."

Unglaublicherweise wird eine solche Unstimmigkeit zwischen Philosophie und Praxis selten in Frage gestellt. Menschen, die wunderbare Gedanken mit üblen Handlungen verweben, können nicht nur ohne Angst vor Protest damit fortfahren, sie werden zusätzlich in das Licht der Weisheit eingehüllt. Fügen Sie eine eingängige Phrase und einen süßen Gag hinzu, dann stehen die Chancen gut, dass niemand die aus Besorgnis flach an den Kopf des Hundes angelegten Ohren während des Trainings sieht. Lächeln und glucksen Sie, während Sie hart in das Halsband des Hundes rucken, lassen Sie die Namen von Berühmtheiten fallen, zitieren Sie ein oder zwei Philosophen, dann bemerkt sicher niemand den ängstlich zwischen den Schenkeln des Hundes eingeklemmt wedelnden Schwanz. Rechtfertigen Sie Ihre Handlungen mit Überzeugung, dann wird niemand fragen, warum das Vertrauen und die Freude, die in Beziehungen möglich sind, nur leere Worte und Absichten sind, keine Aktionen und Taten, und bestimmt nicht sichtbar in den Augen des Hundes. Der Kaiser hat nicht nur neue Kleider, er arbeitet möglicherweise auch an einer neuen Karriere als Hundetrainer.

Im Geiste können wir Black Beauty bemitleiden, von der Poesie in der Seele eines Hundes zu Tränen gerührt werden und trotzdem die Frage stellen: „Wie kräftig soll der Klaps oder Schlag sein?" Einheitlichkeit scheint selten zu sein, und der menschliche Geist ist manchmal sehr sorglos darin, darauf zu bestehen. Auf lange Sicht nagt mangelnde Einheitlichkeit jedoch an uns, unterhöhlt die Sicherheit, mit der wir unseren eigenen Geist kennen, und hindert uns so daran, unsere Seele zu erkennen. Wir können uns entscheiden, gedankenlos auf der Oberfläche unserer Beziehungen zu gleiten, ohne uns je zu fragen, wie wir die Kunst einer liebevollen Beziehung praktizieren. Doch unsere Hunde erinnern uns immer leise daran, dass unsere intellektuelle Ehrlichkeit und unsere spirituelle Integrität von unserer Bereitschaft abhängt, Dinge zu hinterfragen und uns gegen die unausweichlichen kleinen und großen Grausamkeiten zu schützen, die eine Philosophie begleiten, die nicht im Einklang mit ihrer Praxis steht.

Sei lieb zu dem Hund

Es war einmal, da streckten die meisten von uns unsere rundliche Kleinkindhand nach einem Hund aus und hörten die Warnung: „Sei lieb zu dem Hund." In zartem Alter lernten wir, Tiere sanft anzufassen, mit Respekt, sie nicht zu kneifen, zu ziehen, zu stoßen, zu verdrehen, zu piksen, zu schlagen oder sie zu beißen. Kein gesunder, normaler Erwachsener würde ein Kind ermuntern, einem Tier Schmerzen zuzufügen. Stattdessen lernen wir in unserer Kindheit, mitfühlend und sanft mit Tieren umzugehen, wodurch Mitgefühl und respektvoller Umgang mit den Tieren gefördert wird. Die Erforschung der Psychologie kriminellen Verhaltens und Gewalt zwischen Menschen hat sogar einen erschreckenden Zusammenhang zwischen der Misshandlung von Tieren und gewalttätigem menschlichem Verhalten aufgezeigt: Grausamkeit gegen Tiere oder Misshandlung von Tieren wird zu Recht als ein Warnsignal dafür angesehen, dass etwas überhaupt nicht stimmt. Kinder, die Tiere misshandeln oder nachlässig mit ihnen umgehen, werden nicht als zukünftige Hundetrainer angesehen, sondern als Personen mit Schwierigkeiten, die eine Therapie oder ein Eingreifen erforderlich machen.

Doch diese Warnungen scheinen nur für Kinder zu gelten, nicht für Erwachsene, die im Namen des Trainings rigorose, grausame Techniken anwenden. Ohne zu riskieren, als psychologisch gestörte Einzelperson angesehen zu werden, können Sie einen Hund mit einer Vielzahl von erschreckenden Techniken „trainieren“: Sie können ihn schlagen, schubsen, ziehen, kneifen, würgen, schleifen usw. Doch diese Behandlungen sind nur für die guten Hunde, die dumm genug sind, nicht daran zu denken, dagegen anzukämpfen.

Sollte ein Hund gegen diese Behandlung protestieren, macht er Bekanntschaft mit einer neuen Reihe schrecklicher Behandlungsmethoden, zum Beispiel das „Baumeln an der Leine“, wobei der Hund an der Leine in der Luft hängt und gewürgt wird, bis er einen angemessenen Status erreicht hat, den Bill Koehler (für dessen Technik Hearne in ihrem Buch ungeniert eintritt) folgendermaßen beschreibt: „...physisch nicht mehr in der Lage ist, seinen Groll zum Ausdruck zu bringen ...“. Koehler merkt an, dass der Anblick eines auf der Seite liegenden Hundes mit dicker Zunge nicht angenehm sei, doch dass man sich davon nicht beunruhigen lassen solle. Natürlich nicht. Dass der Hund sich nach einem solchen Training übergibt und würgt (was laut Koehler vorkommen kann) ist vorauszusehen, oder? Fairerweise warnt Koehler, dass dieses Training nicht für alle Hunde angemessen ist, nur für „echte Gangster“ – die Art Hund, die die Dreistigkeit hat, „ihren Groll durch Beißen auszudrücken“.

Es sollte ziemlich offensichtlich sein, dass eine Philosophie, die solche Techniken zulässt, sich nicht mit Beziehungen beschäftigt, oder im besten Falle Machiavelli in seiner Verteidigung entspricht, dass der Zweck die Mittel heiligt. Weniger offensichtlich ist, wie humane, fürsorgliche Menschen trotzdem solche Methoden anwenden können. So unbequem das sein mag, erfordert unser menschliches Bewusstsein, dass wir untersuchen, wie wir unsere manchmal unmenschlichen Handlungen rechtfertigen und warum wir andere Autoritäten als unsere Herzen akzeptieren. Wenn wir nicht lernen, Grausamkeit in ihren verschiedenen Verkleidungen zu erkennen, können wir keine Philosophie entwickeln, die uns davor schützt.

KEINE ENTSCHULDIGUNGEN NÖTIG

Wie definieren wir Grausamkeit? Grausamkeit ist – ebenso wie Widerlichkeit – schwer zu definieren und existiert in gewissem Umfang nur in den Augen (und dem Herzen) des Betrachters. Ein Hundetrainer empfindet bestimmte Trainingstechniken unter Umständen nur als Notwendigkeit harter, strenger Maßnahmen, während ein anderer Trainer sie als Misshandlung und unmenschlich ansieht. Wie definieren wir also, was grausam ist? Frank Ascione, ein angesehener Experte für den Zusammenhang zwischen der Misshandlung von Tieren und häuslicher Gewalt, bietet folgende Definition von Grausamkeit: „…sozial inakzeptables Verhalten, das absichtlich darauf ausgerichtet ist, unnötigen Schmerz, Leiden oder Qualen beim Tier zu verursachen und/ oder das Tier zu töten."

Auf den ersten Blick erscheint das vernünftig. Unser Blick fällt auf die Wörter *Schmerz, Leiden, Qual, Tod* und wir stimmen ohne weiteres zu, dass alles, was dazu führt, Grausamkeit ist. Doch in dem Begriff – *inakzeptables Verhalten* – und mit den beiden Worten – *absichtlich* und *unnötig* – liegt Unausgesprochenes für uns, womit wir mit unserem Gewissen als Einzelpersonen und als Gesellschaft kämpfen müssen. Diese Vorstellung von Ascione impliziert, dass es sozial akzeptiertes Verhalten gibt, das aus der Notwendigkeit heraus absichtlich Schmerzen, Leid und Qualen oder sogar den Tod herbeiführt. Er hat Recht.

Es ist in unseren Breiten für den Schlachter vor Ort sozial akzeptiertes Verhalten, ruhig eine Kugel tief im Gehirn einer Kuh zu versenken, so dass das Tier nicht einmal blinzelt oder einen weiteren Atemzug macht, bevor es, sich dessen nicht bewusst, stirbt, noch mit einem Maul voll Getreide zwischen seinen Kiefern, obwohl meine Gäste nicht gerne daran denken, wenn sie nach dem Schmorbraten greifen. In den meisten westlichen Ländern ist es sozial akzeptiert, dass der Tierarzt Tieren Sterbehilfe leistet (zum Beispiel als Erlösung von einer tödlichen Krankheit) oder zum Zweck der Hilfe und Heilung Prozeduren durchführt, die Schmerzen oder Leiden verursachen. Obwohl der Trend langsam zu sanfteren Techniken geht, bleibt es sozial akzeptiertes Verhalten, zur Ausbildung von Hunden sogar erhebliche Gewalt und Techniken anzuwenden, die fraglos Schmerzen und Leiden verursachen.

Wenn wir unsere Scheuklappen absetzen und genau diese Linie zwischen akzeptiertem Verhalten, das einem Tier Schmerzen und Leid zufügt, und inakzeptablem Verhalten mit dem gleichen Effekt betrachten, sehen wir, dass das keine deutliche, klare Linie ist. Wir können Situationen erkennen, in denen Zwang gerechtfertigt erscheint, aber auch andere, wo die Anwendung von Gewalt unmenschlich ist. Obwohl wir möglicherweise versuchen, diese Linie festzulegen, damit wir wissen, was wir tun sollen und was nicht, wenn wir auf der Seite der Fairness und der humanen Behandlung anderer stehen möchten, führt diese Linie nicht zu dieser Definition. Wenn wir uns im empfindlichen Bereich in der Nähe der Linie bewegen, was wir als verantwortungsbewusste Hundebesitzer kaum verhindern können, müssen wir bereit sein, jeden Schritt zu hinterfragen und den Fuß nur aufzusetzen, wenn wir sicher sind, auf welcher Seite der Linie wir landen.

Auf einer bestimmten Ebene ist eine Faustregel des gesunden Menschenverstandes unter Umständen hilfreich. Eine humane Vorgehensweise muss selbst dem unwissendsten Passanten selten erklärt oder ihm gegenüber verteidigt werden. Man muss sich nicht dafür entschuldigen, dass man einen anderen freundlich, mitfühlend und fair behandelt. Grausamkeit und Vorgehensweisen, die grausam erscheinen, müssen häufig verteidigt werden. Doch der

Bereich zwischen Grausamkeit und Freundlichkeit ist groß, und es gibt keine saubere Aufteilung, welcher Bereich zu welchem Lager gehört. Es gibt humane Handlungen, die dem Uneingeweihten grausam vorkommen. Andererseits ist es möglich, so „freundlich" zu sein, dass es grausam ist, was schließlich denselben Effekt hervorruft wie offensichtliche und absichtliche Misshandlung. Wir benötigen eine umfassendere Definition.

In seinem Buch *Creating Love* bietet John Bradshaw eine Definition für Gewalt gegen andere. Obwohl er über Menschen schreibt, gilt vieles auch für Tiere: „Ich betrachte alles, was das Selbstempfinden einer Person verletzt, als Gewalt. Solche Handlungen sind möglicherweise nicht direkt körperlich... obwohl sie es häufig sind. Nach meiner Definition ist Gewalt im Spiel, wenn eine mächtigere und klügere Person die Freiheit einer schwächeren Person zerstört, die für sie bedeutsam ist."

Bradshaw beschreibt weitere, weniger offensichtliche Formen der Gewalt gegen Kinder, von denen viele auch in unserer Beziehung zu Tieren und anderen Erwachsenen zu finden sind:

„...sie Formen körperlicher Gewalt erleben lassen; sie nicht vor Schikanen zu schützen; sie emotional im Stich zu lassen; ...sich weigern, ihnen Grenzen zu setzen; sie für die eigenen Bedürfnisse nach Bewunderung und Respekt zu nutzen; sie verwenden, um eigene Enttäuschungen und Traurigkeit zu vertreiben, indem sie Leistungen erreichen müssen, schön sein müssen, sportlich sein müssen, klug sein müssen usw.; ...sie als Ventil für eigenen Ärger und Scham benutzen; die Weigerung, eigene ungelöste Probleme aus der Vergangenheit zu lösen."

Bradshaws Liste enthüllt die Wahrheit über Grausamkeit und Gewalt – obwohl sie sich nach außen wendet, liegt die Wurzel dafür in uns. In dem Umfang, in dem wir uns dessen bewusst und bereit sind, die komplexen Bereiche unserer Seelen zu erfassen, werden wir in der Lage sein, einen sicheren Weg zu wählen, der weg führt von Grausamkeit und Gewalt. Doch das ist nicht einfach. Gewalt gegen andere tritt in vielen Verkleidungen auf, eingehüllt in Rechtfertigung, koppelt sie sich an Gewohnheit. Es ist einfach, darüber zu reden, human und freundlich zu sein; manchmal ist es jedoch ermüdend, immer zu hinterfragen, wie und warum Sie sich entscheiden, sich so zu benehmen, unabhängig davon, wer Ihnen sagt, was Sie tun *sollten*. Außerdem ist es einfach, freundlich, fair und sanft zu sein, wenn alles gut läuft. Der Test, wer wir sind und wo wir uns auf unserer Reise zu humanen Beziehungen befinden, kommt in stürmischen Zeiten.

Wenn eine enge Beziehung angestrebt wird, öffnen wir die Tore für Streit und Konflikt. Durch die Natur der Beziehung zwischen Menschen und Hunden haben wir das Bedürfnis geschaffen, dem Hund unseren Willen aufzudrängen, wenn auch nur aus dem Grund, dass unsere moralische Verpflichtung, den Hund vor den Gegebenheiten der tierischen Natur zu schützen, die mit den Einschränkungen der oft höchst unnatürlichen menschlichen Welt kollidieren. Wir machen uns möglicherweise einer besonders schweren Form der Grausamkeit schuldig (vielleicht der schlimmsten aller Grausamkeiten, da es eine Perversion und eine Verweigerung unserer Verpflichtungen bedeutet), wenn wir nicht tun, was nötig ist, um die Sicherheit des Hundes zu gewährleisten. Wenn wir unsere Verpflichtung jedoch als moralische Rechtfertigung nutzen, um Konflikte zu lösen, indem wir etwas oder alles „zu deinem eigenen Besten" tun, haben wir mögliche Grausamkeit nicht ausgeschlossen, sondern ihre Einbeziehung praktisch sichergestellt.

Wir haben zwei grundlegende Möglichkeiten für den Versuch, Konflikte in Beziehungen zu lösen: Überzeugung oder Zwang. Überzeugung ist nur dort möglich, wo Freiheit besteht. Wenn ich bereit bin, *jede* der möglichen Entscheidungen des anderen zu akzeptieren, kann ich bei meinem Versuch, den anderen dazu zu bekommen, dass er tut, was ich möchte, pure Überzeugungskraft einsetzen. Überzeugung enthält keine Elemente der Grausamkeit – Überzeugung enthält die Freiheit beider Beteiligten, und in dieser Freiheit liegt tiefer Respekt, selbst bei Uneinigkeit. Wenn der Hund tatsächlich die Möglichkeit hat, „nein, danke" zu sagen, und wir wirklich bereit sind, diese Antwort zu akzeptieren, dann handelt es sich um Überzeugung. Auf unseren Spaziergängen sage ich Bee häufig: „Gib es mir." Egal wie ihre Antwort ausfällt – ob sie mir das Spielzeug gibt, damit ich es werfen kann, oder es behält –, ist sie für mich in Ordnung; sie hat in dieser Situation wirklich die Wahl, was sie tut. „Gib es mir" ist kein Befehl, sondern ein Vorschlag, ein Versuch, sie zu überzeugen, mir das Spielzeug zu überlassen. Ich muss mir sehr gut bewusst sein, was ein Vorschlag und was ein Kommando ist, und diese Unterscheidung konsequent beibehalten.

Doch Überzeugung hat Grenzen, besonders im Zusammenhang mit unserer Rolle als Beschützer und Pfleger kann sie scheitern. In einigen Situationen kann Zwang gerechtfertigt sein, besonders wenn es gefährlich oder sogar tödlich sein kann, wenn nicht auf eine bestimmte Art reagiert oder gehandelt wird. Nur wenige von uns würden versuchen, ein Kind zu überzeugen, das gerade eine Gabel in die Steckdose stecken oder in den fließenden Verkehr laufen möchte; die meisten von uns würden es einfach zwingen, das zu unterlassen.

In dem Augenblick, in dem wir beginnen, die Möglichkeiten des Hundes einzuschränken, wenn „nein" keine akzeptable Reaktion mehr ist, überzeugen wir nicht mehr, sondern zwingen unseren Willen auf. Das Wörterbuch definiert Zwang als

1. die Einschränkung oder Beherrschung durch Aufhebung des eigenen Willens;
2. zu einer Handlung oder einer Wahl zwingen;
3. durchsetzen oder verursachen durch Gewalt oder Androhung von Gewalt.

Zwang umfasst die ganze Skala von leichter Einschränkung (körperlich oder psychisch) bis zu körperlichem Angriff, doch immer bedeutet es, einem anderen in gewisser Hinsicht die völlige Freiheit zu verweigern. Obwohl Zwang die Möglichkeit von Grausamkeit enthält, ist sie nicht gleichbedeutend damit. Vielleicht ist es hilfreich zu bedenken, dass Hunde untereinander ebenfalls (körperlichen und psychischen) Zwang anwenden.

Egal wie liebevoll wir sind, egal wie human wir unsere Hunde behandeln, irgendwann einmal haben wir keine Möglichkeit außer Zwang. Wir können Hunden nicht human die völlige Freiheit bieten, nur das zu tun, was sie möchten, genauso wenig wie liebevolle Eltern Kindern erlauben können, nur das zu tun, was sie möchten. Irgendwann geben wir dem Hund keine Möglichkeit, etwas anderes zu tun, als das, was wir von ihm möchten oder was er unserer

Meinung nach tun muss. Auf irgendeine Weise werden wir dafür sorgen, indem wir den Hund für eine tierärztliche Untersuchung sanft zurückhalten, indem wir einfach eine Leine und ein Halsband benutzen, um ihn daran zu hindern, ein Eichhörnchen zu jagen, oder indem wir ihm unsere Aufmerksamkeit entziehen, um zu verdeutlichen, dass sein Verhalten inakzeptabel ist. Egal wie sanft wir den Zwang anwenden, unabhängig davon, von wieviel Liebe und guten Absichten unsere Einschränkung der Freiheit eines anderen begleitet wird, unsere Handlungen bedeuten Zwang.

Es gibt Zeiten, in denen die einfache Verpflichtung, der Halter und Beschützer eines Hundes zu sein, dem Drang, den Bedürfnissen, Wünschen und sogar den Instinkten eines Hundes widerspricht. Wie wir den unausweichlichen Konflikt zwischen uns und dem Hund handhaben, wie wir Zwang anwenden, ist die Frage. Hier betreten wir einen schwierigen Bereich. Grausamkeit zeigt ihre hässliche Fratze nicht in Momenten der Übereinstimmung; nur wo Konflikte bestehen, kann Grausamkeit entstehen. Ein Freund von mir hat einmal gesagt, dass Verärgerung nicht möglich ist ohne ein Ziel. Kein Ziel - keine Möglichkeit für Verärgerung oder Wut. Ich habe lange darüber nachgedacht und festgestellt, dass, egal wie bescheiden oder unwichtig das Ziel ist, sobald ich etwas habe, was ich möchte, ein Ergebnis, das ich mir mehr als andere Ergebnisse wünsche, die Möglichkeit für Ärger oder Wut entsteht. Weiter auf der Skala entsteht sogar die Möglichkeit der Grausamkeit, wenn ich gewillt bin, mein Ziel um jeden Preis zu verfolgen, selbst auf Kosten eines anderen Lebewesens. Wir verfolgen unsere Ziele möglicherweise nicht skrupellos. Doch ein Ziel zu formulieren und es anzustreben, schränkt unsere Perspektive zusätzlich ein; mit unserem Ziel vor Augen vergessen wir möglicherweise den Hund neben uns.

Wichtiges und Unwichtiges

Trotz unangenehm solider Kenntnisse, wie Tiere im Namen des Trainings misshandelt werden, bin ich fasziniert von dem, was zwischen einem Menschen und einem Tier möglich ist. Ich weiß, was es bedeutet, mit einem Tier als Partner ein Ziel zu verfolgen, und ich weiß, wie einfach es ist, mit einem Wunsch vor Augen unverwandt gebannt ein Ziel anzuvisieren und den Blick für das sehr reale Tier an meiner Seite zu verlieren. Trotzdem ist das Anstreben hervorragender Leistungen ein gutes und edles Bestreben, das fragt: „Was könnte sein? Was wäre möglich? Wie weit können wir gehen?"

Wenn wir uns diese Fragen für uns selbst stellen, sind wir nur durch die Auswirkungen unserer Taten auf andere um uns herum eingeschränkt, und es steht uns relativ frei, uns sehr stark zu fordern, um unser Ziel zu erreichen. Doch wenn wir ein Tier als Partner haben, wirft das sehr viel problematischere Fragen auf. Wie stark können wir Tiere fordern, ohne unmenschlich zu werden? Wie kann ein Tier glänzende Leistungen erbringen, sein Bestes für eine Aufgabe einbringen, seine Talente selbstbewusst und freudig ausleben? In den besten Fällen ist es einfach Folgendes: die Beziehung zwischen einem Tier und einem Menschen. Wenn in einer gesunden und für beide Seiten freudigen Beziehung das Hund-Mensch-Team die höchsten Leistungen anstrebt, zu denen es als Team fähig ist, dann ist das die Vervollkommnung eines bereits wunderbaren Schatzes.

Soweit ich weiß, ist noch kein Hund mit einer Hundezeitschrift im Fang auf das Bett seines Besitzers gesprungen und hat gesagt: „Das musst du lesen. Sie bieten einen neuen Titel an! Wenn ich lernen könnte, X, Y und Z zu tun, und es in weniger als 53 Minuten fehlerfrei machen kann, könnte ich Meister werden. Oh, mein Gott!" Das ist die Vorstellung, die irgendwie selbst von den liebevollsten Hundebesitzern manchmal übersehen wird: Hunde sind keine Freiwilligen. Sie werden eingezogen. Ich habe kein Problem damit, einen Hund „einzuziehen", damit er neue Fähigkeiten erlernt und seine gottgegebenen Talente einsetzt.

In hohem Maße führen Hunde und andere Tiere, die gut ausgebildet sind, häufig ein interessanteres Leben mit mehr Reizen, als ihnen im Garten oder auf dem Feld geboten werden. Ich habe den Eifer in den Augen von Hunden gesehen, die gebeten wurden, in dem Bereich zu arbeiten, den sie am besten beherrschen, ob es sich um das Hüten von Schafen, die Jagd auf Vögel, perfektes „bei Fuß-Gehen" in präziser Harmonie mit dem Hundeführer oder um liebevolle Begleitung als Therapiehund handelte. Auch ohne die natürlichen Anreize eines Lebens im Rudel sind Hunde sehr intelligente Wesen, die die Möglichkeit begrüßen, ihren Geist auf neue Art einzusetzen. Daher ist es theoretisch eine gute Sache, ein Tier auszubilden. In der Praxis passiert jedoch häufig etwas anderes.

Es gibt viele Trainingsansätze, die alle versprechen, Ihren Hund gutes Benehmen zu lehren – ein Ziel, das auf den ersten Blick löblich erscheint. Obwohl das Endergebnis gut sein mag, sind es nicht alle Wege dorthin; denn nicht alle (nur wenige) sind fair und human. Obwohl das Ziel, einen Hund mit gutem Benehmen zu erhalten, ein gutes Ziel ist, müssen wir sorgfältig darauf achten, was wir bereit sind zu tun, um dieses Ziel zu erreichen. Wir müssen unterscheiden zwischen wesentlichen Fähigkeiten für sein Leben und unwichtigen Fähigkeiten, die nicht dazu dienen, ihn fit und stark für das Leben zu machen. Diese Unterscheidung hilft uns, die relative Wichtigkeit dessen, was unterrichtet wird, klar zu definieren. Wie entscheiden wir ohne diese Unterscheidung, was für unseren Hund, unseren Lebensstil und die Art der angestrebten Beziehung am angemessensten ist?

Das Gewicht, das wir auf die Wichtigkeit des Lehrens von X, Y oder Z legen, sagt viel über uns aus. Wir sollten sorgfältig darauf achten, dass uns bewusst ist, was wir als wichtig genug empfinden, um es um fast jeden Preis anzustreben, und was wir nicht tun werden. Es ist viel zu einfach, in Nettigkeiten verstrickt zu werden, die nichts mit Zusammenarbeit und gutem Benehmen des Hundes zu tun haben. Gesunder Menschenverstand sagt uns, dass, wenn für das Leben wichtige Fähigkeiten betroffen sind, einige überzeugende Gründe dafür vorliegen, beharrlich daran zu arbeiten, damit diese Fähigkeiten beherrscht werden, unabhängig davon, ob der Hund oder die Person diesen Vorgang genießt. Ich denke jedoch, dass wir die moralische Verpflichtung haben, Lernen so angenehm wie möglich zu gestalten.

Eine humane Ausbildung ist möglich, wenn uns sehr deutlich bewusst ist, was wir zu erreichen versuchen, wie wir es lehren möchten und auch *warum* wir überzeugt sind, dass es wichtig ist, dass der Hund insbesondere *diese* Fähigkeit erlernt. Die Wichtigkeit, die wir einem bestimmten Ziel zuschreiben, diktiert unsere Bereitschaft, sogar unangenehme Wege, dieses Ziel zu erreichen, zu akzeptieren. Immer wenn wir vergessen, dass wir nicht mit Freiwilligen zu tun haben, wenn wir Bereitschaft und Begeisterung mit fundierter Zustimmung verwechseln, beginnen wir eine gefährliche Bewegung weg von unserem Hund als unserem Freund und Partner und hin zum Hund als nach unseren Bedürfnissen und Erwartungen zu formendes Objekt.

Wichtige Fähigkeiten für das Leben sind Fähigkeiten und Verhaltensweisen, die ein Hund lernen muss, damit er maximale Freiheiten und minimale Risiken und Stress *in seiner Welt* erfährt. Das bedeutet für jeden Hund etwas anderes. Es gibt kein Buch, das Verhaltensweisen herausstreicht und sie säuberlich in Kategorien einteilt: wichtig oder unwichtig. Es ist nicht einmal möglich, ein bestimmtes Verhalten auszuwählen und zu sagen, dass es für alle Hunde wichtig sei. Die Fähigkeiten, die ein Hund für sein Leben benötigt, variieren stark von Hund zu Hund und werden auf einzigartige Weise von seinem Leben bestimmt.

Ich kann meine Hunde zum Beispiel auffordern, auf dem Weg zum Stall präzise bei Fuß zu gehen, doch sie müssen das nicht können. Da wir weit entfernt von Straßen leben, können wir sehr flexibel entscheiden, wie wir und die Hunde uns gemeinsam auf der Farm bewegen. Für ihr Leben ist es unwichtig, ob sie präzise bei Fuß gehen können. Ich halte die Bereitschaft, sich auf Befehl schnell hinzulegen, jedoch für eine wichtige Fähigkeit für ihr Leben, genauso wie das Bleiben, wo sie abgelegt wurden, bis das Kommando aufgelöst wird. Das kann ihr Leben retten oder sie vor Schaden bewahren, daher bestehe ich auf ziemlicher Präzision bei dieser Aufgabe. Da ich es für eine wichtige Fähigkeit für ihr Leben halte, bin ich gewillt, etwas Zwang (keine Gewalt!) anzuwenden, um die Befolgung des Kommandos durchzusetzen.

Doch ich muss extrem ehrlich in Bezug auf meine Erwartungen und das Verständnis des Hundes sein. In dem Umfang, wie ich meine Zeit, meine Aufmerksamkeit und mich selbst für die Übung dieser wichtigen Fähigkeit einbringe, gehorchen sie weitgehend, ohne dass auch nur etwas mehr als leichter Zwang nötig wird – ein scheltendes „eh!" oder zur Erinnerung eine leichte Hand auf dem Nacken. Wenn ich schnelles Hinlegen und zuverlässiges Liegenbleiben schleifen lasse, lassen *sie* es schleifen, *weil es in ihren Augen nicht wichtig ist*. Es ist nur mir wichtig, daher bin ich dafür verantwortlich, mir dessen sehr bewusst zu sein, und verpflichtet, in die Durchführung des Verhaltens Zeit und Mühe zu investieren. Wenn ich mir meiner Verpflichtung nicht bewusst bin und den Hunden die Schuld gebe, die nicht verstehen, wie wichtig dieses Verhalten für ihre Sicherheit ist, dann könnte mich das dazu verleiten, Gewalt anzuwenden und dabei den Hunden statt mir die Schuld zu geben.

WENN DIE ANTWORT „NEIN" LAUTET

Es wäre nett, eine Liste zu besitzen, die uns sagt, welche Reaktion auf eine bestimmte Situation oder ein bestimmtes Verhalten schlecht und welche nett ist. Doch nichts ist so eindeutig, wie wir es gerne hätten, und im Zusammenhang mit der Beziehung müssen wir in jeder Situation Entscheidungen für unser eigenes Verhalten treffen. In einer Situation, in der ich Zwang anwende, statt zu überzeugen, tue ich mein Bestes, möglichst den minimalen Zwang anzuwenden, der zum Erfolg führt. Das ist eine ständige Herausforderung, da es keine feste Grenze dafür gibt, was bei einem bestimmten Hund in einem bestimmten Moment erfolgreich ist. Die Situation, die entsprechende Stimmung des Hundes und meine Stimmung, das Wetter, was einen Augenblick oder eine Woche vorher passiert ist, was wir zum Essen hatten – da diese Komponenten einzigartig für den jeweiligen Moment sind, gibt es keine Methode vorherzusagen, wie stark der Zwang sein muss, der in diesem Augenblick eine effektive Kommunikation darstellt. Feine Details müssen berücksichtigt werden.

Wenn ich beispielsweise sage, dass ein Hund sich geweigert hat, sich hinzulegen, ist das keine ausreichende Information, anhand derer ein menschlicher Trainer eine Empfehlung abgeben kann, wie mit dieser Situation umgegangen werden sollte. „Mein Hund legt sich nicht auf Kommando hin", ist nur der Anfang einer möglicherweise langen Diskussion und Untersuchung, warum das so sein könnte und was daher getan werden könnte. In dem Maße, in dem wir gewillt sind, uns in die Diskussion einzubringen, und ernsthaft an der möglichen Antwort interessiert sind, arbeiten wir auf humane und liebevolle Weise. Wenn wir nicht mehr neugierig sind, wenn es uns inzwischen egal ist, was die Erklärung sein könnte, haben wir uns für Grausamkeiten geöffnet. Es ist nichts Humanes oder Faires in der Weigerung, den triftigen Grund dafür zu erkennen, warum ein anderes Wesen etwas anderes tut, als wir wollen oder erwarten.

Warum hat sich der Hund nicht hingelegt? Die einfachste Antwort – eine, die wir in unseren Beziehungen zu anderen Menschen, jedoch nur selten in unseren Beziehungen zu Tieren berücksichtigen – lautet, dass die Antwort aus irgendeinem Grund „nein" ist. Viel zu häufig sind wir bei unserer Kommunikation mit Hunden nicht wirklich an einer Kommunikation oder einem Dialog interessiert; wir suchen nach Wegen, dem Hund mitzuteilen, was er tun (oder unterlassen) soll. Hier stoppt Kommunikation, und Diktatur, egal wie wohlwollend sie eventuell gemeint sei, setzt ein.

Wenn jemand, den wir lieben oder zumindest sehr respektieren, „nein" zu uns sagen würde, wäre eine angemessene und respektvolle Erwiderung darauf: „Warum nicht?" Die Frage würde mit der ernsthaften Absicht gestellt werden, den Standpunkt des anderen zu verstehen. Wenn wir den Anflug von Verärgerung oder die Wut über die Weigerung überwinden können, wenn wir wirklich interessiert sind und zuhören, können wir vielleicht lernen, dass er, obwohl er möglicherweise auf uns reagieren möchte, es aus einer Vielzahl von Gründen nicht kann. Bevor wir uns für eine humane und faire Reaktion entscheiden können, müssen wir die vollständige Mitteilung hören, die der Hund aussendet. Sagt der Hund: „Nein, ich weiß nicht, wie das geht" oder „Nein, ich bin verwirrt" oder „Nein, ich habe Schmerzen" oder etwas anderes? Vielleicht ist er körperlich nicht in der Lage dazu, findet die Handlung beängstigend (bitten Sie meine Mutter nie darum, ein Pferd zu halten, auch nicht kurz!) oder möchte lieber etwas anderes machen. Möglicherweise langweilt er sich oder ist uninteressiert. Wir können ihn verletzt oder verwirrt haben, wodurch er nicht mehr mit uns arbeiten will. Er hat unter Umständen andere Prioritäten. Vielleicht respektiert er uns nicht – diese Möglichkeit sollten wir sorgfältig bedenken, wenn wir den Punkt freundlicher Konversation und Bittens überschritten haben und auf Dingen bestehen. Wenn wir ihn lieben, wenn uns die Beziehung zu ihm wichtig ist, achten wir auf die Begründungen für die Weigerung oder den Widerstand, und unsere Herzen werden von dem Vertrauen geleitet, dass selbst wenn wir es nicht vollständig verstehen können, er einen guten Grund dafür hat, sich zu weigern.

Das bedeutet nicht, dass wir, wenn ein Hund oder jemand anderes „nein" sagt, wir ihn einfach verlassen und uns jemand anderen suchen, der bereitwilliger ist. Es ist möglich, die Begründung für die Weigerung eines Hundes zu beachten und trotzdem auf der Befolgung des Kommandos zu bestehen. Meiner Erfahrung nach braucht ein Tier häufig die Anerkennung der Motivation für die Weigerung dringender als den Verzicht auf unsere Bitte. Obwohl sich das schrecklich einfach anhört, bin ich unendlich überrascht darüber, was passiert, wenn ich einem Tier versichere, dass ich verstehe, warum es etwas unangenehm oder beängstigend findet. Ich glaube, dass Tiere, wie alle Menschen, die ich kenne, gehört werden müssen. Vielleicht reagieren die Tiere nur auf die Veränderung in mir, wenn ich in solchen Momenten mit ihnen arbeite, ihnen mein Mitgefühl anbiete, was wiederum alle meine Handlungen prägt. Doch diese eingeschränkte Erklärung erklärt nicht den Blick, den ich in den Augen unzähliger Wesen gesehen habe – ein Blick voller Dankbarkeit dafür, dass sie verstanden wurden. Der Grund für dieses Phänomen ist mir egal; für mich ist es ausreichend zu wissen, was passieren kann, wenn ich den Widerstand eines anderen Wesens respektvoll als etwas anerkenne, das so gerechtfertigt und real ist, wie mein Beharren auf einen anderen Weg.

Wenn Sie den Grund für ein „Nein" verstehen, wenn Sie verstehen, warum Sie Wert auf die Befolgung legen, wenn Sie Ihr eigenes Herz kennen, können Sie sich dafür entscheiden, Zwang auszuüben, und das so fair, wie es Ihr Wissen und Ihre Fähigkeiten zulassen. Wenn Sie den Grund für die Weigerung verstehen, verstehen Sie, dass Sie möglicherweise einen anderen Weg einschlagen müssen und dass Sie in Zukunft, wenn Sie wieder an eine Kreuzung kommen, besser einen anderen Weg wählen.

Obwohl wir uns bei dem Gedanken an Zwang als Teil der Beziehung möglicherweise unbehaglich fühlen, müssen wir ihn bei dem Streben nach einer humanen, liebevollen Behandlung für ein Wesen, das uns wichtig ist, berücksichtigen. Manchmal haben wir vielleicht nur die Möglichkeit, die Unterwürfigkeit des Hundes zu erzwingen. Doch selbst in diesen Momenten, in denen wir die vollständige Freiheit eines anderen Wesens nicht berücksichtigen können, müssen wir seine Weigerung als wertvolle Kommunikation ansehen, die in unseren Überlegungen berücksichtigt wird und unsere Handlungen beeinflussen kann. Wenn wir Zwang anwenden - egal wie sanft -, lassen Sie uns das bewusst tun, auf dass es nicht gerechtfertigt und angenehm für uns ist, vielleicht zu einer Selbstzufriedenheit führt, die wir nicht empfinden sollten. Selbstzufrieden hören wir vielleicht auf - immer, erbarmungslos, im Namen der Liebe - nach Wegen zu suchen, wie wir ohne Zwang die Zustimmung des Hundes erlangen; solche Wege gibt es häufig, obwohl sie möglicherweise mehr Aufwand für uns bedeuten. Wenn wir nicht gewillt sind, uns mehr Mühe zu machen, um ein humaneres Ergebnis zu erzielen, müssen wir uns das ehrlich eingestehen, dürfen unser Verhalten nicht als Notwendigkeit entschuldigen. Zwang ist ein verhängnisvoller Weg und egal in welchen variierenden Maßen wir ihn anwenden, eröffnet er Möglichkeiten (führt jedoch nicht zwangsläufig dazu) für Grausamkeiten. Daher müssen wir sehr vorsichtig vorgehen und uns klar darüber sein, auf welcher Seite des Zauns wir uns befinden: überzeugen oder zwingen wir? Zwang mag unausweichlich und Teil des Lebens sein, aber er muss nicht Grausamkeit bedeuten, besonders dann nicht, wenn wir immer den Hund im Auge behalten.

Was passiert, wenn wir eine unwichtige mit einer wichtigen Fähigkeit verwechseln? Man sollte hoffen, dass nicht mehr auf dem Spiel steht als vergeudete Zeit und der Geist des Hundes, der nun etwas mehr interessante, aber unwichtige Belanglosigkeiten enthält. Wenn das der Fall ist, unterstützt das möglicherweise die Ansicht von James Thurber, dass der Mensch es geschafft hat, den Hund auf sein Niveau zu ziehen, der Hund es jedoch nur gelegentlich schafft, den Menschen auf sein Niveau von Klugheit anzuheben.

Wenn wir Unwichtiges für wichtig halten, verschwenden wir leider unter Umständen nicht nur unsere Zeit und die des Hundes. Möglicherweise sind wir auch bereit, Zwang auf törichte, belanglose und höchstwahrscheinlich unfaire Weise anzuwenden. Da ein Lebewesen für unsere Fehler bezahlt, müssen wir lange und gründlich nachdenken, was wir für wichtig halten. Die Zuordnung eines relativen Wertes kann schnell schief gehen. Wir können Dingen große Wichtigkeit beimessen, die uns helfen, traurige und leere Stellen in uns zu polieren, und uns heftig an diese Dinge (Ideen, Besitz, Religion, Menschen, Tiere, Arbeit usw.) klammern, fast um jeden Preis. Das Risiko der Grausamkeit ist immer dann sehr hoch, wenn wir die Nacktheit unserer Seele durch ein anderes Lebewesen schützen, unabhängig davon, ob es sich um einen Mann, eine Frau, ein Kind oder einen Hund handelt. Vielleicht ist das Traurigste und Ironischste daran, dass der Hund von allen, die wir möglicherweise benutzen, um uns zu schützen oder zu beruhigen, der Einzige ist, der unbeirrbar vor unseren dunkelsten Geheimnissen und schmerzhaftesten Wunden steht und uns trotzdem liebt und uns immer wieder vergibt, dass wir menschlich sind.

18

Auf der Suche nach gefühlvoller Übereinstimmung

Wollen wir ab heute Abend eine neue Regel für unser Leben aufstellen:
Wollen wir immer versuchen, etwas netter zu sein als notwendig?
J.M. Barrie

Es ist traurig, dass wir bereit sind zu fragen: „Wie kräftig soll der Klaps oder Schlag sein?" Es ist traurig, dass inkonsistente Philosophien nicht kritisiert werden, doch bis wir für uns selbst klären können, was wir denken und fühlen und wie wir daher handeln möchten, können wir nicht recht protestieren. Wo sollen wir also beginnen? Wie Philip Greven schreibt: „Wir müssen für uns selbst Pläne und Karten erstellen, egal wie fehlerhaft und unzulänglich sie anfangs sind, um unseren Weg durch dieses Labyrinth von Bestrafungen zu finden, die bereits so lange angewendet werden, wie wir in die Vergangenheit sehen können." Wir müssen von uns selbst Kohärenz fordern, Übereinstimmung unserer Taten, Worte und Werke. Wenn wir behaupten, der Freund unseres Hundes zu sein, müssen wir die Art von Freund sein, die wir selbst gerne hätten.

Egal wie aufrichtig und edel unsere Absichten sind, Fehler sind unvermeidbar. Obwohl wir versuchen können, ein Leben zu führen, das unfehlbar mit unseren tief empfundenen Wünschen, fair und human zu sein, im Einklang steht, sind wir nur menschlich. Vor dem deutlichen Hintergrund von Liebe und Respekt verletzen uns unsere Fehler möglicherweise, doch sie bieten auch die Möglichkeit, unseren Kurs zu korrigieren, dazuzulernen, Vergebung anzunehmen. Obwohl ich immer sehr unglücklich über meine Fehler bin, habe ich gelernt, sie nicht so schnell wie möglich wegzuwerfen oder zu entsorgen. Stattdessen untersuche ich gewissenhaft die unerfreulichen Schichten, bis ich schließlich finde, was allen meinen Fehlern innewohnt: ein kleines Juwel der Selbsterkenntnis.

Während der Arbeit an diesem Buch ist der wunderbare Badger bei uns eingezogen, ein erwachsener Labrador-Chow-Chow-Mischling, den viele als Problemhund bezeichnen würden. Sein Besitzer hatte Angst vor ihm, und es war einfach zu erkennen, warum. Wenn er gedrängt wurde, etwas zu tun, was er nicht tun wollte, widersetzte sich Badger körperlich und setzte seine fast 36 Kilogramm effektiv ein, indem er wegzog, aufsprang oder steifbeinig die hartnäckige Person schubste. Wenn die Person beharrlich blieb – zum Beispiel versuchte, den Hund nach draußen zu bekommen und an die Kette zu legen –, erstarrte Badger mit zuckenden Lippen und dem Beginn eines Knurrens. Wenn er weiter gedrängt wurde, enthüllte er die Zähne noch mehr. Sie waren überraschend weiß und hoben sich stark gegen die schwarze Schnauze ab. Auf weiteres Drängen machte er eine Geste mit offenem Fang zur Hand. Wenn er es für notwendig hielt, packte er die Hand oder den Arm fest, verletzte nie die Haut, hinterließ keinerlei Spuren. Doch durch den Druck seiner Kiefer und den starren Blick hinterließ er den eindeutigen Eindruck, dass er zubeißen würde, wenn er sich dazu gedrängt fühlte. Er hatte noch nie jemanden verletzt, doch es war möglich, dass er an einem bestimmten Punkt den Eindruck bekommen könnte, dass er beißen müsse, um verstanden zu werden.

Obwohl es einfach gewesen wäre, zu tun, was andere getan hatten, und ihn als „aggressiv" zu bezeichnen, ist die Wahrheit über Badger viel komplizierter. Doch unsere Beschreibungen von Hunden umfassen normalerweise Licht und Schatten nicht vollständig. Bezeichnungen neigen dazu, alle Eigenschaften außer einer oder eine Gruppe von Eigenschaften auszuschließen, die sie versuchen zu beschreiben. Ich bin unendlich verwirrt, wie schnell wir andere in Schubladen stecken. Etwas, was ich genauso tue wie jeder andere. Trotzdem suchen wir bei anderen nach Akzeptanz und Anerkennung all dessen, was uns ausmacht, nicht nur dessen, was in eine Schublade passt. Es gefällt uns nicht, einfach in Schubladen gesteckt zu werden, die nicht vollständig umfassen, was uns ausmacht, selbst die scheinbar widersprüchlichen Facetten unserer Persönlichkeit, die in der gleichen Brust wohnen: der schroffe Fußballspieler, der gelassen strickt, der zynische Bewährungshelfer, der Kanarienvögel und Finken züchtet, der passionierte Jäger, der Rehe und Hirsche schießt, sich jedoch hartnäckig weigert, Hasen zu schießen, selbst wenn sie seinen Garten verwüsten. Badger war ein Hund mit einigen unangenehmen, ständigen Reaktionen auf bestimmte Situationen, aber er war viel mehr als das. Wenn wir ein anderes Wesen wirklich verstehen möchten, müssen wir in unserem Geist und unserem Herzen Raum schaffen für die Widersprüche und das Nebeneinander, das jeden von uns einzigartig macht, wenn auch manchmal unerträglich oder verwirrend. Wenn wir nur das sehen, was mit einer Bezeichnung zusammengefasst werden kann, kann unser persönliches Licht nie vollständig leuchten, zumindest nicht auf uns.

Badger war viel mehr als ein Hund, der gelernt hatte, dass die Androhung zu beißen eine effektive Form war, seine Verwirrung, seine Frustration und seinen Groll mitzuteilen. Er war auch ein liebevoller, lustiger, vergebender, anderen Tieren gegenüber toleranter, sehr intelligenter Hund und – am wichtigsten – ein Hund, der nichts so sehr wollte wie die Möglichkeit, bei uns oder in unserer Nähe zu sein, egal was wir taten. Das war kein Hund, der grundlos aggressiv wurde – wenn er nicht auf sehr bestimmte Arten gereizt wurde, war er bemerkenswert umgänglich und angenehm. Er hatte keinen Spaß daran, seine Zähne zu zeigen, mit verzweifeltem Widerstreben machte er seinen Standpunkt deutlich. Ich war sicher, dass etwas Aufmerksamkeit, Übung und klare, konsequente Regeln Badgers Bedürfnis zu drohen auslöschen würden. Ich war auch sicher, dass es zu Konflikten kommen würde, während wir uns kennen lernten.

Unser erster Konflikt mit Badger entstand in der ersten Nacht. Nachdem wir ihn erst weniger als sechs Stunden bei uns hatten, erschien es klüger, dass er die Nacht in einer großen Hundebox neben unserem Bett verbrachte, ein Arrangement, das klar machte, dass er zur Familie gehörte und ihm Sicherheit gewährte, sodass er keine Fehler machen konnte, während er schlief. Obwohl er fast 36 Kilogramm wog, war Badger – wie wir uns ständig ermahnten – nur ein großer Welpe in Bezug auf das, was er kannte, und wir mussten ihn behandeln wie jeden unerzogenen Welpen und durften ihm keine Freiheiten und Privilegien einräumen, die er nicht verdient hatte oder mit denen er nicht umgehen konnte.

Uns erschien es ziemlich fair, ihn in einer Box unterzubringen, die nur eine Armeslänge von meinem Kissen entfernt war. Er war schließlich an eine Hundebox gewöhnt. Doch das war auch das Problem. Unserer Meinung nach bot die Box die notwendige Sicherheit, und wir wussten auch, dass Badger so wenig Zeit wie möglich in der Box verbringen würde; angesichts unseres Lebensstils auf der Farm und unserer ständigen Anwesenheit bedeutet das wirklich *sehr wenig* Zeit. Badgers Erfahrung nach bedeutete das Hineingehen in die Box den Anfang eines langen, einsamen Tages – sein Besitzer hatte den ganzen Tag gearbeitet und ihn in seiner Abwesenheit immer eingesperrt. Daher war es wenig überraschend, dass Badger, nachdem er am ersten Abend bei uns mehr Freiheit und Aufregung gehabt hatte als in seinem gesamten Leben, nicht bereit war, das aufzugeben. Er spannte sich an, als wollten wir ihn über eine Klippe stürzen, statt ihn nur in eine Box zu führen. Glücklicherweise war er sehr angetan von den Leckereien, die wir ihm anboten; ohne es zu überdenken, folgte er einer Hand voll Leckerchen, die wir in die Box warfen. Er schluckte die Leckerchen, drehte mir sein Gesicht zu und drückte seine Nase gegen die Tür der Box. Bestürzung zeigte sich auf seinem Gesicht, als ihm klar wurde, dass er eingesperrt war. Er blieb einen langen Moment stehen und legte sich dann seufzend hin, sein Blick ruhte noch auf meinem Gesicht. In diesem gedankenvollen, überlegenden Blick konnte ich eine Intelligenz erkennen, die sich nicht nochmals durch eine Kleinigkeit überlisten lassen würde.

Badger erwies sich als guter Beobachter mit unglaublichem Gedächtnis und der Fähigkeit, sich zurückzulehnen und die Situation zu überdenken, bevor er handelte. In Kenntnis der möglichen Konflikte und darauf bedacht, das Beste für unsere langfristige Beziehung zu tun, waren John und ich zur Führung und Anleitung bereit, ausgerüstet mit Geduld, der notwendigen Zeit, leckeren Häppchen und einer sanften Hand am Halsband. Obwohl es möglicherweise einige zusätzliche Minuten erforderte, obwohl es unausweichlich Momente gab, in denen unsere Anforderungen seine Zustimmung überstiegen und in denen er begann, unsere Hände oder Arme (immer sanft) warnend ins Maul zu nehmen, endete Badger schließlich dort, wo wir ihn haben wollten, und wurde mit Lob überschüttet.

IMMER VOR DER MORGENRÖTE AM DUNKELSTEN

Was wird über Geduld gesagt? Dass Ihnen immer dann bewusst wird, dass Sie sie brauchen, wenn Sie sie verlieren? Ich verlor die Geduld mit Badger etwa zwei Wochen nach seiner Ankunft, an einem eisigen Morgen, als mich die Hunde nach weniger als zwei Stunden Schlaf informierten, dass sie hinaus mussten. Müde, frierend und mit dem Wunsch, mit Veilchen statt mit Hunden zusammenzuleben, stolperte ich die Treppe hinunter, um sicherzustellen, dass Badger und der Welpe Bird wirklich nach draußen gingen. Mit verschlafenem Blick lobte ich gut platzierte Pfützen (es ist schwierig, erfreut zu klingen, wenn die Zähne heftig klappern) und ging zurück in Richtung Bett, umgeben von freudig entleerten Hunden, als ich die Treppe hinaufstieg. Ich bemerkte Badger in der Hundegruppe und lächelte in mich hinein, als er die Ecke zum Schlafzimmer wedelnd umrundete. „Er fühlt sich heimisch", sagte ich mir, ohne zu vermuten, wie Recht ich hatte. Als ich das Schlafzimmer erreichte, sah ich einen unwillkommenen Anblick im schwachen Licht: Badger hatte sich auf dem Bett ausgestreckt.

Seufzend griff ich mir die Hundekekse und begann mit einer Begeisterung, die ich nicht empfand, alle sieben Hunde aufzufordern, sich für ihre Belohnung zu setzen und hinzulegen, ein Trick, der Badger aus dem Bett locken sollte. Er war bereit, das Bett zu verlassen, um seinen Keks zu bekommen, doch als ich nach dem Halsband griff und versuchte, ihn zur Box zu leiten, entwand er sich meiner Hand und sprang zurück aufs Bett. Verärgert griff ich wieder nach ihm, diesmal drehte er sich auf den Rücken, trat mit allen vier Pfoten wild in die Luft und drückte mich weg. Lange damit vertraut, mit solchen trickreichen Hunden umzugehen, griff ich fachmännisch an seinen Beinen vorbei nach dem Halsband – und bekam Zähne gezeigt, die im Halbdunkeln leuchteten. Ohne Angst, aber zunehmend verärgert zog ich an seinem Halsband und versuchte ihn umzudrehen. „Verdammt Badger, geh in die Box!"

Als Antwort umfasste er meinen Arm, Wut stieg in mir auf. Mein Zorn war nicht auf Schmerz zurückzuführen; seine Kiefer um meinen Arm schmerzten nicht. Obwohl er Druck ausübte, der nicht ignoriert werden konnte, war Badger immer präzise und sich sehr wohl bewusst, was er tat, darauf vertraute ich (obwohl ich es bei einem anderen Hund vielleicht nicht getan hätte). Ich war verärgert, weil etwas so Einfaches, wie einen Hund in eine Box zu schicken, eine solche Zeitverschwendung bedeutete, weil ich erschöpft war und fror und von ihm nur wollte, dass er sicher war, während er schlief. Das schien mir keine übertriebene Anforderung zu sein, besonders für einen Hund, der sehr gut wusste, wie es geht. In diesem Moment, in dem ich mich nur auf das konzentrierte, was ich wollte, wie ich mich fühlte und wie verärgert ich über die ganze Sache war, verließ mich einiges. Ungeduldig und kein bisschen neugierig auf Badgers Gefühle oder seinen Standpunkt, war ich weit entfernt von Mitgefühl oder Fairness und viel näher an Grausamkeit, als ich es sehr lange Zeit gewesen war.

Wenn wir das Ende der Neugier oder Geduld erleben, wird das Mitgefühl abgeschaltet. Für Mitgefühl gibt es einige Bedingungen: Wir sind interessiert, neugierig, fasziniert vom Standpunkt des anderen. Wir investieren Zeit und Geduld, um herauszufinden, was möglich ist. Wir sind bereit und fähig, unsere eigenen Ängste, Gefühle und sogar Bedürfnisse beiseite zu stellen, Platz zu machen für die Bedürfnisse und Gefühle des anderen, um sie zu untersuchen und zu studieren. Wenn wir das tun, unsere Neugier geduldig nutzen und uns leeren, um die Perspektive des anderen aufzunehmen, dann handeln wir gefühlvoll. Die dadurch gewonnene Beziehung ist nicht nur stark, sie kann uns grundlegend verändern. Die schwierigste Arbeit des Mitgefühls ist vielleicht genau das: unsere Sachen beiseite zu schieben, zumindest für den Moment; den erforderlichen Platz für die Dinge des anderen freudig zu räumen.

Doch es war nichts Gefühlvolles an dem, was ich tat, und auf dem Tisch lag im Moment nur mein Zeug. Mit zusammengebissenen Zähnen und dem Feuer der Rechtschaffenheit in mir stellte ich Badger ohne Umschweife am Halsband auf seine Pfoten und fauchte ihn an, in die Box zu gehen. Als Antwort bewies Badger sehr viel mehr Kontrolle über seine Gefühle als ich: Er biss mich nicht. Er packte meinen Arm, ohne mich wirklich zu verletzen, und drehte sich wieder herum, wobei er meinen Arm im Maul behielt, meine Finger waren schmerzhaft in seinem Halsband verfangen (was fürchterlich wehtat). Für einen langen Augenblick kämpften wir, die ganze Zeit fragte ich mich in meiner Wut, warum ich zugestimmt hatte, diesen frechen Hund aufzunehmen, diesen verwöhnten, albernen, idiotischen Hund, dieses blöde Biest. Als ich schließlich die Finger aus seinem Halsband befreite, gab ich ihm einen Klaps auf die Schnauze. Ohne nachzudenken, verletzt, ungeduldig und über den Punkt der Fürsorge hinaus gab ich ihm einen Klaps. Einmal. Einen festen.

Mit einem überraschten Knurren ließ Badger meinen Arm los und zog sich zurück, zeigte mir alle seine Zähne, beobachtete mich genau. Für einen langen Moment starrte ich in die Augen eines sehr verärgerten Hundes und fühlte die Hitze meiner eigenen Verärgerung – ich fror nicht mehr wie noch vor einigen Minuten, als ich den Hunden im frostigen Garten beim Pinkeln zusah. Plötzlich wurde mir bewusst, wie sehr ich aus dem Gleichgewicht geraten war, und ich veränderte meine Haltung. Während ich das tat, vergrößerten sich Badgers Augen. In der Erwartung, dass ich wieder nach ihm greifen würde, zog er sich etwas weiter zurück. Ohne mich aus den Augen zu lassen, schnappte er in die Luft und bellte, ein schrilles Bellen deutlicher Frustration.

Als ich durch das *Klack-Klack-Klack* seiner Kiefer in der Leere zwischen uns wieder zu mir kam, konnte ich wieder sehen. Mein Ärger schmolz in einer Welle des Mitgefühls, und ich konnte Badger wieder sehen. Ich sah einen Hund, dessen einziges Verbrechen es war, im warmen, weichen Bett neben mir zu schlafen; ein Hund, der aus Erfahrung wusste, dass Hundeboxen Einsamkeit bedeuteten; ein Hund, der glaubte, dass Menschen nachgeben, wenn man die Zähne zeigte. Ich sah einen Hund, der überrascht von meiner Reaktion war und verängstigt durch meine plötzliche Wut, besonders weil er bisher nur Geduld von mir erfahren hatte. Das war kein böser oder aufsässiger Hund. Das war ein unerzogener Hund, der durchsetzen wollte, was er wollte, ein Hund, der testete – wie es alle Heranwachsenden tun – wie die Regeln lauten. Am wichtigsten, dieser Hund verteidigte sich, mit Würde und Zurückhaltung, gegen einen traurigen Moment. Obwohl ich mich rühme, wie weit ich von meiner harschen Vergangenheit entfernt bin, ist mein Verständnis dessen, was human und fair ist, zu dürftig, um den dunklen Moment zu überwinden, in dem die Zähne eines Hundes in der Stille des Halbdunkels knirschen.

Als mich die Gefühle des Kampfes verließen, entschuldigte ich mich bei Badger, der meine Entschuldigung mit besorgter Wachsamkeit anhörte. Dann ging ich nach unten in die Küche, um die Hunde dort neu zu versammeln, und forderte jeden Hund auf zu sitzen und belohnte ihn mit einem kleinen Leckerchen. Ich legte Badger ruhig die Leine an, bevor ich ihm sein Leckerchen gab, sah erleichtert, dass er nicht zusammenzuckte oder zurückschreckte, sondern mit dem Schwanz wedelte und mich vertrauensvoll ansah, als ich ihn anlächelte. Dann gingen wir wieder hinauf. Mit einem Stück Rindfleisch, etwas vorsichtigem, aber nicht bedrohlich wirkendem Lenken und besonnener Verwendung der Leine konnte ich Badger dazu bekommen, ohne Theater in die Box zu gehen. (Ich denke, genau wie ich war Badger geschockt und überrascht von unserer hässlichen Begegnung. Angesichts der Möglichkeit, eine weitere Konfrontation mit jemandem zu vermeiden, der sich als ziemlich aggressiv erwiesen hatte, ging er freudig in die Box.) Ich legte mich schweren Herzens hin und wandte Badger mein Gesicht zu, während die anderen Hunde sich auf die übliche Weise neben mir niederließen. Im matten Licht des kommenden Tages glänzten Badgers Augen stetig, beobachteten mich.

Ich lag im Dunkeln und beobachtete ihn. Als ich über das Fiasko nachdachte, wurde mir klar, dass ich, wenn er kein Halsband getragen hätte, keine andere Möglichkeit gehabt hätte, als ihm meine volle Aufmerksamkeit, Kreativität und meinen Respekt zu schenken, um ihn in die Box zu verfrachten. Daran wäre nichts Ungewöhnliches gewesen. John und ich bewegen die Rinder normalerweise auf der Farm, indem wir eine Einladung schaffen, einen Raum eröffnen, in dem bereitwillige Partnerschaft existiert. Badgers Halsband war vorgeblich umgelegt geblieben, um ihn durch die Komplexität der neuen Regeln zu lenken, die er erlernen musste, eine komische Rechtfertigung, wenn wir regelmäßig ohne solche Hilfen mit Tieren umgehen, die eine halbe Tonne oder mehr wiegen. Mit der Hand am Halsband war ich versucht gewesen, Badger zu zwingen, statt seine Zustimmung zu suchen. Hand am Halsband, müde, verärgert, frierend und selbstsüchtig rechtfertigte ich mehr Zwang, als Badger das tat, von dem ich wusste, dass er es als Reaktion tun würde - ebenfalls kämpfen, drohen. Wie töricht und unfair von mir, mich auf eine Art zu nähern, von der ich wusste, dass er sich dagegen wehren würde, und es dann als gerechtfertigt zu empfinden, ihn für diesen Widerstand zu bestrafen.

Als ich einige Stunden später aufstand, nahm ich ihm sein Halsband ab. Das war eine sehr grundlegende Geste und ein aufrichtiges Versprechen. Keiner meiner Hunde trägt zu Hause ein Halsband, da Halsband und Leine im Haus und auf der Farm unnötig sind, sie werden nur bei Spaziergängen in der Stadt oder auf Reisen benötigt. Hunde, die bei uns zu Hause Halsbänder tragen, sind einfach als Gäste oder vorübergehende Mitglieder der Gruppe zu erkennen. Durch das Entfernen des Halsbandes wurde Badger zum Familienmitglied, war kein Gast mehr. Außerdem versprach ich Badger und mir selbst, unsere Beziehung in Ehren zu halten und sie nach und nach auszubauen.

Ich bin sehr dankbar für Badgers Vergebung, obwohl ich weiß, dass in unserer Beziehung auch er Grund hat, für meine Vergebung dankbar zu sein. Badger ist kein perfekter Hund, was gut ist, denn ich bin auch nicht perfekt. Jeder von uns vergisst manchmal, dem anderen zuzuhören. Jeder von uns verliert sich manchmal in seiner Sicht der Welt; jeder besteht auf etwas und widersetzt sich auf alberne, stolze Art. Doch wir gehen diesen dunklen Weg nicht lange, bevor wir uns umwenden. Er achtet darauf, dass ich ehrlich bleibe. Da er mit eigenem Gepäck und automatisierten Reaktionen ankam, hilft er mir, meine eigenen zu erkennen. Nicht so glücklich wie die Hunde, die hier geboren wurden und daher nie drohen mussten, um gehört zu werden, erinnert Badger mich an die Kraft des Zuhörens und des echten Hörens eines anderen Wesens. In diesem wachsenden Vertrauen und der zunehmenden Freude bietet er mir eine überwältigende Erinnerung, wieviel Erleichterung es bedeuten kann, in der Kommunikation des anderen einen Anflug von Verwirrung und Besorgnis zu hören. Die Spuren des Halsbandes sind an seinem Fell nicht mehr zu erkennen. Jetzt trägt er gerne ein Halsband, da es bedeutet, dass er im Auto mitfahren, an einem Hundekurs oder Abenteuer teilnehmen darf, weil es kein Weg mehr ist, ihn gegen seinen Willen anzubinden oder ihn an meinen Willen zu binden. Was diesen schönen dunklen Hund und mich verbindet, ist unsichtbar. Das Band zwischen uns ist das, wovon der kleine Prinz redet: „Man sieht nur mit dem Herzen gut, das Wesentliche ist für die Augen unsichtbar."

Gefährliche Unterordnung

Als ich eines Tages kochte, besprachen John und ich die vielen positiven Veränderungen in Badgers Verhalten, besonders die deutliche Reduzierung seiner Neigung, die Zähne zu zeigen, um zu kommunizieren. Wir redeten über die Wahrscheinlichkeit, dass dieses Verhalten in einem anderen Zuhause nicht als Kommunikation verstanden worden wäre, und das unglückselige und unnötige Ende, das Badger dadurch als „aggressiver" Hund hätte nehmen können. Ich erwähnte, wie viel Hemmungen Badger gezeigt hatte, als ich ihn geschlagen hatte, und fragte mich mit Bewunderung für seine erhebliche Selbstkontrolle, wie weit man ihn drängen müsste, damit er wirklich beißen würde. Ich sagte auch, wie schuldig ich mich fühlte, dass ich die Beherrschung verloren hatte. Johns Reaktion überraschte mich gewaltig. „Nun, er hat dir keine andere Wahl gelassen, oder?"

Oh, wie einfach wäre es, das angebotene Mitgefühl anzunehmen und mein Gewissen mit der Vorstellung zu beruhigen, dass Badger mich dazu gezwungen habe, ärgerlich zu werden. Doch ich wusste, dass Badger den Kampf im Schlafzimmer nicht angezettelt hatte. Badger war nicht an einem Kampf mit mir interessiert. Er wollte nur tun, was er als angenehm empfand – sich auf dem Bett ausstrecken –, und vermeiden, was er nicht mochte, zum Beispiel in einer Box eingesperrt sein. Wenn ich neben ihn ins Bett geklettert wäre, wäre er begeistert gewesen, hätte sich an mich geschmiegt und wäre in glückliche Träume versunken, wie er es heutzutage häufig tut, mit seinem schönen Kopf auf meiner Schulter. Ich habe den „Kampfhund" durch meine Reaktion auf Badgers verständlichen Wunsch, im Bett zu sein, freigesetzt. Obwohl es eine gute Idee und eine angemesse Forderung war, dass er sicher in der Box schläft, die Art, wie ich das durchsetzen wollte, war keine so gute Idee. Obwohl mir Badger immer wieder mitteilte, wie unfair ich war, weigerte ich mich, ihn zu hören. Ich war diejenige, die ihm nicht viel Wahl ließ. Die Schuld lag nur bei mir. Badger war nur ein Hund mit eingeschränkten Möglichkeiten bei einem Konflikt.

Statt mir liebevoll der eingeschränkten Möglichkeiten bei Konflikten bewusst zu sein (Schluck!) und das Notwendige zu tun, um dies ruhig und so sanft wie möglich zu erkennen, konzentrierte ich mich darauf, wie sehr ich fror und wie müde ich war. Ich dachte nicht darüber nach, wie schmerzlos ich das ganze Problem mit einer Leine und einigen Leckerchen lösen konnte – ich dachte nur daran, wie wenig ich nach unten gehen wollte. Meine egoistische, emotionale Motivation dafür, den Hund zu schlagen, machte das zu einer schrecklicheren Grausamkeit als eine ruhige, emotionslose „Korrektur" eines Trainers, der von ganzem Herzen glaubt, dass er angemessen und fair handelt. Wie willentliche Grausamkeit es tut, schädigte dieser kurze Moment meine Seele mehr als die zahllosen Momente, in denen ich gewaltsamer vorgegangen war, jedoch ohne richtig zu verstehen, wie falsch meine Handlungen waren. Als ich im Ärger meine Hand gegen Badger erhob, wusste ich es besser, und tat es trotzdem.

Während ich die Zwiebeln schnitt und mich mit jemandem unterhielt, der verstand, wie sehr es einen verrückt machen kann, sich die Zeit nehmen zu müssen, um sich durch die Probleme eines anderen zu arbeiten, konnte ich die Situation in meinem Kopf einfach rekonstruieren und alle meine Handlungen als angemessen rechtfertigen, Badger als dickköpfig bezeichnen und sogar den Klaps als unausweichlich entschuldigen. Ich empfand es als beängstigend, wie einfach sich Grausamkeit unaufgefordert einschleichen kann und als gerechtfertigt empfunden wird. Es erschreckte mich, dass selbst mein eigener Mann mich nicht in Frage stellte, der professionelle Hundeausbilder, wenn er verkündete, dass ich keine Wahl hatte, außer den Hund zu schlagen. Den einzigen Schutz vor Grausamkeit, den ich habe, ist meine Bereitschaft, meine eigenen Motivationen und Handlungen ständig zu hinterfragen. Doch das weiß ich schon seit langem. Die Verantwortung dafür, human zu sein, liegt in unseren Herzen; wir können und sollten nicht von externen Autoritäten abhängig sein, die uns leiten.

Wie einige Leser habe ich eine weitere Verantwortung, die über meine persönliche Beziehung zu meinen Tieren hinausgeht. Als professionelle Hundetrainerin, bei der andere Rat und Anleitungen suchen, muss ich die Macht erkennen, die ich in der Rolle als Trainerin habe (wird oft fast ehrfürchtig ausgesprochen von denen, die Probleme haben, in dem munteren Kerlchen zu ihren Füßen den Hund mit dem guten Benehmen zu erkennen, der zumindest in diesem Moment nur in ihrer Vorstellung existiert). Ich muss nur „Ich bin ein Hundetrainer" sagen und beanspruche damit das Ausmaß an Fachwissen, das der Hundebesitzer mit dem Titel verbindet. Wenn ich größere Autorität ausstrahlen möchte, nenne ich mich „Verhaltensberater" oder „Hundepsychologe" oder „Behaviorist". (Beachten Sie, dass es derzeit keine Vorschriften für Lizenzen oder Urkunden für Hundeausbilder gibt. Im Gegensatz dazu könnte ich ohne eine Lizenz in meinem Bundesstaat niemandem die Haare schneiden oder die Nägel pflegen. Eine Gewährleistung ist ausgeschlossen, wenn Sie sich einem Trainer, Verhaltensberater oder Behavioristen anvertrauen!) Egal wie ich mich nenne, in dem Moment, in dem ich Hilfe anbiete – ob es sich um einen guten Service handelt oder nicht –, hülle ich mich in Autorität. Ob das angestrebt ist oder gefordert wird oder nicht, diese Autorität muss mit Vorsicht behandelt werden.

Weil ich es dir sage

Es gibt einige Witze, in denen jemand – ein Kind, ein Ehemann etc. – als Antwort auf eine Anweisung einer Autorität oder einer offensichtlich stärkeren Person etwas aufsässig fragt: „Warum sollte ich?" Die Pointe ist unausweichlich: „Weil ich es dir sage, darum." Wir lachen alle, wissend, dass die Möchtegernaufsässigkeit dahinschwindet und der Angewiesene einfach das tut, was er soll. In solchen Witzen zeigt sich, wie tief die Unterordnung gegenüber Autoritäten in uns verwurzelt ist. Wir widersetzen uns ihnen nicht einfach. Schließlich beruht der Zusammenhalt einer Gesellschaft auf der Unterwerfung des Einzelnen gegenüber Autoritäten, ob es sich um eine rote Ampel oder eine Vorschrift handelt. Doch es gibt eine dunkle und störende Seite dessen, wie weit Unterordnung getrieben werden kann.

Der Psychologe Stanley Milgram führte ein Experiment durch, um zu testen, „...wie weit eine Person in einer konkreten, messbaren Situation geht, in der ihr befohlen wird, einem protestierenden Opfer zunehmende Schmerzen zuzufügen". Das Experiment umfasste einen „Lehrer" (die Testperson in dem Experiment), einen „Schüler" (ein Schauspieler) und einen einfachen Gedächtnistest mit Wortpaaren; ein „Wissenschaftler" beaufsichtigte den Test. Der Lehrer glaubte, dass das Experiment die Auswirkungen von Strafe auf das Gedächtnis und das Lernverhalten untersuche, außerdem glaubte er, dass der Schüler ebenfalls eine echte Testperson sei. Während des Tests glaubte der Lehrer, dass er dem Schüler für falsche Antworten zunehmend stärkere Elektroschocks versetze. Tatsächlich wurden keine Elektroschocks angewendet, obwohl die an dem Test beteiligten Schauspieler überzeugend Beschwerden, Angst und Schmerzen vorspielten.

Vor der Durchführung des Experimentes fragte Milgram eine große Anzahl von Leuten über ihre Vorhersagen in Bezug auf die Ergebnisse; alle nahmen an, dass fast jede Testperson (außer einer kleinen, verrückten Randgruppe gestörter Einzelpersonen) sich weigern würde, die Anweisung, Schmerzen zuzufügen, zu befolgen. Das Ergebnis war ernüchternd. Wenn eine Autoritätsperson (der Wissenschaftler des Experiments) darauf bestand, das Experiment trotz der Proteste und des Flehens und sogar der Schreie des Schülers fortzusetzen, willigten scheinbar völlig normale Leute aus allen Bereichen des Lebens ein. Von den Elitestudenten der ersten Studie waren mehr als 60 Prozent der Testpersonen „völlig unterwürfig", das heißt, sie gehorchten und wendeten selbst den stärksten, schmerzvollsten Elektroschock an – 450 Volt. Dieses Experiment wurde mit Testpersonen aus allen Lebensbereichen in New Haven wiederholt, das Ergebnis war das gleiche. Das Experiment wurde außerdem in Princeton, Italien, Südafrika, Österreich und Deutschland wiederholt, dort waren die Ergebnisse sogar noch erschreckender, zeigten einen *höheren* Anteil unterwürfiger Testpersonen, bis zu 85 Prozent in einer Münchner Studie.

Diese Testpersonen waren keine Sadisten, denen es Spaß machte, Schmerzen zuzufügen. Einige protestierten; einige weinten oder wurden zunehmend ängstlich, als sie stärkere Schocks zufügten. Andere waren besorgt, fuhren jedoch fort, als ihnen versichert wurde, dass sie nicht für das zur Verantwortung gezogen würden, was dem Schüler passierte. Einige, bemerkte Milgram, zeigten keinerlei Anspannung vom Anfang bis zum Ende; die Verantwortung für den Schüler lag beim Wissenschaftler, nicht bei ihnen - sie taten nur, was ihnen gesagt wurde. Einige weigerten sich zu gehorchen. (Diese „aufsässige" Gruppe faszinierte mich - welche Eigenschaften oder Ressourcen besaßen sie, die sie befähigten, sich zu weigern? Was könnten sie uns beibringen? Gab es gemeinsame Elemente in ihrer persönlichen Philosophie, die fest in ihrer Vorstellung dessen verwurzelt waren, was richtig und menschlich ist, sodass auch die Autorität sie nicht verleiten konnte?)

Bei der Berücksichtigung der Auswirkungen von Milgrams Werk müssen wir einen Schlüsselfaktor berücksichtigen: Die Autorität in dem Experiment hatte keine körperliche Gewalt über die Testpersonen. Die Weigerung, mit dem Wissenschaftler des Experiments zu kooperieren, führte nicht zu schlechteren Noten, Versagen, finanziellen Einbußen, körperlichen Schmerzen, Schäden für uns wichtige Menschen - keine fassbaren Konsequenzen begleiteten die Weigerung. Trotzdem waren die Testpersonen nicht bereit, schlecht abzuschneiden, zu enttäuschen oder, wie Milgram anmerkt, die „Gefühle des verantwortlichen Wissenschaftlers zu verletzen" (trotz der Tatsache, dass sie den Protest und die Schreie des Schülers hören konnten, dessen Gefühle in diesem Experiment für sie offensichtlich weniger schwer wogen!). Um das Experiment zu stoppen und das unbequeme, quälende Gewissen zu beruhigen, musste die Testperson mit der Autorität brechen. Im Großen und Ganzen waren sie nicht in der Lage, das zu tun, obwohl ein anderer Mensch litt, selbst wenn eine Weigerung keine Konsequenzen nach sich zog.

In dem Artikel im Harpers' „Die Gefahren der Unterwürfigkeit" schließt Milgram: „Das ist vielleicht die grundlegendste Lektion unserer Studie: normale Menschen ... können Hilfsmittel in einem schrecklich destruktiven Prozess sein." Nicht weil sie von Natur aus böse, aggressiv oder pathologisch gestört sind, sondern hauptsächlich, weil sie sich Autoritäten nicht widersetzen. Wie Milgram sagte: „Relativ wenig Menschen haben die notwendigen Ressourcen, um sich Autoritäten zu widersetzen."

Abgesehen von einem unangenehmen Blick in die menschliche Psyche, was sagt das über unsere Beziehung zu Hunden? Wenn wir Hilfe bei einem Hundetrainer, Verhaltensberater oder Ausbilder suchen, finden wir uns im echten Leben in einem Experiment wieder, in dem uns diese „Experten" erzählen, was wir mit unseren Hunden tun müssen, um sie auszubilden, zu korrigieren oder zu bestrafen. Selbst wenn unsere Sinne uns mitteilen, dass wir die Grenze dessen, was richtig und menschlich ist, überschritten haben, sorgen wir uns möglicherweise mehr, was der Lehrer, Trainer oder Fachmann von uns denkt, als was mit unserem Hund passiert. Wenn wir uns unserer sehr menschlichen Neigung nicht bewusst sind, Autoritäten zu gehorchen, selbst wenn uns unbehaglich ist oder wir sogar entsetzt darüber sind, wie die Auswirkungen auf unseren Hund sind, enden wir möglicherweise weit entfernt von dem, was wir erhofft haben.

Mit unglücklicher Regelmäßigkeit treffe ich Hundebesitzer, die es sehr bereuen, den Rat eines „Experten" befolgt zu haben, einer Autoritätsperson, die sie angewiesen hat, wie sie ihren Hund am besten ausbilden oder „korrigieren". In dem Glauben, dass das, was sie über Hunde und ihre Ausbildung wissen, nichts im Vergleich zu dem ist, was der „Experte" wissen muss (definieren Sie Experte, wie Sie wollen, es garantiert in den meisten Bereichen wenig), ignorierten diese Leute den in sich aufsteigenden Protest, verkniffen sich die Fragen, die sie stellen wollten, und behandelten ihre Hunde aus falschem Vertrauen auf eine Art, die ihr Herz verhärtete. Immer lautet die Frage dieser Leute: „Warum habe ich das nur mitgemacht?" Wenn sie sich das fragen, stellen sie nicht mir die Frage. Ihr Blick ist nach innen gerichtet, sie untersuchen die Vergangenheit, als ob sie eine schreckliche Filmszene ansehen, und schütteln traurig den Kopf, bevor sie ihre Schuld noch verstärken: „Ich hätte es besser wissen müssen."

Für diese Leute ist es immer eine immense Erleichterung, dass sie keine aus sorglosen, gedankenlosen oder herzlosen Menschen bestehende Minderheit sind, sondern dass ihre Reaktion auf Autorität ganz typisch ist. Das entschuldigt ihr Verhalten nicht, aber es hilft, es zu erklären, und bietet uns die Möglichkeit, unser Verständnis zu erweitern, wie einfach wir auf Arten fehlgeleitet werden können, die unsere Seelen verdunkeln und uns bereuen lassen. Wenn wir verstehen, dass Menschsein Schwäche und Neigungen zu dunklen Ecken bedeutet, können wir uns bewusster entscheiden, uns dem Licht zuzuwenden und weiter zu wachsen. Unsere Kraft bleibt authentisch, wenn wir sie nicht der Illusion opfern, dass andere mehr wissen, als unser Herz uns mitteilt; wir gefährden unsere Beziehung, und auf Grund der möglichen Grausamkeit in einer Beziehung zwischen Menschen und Hunden gefährden wir möglicherweise den Hund.

In dem Moment, in dem wir uns entschließen, den Weg einzuschlagen, der uns zu den von uns gewünschten und ersehnten engeren Verbindungen und tiefgehenderen Beziehungen führt, haben wir begonnen, unsere Welt zu verändern. Den Hund als mehr als nur ein nach unseren Bedürfnissen zu formendes Objekt anzusehen, mehr als etwas, was alle unsere Befehle ausführen muss, mehr als eine hilflose Kreatur, für die wir sorgen, öffnet uns für ein neues Bewusstsein. Wir können nicht länger die feinen Signale der Rute, der Ohren und der Augen ignorieren, sondern dürsten wie bei jedem von uns geliebten Wesen nach besserem Verständnis und erleben jeden Moment mit unserem Hund mit größerem Bewusstsein. Wenn wir fleißig an der Beziehung arbeiten, unsere Neugier, unser Mitgefühl und unsere Freude füreinander einbringen, führt unser Bewusstsein zu Wissen. Die authentische Kraft in uns selbst und in einer Beziehung zu suchen bedeutet, die Verantwortung für unsere eigenen Taten und deren Auswirkungen auf andere zu akzeptieren.

Einige von Milgrams anderen Experimenten gaben ebenfalls zu denken. In einer Variation des Experimentes wurde die Stärke der Elektroschocks für falsche Antworten ausschließlich dem Lehrer überlassen. Unter diesen Bedingungen wählte die überwältigende Mehrheit eine Stärke, die weit unter der lag, bei der der Schüler Unbehagen zeigte. Das untermauerte den im ersten Experiment so oft gehörten Satz: „Wenn es nach mir gegangen wäre..." Die Mitteilung für das echte Leben? Bedenken Sie: Es geht nach Ihnen. Sehen Sie den Hund.

Wenn wir uns der Verantwortung für Fairness und Menschlichkeit bewusst sind, werden wir, anders als die Mehrheit in Milgrams Experiment, die Verantwortung für unsere Entscheidungen nicht mehr mit den Worten „Ich habe nur getan, wie ich geheißen wurde" auf andere abwälzen. Wir müssen lernen zuzuhören, was unser Herz uns zu sagen hat. Unser eigenes Maß an Zufriedenheit, Freude, Bewusstsein und Selbstbewusstsein kommt von innen, wenn wir in Übereinstimmung mit uns selbst handeln.

Die Erleichterung, dass wir auf allzu menschliche Weise gehandelt haben, ist gekoppelt an das Gefühl echter Macht und Freiheit, wenn wir akzeptieren, dass die Zukunft nicht die Vergangenheit widerspiegeln muss. Wenn wir bereit sind, bewusste Entscheidungen zu treffen, schaffen wir neue Möglichkeiten und erreichen neue Ebenen in unseren Beziehungen. Doch dieser Erleichterung und Freiheit folgt ein schreckliches Schuldgefühl auf dem Fuß. Selbst wenn wir uns in der Zukunft sehen, zieht uns die Vergangenheit zurück und wirkt nach. Es ist eine komische menschliche Neigung, uns vorzustellen, was gewesen wäre, wenn wir damals bereits gewusst hätten, was wir heute wissen. In dem Moment, in dem wir beginnen unsere Vergangenheit mit dem neu erworbenen Wissen zu beleuchten, werden die Dinge verzerrt. Wir können nur die Verantwortung für das übernehmen, was wir wissen; es ist nicht fair, zurückzuschauen und unser Selbst für etwas verantwortlich zu machen, das wir damals nicht wussten. Das wäre genauso töricht, wie auf unsere Kindheit zurückzuschauen und zu denken, dass wir, wenn wir mit drei Jahren schon hätten lesen können, den Quilt unserer Mutter nicht mit einem klar als wasserfest gekennzeichneten Stift bemalt hätten. Selbst wenn wir ein Familienerbstück zerstören, können wir uns diese unschuldige Handlung nicht vorwerfen.

Es ist sowohl verständlich als auch üblich, Reue für Fehler zu empfinden, die wir begangen haben, als wir die Dinge anders sahen, als wir sie nicht verstanden oder nicht wussten, was wir jetzt wissen – selbst wenn unser Verständnis oder unser Wissen nur einen Moment alt ist. Allgemein gesagt sind wir am meisten entsetzt über die Abweichungen vom rechten Weg in unserer Seele. Wenn das Schlimmste, was ich in meinem Leben getan hätte, das grundlose Schlagen eines Hundes – bzw. aus egoistischen Gründen – an einem kalten Morgen wäre, könnte man wohl sagen, dass ich nicht zu sehr vom Kurs meiner Seele abgewichen bin. Es war eine kurze Entgleisung, die nach gründlicher Untersuchung des Fehlers zu erhöhtem Bewusstsein geführt hat. Doch ich habe lange Erfahrung und mein Gedächtnis ist gut, ich kenne die zahllosen Male, die ich weit von dem Pfad abgewichen bin, den meine Seele eingeschlagen hätte. Dafür muss ich einen Weg finden, mir selbst zu vergeben. Der einzige Weg, den ich gefunden habe, war, eine Liste aller Tiere aufzustellen, die unter meinen Fehlern gelitten haben, ihre Vergebung zu erbitten und ihnen für das zu danken, was sie mir halfen zu lernen. Obwohl ich die Vergangenheit nicht ändern kann, kann ich – und das tue ich auch – geloben, die Zukunft zu ändern, so dass alle Hunde und Tiere, die in mein Leben treten (hoffentlich) davon profitieren, was ich in der Vergangenheit auf Kosten von Hunden, die ich lange vor ihnen getroffen habe, gelernt habe.

Wir können nicht für das verantwortlich gemacht werden, was wir nicht wussten. Doch wir sind verantwortlich für das, was wir wissen – Wissen bedeutet Verantwortung. Doch hier liegt für mich die größte Schwierigkeit darin, mir zu vergeben. Es ist einfach, auf mein bisheriges Leben zurückzublicken und zu verstehen, dass die damals getroffenen Entscheidungen auf der Basis meines damaligen Wissens und der Beispiele um mich herum die besten waren, die ich treffen konnte. Ich habe jedoch herausgefunden, dass die Linie zwischen Wissen und Unwissen nur aus der Distanz eindeutig erscheint. Aus der Nähe wirkt diese Linie verschwommen, das bewirkt das Wissen, das weniger ein Wissen als ein Dorn in unserer Seele ist, der besagt, dass etwas schief läuft. Die erste Ahnung des Bewusstseins ist von einem Gefühl des Unbehagens, der Unruhe, eines nicht ausgesprochenen Protests begleitet. Suchen Sie nach diesen Ahnungen, jagen Sie sie, locken Sie sie aus der Deckung und fragen Sie: „Was stimmt nicht?" Fürchten Sie sich nicht davor, schätzen Sie diese Ahnungen. Ruth Renkel schrieb: „Fürchte die Schatten nicht. Sie bedeuten lediglich, dass in der Nähe irgendwo ein Licht brennt." Diese unbehaglichen Ahnungen, diese Schatten, die unsere innere Landschaft verdunkeln, sind die Beschützer der Seele, wenn wir uns verirrt haben. Wenn wir uns von der Bereitschaft abwenden, uns dieser Warnungen bewusst zu sein, dann sind wir begründet schuldig – wir wussten es, aber wir haben beschlossen zu handeln, als ob wir es nicht wüssten.

Am Ende ist unsere persönliche Philosophie unser bester Schutz vor Grausamkeiten. Wenn wir wissen, woran wir glauben und wer wir sind, sind wir stark und sicher darin, was wir zulassen und was wir nicht zulassen. Denen, für die wir sorgen, bietet diese gefühlvolle Übereinstimmung ein starkes Schild gegen kleine und große Grausamkeiten.

19

HERZENSANGELEGENHEITEN

Lieben bedeutet, sich in die Hand des Schicksals zu begeben.
JO COUDERT

Ich habe die Küchentür geschlossen, um die anderen Hunde draußen zu halten, so dass ich Vali ein besonderes Mahl aus gekochtem Hühnchen servieren kann, ohne sie vor unverschämten Junghunden schützen zu müssen, die auf einen Happen aus ihrem Napf hoffen. Ich habe nichts zu ihr gesagt, trotzdem steht sie bewegungslos da, als die anderen Hunde auf mein Kommando die Küche verlassen. Wir verstehen einander seit einer sehr langen Zeit. Als ich die Tür schließe, drehe ich mich zu ihr um, und sie sieht mich mit unerschütterlichem Blick an, ihr Schwanz wedelt ein bisschen, als ich zum Hundekühlschrank gehe und das Futter herausnehme, das ich nur für sie zubereitet habe, für meine alte Freundin.

Es ist ihr Lieblingsfutter und das beste, das ich ihr anbieten kann – hier auf der Farm aufgezogene Hühner, liebevoll gepflegt, mit Respekt aufgezogen. Ich hoffe, dass in dieser nun anonymen Mischung aus Knochen und Fleisch auf magische Weise noch alles Gute und Wahre vorhanden ist, das diesen Hühnern geholfen hat, bis zu ihrem unausweichlichen Ende hier in meinem Topf zu wachsen. Während ich sie beim Fressen beobachte, dankbar bemerke, dass sie es mit Genuss tut, um eifrig ihren alten Körper zu nähren, sehe ich im Sonnenschein des Sommers verstreute Hühner, die weißen Federn in die Seite gestemmt wie sonnenbadende Engel, die sich für einen Moment auf dem wunderbaren grünen Gras ausruhen. Ich sehe das Strahlen in ihren Augen, als sie John erblicken, der frisches Futter oder als besondere Leckerei überreife Tomaten bringt. Ich beobachte Vali beim Fressen und hoffe, dass der Sonnenschein noch in dem Fleisch vorhanden ist. Ich wünschte, diese Hühner wären tatsächlich Engel, und dass sie sie mit sanften Händen zu einem

Platz geleiten, wo der Moment immer zum Verweilen einlädt, ausgestreckt auf dem kühlen grünen Gras in der Sommersonne.

Es ist erst vier Tage her, dass ich den Hörer des Telefons abgenommen habe und die kühle, professionelle Stimme des Tierarztes unerwartet an mein Ohr drang. Selbst als ich seine Begrüßung erwidere und auf die Uhr schaue, habe ich noch nicht angefangen, mir Sorgen zu machen. In meiner Vorstellung ist Vali vielleicht sediert und für ihre Operation vorbereitet. Bisher habe ich das Bild verdrängt, wie sie auf dem Rücken gehalten wird, die Beine mit den häufig benutzten Seilen angebunden, die mit einem Knoten an jeder Ecke des Operationstisches befestigt sind. Ich habe die Vorstellung von dem ersten Schnitt oder der roten Spur, die auf dem Weg des Skalpells auftaucht, nicht zugelassen. Doch der Tierarzt sagte mir, dass die Operation bereits fast abgeschlossen sei, dass Valis Milz herausgenommen wurde. Sprachlos in meiner Überraschung sage ich: „Ja? Das ist gut."

Es gab eine Pause, und aus jahrelanger Erfahrung mit der Konversation mit Tierärzten wusste ich, dass das Fehlen von Zusicherungen zur Überbrückung der Stille bedeutet, dass er versucht, mich auf das vorzubereiten, was er mir jetzt sagen muss. Obwohl das wahrscheinlich nur einige Herzschläge dauert, habe ich mehr als genug Zeit, mir Vali tot, ausgeblutet, sterbend oder ohne Heilungschancen vorzustellen, bevor er fortfährt. „Es ist nicht gut. Die Milz war von Tumoren durchsetzt. Sie haben sich bereits auf die Leber ausgedehnt, es gibt viele in der Bauchregion verteilte Krebsknoten. Wir werden sie schließen."

So, das ist es. Das Ticken, das ich das ganze Wochenende gehört habe, als ich in ihre Augen sah, war tatsächlich der letzte Countdown, der so sicher begonnen hatte, als ob eine kosmische Hand bei einem Schachspiel den Knopf der Uhr gedrückt hätte. Das ganze Wochenende hatte ich sie beobachtet, hatte gewusst, dass etwas nicht stimmt, unsicher, was das sein könnte. Ich hoffte, dass ich mir die sich in ihrem Gesicht spiegelnden Beschwerden, wenn sie ihre Position auf ihrem Liegeplatz veränderte, nur einbildete, doch ich glaubte auch, dass ich den unmissverständlichen Ton hörte, den ich nur zu gut kannte. Als ich sie beobachtete, spürte ich eindringlich, dass die Uhr ihres Lebens sich beeilte, dass der letzte Schlag (oder das letzte Winseln) sich mit einer Geschwindigkeit näherte, die ich nicht kannte oder nicht erkennen wollte.

Für einen kurzen Moment dachte ich, dass es vielleicht einfacher wäre, wenn mir der Tierarzt mitgeteilt hätte, dass sie tot sei. Solche Nachrichten hätten mich zu einem traurigen, aber vertrauten Ort gebracht. Doch ich hatte ein Ticket zum Land der Trauer bekommen, bisher konnte mir niemand mitteilen, wann der Flug für die lange Reise nach Hause starten würde. Verdutzt starrte ich aus dem Fenster, hörte zu, wie mir der Tierarzt sagte, dass es schwer sei zu sagen, was mit meinem Hund, meiner alten Freundin, geschehen werde. Es scheint, dass ich vielleicht zumindest weinen sollte, anfangen zu trauern dank der Bestätigung des letzten Countdowns. Plötzlich fällt mir auf, wie lächerlich es ist, von jemandem gesagt zu bekommen, dass etwas tödlich ist. Ab dem Moment unserer Geburt bewegen wir uns unerbittlich auf unseren Tod zu. Das Leben ist für uns alle tödlich. Der Hinweis auf die Todesnähe von Valis Zustand ist eine versteckte Nachricht, die mich bemerken lässt, dass der Tod nicht in einem anderen Land wohnt, sondern hier, in meiner unmittelbaren Nachbarschaft.

Doch ich weine nicht. Stattdessen verspüre ich nur ruhige Erleichterung. Wir waren mehrmals an diesem Punkt, dieser Hund und ich. Als Welpe lag sie halb tot in meinem Schoß, ein Opfer des Parvovirosevirus, ein bösartiger Virus, der tausende von Hunden im Land getötet hat. Als ich sie pflegte, hatte ich geflüstert: „Halte durch, Kleine. Heute ist nicht dein Tag. Noch nicht. Halte durch." Mit leuchtenden Augen, die fast zu groß für ihr Gesicht zu sein schienen, hatte sie mich angestarrt, mit der völligen Ernsthaftigkeit des Lebens in ihrem Ausdruck. Sie hielt durch, es war nicht ihr Tag zum Sterben, genauso wenig war ihr Tag einige Jahre später gekommen, als dreieinhalb Kilogramm Katzenfutter, die sie in einem Anfall von Gefräßigkeit gestohlen hatte, ihren Magen fast zum Platzen brachten. „Halte durch", hatte ich wieder geflüstert, wieder hatte sie mir das Gesicht zugedreht, ernsthaft, verletzt, arbeitete sie eindeutig daran, sich heftig an ihre Verbindung zur Erde zu klammern. Ihr Tag war auch Jahre später noch nicht gekommen, als sie ein ganzes Opossum fraß, das ihren Magen so anfüllte, dass ihr Herz schwer arbeiten musste. Trotz der vorsichtigen Warnungen der Universitätstierärzte, die ihr Überleben nicht garantieren konnten, war es erneut nicht ihr Tag.

Ich weiß, dass es einen Tag in der nahen Zukunft gibt, an dem Vali sterben wird, genauso wie es einen Tag geben wird, an dem ich sterben werde. Vorübergehend empfinde ich Neugier für meinen eigenen Tod - Wer? Was? Wo? Warum? Wann? Wie? Mir ist klar, dass die Frage „Wer?" beantwortet wurde, und bezweifle, dass die anderen beantwortet werden können, zumindest nicht im Voraus. Doch meines Wissens ist heute nicht mein oder Valis Tag.

Während sie das Hühnchen (sonnenüberflutetes Futter?) auffrisst, ist ein Donnergrollen zu hören und das Licht über der Küchenspüle flackert. Früher hätte sie möglicherweise ein ängstliches Ohr auf den tobenden Sturm gehabt, doch das Alter hat auch seine Vorteile, die Taubheit meiner wunderbaren alten Freundin ist zumindest im Moment ein Segen. Sie frisst friedlich, während ich besorgt daran denke, dass es in Strömen regnet und der Regen den Stall, die Bäume - eigentlich die ganze Welt dort draußen - verbirgt. Dieses alte Farmhaus hat in seinen über hundert Jahren viele Stürme erlebt und sie offensichtlich ziemlich gut überstanden, daher entspannte ich mich in der (zweifellos falschen) Sicherheit, dass wir drinnen sicher sind, wenn draußen der Sturm tobt.

Aus diesem Winkel ist Valis rasierter Bauch fast verdeckt, und gewohnheitsmäßig betrachte ich ihr Gewicht, ihr Fell und ihren Körper. Sie muss zunehmen - der Krebs hat Kalorien verschlungen, wie ein böser Eindringling, der unbeobachtet den Kühlschrank leer geräumt hat -, doch ihr Fell ist weich, glänzend, fühlt sich gut an. Ich bewunderte die Makellosigkeit ihrer Gliedmaßen und konnte nicht umhin festzustellen, dass sie, trotz einer leichten Arthritis, die sich in der Steifheit ihres Rückens zeigte, noch immer ein guter Hund mit vier guten Läufen war, gut gebaut, mit einem Körper, der sie noch viele Jahre einfach tragen könnte. Doch ich weiß, dass in diesem schönen Körper ein anderer Sturm tobt, der sie von innen her zerstören wird. Genauso wie mich dieses alte Haus hier drinnen vor dem Sturm draußen schützt, kann keine Schönheit Vali vor dem Krebs in ihrem Inneren schützen.

Ein Blitz zuckt in der Nähe auf, der Donner, der einen kurzen Augenblick später folgt, gleicht einem Schuss, der mich den Atem anhalten lässt. Er ist zu nah, denke ich, gehe zum Fenster und schaue hinaus. Der Stall ist in Ordnung, und die Rinder grasen, scheinbar ohne alarmiert zu sein. Als sie meine

Besorgnis bemerkt, dreht Vali sich mit fragendem Blick zu mir um. Ich lächle sie an, fahre mit meiner Hand über ihren Kopf und über ihren Rücken. Sie unterbricht den Blickkontakt mit mir nicht, und für einen langen Augenblick sehen wir uns an, ohne zu blinzeln. Ihre Augen erscheinen mir voll, erinnern mich an den Blick von Leuten, die nicht reden können, aber trotzdem kommunizieren müssen. „Ich freue mich, dass du noch hier bist", sage ich ihr. Sie blickt mich an, als wolle sie sagen: „Ja, ich bin hier." Doch ich bekomme das deutliche Gefühl, dass sie mir noch viel mehr sagen möchte, dass ich noch viel mehr hören muss.

Dieses alte Haus wird nicht heute zusammenfallen. Eines Tages wird es das tun. Heute trottet mein alter Hund noch neben mir her, während ich zum Stall gehe, um John seinen Regenmantel zu bringen und nach dem Schwein zu sehen, das sich das Bein verletzt hat. Eines Tages wird Vali nur noch im Geiste neben mir gehen. Doch heute ist nicht der Tag, und ich bin dankbar für den heutigen. Lustig, denke ich, während ich neben meinem alten Hund gehe, das hat mir ein Welpe beigebracht.

VERABREDUNG IN SAMARA

Im Alter von sechs Wochen sind Welpen freche, pummelige Miniaturausgaben eines erwachsenen Deutschen Schäferhundes, zu dem sie eines Tages werden. Zu Ehren ihres aus Alaska stammenden Vaters haben sie aus Alaska stammende Namen – Sitka, Juneau, Willow, Aleyeska, Dalton, Kiska, McKinley. Für sie ist die Tierarztpraxis ein aufregender Abenteuerspielplatz, der erkundet werden muss. Ich bin stolz darauf, gute Hunde zu züchten, gesunde Hunde, schöne Kameraden, die ein langes, glückliches Leben haben. Einen nach dem anderen setze ich auf den Untersuchungstisch, zuversichtlich in Bezug auf ihre gute Gesundheit und den guten Charakter. Einer nach dem anderen windet sich, küsst den Tierarzt und zeigt keine Anzeichen für Probleme. Dann schaute mein Tierarzt mit besorgtem Blick auf, als er McKinleys Herz untersuchte: „Er hat ein Herzgeräusch."

Es war kein unschuldiges Geräusch, das sich auswachsen würde. Die Ultraschalluntersuchung enthüllte einen tödlichen Defekt in der Ausformung des Herzens, ein Fehler, der nicht korrigiert werden konnte und sehr wahrscheinlich zu einem plötzlichen, unvorhersehbaren Tod führen würde, bevor der Hund zwei Jahre alt war; wahrscheinlich würde er seinen ersten Geburtstag nicht erleben. Euthanasie war eine Möglichkeit. Angesichts einer grauenvollen Prognose überlegte ich, wie viel zukünftige Trauer mir erspart bleiben würde, wenn ich den Welpen jetzt einschläfern ließe, bevor er sich zu dem entwickelte, zu dem er werden würde. Doch ich wusste, dass ich mir dadurch, dass ich mir die Trauer darüber ersparte, einen jungen Hund zu verlieren, etwas Unbekanntes, aber Unermessliches eintauschen würde. Ich war zu diesem Tausch nicht bereit.

In jeder Beziehung gibt es eine unausweichliche Realität: Zu lieben bedeutet, einen Verlust zu riskieren. Eine Beziehung zu einem Tier ist ein zweischneidiges Schwert. Wir genießen die bedingungslose Liebe unserer Tiere, wissen jedoch auch, dass die Aussichten mehr als gut stehen, sie zu überleben, selbst wenn sie ein langes und gesundes Leben genießen. Wir akzeptieren diese Tatsache und die eventuelle Trauer, die damit verbunden ist, weil wir wissen, dass wir von dem Moment an, ab dem wir erstmals nach einem Tier greifen, bis zu dem Moment, in dem wir es schließlich gehen lassen, unermesslich reich belohnt werden. Trotzdem machen wir, wie bei unserem eigenen Leben, unseren täglichen Seelenfrieden und unsere Gelassenheit im Alltag von dem zerbrechlichen Glauben abhängig, dass unseren Tieren ein ganzes, langes Leben gewährt wird, dass das Unausweichliche Jahre entfernt ist. Marcel Proust schrieb: „Wir sagen wohl, die Stunde des Todes sei ungewiss, aber wenn wir es sagen, stellen wir uns diese Stunde in weiter, vager Ferne vor, wir denken nicht daran, dass sie irgendeine Beziehung zu dem bereits begonnenen Tage haben und dass der Tod – oder sein erster partieller Zugriff, nach dem er uns nicht mehr loslassen wird – noch am gleichen Nachmittag erfolgen könnte, der uns so gar nicht ungewiss schien, für den der Gebrauch der Stunden bereits im Voraus festgelegt war." Stunden werden uns in Sekunden abgemessen, daher erscheint uns, wenn wir in die Zukunft schauen, das Ende weit entfernt. Wenn wir zurückschauen, wird uns bewusst, dass es eigentlich eine sehr kurze Zeit war.

Obwohl es uns möglicherweise unangenehm ist, darüber nachzudenken, ist uns irgendwie bewusst, dass die Uhr des Lebens für jedes Lebewesen tickt. Als ich eine Talkshow schaute, sah ich eine echte Uhr, die auf eine bestimmte Zeit eingestellt werden konnte; Sekunde um Sekunde zählte sie, bis zu dieser letzten Verabredung. Die Erfinder dieser Uhr zeigten, wie der Geburtstag einer Person, das derzeitige Alter und einige Daten aus versicherungsstatistischen Tabellen verwendet werden können, um zu schätzen, wie viel Zeit in diesem Leben noch verfügbar ist. Ein fünfundfünfzig Jahre alter Mann hat laut Statistik möglicherweise nur noch siebzehn Jahre vor sich, falls er nicht krank wird oder einen Unfall hat. Diese Uhr begann zu ticken, unbarmherzig Sekunde um Sekunde. Die meisten Zuschauer empfanden das als eine ziemlich bestürzende Idee. Die Erfinder wiesen schnell darauf hin, dass sie mit der Uhr nicht beabsichtigten, das schnelle Nahen des Todes zu unterstreichen, sondern eine Möglichkeit zu bieten, ein Leben voller Möglichkeiten bewusst zu genießen. Mit einer derart klaren Erinnerung vor Augen könnten Leute das Bedeutungslose aus ihrem Leben verbannen und die wertvollen Sekunden ihres Lebens für das verwenden, was ihnen wirklich wichtig ist.

Abhängig von unserem Alter, unseren Erfahrungen, unserer Religion oder unseren spirituellen Ansichten halten wir alle im Alltag das Konzept des Todes auf Distanz zu unserem Bewusstsein. Jedem von uns bringen Erfahrungen, die vom „Beinahe" ernsthafter Krankheiten oder kleiner Verkehrsunfälle bis zu tatsächlichen Verlusten reichen, das Konzept ein wenig näher, zumindest für eine Weile. Jede dieser Erfahrungen bietet uns die Möglichkeit, unsere Gefühle zu untersuchen und etwas Wertvolles zu lernen. Wir können uns von diesen Lektionen abwenden oder uns entscheiden, sie anzunehmen; keine der Vorgehensweisen bannt das Unausweichliche.

In der alten Sufi-Geschichte des Kaufmanns von Bagdad kehrt der Diener des Kaufmanns vom Basar zurück, blass und zitternd. Er ist im Basar mit jemandem zusammengestoßen, und als er sich umdrehte, um zu sehen, wer ihn angestoßen hatte, sah er den Tod, der ihn anschaute und eine drohende Geste machte. Der Diener bittet den Kaufmann, ihm ein Pferd zu leihen, damit er in die ferne Stadt Samara fliehen kann, wo ihn der Tod nicht finden kann. Der Kaufmann willigt ein, und der Diener galoppiert davon.

Später am Tag trifft der Kaufmann im Basar ebenfalls den Tod und fragt ihn: „Warum hast du heute Morgen meinem Diener mit einer Geste gedroht?" „Ich habe ihm nicht gedroht", antwortet der Tod. „Diese Geste drückte viel mehr mein Erstaunen aus. Ich war überrascht, ihn hier in Bagdad zu treffen, weil ich heute Abend eine Verabredung mit ihm in Samara habe."

Es scheint eine traurige, aber einfache Geschichte zu sein: Fürsorglicher Züchter entdeckt ein tödliches Gesundheitsproblem und behält den Welpen, das Leben geht weiter. Doch eigentlich ist es etwas komplizierter. Ich hatte vorgehabt, McKinleys Schwester Sitka zu behalten. Konnte ich zwei Welpen aufziehen und beiden gerecht werden? Würden Sitka oder McKinley leiden, wenn einer der beiden mehr Aufmerksamkeit erhielt? Was-wäre-wenn-Fragen rasten durch meinen Kopf, und ich bat eine enge Freundin um Rat. Von allem, was sie mir sagte, traf mich nichts so wie der Satz: „McKinleys Lektionen für dich werden Herzensangelegenheiten sein, auf vielen Ebenen." Es begann damit, dass ich darauf hörte, was mir mein Herz sagte, was richtig sei. Einige Tage später war Sitka auf dem Weg in ihr neues Heim und ich trat meine Reise mit McKinley an, in dem Bewusstsein, dass wir zu einer Verabredung in Samara unterwegs waren.

Mit dem Tod auf meiner Schulter

Wie ich dachte und jedem mitteilte, der zuhörte, war es verantwortungsvoll, diesen Welpen zu behalten. Ich würde ihn, verkündete ich tapfer, bis zu seinem Tod lieben. Bis zu seinem Todestag würde ich ihm ein erfülltes Leben bieten. Oberflächlich betrachtet war ich sachlich, pragmatisch. Schließlich, sagte ich mir immer wieder, weiß niemand, wann der letzte Moment kommen wird. Doch in meinem Herzen fühlten sich diese tapferen Worte leer und hohl an, schwammen auf einem See der Furcht. McKinley schlief, und ich beobachtete besorgt, ob sich sein Brustkorb bewegte. Wenn ich ein Winseln in einem anderen Raum hörte, begann mein Herz zu rasen, beruhigte sich erst, nachdem ich mich versichert hatte, dass alles in Ordnung war. An einem Morgen, an dem ich vor ihm aufwachte, setzte ich mich auf, um nach seinem ausgestreckten Körper in der Ecke des Schlafzimmers zu sehen. Lebte er? War er im Schlaf gestorben? Obwohl ich kein Geräusch gemacht hatte, hob McKinley den Kopf, als ob er durch meine Angst geweckt worden wäre, und schaute mich verschlafen an: „Ich bin noch hier."

„Es ist schwer zuzulassen, dich von ganzem Herzen zu lieben, da ich weiß, dass du so bald sterben wirst", sagte ich eines Tages zu ihm, als er durch den Garten auf mich zurannte, erfüllt von Freude und der für Welpen typischen, scheinbar unendlichen Energie. Er setzte sich, starrte mich an und in meinem Kopf hörte ich deutlich seine Antwort: „Aber wir sterben doch alle." „Ja", stimmte ich zu, beobachtete die um mich herum spielenden Hunde, „doch diese anderen Hunde werden nicht bald sterben." Seine Antwort kam schnell, traf mein Herz wie ein Pfeil: „Das weißt du nicht." Damit drehte er sich um und ging wieder seinem eigenen Leben nach.

In *The Road Less Traveled* schrieb Scott Peck: „Wenn wir nicht bereit sind, der Furcht erregenden Gegenwart des Todes auf unserer linken Schulter ins Auge zu sehen, berauben wir uns seiner Beratung und können nicht in aller Klarheit leben und lieben. Wenn wir vor dem Tod zurückschrecken, der sich ewig verändernden Natur der Dinge, schrecken wir zwangsläufig vor dem Leben zurück."

Eine meiner Kundinnen hatte eine wunderbare Junghündin namens Clancy, die (merkwürdigerweise an der linken Schulter) einen bösartigen Tumor entwickelte. Obwohl die Chemotherapie schwache Hoffnung bot, warnte der Tierarzt meine Kundin, dass Clancy vielleicht nur noch sechs Monate zu leben hatte. Er empfahl, Stress zu vermeiden (was seiner Meinung nach den Obedience-Kurs einschloss) und schlug vor, es Clancy so bequem wie möglich zu machen. Verstört teilte mir Anne mit, dass sie nicht mehr zum Kurs kommen würde; sie wollte so viel Zeit wie möglich mit Clancy zu Hause verbringen, bis sie starb. Etwa einen Monat später rief sie erneut an. Clancy langweilte sich zunehmend und war deprimiert, wenn der Montag kam und niemand sie zum Kurs brachte. Was sollte sie tun?

Ich fragte nach Clancys körperlichem Zustand. Ihre Antwort erfasste prägnant die Realität des Hundes: „Offensichtlich hat niemand Clancy mitgeteilt, dass sie Krebs hat und sterben wird. Sie steht jeden Morgen wedelnd auf und gibt ihr Bestes." Also kehrte Clancy in den Kurs zurück. An einigen Tagen lag sie nur an der Seitenlinie, unfähig, voll teilzunehmen, betrachtete die Kursteilnehmer jedoch mit großem Interesse, ihr typisches Grinsen teilte uns allen mit, dass sie sich gut amüsierte. An diesen Tagen integrierten wir sie bei den „Platz"-Übungen – das war alles, was sie tun konnte, doch sie war gut darin. Wir machten dann großen Wirbel um sie, sagten ihr, dass sie von allen im Kurs am schönsten „Platz" mache, und sie antwortete mit einem stolzen, klopfenden Schwanzwedeln. An anderen Tagen war Clancy ihr altes Selbst und zeigte Präzision und Stil. Sie betrat den Raum immer mit freudiger Erwartung, bereit, in jedem Moment ihr Bestes zu geben.

Was immer wir Clancy beigebracht haben mochten verblasste gegen das, was sie allen, die sie kannten, beibrachte: Das Leben sollte gelebt werden, ein Augenblick nach dem anderen. Geleitet vom Tod auf ihrer Schulter und der Weisheit eines Hundes, der eifrig damit beschäftigt war zu leben – nicht zu sterben –, lernte Clancys Besitzerin jeden neuen Tag wertzuschätzen. Sie arbeitete daran, Clancy vor unnötigem Stress zu schützen, doch sie versuchte nicht länger, Clancy vor all dem zu beschützen, was ihr Leben lebenswert machte.

DER VON FURCHT ERBAUTE ZAUN

Es ist natürlich, das zu verteidigen, was man liebt. Bis zu einem gewissen Maß dient dieser Wunsch zu schützen der Einschränkung oder Minimierung von Risiken und ist Teil unserer Verantwortung als Hundebesitzer, Bestandteil jeder liebevollen Beziehung. Wir waren alle befremdet über jemanden, der verkündet, dass er seine Hunde liebt, sie jedoch auf die Straße laufen oder sie nicht tierärztlich versorgen lässt, damit Krankheiten und Infektionen nicht fortschreiten. Sofern unser Schutz auf der Sorge um das Wohlbefinden der uns anvertrauten Hunde basiert, ist er eine gute und gesunde Sache. Doch ab welchem Punkt wird der Schutz selbst schädlich?

McKinley war etwa neun Wochen alt, als ich ihn eines Abends zusammen mit den anderen Hunden mit in den Stall nahm, um nach den Pferden zu sehen. Neugierig auf den neuen Welpen lehnte sich eines der Pferde über seine Stalltür, um ihn zu untersuchen. Wie ich es mit jedem Welpen getan hatte, nahm ich McKinley hoch, damit er das Pferd kennen lernen konnte. Alarmiert durch den riesigen Kopf, der auf ihn herunteratmete, begann das Herz des Welpen zu rasen, jeder Herzschlag war in meinen plötzlich unsicheren Händen fühlbar. Warum hatte ich das getan? Konnte der vorübergehende Stress ihn umbringen? Meine Angst, ihn zu verlieren, kam in einer Welle aus Zweifeln und Verwirrung an die Oberfläche. Obwohl der Welpe sich schnell beruhigte, tat ich es nicht. Während ich ihn beobachtete, wie er zu den anderen Hunden rannte, stellte ich mir eine schwierige Frage. Was machte das „erfüllte Leben" aus, das ich ihm versprochen hatte?

Es wäre viel einfacher gewesen, wenn er eine „steuerbare" Krankheit oder einen „lenkbaren" Defekt gehabt hätte, wenn ich die Risiken durch eine veränderte Ernährung, durch Einschränkung der Bewegung oder durch das Vermeiden bestimmter Situationen hätte einschränken können, wenn ich durch solche Maßnahmen sein Leben hätte verlängern können. Doch McKinley blieb ein Fragezeichen; wann und wo die Stunde für ihn schlagen würde, war ungewiss. Obwohl ich ihn (und mich vor dem Schmerz, ihn zu verlieren) beschützen wollte, lag ein schmaler Grat zwischen angemessenen Vorsichtsmaßnahmen, die ich für jeden Welpen treffen würde, und übertriebener Fürsorge für McKinley. Um zu erkennen, wo dieser schmale Grat war, musste ich meine eigenen Gefühle und Ängste unter die Lupe nehmen.

Als ich neun oder zehn Jahre alt war, wusch meine Mutter meine Haare manchmal in der Spüle der Küche. Als ich so dalag, mit meinem Kopf sicher in den Händen meiner Mutter, konnte ich zu dem wunderschönen Gesicht meiner Mutter aufschauen. Eines Tages, als ich mir ihre Nase sehr genau ansah, begann ich zu denken, dass ich ihr Gesicht aus jedem Winkel wiedererkennen würde, überall, egal wie alt oder runzelig sie wird. Plötzlich wurde mir klar, dass der Tag kommen würde, an dem sie mir nicht länger die Haare waschen würde, an dem ich nicht mehr bei ihr wohnen würde, und dann – das wurde mir in diesem Moment entsetzlich bewusst – würde es eine Zeit geben, in der ich den Planeten nicht mehr mit ihr teilen würde. Was, wenn sie stürbe, wenn ich nicht da bin? Was, wenn ich nie eine Chance bekäme, mich zu verabschieden? Ich konnte mir nichts Schlimmeres vorstellen, als sie zum letzten Mal zu sehen, ohne zu wissen, dass es das letzte Mal ist. Die durch diese Gedanken hervorgerufene Angst war offensichtlich: Meine Brust spannte sich an, meine Kehle war wie zugeschnürt. Zur völligen Überraschung meiner Mutter begann ich, unkontrolliert zu schluchzen.

Zuerst dachte sie, sie hätte mich irgendwie mit zu heißem Wasser verbrüht oder ich hätte Shampoo in die Augen bekommen. Obwohl ich meinen Kopf als Antwort auf ihre Fragen bezüglich Wassertemperatur oder Shampoo schütteln konnte, war ich unfähig, ihre Frage: „Warum weinst du dann?" zu beantworten. Mit meinem jungen Vokabular konnte ich nicht erklären, welche Angst mich gepackt hatte. Es hat fast zwanzig Jahre gedauert, bis ich ihr diesen Moment erklären konnte.

In gewisser Weise war es mir früher möglich, die Tiefe meiner Liebe für jemanden nach der Stärke meiner Angst zu beurteilen, die ich beim Gedanken an seinen Tod empfand. Obwohl das, dank der Lektionen über Leben und Tod, die ich von vielen Tieren erhielt, nicht mehr in gleichem Maße wie früher gilt, ist die Angst noch immer da. Niemand möchte andere verletzen; niemand möchte Verluste erfahren. Doch ich weiß auch, dass es Verschwendung wertvoller Zeit ist, sich schluchzend anzuklammern, wie ich es bei meiner verwirrten Mutter getan hatte. Ich bin vertraut mit meiner Angst vor Verlust und mit den typischen körperlichen Empfindungen, die sie in mir hervorruft. Den schmalen Grat zwischen angemessener Vorsicht und ängstlichem Anklammern an McKinley zu finden war nicht sehr schwer – ich musste nur die Angst erkennen.

Damit McKinley ein erfülltes Leben führen konnte, musste ich ihm erlauben zu leben. Alles, was ich zu seinem Schutz unternahm, musste normaler, angemessener Vorsicht entspringen, nicht meiner Angst. Jede Entscheidung, die ich für ihn traf, überprüfte ich zuerst auf Hinweise meiner Angst. Meine Angst hätte mir diktiert, ihn nie unglücklich bellend in seiner Box zurückzulassen, ihn niemals zu bestrafen, meine Stimme ihm gegenüber nie zu erheben, in nie zu zwingen, etwas zu tun, was er nicht wollte, ihn nie den großen Hunden nachrennen lassen, ihn nie im Pool schwimmen zu lassen, ihn nie beängstigenden Situationen auszusetzen und alles, absolut alles zu vermeiden, das den letzten Augenblick auslösen könnte. Damit hätte ich den Tod nicht verhindern können, doch ich hätte ihm das Leben vorenthalten.

Als ich ein Kind war, kam mir meine Mutter furchtlos vor. Jetzt, da ich selbst Mutter und viel älter bin, verstehe ich, dass sie oft Angst hatte. Doch so gut sie konnte, kämpfte sie im Verborgenen mit ihrer Angst um uns, und nur selten wunderten wir uns über ihre drängenden Warnungen oder besorgten Blicke. Sie lehrte ihre Kinder angemessene Vorsicht, schränkte unser Leben jedoch nicht durch ihre eigene Angst ein. Sie verstand und lehrte durch tägliches Beispiel, dass ein erfülltes Leben nicht von Angst bestimmt wird, sondern von gut eingeschätzten Risiken, die voller Begeisterung und ohne Reue eingegangen werden. Sie fand Pferde beängstigend und verstand nicht, was mich antrieb, zahllose Stunden in ihrer Gesellschaft zu verbringen. Bei der ersten und letzen Pferdeshow von mir, die sie jemals besuchte, war sie höchst alarmiert, als das geliehene Pferd (ohne Erfolg) versuchte, mich abzuwerfen. Doch sie schränkte meine Pferdeaktivitäten nicht ein. Sie wusste, dass diese Leidenschaft Teil dessen war, was mich ausmachte; das zählte für sie viel mehr als ihre eigenen Ängste. Das Feingefühl für das Gleichgewicht, das sie als Elternteil bewies, ist das gleiche, das wir für unsere Hunde finden müssen – sie schützen, ohne sie daran zu hindern, zu sein, wer sie sind, ohne ihr Leben einzuschränken. Dieses Gleichgewicht ist schwer zu finden.

Vor Jahren hatte meine gute Freundin Judy einen Hund, der an Nierenversagen starb. Alle Tests zeigten, dass für den Hund nichts mehr getan werden konnte; es war Zeit, ihn einzuschläfern, bevor das Nierenversagen zu einem schmerzhaften Tod führen würde. Wissend, dass nur noch wenige Stunden blieben, bevor die Situation für den Hund unangenehm und dann erbärmlich werden würde, entschied Judy, dass, wenn Dawn sterben musste, dies nicht in der Box der Tierklinik geschehen sollte. Stattdessen brachte sie den Hund zu unserer Farm, ein Platz, den beide liebten, und eine befreundete Tierärztin würde sie hier einschläfern.

In der Tierklinik warnte der Dienst habende Tierarzt Judy mit ernsten Worten, dass, obwohl Dawn im Moment in Ordnung aussah, sich ihr Zustand in einigen Stunden verschlechtern würde, wenn sie sie aus der Klinik mitnähme. Judy erschien das schon fast lächerlich. Warum sollte Dawns Leben nach nur einigen Stunden des Herumsitzens in der Klinik enden, wenn es auch nach einem Spaziergang in der Sonne beendet werden konnte? Wie lange, fragte sie, würde es dauern, bis Dawn anfing zu leiden? Der Tierarzt zuckte mit den Schultern. „Wahrscheinlich nach höchstens drei bis vier Stunden. Sie wird schwach und fängt an, sich zu übergeben. Dann geht es viel schneller."

Dem Tod direkt ins Gesicht sehend stand für Judy fest, dass Dawn bis zuletzt ein erfülltes Leben haben sollte. „Geben Sie mir meinen Hund", sagte sie.

Auf der Farm spazierten Dawn und Judy glücklich im Sonnenschein, spielten etwas Ball und wateten durch den Bach. Zum ersten Mal in den Wochen, seitdem Dawn krank geworden war, genossen beide das Leben zusammen so, wie sie es immer getan hatten. Es war ein wohlüberlegtes Risiko, das letzte Geschenk einiger weiterer freudiger Augenblicke. Dawn wurde nie schwach, wie der Tierarzt befürchtet hatte. Vielleicht hielt sie die reine Freude dieser Stunden aufrecht, wie es die Medizin nicht gekonnt hätte. Vielleicht war Judys Zeitberechnung einfach durch unerklärliche Liebe bestimmt. Sich noch immer in ihrem Körper wohl fühlend wurde Dawn mit sanfter Hand in Judys Armen erlöst, einen vom Spiel noch durchweichten Tennisball neben sich.

WÄHREND EINES HERZSCHLAGS

In Bezug auf McKinley wünschte ich, ich hätte einen so klaren Zeitplan, wie Judy ihn für Dawn hatte. Ein Teil von mir wünschte sich, dass die Welt anhielte, bis wir seinen letzten Tag markiert hätten, so dass ich keinen Augenblick seines Lebens verpassen würde. Mehr als alles andere wollte ich Folgendes erreichen: Wenn das Ende kam, in seine Augen schauen zu können und zu wissen, dass ich sein Leben nicht eingeschränkt hatte oder die Zeit mit ihm als selbstverständlich angesehen hatte. Doch jeden Tag mit einem Tier mit erhöhtem Bewusstsein zu erleben, ist eine Art Totenwache, ist weder möglich noch ausgewogen. Beim Warten auf den gefürchteten Moment würde ich mich selbst erschöpfen, anderen, die ich liebe, meine Aufmerksamkeit und Zeit vorenthalten und vor allem verpassen, worum es im Leben dieses Tieres ging. Daher versuchte ich so zu leben, wie McKinley es tat – in jedem Augenblick, ein Herzschlag nach dem anderen.

Doch es war genau der Herzschlag, der mich ständig daran erinnerte, was passieren würde. Ob er sich neben mir auf der Couch zusammenrollte, aufsprang, um mich zu umarmen, oder sich halb neben, halb auf mir auf dem Bett ausbreitete, ich konnte den abnormalen Rhythmus seines Herzens unter meiner Hand oder an meiner Wange nicht verleugnen. Sein Herzschlag war wie eine verzauberte Muschel, die, wenn man sie ans Ohr hält, von Leben und Tod erzählt. Sogar ohne ein defektes Herz, das vielsagend unter unseren Händen schlug, gab es andere Rhythmen, deren Geflüster ebenfalls zu hören war, obwohl wir uns Mühe gaben, es zu ignorieren. Sie finden sich in der allmählichen Verlangsamung des Schrittes eines alten Hundes, in den sich trübenden blauen Augen eines Freundes, der irgendwie ohne unsere Zustimmung oder dass es uns bewusst gewesen wäre, uralt geworden ist. Wie bei überlagerten Fotos ist es schwer, zwischen dem vor uns stehenden alten Hund und dem jungen, der er einst war, zu unterscheiden.

Im Jahr zwischen seinem vierzehnten Geburtstag und seinem Tod nur fünf Wochen vor seinem fünfzehnten Geburtstag wurde McKinleys Großvater Bear immer schwächer. Zu beobachten, wie seine Beine begannen ihm zu versagen, war schwierig; sein Geist und seine Seele waren noch immer stark. Obwohl er nicht mehr in der Lage war, schneller als die anderen Hunde zu laufen, konnte er noch immer ausreichende Autorität ausüben, um jeden Hund in seiner Nähe zu zwingen, ihm seinen Ball zu überlassen. Ich sah nicht gern, wie gesündere, jüngere Hunde ihn anstießen, und beobachtete seine Frustration, wenn sie sich und den Ball außerhalb seiner Reichweite hielten. Daher wurde das Ballspielen, ein Spiel, das er mehr als alles andere liebte, eine private Angelegenheit zwischen Bear und mir. Ich warf den Ball eine kurze Strecke auf ebenem Untergrund und er schlurfte ihm entschlossen hinterher. Selbst im hohen Alter war er höchst erfreut, den Ball gefangen zu haben. Die ergraute

Schnauze ergriff den Fund und er wackelte zu mir zurück, seine Augen funkelten vor Erwartung auf den nächsten Wurf. In diesen Momenten verblasste das traurige Bild eines alten Hundes, der sein Lieblingsspiel spielte, machte Platz für eine vertrautere Erinnerung an einen jungen Bear, einen Hund, der durch die Luft flog, um einen Ball zu fangen.

Vielleicht war es nur ein Fehler oder die Gewohnheit der Jahre, die mich eines Tages veranlasste, den Ball, wie ich es oft getan hatte, hoch in die Luft zu werfen. Vielleicht war es auch nur die Gewohnheit, die Bear veranlasste, tapfer nach dem Ball zu springen, wie ein Balletttänzer. Ich kann noch immer seine auf die Flugbahn des Balls fixierten Augen sehen, sein in Erwartung geöffnetes Maul, sein ganzes Wesen im Sprung nach oben und weg von der Schwerkraft. Für den Bruchteil einer Sekunde befand er sich in der Luft und war wieder jung. Dann landete er verknautscht im Gras, geschockt und verlegen, dass ihm seine Hinterläufe versagt hatten. Obwohl ich mich für meinen Fehler entschuldigen konnte, hatte ich keine passende Entschuldigung für das, was die Zeit seinem Körper angetan hatte.

Ich habe mich oft gefragt, ob Tiere, wie ich, wenig vom Alterungsprozess mitbekommen, der, ständig leise Unheil verkündend, heimtückisch und rücksichtslos fortschreitet. Fühlen sie nach einem Jahr ebenfalls keinen Unterschied, fühlen sie sich auch nicht älter? Trugen sie das Wissen, die Erfahrung und die Weisheit ihrer Jahre so wie ich - wie einen Überzug über das innere Kind, das Kind, das niemals wirklich verschwinden wird? Waren ihre Vorstellungen von sich so vermischt wie meine von mir, ein undeutlicher Eindruck von Jung und Alt, Vergangenheit und Gegenwart, und alles von einer Beständigkeit durchsetzt, von der ich denke, dass es die ewige Seele ist? Ich beobachtete Bear, der seinen Geist dem Ball hinterherfliegen ließ, dachte, dass für ihn (genauso wie für mich) ein Teil von ihm immer jung sein würde, fähig, alles zu leisten. Als er damit kämpfte, sich im Gras wieder aufzurichten, sah ich die Überraschung in seinen Augen, als ob auch er unfähig - oder nicht gewillt - gewesen wäre, sich als alten Hund zu sehen, der nicht mehr durch die Luft flog. Ich warf den Ball nie wieder hoch in die Luft; er sprang nie wieder in die Höhe, um ihn zu fangen. Durch meine Tränen erkannte ich traurig die Wirklichkeit: Bear war alt.

Oft ist bei der Pflege eines sehr kranken oder alten Hundes die größte Schwierigkeit, ein klares Bild von ihm zu behalten, da unsere Herzen es verwischen möchten. Der Hund Annie meiner Freundin Ginny war ein stolzer Deutscher Schäferhund, der immer zu stolz für Verhätschelung oder Hilfe gewesen war. Jetzt war sie uralt und das Ende stand in ihren Augen geschrieben, die begonnen hatten, merkwürdig jung zu glänzen, wie es manchmal bei Tieren ist, die beginnen, sich von diesem Leben, von ihrem Körper zu lösen. Annie bereitete Ginny auf den bevorstehenden Weggang vor, und Ginny wusste das. Eines Abends knieten Ginny und ich neben dem alten Hund, hofften, ihm etwas Gutes tun zu können, dem verbrauchten Körper etwas Hilfe zu geben. Annies Pfoten waren kalt; ihr Kreislauf begann nachzulassen, sparte die wertvolle Energie für die lebenswichtigen Organe.

„Gib mir eine Decke", schlug ich vor. Ginny protestierte, sagte, dass Annie eine solche Verhätschelung nicht akzeptieren würde, solchen Luxus immer abgelehnt habe, egal wie nass ihr Fell oder wie kalt die Nacht gewesen sei. Trotzdem gab sie mir die Decke und wir legten sie um Annies gebrechlichen Körper, ließen nur ihren wunderschönen Kopf frei. Mit einem kurzen, entschuldigenden Blick auf uns schmiegte sich der Hund, der in seinem Leben keine Hilfe gebraucht hatte, in die Decke, akzeptierte die Wärme, die der alte Körper brauchte. Ginny, die zahllose Stunden damit verbringt, anderen Leuten mit ihren Hunden zu helfen, war niedergeschmettert.

„Wie konnte mir das entgehen? Warum habe ich nicht daran gedacht, ihr eine Decke zu geben? Wie konnte ich mich meinem Hund gegenüber so dumm verhalten?" Ginny war nicht unaufmerksam oder gleichgültig gewesen. In jedem Moment ihres Lebens hatte sie ein starkes Bild davon geschaffen, wer Annie war. Es ist schwer, lebenslange Vorstellungen zu verändern und deutlich das neuere, weniger angenehme Bild von Annie als einen schnell alternden Hund zu sehen, der Hilfe benötigte. Ginnys Herz und Annie selbst klammerten sich hartnäckig an die vertrautere Sicht von Annie als starken, fähigen und unabhängigen Hund.

Zwei Hunde und ein Todesfall

In unserem Haus kommt es selten vor, dass es in einem Jahr keinen Todesfall gibt. Bei so vielen Tieren so unterschiedlichen Alters und mit unterschiedlicher Lebensdauer ist es unausweichlich, dass wir uns bis zum Ende eines jeden Jahres von dem einen oder anderen Freund verabschieden müssen. Bei unserer Vorfreude auf Weihnachten, unserem liebsten Feiertag, fragen wir uns leise und laut, wer mit uns feiern wird. Weil Tod eine solche Konstante in meinem Leben ist, war ich nicht überrascht, als eine Freundin mich anrief, um mir unter Tränen mitzuteilen, dass sie gerade Blaze eingeschläfert hatte. Der dreizehn Jahre alte Golden Retriever war ihr erster Hund gewesen, und sie wusste weder, was sie tun sollte, noch wie sie mit der Situation mit ihrem zweiten Golden, Kelly, umgehen sollte. Nachdem wir uns etwas unterhalten hatten, entschied sie, dass sie Blaze im Garten begraben wollte. Da ich wusste, dass sie vor einigen Wochen ein Baby bekommen hatte, sich noch von der Geburt erholte und ihr Mann auf Geschäftsreise war, willigte ich ein, das Grab zu schaufeln.

Wenn es ein angemessenes Ventil für Trauer gibt, ist es das: die Rückenschmerzen verursachende, den Geist betäubende Arbeit, ein Grab für einen großen Hund zu schaufeln, besonders in der steinigen Erde des Westens von New Jersey, wo ich damals lebte. Zuerst beginnt man mit ernsten Absichten, erfüllt von der Traurigkeit der Aufgabe. Am Anfang fällt das Graben leicht, während man schaufelt, weint man, redet und erinnert sich, manchmal lacht man auch ein wenig. Dann wird aus Erde steiniges Gebiet und man flucht leise, man hämmert auf den Steinen herum, die schließlich angesichts solcher Entschlossenheit nachgeben. Jetzt spürt man seinen Rücken und die Schultern, es wird schwieriger, sich zu unterhalten. Man redet nicht mehr in ganzen Sätzen; stattdessen grunzt man nur noch eine mitfühlende Zustimmung, während sich die Person, die nicht gräbt, in Erinnerungen ergeht und weint. (Es gibt eine unausgesprochene Regel, dass der Besitzer nicht gräbt, es sei denn, er möchte es. Es wird davon ausgegangen, dass es im Moment genug Arbeit ist zu trauern.) Bisher hatte man es mit nicht allzu großen Steinen zu tun, jetzt trifft man auf Felsbrocken in der Größe eines ausländischen Kleinwagens. Während man diese verlorenen Stücke von Stonehenge aus dem Griff der Erde befreit, stellt man geschockt fest, dass das bisher gegrabene Loch kaum bis zur Oberkante des eigenen Schienbeins reicht; man braucht jedoch ein Loch, das bis zu den Hüften reicht. Der schmerzende Körper besteht darauf, dass man doch sicherlich schon auf halbem Weg nach China sei. Während man auf die Schaufel gelehnt dasteht, wird einem klar, dass sich die Form des Grabes, dessen Größe sorgfältig gewählt wurde, irgendwie verändert hat, nach unten hin wird es immer kleiner, sodass auf dem freigeschaufelten Bereich vielleicht gerade einmal ein Chihuahua beerdigt werden könnte. Mit einem Stöhnen beginnt man, das Loch an allen Seiten zu vergrößern (nur einen kurzen Moment durchzuckt einen der Gedanke, wie klein man einen Hund zusammenrollen könnte, um Platz zu sparen; der Sinn für das Praktische durchbricht die Wolken der Traurigkeit und schlägt einige Löcher in die Verantwortung, einen leblosen Körper gut zu behandeln). So geht es eine Weile weiter. Bis man fertig ist, ist man auf seltsame Weise betäubt, ein Zustand, der in diesem traurigen Moment merkwürdig willkommen ist.

Schließlich war das Grab fertig. Nicht weit entfernt lag ruhig unter einer Decke Blazes Körper im Auto meiner Freundin. Es war Zeit für den nächsten Schritt. „Was machst du, wenn einer deiner Hunde stirbt?", fragte meine Freundin. Ich erklärte, wie wir alle anderen Hunde zu dem toten Hund bringen, wie sie sich respektvoll versammeln und wie sie beobachten, wie wir den Körper unseres Freundes begraben, aufmerksam, bis die letzte Schaufel mit Erde liebevoll und unter Tränen festgestampft ist. Wir dachten einen Moment darüber nach und entschieden, dass es eine gute Art sei, damit umzugehen – schließlich hatte Blaze Kelly großgezogen. Wir holten Kelly für die Beerdigung.

Angesichts Kellys wildem Scharren auf dem Garagenboden stieg in mir die erste Vorahnung auf, dass Hunde auf verschiedene Arten mit dem Tod umgehen. Töricht schrieb ich Kellys begeisterten Galopp zum Auto ihrer Freude zu, mich zu sehen. Schließlich, sagte ich mir, kann das arme Ding nicht wissen, dass ihr Freund Blaze tot ist, das letzte Mal, als sie den Hund vor einigen Stunden gesehen hatte, war er krank, aber lebendig gewesen. Kelly begrüßte mich begeistert, ich versuchte sie etwas zu beruhigen, als ich ihre Begrüßung erwiderte. Meine Freundin fragte: „Zeigen wir ihr jetzt Blazes Körper?" Ich nickte, öffnete die Heckklappe und forderte Kelly auf, ihre Pfoten auf die Kante zu setzen, damit sie schnüffeln und verstehen konnte, was passiert war. Kelly war nie ein Hund gewesen, der halbe Sachen machte, also hüpfte sie in den Wagen, sprang munter auf ihren toten Kameraden, als ob er unter der taktvoll drapierten Decke nur ein neues und merkwürdig unbequemes Kissen sei. Als ich meine Freundin entsetzt nach Luft schnappen hörte, war ich bereits dabei, Kelly aus dem Fahrzeug zu rufen, dankbar, dass sie schnell reagierte, indem sie genauso freudig aus dem Wagen sprang, wie sie hineingesprungen war. Mit großen Augen jammerte meine Freundin: „Ich dachte, du sagtest, Hunde sind respektvoll angesichts des Todes!"

Selbst verwirrt erklärte ich schnell, dass Kelly in ihrer Aufregung wahrscheinlich nichts bemerkt habe und nur dachte, dass sie im Auto mitfahren dürfe. Bevor meine Freundin die Fadenscheinigkeit meiner Antwort durchschauen konnte, fuhr ich in meiner besten Hundeausbilderstimme fort, die von der selbstbewussten Zuversicht erfüllt war, dass meine Anweisungen befolgt werden: „Jetzt ist ein guter Moment, Kellys gesamte Erziehung zu nutzen. Warum lässt du sie nicht am Grab Platz machen, während wir Blaze dorthin bringen?" Betäubt ging meine Freundin mit Kelly weg, ließ mich überrascht auf die Pfotenabdrücke auf Blazes Decke schauend zurück. Als ich hinein griff, flüsterte ich dem toten Hund eine Entschuldigung zu. „Wer hätte gedacht, dass Golden Retriever Beerdigungen nicht so ernst nehmen wie Deutsche Schäferhunde?"

Schließlich lag Blaze im Grab, der Körper war so angeordnet, dass es aussah, als würde der Hund bequem schlafen. Als wir auf diesen guten alten Hund hinunter sahen, weinten wir wieder etwas und sprachen einige Gebete. „Lass es uns jetzt beenden", schlug ich sanft vor, doch meine Freundin stoppte mich. „Warte", sagte sie. „Es fehlt noch etwas. Blaze liebte ihre Tennisbälle immer so, und ich möchte einen mit ihr zusammen begraben." Sie begann wieder zu weinen, versuchte jedoch trotz ihres Schluchzens zu reden. „Dann kann ich sicher sein, dass sie im Himmel Ball spielt." Das ließ bei mir die Tränen wieder fließen, und ich winkte nur mit einer Hand in Richtung zum Haus, um zu zeigen, dass sie einen Tennisball holen solle.

Die ganze Zeit hatte Kelly ruhig neben uns gelegen. Müde vom Weinen rief ich Kelly zu mir, spielte ein bisschen mit ihr, während wir darauf warteten, dass meine Freundin zurückkäme. Ich sah, wie Kellys Augen begannen zu strahlen, als sie den Tennisball in der Hand ihrer Besitzerin sah, doch ich unterband ihr Interesse mit einem leisen „aus". Mit einem kleinen bedauernden Seufzen setzte sich Kelly an den Rand des Grabes, beobachtete, wie meine Freundin den hellen, neuen Ball liebevoll neben Blazes Schnauze legte. Als sie sich den Schmutz von den Händen und der Jeans wischte, machte meine Freundin einen tiefen, ausgelaugten Atemzug und schaute auf den Körper ihres alten Freundes hinunter. Ich drehte mich zu ihr um, um sie zu umarmen und sah aus den Augenwinkeln eine Bewegung. Es war Kelly, die ins Grab hüpfte. Unisono riefen meine Freundin und ich in geschocktem Ton: „Kelly!" Der Hund zeigte weder Schuldgefühl noch Scham, als er auf dem Körper von Blaze stand, wild mit dem Schwanz wedelte und den Ball triumphierend im Maul hielt. Ihre Mitteilung war sehr deutlich und enthielt eine einfache Weisheit, die wir beide verstanden: Das Leben geht weiter, warum also einen perfekten Tennisball verschwenden?

DEN WEG NACH HAUSE IN ERINNERUNG HABEN

Nach einem Leben mit Tieren glaube ich, dass Tiere sich des Todes bewusst sind und ihn verstehen. Obwohl manche das ruhige Akzeptieren des Todes des anderen als Beweis dafür interpretieren, dass sie sich dessen nicht bewusst sind, gibt es eine bessere Erklärung, die auch besser zu meinen Erfahrungen passt. Tiere akzeptieren den Tod als das, was er ist – ein natürlicher Prozess, dem keiner entkommt. Ich glaube, dass Tiere eine tiefe Verbindung zum unendlichen Rhythmus der Seele und des Universums haben, eine Verbindung, die auch wir haben, doch unsere ist durch komplexe Überzüge aus Wissen, Angst und Zivilisation beeinträchtigt, die uns immer weiter von den natürlichen Wellen von Leben und Tod entfernen.

Einige weisen auf den Mangel an Angst vor dem Tod und dem Sterben bei Tieren hin und sehen ihn als Beweis, dass Tiere sich des Todes nicht bewusst sind. Seit langem erscheint es mir eine merkwürdige und vielsagende Annahme zu sein, dass das Bewusstsein vom Tod Angst vor dem Tod bedeutet. Das heißt nicht, dass Tiere nicht Angst haben, wenn sie sterben – manchmal haben sie Angst, genau wie wir. Das heißt auch nicht, dass sie bereitwillig aus dem Leben scheiden. Genau wie wir halten Tiere, manchmal heftig kämpfend, an ihrem Leben fest. Ich habe viele Tiere gehalten, während sie, manchmal erfolgreich, manchmal vergeblich, den Kampf kämpften, den wir alle am Ende verlieren müssen. Doch ich habe auch Tiere gesehen, die ihren Tod ohne Angst begrüßten. Weil ich da war, als sie auf der Zielgeraden zum letzten Herzschlag unterwegs waren, kann ich sagen, dass ich das Bewusstsein des Todes in ihren Augen gesehen habe.

Johns erster Hund, ein Golden Retriever namens MacIntosh, war in seinem ganzen Leben nicht in der Lage gewesen, eine Spritze auch nur anzusehen. Obwohl er so viele Jahre ein so tapferer Hund war, wenn der Tierarzt eine Routineimpfung vorbereitete oder sich näherte, um Blut für einen Bluttest zu entnehmen, schaute Mac immer weg, seinen Kopf abgewandt und mit geschlossenen Augen, bis die Prozedur vorbei war. Er war vierzehn Jahre alt, als der Tumor in seiner Milz riss. Obwohl wir nichts von diesem Tumor wussten, bekämpften wir seit Monaten eine andere krebsartige Wucherung und wussten bereits seit geraumer Zeit, dass unsere gemeinsame Zeit mit Mac ablief. Als er am letzten Tag zusammenbrach, waren wir nicht sicher warum, doch es war klar, dass Mac des Kämpfens müde war. Nicht gewillt, die Hoffnung aufzugeben, brachten wir ihn schnell zum Tierarzt, aber wie Macs Blick uns bereits gesagt hatte, war die Prognose schlecht. Wir rangen mit den Möglichkeiten, die wir hatten: Mac einer schwierigen Operation zu unterziehen, mit einer sehr geringen Chance, dass er sie überleben würde, oder ihn ruhig, ohne weiteren Kampf und ohne weitere Schmerzen gehen zu lassen. Rückblickend auf das Leben dieses guten Hundes, mit einem Blick in seine Augen mit einer Frage, die niemand stellen möchte, wussten wir, dass er bereits alles gegeben hatte, was er zu geben hatte. Wir hielten Mac in unseren Armen, als der Tierarzt die Spritze vorbereitete, und nickten gleichzeitig, als der Arzt fragte, ob wir bereit seien. Was immer wir für Zweifel in Bezug auf unsere letzte Entscheidung hatten, sie verschwanden mit Macs letzter Mitteilung an uns. Als sich die Spritze seinem Lauf näherte, drehte Mac den Kopf, um sie anzusehen, sein Blick war ruhig und zeigte keinerlei Besorgnis, er beobachtete, wie sie seine Ader traf. Er war bereit. Er legte seinen Kopf in Johns Hand und schlief zum letzten Mal ein.

MacIntosh starb so, wie er gelebt hatte, ohne Angst, er hatte jeden Moment voll ausgekostet und begrüßte den Tod nun als Befreiung seiner Seele. Tiere lehren uns die wichtige Lektion, jeden Moment bewusst zu erleben, selbst wenn es der letzte ist. Unsere Ängstlichkeit in Bezug auf den Tod und das Sterben ist möglicherweise, obwohl verständlich, unnötig. Der taoistische Philosoph Chuang-Tzu fragte: „Woher weiß ich, dass die Liebe zum Leben nicht trügerisch ist? Woher weiß ich, dass der, der den Tod fürchtet, nicht wie ein Kind ist, das sich verirrt und seinen Weg nach Hause vergessen hat?"

KEINE REUE

Ich kann nicht sagen, wie McKinley starb – ich war nicht da und weiß daher nicht, ob er den Tod begrüßte oder gegen ihn ankämpfte. Als ich seinen Körper tot vor der Hintertür liegen sah, war keine Angst in seinem Gesicht, nur ein überraschter Blick, als ob der Tod für ihn unerwartet gekommen sei. Für einen kurzen Moment dachte ich, er habe sich einfach auf der Seite ausgestreckt, wie er es oft nach dem Spielen im Garten getan hatte. Doch dieser Moment dauerte nur einen Herzschlag, dann wusste ich, selbst als ich auf ihn zuging, lange bevor ich ihn berührte, dass McKinley seinen Heimweg gefunden hatte. In die Trauer mischte sich Erleichterung. Das war der Moment, den ich gefürchtet hatte, den ich mit so vielen Tränen erwartet hatte. Die Trauer hatte schon vor langer Zeit begonnen, in einer Tierarztpraxis, mit einem Welpen in meinem Arm. Das Warten war vorbei; jetzt, zumindest für eine Weile, konnte ich die Anwesenheit des Todes wieder von mir wegschieben.

In die Trauer mischte sich auch Freude, die schwer zu erklären ist. Ich streichelte seinen Kopf, sagte seinen Namen und stellte fest, dass der Moment so gekommen war, wie ich es erhofft hatte. Ich hatte gelernt, dass, egal wie sehr wir etwas lieben, wir nicht so daran festhalten können, dass der Tod es unserem Griff nicht entwinden kann. Ich hatte McKinley so leicht festgehalten, wie es mir möglich war, hatte versucht, nicht voller Angst auf den Moment zu warten, in dem er uns verließ, sondern voller Dankbarkeit für jeden Augenblick, den er da war. Ich bedauerte nichts, musste nichts entschuldigen, es gab keine Taten oder Worte, die ich ändern oder zurücknehmen wollte. Geleitet von McKinley selbst, hatte ich mein Versprechen gehalten und ihm ein erfülltes Leben ermöglicht. Er war nicht ganz acht Monate alt. Wenn er länger gelebt hätte, wäre mir das vielleicht nicht gelungen. Zeit ist in einer Beziehung sowohl ein Segen als auch ein Fluch – Zeit, es richtig zu machen, und Zeit, es falsch zu machen. Doch irgendwie war es mir gelungen. Er hatte mich gelehrt, mehr als jedes andere Tier oder jede andere Person, die ich bis dahin gekannt hatte, dass man, um ein erfülltes Leben führen zu können, die Angst vergessen muss.

Selbst nach seinem Tod lehrte mich McKinley etwas. Einige Tage nachdem er gestorben war, war ich emotional ausgelaugt, versuchte mich an die unglaubliche Leere zu gewöhnen, die seine Abwesenheit in unserem Leben hinterließ. Die Arbeitsanforderungen schienen erbarmungslos, und ich fühlte mich zunehmend wütender. Meine Hunde schlichen von mir weg; mein Ehemann versuchte meinen unausgesprochenen Zorn zu besänftigen. Obwohl mir bewusst war, wie dumm ich mich benahm, war ich nicht bereit, damit aufzuhören. Frustriert und in meinen Gefühlen gefangen, beschloss ich, den Tag zu beenden und zu Bett zu gehen; ich hoffte, dass Schlaf mich entspannen würde. Immer noch verärgert lag ich neben John, hörte, wie sein Atem sich im Schlaf beruhigte. Auf der Suche nach einem Ventil für meine Emotionen dachte ich über McKinley nach, und die Tränen – die in diesen Tagen schnell an die Oberfläche kamen – kamen schnell. Obwohl fast eingeschlafen, fühlte John mein Elend und streckte seine Hand nach mir aus, um mich zu halten und zu beruhigen. Ich zuckte von ihm weg, nur um mich noch erbärmlicher zu fühlen, als er den Versuch nicht wiederholte, sondern in den Schlaf fiel. Das war

Öl in das Feuer meines Selbstmitleids gegossen und ich fachte es mit inneren Bildern von McKinleys totem Körper an.

Bei dem unglücklichen Rückblick auf McKinleys Tod fühlte ich seine Gegenwart, sah und hörte ihn in meinem Kopf so klar wie immer. „Bereust du etwas?", fragte er, bezog sich auf meine Beziehung zu ihm. Meine Antwort lautete glücklicherweise, dass ich es nicht tat. Dann verwandelte sich das Bild seines Körpers in eine Szene, in der John plötzlich in der Nacht weggeht, was er als Feuerwehrmann häufig tut. In diesem Film konnte ich sehen, wie ich schlief, nur vage der Tatsache bewusst, dass John gegangen war.

McKinley sprach erneut. „Was wäre, wenn John jetzt gehen und niemals wiederkehren würde? Würdest du etwas bereuen?" Es war ein schrecklicher Gedanke, dass John wegen eines Feueralarms gehen müsse und niemals zurückkehren würde, niemals meine Entschuldigung für meinen Egoismus hören würde, mich nie wieder hören würde, wie ich ihm sage, dass ich ihn liebe. „Es gibt keinen Grund, etwas zu bereuen. Wenn du dir eine Chance wünschst, etwas anders zu machen, was du getan hast, wenn du bereust, was du nicht getan hast, berichtige es. Jetzt. Jetzt ist vielleicht der einzige Augenblick, der dir bleibt."

Ich sah McKinleys Gesicht, seine Augen waren ruhig und weise, und ich fühlte den Frieden, den ich empfunden hatte, als ich festgestellt hatte, dass ich zumindest in Bezug auf ihn nichts bereuen musste. Trotz der Uhrzeit weckte ich meinen schlafenden Mann, sagte ihm, dass ich ihn liebe, dass ich töricht gewesen sei. Ebenso versöhnlich wie ein Hund nahm er mich in die Arme und wir schliefen ein, ohne etwas zu bereuen.

DER ZERBRECHLICHE KREISLAUF

Ich lebe nicht in einem erhöhten Zustand ständiger, tiefer Würdigung und tiefen Bewusstseins. Wie jeden anderen nerven mich Hunde, die mir zwischen die Füße laufen, Pfützen auf dem Fußboden, von wedelnden Schwänzen vom Tisch gefegte Papiere. Ich vergesse manchmal, dankbar für die im Bett an mich geschmiegten warmen Körper zu sein und beschwere mich darüber, dass ich nicht genug von der Decke habe. Ich ziehe Hundehaare aus unserem Essen und habe vor langer Zeit aufgegeben, mich selbst und das Haus mustergültig sauber zu halten. Schmutzige Pfoten und nasse Küsse haben gesiegt. Manchmal hänge ich einem Tagtraum nach, in dem ich ohne Tiere lebe und meine Zeit, meine Energie und meine Ressourcen auf mich und ausschließlich mich verwendet werden. Doch die Lektion von McKinley hat die Unmittelbarkeit seines Lebens und seines Todes überdauert. Wenn mir meine Hunde jetzt einen Kuss anbieten oder mich zum Spielen auffordern, schiebe ich sie nicht so schnell weg, wenn ich Belastungen ausgesetzt oder beschäftigt bin. Ich weiß, dass ich, wenn sie nicht mehr sind, glücklich jeden Moment, den ich mit Klagen verbracht habe, für die Möglichkeit eintauschen würde, sie nochmals zu umarmen oder ihnen noch einmal über den Kopf zu streicheln. Ich versuche, ihr Geschenk der Gegenwart zu akzeptieren, und ermahne mich, dass ich eine armselige Person bin, wenn ich nicht die Zeit habe, die bedingungslose Liebe zu akzeptieren, die mir jeden Tag so oft von meinen Hunden geschenkt wird. Auf meiner linken Schulter sitzt leise der Tod, keine erschreckende Figur, sondern eine Quelle der Weisheit für die Liebe und das Leben.

Es gibt einen Zyklus aus Liebe und Tod, der das Leben derer prägt, die beschließen, in der Gesellschaft von Tieren zu reisen. Dieser Zyklus ist einmalig. Für die, die nie Teile dieses Zyklus durchlebt haben oder nie über diesen felsigen Pfad wanderten, erscheint unsere Bereitschaft, unsere Herzen mit dem Wissen einzusetzen, dass sie gebrochen werden, unverständlich. Nur wir erkennen, welch geringen Preis wir für das zahlen, was wir erhalten. Unsere Trauer, egal wie stark sie ist, gibt nur eine unzureichende Vorstellung von der Freude, die wir erhielten.

In seinem Essay *The Once Again Prince* fasst der Tierliebhaber und begnadete Schriftsteller Irving Townsend es gut zusammen:

„Wir, die wir uns entscheiden, uns mit Leben zu umgeben, das noch vergänglicher ist als unseres, leben in einem zerbrechlichen Kreislauf, der einfach und oft unterbrochen wird. Unfähig, diese schrecklichen Lücken zu akzeptieren, möchten wir jedoch nicht anders leben. Wir halten jede Erinnerung als einzige sichere Unvergänglichkeit in Ehren, verstehen nie ganz den notwendigen Plan."

Es ist ein zerbrechlicher Kreislauf. Doch Runde um Runde geht es ohne Ende weiter.

20

KALTE NASEN, KEINE FLÜGEL

Die Seele ist in Beziehungen am bedeutungsschwangersten und am schnellsten
bereit, geboren zu werden, da wir ohne sie nicht menschlich sein können.
Alleine können wir unsere Seele nicht retten und noch viel weniger finden.
GARY ZUKAV, SEAT OF THE SOUL (DIE SPUR ZUR SEELE)

Sechs Hunde in eine Hochzeit einzubeziehen bedeutet Loki, den nordischen Gott des Schabernacks, mit Begleitung einzuladen. Sogar mit Lokis Kichern in den Ohren entwickelten wir eine Hochzeitszeremonie, die unsere liebsten menschlichen Freunde und unsere Tiere einschloss – Hunde, Pferde und sogar unseren Esel. Freunde nahmen die Hunde an die Leine und integrierten sie so in die Prozession der Gäste zur Weide, wohin John und ich später auf Pferderücken folgen würden. Zusammen mit unseren lieben Gästen standen die aufgeregten Hunde hinten in der Gruppe, warteten auf den Moment der Zeremonie, in dem wir einen nach dem anderen zu uns rufen würden. Jeder von ihnen symbolisierte und brachte uns Eigenschaften und typische Merkmale, die wir in unsere Ehe einfließen lassen wollten. Bevor wir den Namen jedes Hundes riefen, nannten wir alle Geschenke und Lektionen, für die der eifrig zu uns laufende Hund stand. Durch das Herbeirufen von Molson baten wir um Sanftheit, Reife und Entschlossenheit. Bannockburn brachte uns Kraft gepaart mit Freundlichkeit und Klugheit. Vali brachte uns Eleganz, Intensität und Treue. Carson – nur einige Tage vor der Geburt des Wurfes, der uns McKinley bringen sollte – bot uns Erziehung, Wachsamkeit und Leidenschaft. Chilkat brachte Schönheit, noblen Charakter und Mut. Otter gab uns Lachen, Freude und Verspieltheit.

Durch das Herbeirufen der Hunde und die Benennung ihrer Geschenke und Lektionen beschrieben wir, was wir mit ihrer Hilfe in unserem Leben geschaffen hatten, und würdigten ihre Rolle als Lehrer in unserem Leben. Wir hätten genauso gut die Namen unserer Freunde rufen und die Segnungen und Lektionen, mit denen sie unser Leben bereichert hatten, nennen können. Alle Beziehungen, egal wie kurz sie sind, egal zu wem, bieten die Möglichkeit, etwas zu lernen. Wir finden die Lektionen, die wir lernen müssen, um zu heilen und zu wachsen, um uns herum in der Natur, in den Menschen, die unser Leben bereichern, und in den Tieren in unserem Leben. Ab dem Moment, in dem wir uns öffnen, um die Möglichkeiten in unserem Leben zu hören und zu sehen, können wir selbst in den unangenehmsten oder unglücklichsten Momenten etwas über uns und unsere Verbindungen zu anderen lernen. In der Schwäche eines Freundes sehe ich vielleicht eine Warnung für mein eigenes Leben oder erkenne den Segen, der darin liegt, dort etwas stärker zu sein, wo mein Freund vielleicht wankt oder zögert. In der Stärke eines Freundes sehe ich unter Umständen die Stärke der Gaben, die mit Liebe und Integrität eingesetzt werden, oder erkenne meine eigenen Schwächen, mit denen ich umgehen muss. Ohne den Gegensatz zwischen mir und anderen würde ich möglicherweise schnell vergessen, dass so viele Pfade durchs Leben führen, wie es Füße gibt, die auf ihnen wandern, und dass mein Pfad nicht der einzige ist. Genauso wie Lektionen über Zusammenarbeit und Fleiß einfach dadurch gelernt werden können, dass man sich auf den Bauch legt und ein oder zwei Stunden Ameisen beobachtet, bieten unsere Hunde uns Lektionen, wenn wir bereit sind, unser Herz zu öffnen und sie zu hören.

Zu fragen: „Was kann ich von dir lernen?", bedeutet einzugestehen, dass wir alle – einschließlich der Tiere – irgendwann einmal als Lehrer für andere dienen. Diese bescheidene Frage erinnert uns, dass wir alle Schüler des Lebens sind; Lernen und Wachstum sind keine Phasen, die wir auf unserem Weg zum Erwachsenenalter durchlaufen, sondern ständige Begleiter in unserem täglichen Leben. Wenn wir bereit sind, diese grundlegendste aller Fragen zu stellen, verändert sich etwas nachhaltig in uns, schafft das Bewusstsein, dass, wo immer wir auch hinsehen, wir Lehrer finden, die kleine und große Wahrheiten für unser Leben bereithalten.

Wie der Physiker John Archibald Wheeler anmerkte, hat die Entscheidung des Beobachters, wonach er Ausschau hält, unausweichlich Einfluss auf das, was er finden wird. Hier kommen wir wieder zurück auf die Verantwortung für die Entscheidung, die das Herz jeder Beziehung bildet. Wir können uns für oder gegen größere Vertrautheit entscheiden, für Taten aus Liebe oder aus Angst, dafür, unsere Aufmerksamkeit und Energie in einen Augenblick einzubringen oder zu leben, ohne uns des Moments bewusst zu sein. Weit über unsere Beziehungen zu Hunden hinaus prägt unsere Wahrnehmung unsere Realität. Selbst auf der Ebene von Elektronen und Quarks hilft das, was wir denken und wie wir uns entscheiden, die Welt zu sehen, sowie die Art, wie wir unsere Erwartungen prägen, unsere Realität zu schaffen.

Der Geist ist eine mächtige Sache, doch wie alle Mächte wird er nicht immer klug eingesetzt. Vor einigen Jahren, während einer Reise nach Deutschland, lernte ich eine amüsante, aber unvergessliche Lektion darüber, wie unsere Erwartungen dazu führen können, dass die verfügbaren Informationen blockiert werden. Ich sah fern und versuchte eine Weile, den Sinn der deutschen Synchronisierung einer amerikanischen Sendung zu verstehen, doch es störte mich, Lippenbewegungen zu beobachten, ohne dass ich die Worte, die ich hörte, verstehen konnte – wenn es eine akustische Form der Reisekrankheit gibt, wird sie so ausgelöst. Ich gab meinen Versuch zu verstehen, was gesagt wurde, auf und beschränkte mich darauf, die Sendung wie einen Stummfilm zu sehen, nutzte die Möglichkeit, die Feinheiten der Gesichtsausdrücke und Gesten zu beobachten, die eine überraschende Menge über die Geschichte enthüllten. Etwa eine Stunde später, nachdem ich halbherzig verschiedene Sendungen auf Deutsch gesehen hatte, stellte ich fest, dass einiges von dem, was gesagt wurde, für mich Sinn ergab, die deutsche Sprache erschien mir in meinem Geiste nicht mehr so fremd, sodass ich die Wörter mit jedem Augenblick mehr und mehr verstand. Das war verblüffend. Freudig erregt über mein neu entdecktes Verständnis, beabsichtigte ich gerade, meiner Gastgeberin diese Entwicklung mitzuteilen, als Werbung ausgestrahlt wurde. In Deutsch. Ich verstand kein einziges Wort davon. Als die Sendung fortgesetzt wurde, stellte ich bekümmert fest, dass sie nicht deutsch synchronisiert war, sondern in Englisch ausgestrahlt wurde.

Wieso war mir das entgangen? Ich war so sicher, dass die Fernsehsendungen in Deutsch waren, dass, selbst als die nächste Sendung in Englisch anfing, mein Gehirn sich weigerte zu akzeptieren, was meine Ohren empfingen – den vertrauten Klang meiner Muttersprache. Der Filter von Annahmen ist so stark, dass ich, obwohl ich körperlich die englische Sprache hörte, nur das wahrnehmen konnte, wovon ich annahm, dass ich es hörte: Deutsch. Unsere Vermutungen in Bezug auf Hunde können verhindern, dass wir das wahrnehmen, was uns unsere Hunde zu sagen haben, selbst wenn die Mitteilung eindeutig und unmissverständlich ist. Möglicherweise gehen wir davon aus, dass Tiere nichts von Wert zu sagen haben, oder selbst wenn wir akzeptieren, dass sie Mitteilungen aussenden, glauben wir, dass wir unfähig sind, sie zu verstehen, reservieren diese Fähigkeit für außergewöhnlich begabte Hundeflüsterer und Leute des Schlags von Dr. Doolittle.

Unsere Entscheidung, wonach wir suchen, beeinflusst stark, was wir sehen. Jemand, der nach Beweisen für die Gnade Gottes oder Gottes Güte sucht, wird sie finden; jemand, der die Untreue von Männern sucht, wird sie finden. Wenn wir nur nach Beweisen suchen, dass Tiere nicht mehr als ein liebenswertes, nettes Gewirr von Instinkten und konditioniertem Verhalten sind, dann ist das alles, was wir sehen können. Glauben Sie an etwas anderes, riskieren Sie als naiv, sentimental, töricht und irrational verspottet zu werden. Warum fürchten wir uns vor diesem Spott? Die Spötter erweitern unser Wissen nicht und bereichern auch unser Leben nicht, trotzdem fürchten wir uns vor ihnen und geben ihnen die Macht, uns vor dem zurückschrecken zu lassen, zu dem unsere Herzen uns ziehen. Mit einem Verlangen nach Verbindungen zu anderen versuchen wir ab dem Moment unserer Geburt, Verbindungen zu anderen herzustellen. Trotzdem schaffen wir es irgendwie, Mauern zwischen uns und anderen um uns herum aufzubauen, die Jalousien herunterzulassen und uns in die einsame Dunkelheit zu hüllen, die wir uns geschaffen haben, uns jedoch traurig mehr zu wünschen.

Ob meine Ansichten über Tiere eine Illusion sind, die ich mir selbst geschaffen habe, oder die Erkenntnis dessen, was tatsächlich existiert, ist ziemlich irrelevant. Ich sorge mich weniger darüber, warum ich glaube, was ich glaube, als darüber, welche Auswirkungen meine Ansichten haben. Die Auswirkungen meiner Ansichten sind gut, sie erweitern meinen Horizont, machen mich freundlicher, geduldiger, versöhnlicher, mitfühlender, liebevoller. Kurz gesagt, ich bin ein besserer Mensch, weil ich Hunde liebe, und genauer gesagt, weil meine persönlichen Ansichten prägen, wie diese Liebe zum Ausdruck kommt. Schließlich hat mich dieser Glaube an Hunde als Engel mit kalten Nasen dazu gebracht, mich sehr genau unter die Lupe zu nehmen und mehr und mehr die Hindernisse in mir selbst aus dem Weg zu räumen, die verhindern, dass das Leben und die Liebe ungehindert durch mich hindurchfließen können.

Erzogen mit der Lebensphilosophie, dass nichts ohne Grund passiert, versuche ich nicht vorzugeben, dass ich den Grund oder den Zweck all dessen verstehe, was in meiner Welt passiert, aber ich vertraue darauf, dass ein großer Plan am Werk ist. Da ich mich dafür entschieden habe, nach Beweisen für einen solchen großen Plan zu suchen, kann ich nicht umhin, ihn zu finden. Außerdem finde ich, vielleicht nur, weil ich beschlossen habe, danach zu suchen, die Bestätigung für meine Ansicht, dass jede Erfahrung eine Lektion enthält, wertvolle Weisheit oder Bewusstsein oder Verständnis oder Selbsterkenntnis. Auf Grund der Macht dieser Ansicht dienten sogar die schwersten, traurigsten, beängstigendsten Zeiten meines Lebens als Ausgangspunkt für wertvolle Erkenntnisse. Ich bin umgeben von potentiellen Lehrern, jede Begegnung bietet eine Lektion, wenn ich offen dafür bin.

Obwohl es möglicherweise einfach ist, meine Philosophie als das Werk einer Person abzutun, deren Geist auf mystische Weise verwirrt ist, enthüllt die Quantenphysik, in welch erstaunlichem (sogar beunruhigendem) Ausmaß die Konzentration unserer Aufmerksamkeit erheblichen Einfluss auf unsere Realität hat, bis hinunter zur Veränderung des Verhaltens subatomarer Teilchen. In seinem Kommentar über ein Experiment der Quantenphysik, bei dem das Verhalten von Elektronen in einer Umgebung davon abhängig variierte, was der Beobachter zu messen versuchte, sagte Wheeler: „Der Beobachter verwandelt sich unausweichlich in einen Teilnehmer. Auf gewisse Weise ist dies ein Universum mit Zuschauerbeteiligung." In dem Moment, in dem wir die Frage: „Was kann ich lernen?" stellen, werden wir Beteiligte und sind nicht mehr nur Zuschauer.

Beteiligung am Universum

Zu fragen: „Was kann ich von dir lernen?" bedeutet, eine Tür zu einer völlig neuen Welt von Möglichkeiten zu öffnen, in der unsere Hunde unsere Lehrer sein können und sind. Dies ist ein Universum mit Zuschauerbeteiligung, und diese einfache Frage bekundet unsere Bereitschaft, uns auf eine bestimmte Weise zu beteiligen. Viel weiter vorne in diesem Buch habe ich geschrieben, dass Sie, um hören zu können, was Ihr Hund Ihnen möglicherweise zu sagen hat, als ersten entscheidenden Schritt akzeptieren müssen, dass er etwas von Wert zu sagen hat. Wenn Sie sich gegen diese grundlegendste Ansicht sperren, stehen die Chancen gut, dass Sie Ihren Hund nicht einmal dann verstehen würden, wenn er mit sonorer Stimme, in kultiviertem Tonfall und in reinstem Hochdeutsch zu Ihnen sprechen würde. Bis wir uns geöffnet haben und akzeptieren, dass der Hund ein geistiges Wesen ist, verschließen wir die Ohren unseres Herzens. Wenn unsere Vorstellungen von Hunden und anderen Tieren nicht die Möglichkeit einschließen, dass sie Stimmen haben, die wichtige Mitteilungen für unser Leben enthalten, können wir sie möglicherweise nicht hören. Nicht, weil sie auf geheimnisvolle Weise, die wir nicht verstehen können, mit uns sprechen, sondern weil wir uns gegen die Möglichkeit wehren, dass es etwas zu hören gibt.

Wenn wir fragen: „Was kann ich von dir lernen?", können wir plötzlich auf neue Art hören und sehen. Was einst unverständlich oder bedeutungslos war, ist nun voller potentieller, bedeutungsschwerer Möglichkeiten. Eine völlig neue Welt der Kommunikation mit unseren Hunden und anderen Tieren breitet sich vor uns aus. Etwas Erstaunliches passiert. Sie sehen mehr als jemals zuvor, und das Tier reagiert jetzt auf Arten, die Sie nicht für möglich gehalten haben, Arten, die Sie nicht erwartet haben, oder sogar so, wie Sie es sich erhofft haben, es jedoch bisher nie erreichen konnten. Unausweichlich fragen Sie sich, was genau diese Veränderung bewirkt hat. Vielleicht – fragen Sie sich – haben die Tiere diese Veränderung an Ihnen bemerkt und daraufhin angeboten? Aber haben sich die Tiere wirklich verändert oder – eine beunruhigende Möglichkeit – waren sie schon immer so? Meiner Erfahrung nach trifft beides zu. Die Tiere an sich sind genauso, wie sie es immer waren, genauso wie ein Wasserfall tost, ob wir am Rand der Klippe stehen oder nicht. Gleichzeitig sind wir nicht, wer wir die ganze Zeit waren, was wiederum bedeutet, dass die Tiere in ihrer Beziehung zu uns einen neuen Stellenwert haben. Eine einfache Frage verändert die gesamte Auffassung von dem, was zwischen uns und einem Tier passiert. Wir erleben in unserem Leben die Wahrheit der indianischen Redensart: „Wenn wir andere Lebewesen mit Respekt behandeln, bringen sie uns ebenfalls Respekt entgegen."

Diese wundersame und gute Veränderung ist das Ergebnis einer grundlegenden Veränderung in uns. Mihaly Csikszentmihalyi schreibt in *Finding Flow*, dass wir uns durch die Art, wie wir unsere Aufmerksamkeit einsetzen, selbst kreieren. Eine Verschiebung unseres Blickwinkels, eine neue oder erneuerte Investition in unsere Lebensenergie – unsere Aufmerksamkeit – schafft neue Realitäten. Unser Blickwinkel verändert unsere Wahrnehmungen, unsere Wahrnehmung prägt und verändert unser Verhalten, unser Verhalten wiederum beeinflusst die Wahrnehmungen und das Verhalten anderer, dadurch haben wir neue Wahrnehmungen, die zu Veränderungen in unserem Verhalten führen. So erschaffen wir unsere Realität. Neue Fragen werden aufgeworfen, weil neue Möglichkeiten entstehen. Sowohl wir als auch unsere Hunde haben neue Möglichkeiten, wie wir uns verhalten. Wir erhalten neue Reaktionen; wir bieten neue Möglichkeiten.

Als Badger zu uns zog, hatte er ein Repertoire mit nur wenigen Verhaltensweisen, die jedoch erfolgreich waren, zumindest nach seinen bisherigen Erfahrungen. Wenn er aufgefordert wurde, etwas zu tun, was er unangenehm oder sinnlos fand, erstarrte er und zeigte seine eindrucksvollen Zähne. Bis er mich traf, war das eine ziemlich erfolgreiche Taktik; die meisten Leute, die er kannte, zogen sich sofort zurück.

Zu Badgers großer Verwirrung reagierte ich nicht so auf die Enthüllung seiner Zähne, wie er sich das vorgestellt hatte. Obwohl ich mit Mitgefühl zur Kenntnis nahm, wie schwierig er meine Aufforderung fand, schreckte ich nicht zurück. Anfangs dachte er, dass ich unerklärliche Blackouts hätte, die verhinderten, dass ich seine sehr deutlichen Signale verstand. Verwirrt durch meine vorübergehende Dummheit kam er auf die Idee, dass er seinen Standpunkt vielleicht unterstreichen müsse. Das tat er, indem er seine Lefzen so weit von den Zähnen hochzog, dass ich dachte, sie würden auf der Oberseite der Schnauze zusammentreffen. (Seine Reaktion wäre komisch gewesen, wenn es die traurige Tatsache nicht gäbe, dass dieses Verhalten in den meisten anderen Haushalten dazu geführt hätte, dass er als aggressiver Hund eingeschläfert worden wäre.) Wenn das ebenfalls fehlschlug, seufzte er normalerweise und kooperierte, erfreut, wenn auch ein bisschen überrascht von meinem begeisterten Lob und den leckeren Belohnungen. Das entsprach nicht seiner Vorstellung, wie die Welt funktionierte, doch im Laufe der Zeit führte die Tatsache, dass ich nicht auf die übliche Weise reagierte, zu neuen Möglichkeiten, wie Badger reagieren konnte. Es gibt immer noch Momente, in denen er seine Zähne zusammenbeißt und sich widersetzt, von Zeit zu Zeit zeigt er die Zähne sogar deutlich verärgert. Das sind schließlich alte Gewohnheiten mit einer langen Erfolgsgeschichte. Langsam aber sicher ersetzt er diese gewohnheitsmäßigen Reaktionen durch eine neue Nachdenklichkeit. Eine Pause zum Nachdenken, was gefordert wurde, ein Abwägen, wie hartnäckig wir darauf bestehen werden, und schließlich eine Zusammenarbeit, die widerwillig, aber meistens doch freiwillig erfolgt. Durch das Eröffnen der Möglichkeit, dass mehr existiert, haben wir für uns die Grundlage für eine erhöhte Aufnahmefähigkeit für das geschaffen, was schon immer vor uns lag. Es ist, als ob wir Comicfiguren wären, Strohköpfe, die im Dunkeln herumtasten und behaupten, dass sie nichts sehen können – nur um festzustellen, dass wir unsere Augen geschlossen hatten. Wenn unsere Augen geöffnet sind, eröffnen sich neue Möglichkeiten, und ab diesem Moment nehmen unsere Beziehungen zu unseren Tieren neue Dimensionen an und erreichen eine größere Vertrautheit.

Das ist kein schmerzloser oder sicherer Prozess. *Neu* ist kein Synonym für *besser*, und solche Erkundungen sind manchmal ermüdend und verwirrend. Obwohl die Möglichkeit, mehr über uns und andere um uns herum zu lernen, begrüßenswert ist, hat sie ihren Preis. Wir sind verantwortlich für das, was wir wissen. Nicht mehr und nicht weniger. Doch mit zunehmendem Verständnis, Bewusstsein und Wissen steigt die Verantwortung. Manchmal werden wir dieser neuen Verantwortung überdrüssig und wir sehnen uns möglicherweise nach dem alten, vertrauten Weg, der uns nicht so viel abverlangte. Unter Umständen vergessen wir, dass es ein Mangel, ein Unbehagen in uns war, was uns veranlasst hat, die Tür zu neuen Möglichkeiten aufzustoßen und das Licht der neuen Welt hereinzulassen. Langsam, unter Stolpern und mit Irrwegen, beginnen wir, unseren Weg zu finden und unsere Verantwortung leichter zu schultern.

Während wir lernen, in diesem neu entdeckten Bewusstsein zu leben, müssen wir vorsichtig sein. Die vor uns liegenden Möglichkeiten enthalten auch das Risiko, dass wir das in der Mitteilung enthaltene Wohlwollen fälschlicherweise für die Güte des Übermittlers halten, den Wert der Lektion mit Bewunderung für den Lehrer verwechseln.

HEILIGE MÜSSEN NICHT STUBENREIN WERDEN

Unsere Hunde als Lehrer zu akzeptieren und zu würdigen bedeutet nicht, dass wir sie auf ein Podest heben, wo sie keine Fehler machen können. Wenn wir das tun, haben wir die Buddha-Natur des Hundes übersehen - entgeht uns die Bedeutung der Zen-Redensart: „Nach der Ekstase kommt die Wäsche." Das Leben ist eine merkwürdige, komplexe Mischung von Höhenflügen und zu erledigender Dreckwäsche, ein ständiges Tauziehen zwischen herrlichen Höhen, die unser Geist möglicherweise erreicht, und den banalen Realitäten weltlicher Gegebenheiten, wie knurrende Mägen und der Wunsch nach einem warmen, trockenen Schlafplatz. Obwohl es ziemlich interessant und meiner Meinung nach wichtig ist, mit dem Bewusstsein zu leben, dass die Hunde zu unseren Füßen genau wie wir und wie die Vögel vor dem Fenster geistige Wesen sind, müssen wir auch berücksichtigen, dass diese Wesen einen physischen Körper haben. Ich habe mitunter große Freude an der Betrachtung von Grizzlys Geist, doch ich muss ihm auch beibringen, nicht aus dem offenen Auto zu springen, bevor er dazu aufgefordert wird. Die Betrachtung der Natur des Hundes befreit mich nicht von der Verantwortung, Birds Krallen zu schneiden oder ihr Manieren beizubringen. Wenn wir diese großzügigen, freundlichen Geister, die wir Hunde nennen, unbeaufsichtigt und unerzogen lassen, durchwühlen sie vielleicht unseren Müll, jagen und töten eventuell andere Tiere, reinigen den Mülleimer für Sie, wälzen sich in toten Tieren, kurz gesagt: leben ihr Leben nach hundlichen Richtlinien.

Obwohl ich dankbar für das bin, was Hunde in meinem Leben möglich machen, und die Lektionen, die sie mir erteilen, begrüße, stelle ich sie nicht als überlegen auf ein Podest. Das Einzige, was auf ein Podest gehört, ist ein vollendetes Werk, etwas Fertiges, Beendetes, das nicht mehr verbessert werden kann. Kein Lebewesen verdient eine Beschränkung auf einen so leblosen Platz; so etwas tut man nicht mit jemandem, den man liebt. Jemanden auf ein Podest zu heben bedeutet Heiligkeit, etwas, was nur beendeten Leben zuge- schrieben werden sollte. Einem Leben, das, wenn es in seiner Gesamtheit betrachtet wird, mehr zum Guten als zum Bösen tendiert als das der meisten. Viele Hunde, die ich kenne, können ihren letzten Atemzug machen, und die Leute, die sie kannten, werden ohne zu zögern sagen, dass der Hund ein unta- deliges Leben gelebt hat. Doch diese Art der Heiligkeit ist nur möglich, wenn ein Leben vorbei ist, wenn die Fehler gemacht und die Lektionen gelernt wur- den. Wenn wir sie heilig sprechen, bevor sie ihr Leben aushauchen, bevor wir sie ins Grab legen oder ihre Asche dem Wind anvertrauen, verhindern wir, dass wir an der Dynamik ihres Lebens teilnehmen und lehnen unsere Verant- wortung als Teilnehmer an ihrem Leben ab.

Ein Tier, das wir als heilig oder moralisch überlegen ansehen, würde keine Erinnerung daran benötigen – noch würden wir uns trauen diese durchzuset- zen –, dass das Zusammenleben mit Menschen ein bestimmtes Benehmen erfordert, müsste keine (ihm möglicherweise bizarr erscheinenden) Regeln befolgen und brauchte nicht viele seiner natürlichen Verhaltensweisen zu unterdrücken. Eine ausgeglichene Beziehung voller Respekt, Vertrauen und Kompromisse ist mit Heiligen weder möglich, noch gäbe es in einer solchen Beziehung ein Gefühl für die Verantwortung, das Tier zu führen und zu beauf- sichtigen. Das ist die wirkliche Gefahr, wenn wir Tiere als rein, gänzlich gut und moralisch überlegen ansehen: Wir werden sie schrecklich im Stich lassen, genau weil wir nicht würdigen, wer sie als vollständige Wesen sind, sondern sie nur auf ein Podest gehoben haben, sodass wir unsere Vorstellung dessen bewundern können, wer oder was sie sind. Kein Podest, egal wie großzügig es angelegt ist, erlaubt Freiheit.

Das echte Tier, ein Geist in einem physischen Körper, lebt in der realen Welt, genau wie wir. Egal wie weise der Geist sein mag, der in den Körpern unserer Hunde wohnt - wir dürfen nicht vergessen, dass sie keine Heiligen sind, sondern Seelen, hier unter uns, in den Körpern von Hunden. Nicht in den Körpern von wilden Wölfen oder von Spatzen, die vor unserem Fenster herumfliegen, ohne unsere Hilfe oder Unterstützung zu benötigen.

Der Gott in allem

Ich habe eine komische Form der Dyslexie entwickelt, das heißt, wenn ich *god* (engl. Wort für Gott) schreiben möchte, schreibe ich stattdessen *dog* (engl. Wort für Hund). Eine Weile hielt ich es einfach für eine bizarre Angewohnheit, die ich in den Jahren, in denen ich fast täglich über Hunde geschrieben habe, entwickelte. Danach folgte eine Phase, in der ich leicht beunruhigt darüber war, dass ich meinen Bezug zur Realität verloren hätte und das Thema Hunde sehr viel ernster nahm, als ich sollte. Dank angemessener Ausgeglichenheit in meinem Leben konnte ich diese Besorgnis verwerfen. Ich endete damit, dass ich die leichtfertig vorgeschlagene Vorstellung eines Freundes überdachte: Was ist, wenn *dog* einfach ein Anagramm von *god* ist? Ich denke nicht, dass mein Freund wollte, dass ich das tatsächlich in Betracht ziehe, doch ich tat es. Was wäre, wenn Gott ein Hund ist, und ein Hund ein Gott? Nach einigem Überlegen entdeckte ich, dass ich vor meinem inneren Auge das Bild von Gott als bärtigem Mann durch das eines absolut riesigen Hundes mit freundlichen Augen und wedelndem Schwanz ersetzen konnte. Von allen Tieren, die ich kenne, verkörpert der Hund am besten die göttlichen Eigenschaften bedingungsloser Akzeptanz, Vergebung und tiefer Liebe für die Menschheit.

Diese Vorstellung von Hund/ Gott ist kein so großer Sprung oder kein so grundlegendes Zeichen von Verrücktheit, wie es vielleicht scheint. Ich habe lange versucht, mich so zu verhalten, als ob der Gott in allen Dingen wichtig ist, würdigte den Ausdruck Gottes, wo immer ich auf ihn traf, egal wie er zum

Ausdruck kam, ob in der Schönheit eines Spinnennetzes oder in den Augen eines Hundes. Vor einer sehr langen Zeit, als ich mit einem Hund in den Kindergottesdienst ging, glaubte ich genauso wie heute, dass wir alle Geschöpfe derselben mächtigen Kraft sind. Wie der Mystiker Teilhard de Chardin schrieb: „Durch alle geschaffenen Dinge, ohne Ausnahme, greift das Göttliche uns an, durchdringt und formt uns." Nennen Sie es Seele, göttliche Kraft, Geist oder Göttlichkeit – nennen Sie es, wie Sie wollen, es ist genau diese unbestimmbare Sache, die uns mit der Freude und dem Frieden durchflutet, die wir in unseren engsten Beziehungen empfinden. Es eröffnet uns für neue – sogar ekstatische – Wahrnehmungen von unserer Welt, uns selbst und anderen um uns herum.

Es ist eine Sache, unsere Hunde als denkende, fühlende, empfindungsfähige Wesen anzusehen. Niemand, der seine Tage in der Gesellschaft von Hunden verbringt, kann umhin sich bewusst zu werden, dass sie, obwohl sie möglicherweise anders als wir denken und fühlen, denken und fühlen. (Es gibt natürlich einige, die dies abstreiten, ich schätze jedoch, dass sie schon vor langem dieses Buch als unwissenschaftlich bezeichnet und aus den Händen gelegt haben.) Doch selbst diejenigen, die ohne weiteres zustimmen, dass Hunde denken und fühlen, haben Schwierigkeiten, sich vorzustellen, dass der Hund ein geistiges Wesen ist.

„Lassen Sie mich das richtig verstehen", sagen sicher einige mit erheblicher Skepsis, etwas alarmiert, dass ich vielleicht übertreibe. „Wollen Sie sagen, dass die Knalltüte, die zu meinen Füßen liegt und zufrieden einen quietschenden Plastikhamburger bearbeitet, ein geistiges Wesen ist?" Vielleicht ist unser vierbeiniges, geistiges Wesen auch im Garten, rollt sich im Gras, bellt ein Eichhörnchen an, durchwühlt den Badezimmermüll oder leckt sich auf ungehörige Weise. Ist das das geistige Wesen, das uns möglicherweise tiefgründige, wichtige Lektionen erteilen kann? Meine Antwort ist eindeutig Ja.

Wir fühlen uns unbehaglich bei der Idee, hauptsächlich, weil wir es vorziehen würden, dass unsere geistigen Lehrer und Führer anders sind als wir. Es gibt diese Erwartung (eine, die nicht immer ausgesprochen oder bewusst empfunden wird), dass jeder, der als unser geistiger Führer dienen könnte, reiner und weiser ist als wir, uns sogar in gewisser Weise überlegen ist. Wir würden es vorziehen, wichtige geistige Lektionen und Mitteilungen von solchen erstaunlichen Medien wie brennenden Büschen oder echten Engeln zu erhalten, nicht von Andrea aus dem Supermarkt oder Günter aus der Wäscherei und ganz bestimmt nicht von einem Wesen, das Katzen jagt, Leber liebt und aus der Toilette trinkt.

„Wir sind keine menschlichen Wesen auf einem spirituellen Pfad, sondern spirituelle Wesen auf einem menschlichen Pfad", schreibt Jean Shinoda Bolen in ihrem Buch *Close to the Bone*. Diese Unterscheidung enthält die Implikation, dass spirituelle Wesen sich auf anderen, nicht-menschlichen Pfaden bewegen, eine Implikation, die von den beständigsten menschlichen Ansichten unterstützt wird, dass wir nicht nur auf der Welt sind, sondern in sie verwoben wie alle anderen Wesen. Wenn wir akzeptieren können, dass das, was uns verbindet, viel stärker ist als das, was uns trennt, werden die Unterschiede zwischen den körperlichen Herbergen für unseren Geist relativ unwichtig. Die Sioux glauben, dass wir eins sind mit allen Dingen und verwandt mit allen Dingen.

Ich versuche nicht, einen Leser davon zu überzeugen, dass Gott in dem Hund zu seinen Füßen, der Nachbarskatze, in dem Vogel, der vor dem Fenster singt, oder im Baum auf der anderen Straßenseite wohnt. Ich kann nur sagen, ich glaube, dass es so ist. Weil ich das glaube, unterscheidet sich meine Wahrnehmung von dem, was passiert, wenn ich mit meinem Hund zusammen bin, notwendigerweise von der Wahrnehmung einer Person, die glaubt, dass ein Hund nur eine liebenswerte Mischung von Instinkten und konditionierten Reaktionen ist. Ich bezweifle nicht, dass die zu meinen Füßen ausgestreckten Hunde spirituelle Wesen sind, genauso wenig bezweifle ich, dass mein Mann, der an seinem Kaffee nippt und eine Zeitschrift liest, ein spirituelles Wesen ist. Wenn ich aus dem Fenster auf den uralten Ahornbaum vor der Hintertür schaue, denke ich, dass auch dieser Baum beseelt ist. Die Eule, die auf dem Zaunpfosten unter dem Ahorn sitzt und wartet, dass der Tag zur Nacht wird – ist ebenfalls ein spirituelles Wesen. Wir sind, wir alle, nur verschieden geformte Gefäße und jedes enthält für kurze Zeit einen kleinen Teil des Universums.

Unsere Hunde haben, wie alle spirituellen Wesen, Lektionen zu lernen und zu erteilen. Unabhängig von der physischen Form, die unseren kleinen Teil des spirituellen Ozeans ausdrückt, enthält jeder von uns das Licht und das Dunkel, die Fülle und die Leere, das Gute und das Böse. Unsere Leben sind durchzogen von Fehlern im Verständnis, mangelndem Mitgefühl, Stellen, an denen wir noch nicht gelernt haben, die Angst wegzuwischen und die Liebe einfließen zu lassen, wie sie es möchte. Unsere Lektionen in unserem Leben sind einfach unsere Bemühungen, den durch unsere speziellen Fehler hindurchfließenden Fluss des Lebens zu beruhigen.

Was mich sehr bewegt, ist die Bereitschaft von Tieren, Liebe fließen zu lassen und sie nicht zu blockieren. Ich habe nie einen fetten Hund gesehen, der sich beschämt vor einer Hand zurückzog, die seinen Bauch kraulen wollte, noch einen Hund, der sich auf Grund eines Schuldgefühls für frühere Missetaten liebevoller Zuwendung entzog. Doch bewegt von angstvollen Gründen, bin ich zahllose Male vor Liebe zurückgewichen, habe mich abgewendet von großzügig angebotenen Geschenken, habe Mauern zum Schutz vor dem Fluss der Liebe durch mich hindurch errichtet. Dadurch habe ich eingeschränkt, dass durch mich die Liebe und das Leben zu anderen fließen kann. Es scheint mir, dass Hunde und andere Tiere für den menschlichen Geist so effektive Engel sind, weil bei ihnen, wie bei sehr kleinen Kindern, der Fluss der Liebe und des Lebens, der durch sie fließt, so wenig blockiert wird. Ich beobachte Hunde, und immer wieder belehren sie mich durch ihr Beispiel. Sie verweigern nicht den dynamischen Fluss des Lebens, der durch jeden Augenblick fließt. Unabhängig davon, ob wir es ausdrücken können, wir erkennen die Kraft eines derart ungehinderten Flusses und begrüßen seine Präsenz in unserem Leben.

Ich habe Hunde gekannt, die gebrochene Wesen waren, Opfer menschlicher Vernachlässigung, von Ärger und Angst; bei diesen armen Kreaturen war der Fluss der Liebe unterbrochen. Doch selbst wenn der Schaden zu groß erschien, zeigte der unablässig angebotene Fluss der Zeit und der Liebe seine Wirkung und heilte viel von dem, was schief gelaufen war. Obwohl nicht alles Zerbrochene repariert werden kann, ist auch dies eine Lektion über die Macht der Liebe: In ihrer Gegenwart kann Großes erreicht werden; in ihrer Abwesenheit können die erzeugten Wunden schrecklich sein.

Für die Leser, die vor der Vorstellung zurückschrecken, dass der Hund ein spirituelles Wesen ist, nur dies: Öffnen Sie doch einfach die Tür zum „Vielleicht". Emily Dickinson schrieb über das Bedürfnis der Seele, offen zu bleiben, offen für eine ekstatische Erfahrung. Sie brauchen nicht durch die Tür zu schreiten oder hindurchzusehen. Lassen Sie die Tür der Möglichkeit einfach offen und warten Sie, was passiert. Angelegenheiten des Geistes fließen durch, über und um die von uns errichteten Barrieren. Wenn wir in unserem angstvollen Fort eine kleine Öffnung lassen, kann der Geist uns tief und auf erstaunlich nachhaltige Weise bewegen. Sehen Sie, was passiert, wenn Sie eine Erfahrung mit dieser Frage im Sinn untersuchen: „Was kann ich von dir lernen?" Es ist überraschend, was sich auftut, wenn Sie sich mit dieser einfachen Frage und ernsthafter Neugier auf die Antwort einem anderen Wesen nähern.

Mein Leben als Hund

Dieses Buch begann mit mir als Hund unter dem Tisch, als ich über das Knie meiner Tante leckte. In meinem kindlichen Wunsch, ein Hund zu sein, konnte ich nicht verstehen, was ich von mir verlangte. Meine kindliche Version eines Hundes bestand aus wenig mehr als Bellen, Schwanzwedeln und Knochen abnagen, eine Vorstellung von einem Hund, die nicht ausgeklügelter war als die kindliche Vorstellung davon, was es bedeutet, eine Mutter zu sein. Als Erwachsene ist mein Wunsch, wie ein Hund zu sein, noch leidenschaftlicher als jemals zuvor, jedoch gemäßigt durch besseres Verständnis, was das bedeutet. Es erfordert viel von mir, was ich nicht erwartete, da ich mich so sehr auf die Hunde selbst konzentriert hatte.

Viele Jahre gab es Ahnungen, Hinweise und leises Gemurmel am Rande meines Bewusstseins. Ich hörte immer mit Unbehagen, wenn jemand sagte, dass er besser mit Tieren als mit Menschen auskomme oder dass er Tiere einfach besser verstehe.

Unausweichlich waren diese Eingeständnisse begleitet von der ernsthaften Behauptung, dass Tiere einfacher, weniger bedrohlich, weniger schmerzhaft, ehrlicher und versöhnlicher seien. Jeder von uns weiß aus erster Hand, dass andere Menschen grausam, verletzend, hinterlistig, wütend, gewalttätig und schlichtweg herzlos sein können. Im Vergleich erscheinen Tiere engelsgleich, Fleisch gewordene Liebe mit wedelndem Schwanz. Wir können uns leidenschaftlich an die Vorstellung klammern, dass nur Tiere sicher sind, dass wir nur in den Augen eines Hundes oder dem Schnurren einer Katze bedingungslose Akzeptanz finden, dass nur Tiere uns wirklich so schätzen, wie wir sind.

Gary Zukav schreibt: „Bei unserer Interaktion mit anderen ist eine Illusion Teil dieser Dynamik. Diese Illusion ermöglicht es jeder Seele wahrzunehmen, was sie braucht, um zu heilen." Zu einem großen Teil ist es genau dieser illusorische Teil der Dynamik, der Tiere so attraktiv für uns macht, besonders wenn wir von anderen Menschen verletzt wurden. In meinem Leben boten mir Tiere einen sicheren Hafen, wenn es die Menschen in meinem Leben nicht konnten; den häufig gehörten Satz: „Je besser ich die Menschen kennenlerne, desto mehr bewundere ich Hunde", kann ich gut verstehen. In meiner Teenagerzeit traf mein Jammern auf interessiert gespitzte Ohren, meine Traurigkeit wurde von dunklen Augen aufgenommen, die mich ohne Urteil oder Rüge ansahen, und schließlich lagen die Worte verbraucht in der Luft zwischen mir und dem Hund. In dieser Stille, in der Ruhe, die keine Empfehlungen für Aktionen, sondern nur eine Stelle bot, in die selbst das größte Leid ohne Ende gegossen werden konnte, trat die Heilung ein. Der Hund brauchte nichts zu tun, außer da sein, seine Stille war ein beruhigender Balsam und eine Sperre für harte und ärgerliche Worte, die meinen Geist erfüllten. Ich kenne die Wahrheit der weisen Worte von Max Picard: „Viele Dinge, die von menschlichen Worten aufgewühlt wurden, beruhigen sich wieder durch die Stille von Tieren."

Obwohl ich den sicheren Hafen verstehe, den uns Tiere zum Schutz vor den Schwierigkeiten des Lebens bieten, verstehe ich nun, dass das kein Endpunkt ist, kein Platz, an dem man sicher ruhen kann, frei von den Komplikationen und der Trauer, die unsere menschlichen Beziehungen manchmal begleiten. Obwohl er an sich sehr wertvoll ist, ist er letztendlich nur ein Ausgangspunkt, ein Platz, an dem wir die wirkliche Arbeit der Liebe beginnen. Tiere bieten uns keinen sicheren Hafen, damit wir unseren Mitmenschen den Rücken zukehren. Alles was ich bisher in meinem Leben von den Tieren gelernt habe, waren vorbereitende Lektionen, sozusagen Voraussetzungen für die größte Herausforderung von allen: zu lernen, andere Menschen zu lieben, mit dem gleichen Wohlwollen und der gleichen großzügigen Vergebung, die unsere Hunde uns jeden Tag schenken.

Es ist mir klar, dass diese Vorstellung nicht einfach zu akzeptieren ist. Auf der Suche nach Alternativen – eine, die nicht erfordert, dass wir lernen, andere Menschen zu lieben – ist es einfacher, sich vorzustellen, dass unsere Hunde uns so lieben, wie sie es tun, da sie nicht im Stande sind, uns zu verstehen. Dieser „süßes, dummes Herzchen"-Ansatz nimmt uns die Bürde ab; die naive und unwissende Bewunderung eines Hundes verpflichtet uns zu nichts, wie es bewusste Liebe möglicherweise täte. Genauso sehen wir die Liebe von Kindern oft als auf Unkenntnis beruhend an. Doch was ist, wenn unsere Hunde und Kinder nicht diejenigen sind, die Illusion sehen? Was ist, wenn, ungehindert von den Ängsten und der Logik, die unseren erwachsenen Geist verstricken, sie diejenigen sind, die hinter unsere oberflächlichen Unvollkommenheiten schauen, hinter unsere kleinen Ängste, direkt in den wahren Kern unserer makellosen, strahlenden Seele? Was ist, wenn sie einfach nur Folgendes lieben: das fehlerfreie Gute in uns, das, was wir sein können, wenn wir die Liebe durch uns hindurchfließen lassen. Es ist vielleicht eine abgedroschene Phrase von Kühlschrankmagneten, doch keine so schlechte Bitte: „Hilf mir, die freundliche Person zu werden, für die mein Hund mich hält." Das ist keine so schlechte Gestalt, die ein Leben annehmen könnte.

SO VERSÖHNLICH WIE EIN HUND

Bei der Suche nach einem Weg, den Tanz von Mensch und Hund zu finden, wusste ich nicht, wohin mein Weg mich führen würde. Konzentriert auf die Tiere und durch Assoziation mit den zugehörigen Leuten, konnte ich etwas anderes fühlen, das in mir arbeitete, etwas, was mich dazu brachte, die Menschen um mich herum mit neuem Mitgefühl zu betrachten. Ich hatte die meisten Leute auf Distanz gehalten, doch jetzt war ich mir ihrer auf neue Weise bewusst und konnte sie zu meiner Überraschung vollständiger über den Zusammenhang ihrer Beziehung zu ihren Hunden hinaus sehen. Das war noch weit davon entfernt, vollständig zu sein, sondern trat in seltsamen Eingebungen auf. Obwohl es mich faszinierte, waren mir die Ahnungen, die ich hatte, auch unangenehm, wenn ich bedachte, was das bedeuten könnte. Daher erkundete ich das Phänomen nicht, bis mich drei Vorfälle tief erschütterten.

Der erste Vorfall ereignete sich an einem Wintermorgen, während ich ruhig den Sonnenaufgang durch die Bäume hinter dem Feld betrachtete. Ich dachte über die vielen Arten nach, wie Menschen Hunde im Stich lassen und wie das die Hunde manchmal das Leben kostet. Besonders dachte ich an Gillian, einen wunderschönen jungen Hund, den ich gezüchtet hatte und der im Laufe des Tages als gefährlicher Hund eingeschläfert werden sollte. Während der traurigen Betrachtung, welchen Anteil ich an dieser tragischen Szene haben könnte, klingelte das Telefon. Überrascht ging ich an den Apparat und fühlte eine Welle von Wut in mir aufsteigen, als ich die Stimme von Gillians ursprünglicher Besitzerin hörte. Ohne Frage machte ich sie für den größten Teil der gesamten Situation verantwortlich (und mir selbst Vorwürfe, weil ich ihr den Hund überhaupt verkauft hatte) und jetzt, an einem Morgen, an dem ich nur mit meinen traurigen Gedanken und Entschuldigungen für den Geist des Hundes alleine sein wollte, machte mich ihre Stimme wütend.

Ich biss die Zähne zusammen und beantwortete ihre Fragen kurz angebunden, nicht bereit, ihr mehr als die grundlegendste Höflichkeit entgegenzubringen. Ich hörte in verärgerter Stille ihre Erklärung, wie und warum alles so gekommen war. Ein Hund, der in einigen Stunden tot sein würde, Gillian, war der einzige, der den Preis für die gebrochenen Versprechungen zahlen musste. Während sie redete, erkannte ich langsam, dass sie mich angerufen hatte, weil sie meine Vergebung suchte. Ich konnte es deutlich in ihrem tränenreichen Eingeständnis hören, dass sie den Welpen im Stich gelassen hatte. Gerechter Zorn packte mich und als ich mich auf mein hohes Ross schwang, fühlte ich ein schweres Gewicht auf meinem Knie. Ich blickte hinunter und sah den Kopf meines alten Hundes Banni auf meinem Knie ruhen, seine dunklen Augen fixierten mein Gesicht, sein Blick war unverwandt, ohne Blinzeln, sagte mir etwas. Ich verlagerte meine Konzentration auf diesen alten Freund und fragte still, was er mir sagen müsse. Er antwortete mit einer ruhigen Frage: „Was würde sie tun?"

Die Frage, die deutlich in meinem Inneren auftauchte, verwirrte mich anfangs. Was würde wer tun? Die Frau, mit der ich sprach? Ich suchte eine Antwort, die Frau begann zu weinen und Bannis Blick hielt meinen gefangen. Das nächste Bild in meinem Kopf war so überraschend, dass ich fast den Hörer fallen ließ: Ich konnte Gillian sehen, wie sie die Tränen der Frau ableckte, mit sanftem Blick, leicht wedelndem Schwanz, Vergebung in physischer Form. Plötzlich verstand ich die Frage – „Was würde sie tun?" – und wusste, dass es das war, was Gillian tun würde. Sie würde dieser Frau vergeben, diesem fehlbaren Menschen, der sie geliebt und trotzdem im Stich gelassen hatte.

Meine Herausforderung war: Konnte ich die gleiche Akzeptanz und Vergebung bieten? Ich konnte es mir nicht vorstellen und sagte mir, dies zu vergeben würde bedeuten, darüber hinwegzusehen, was sie getan hatte. Wieder schubste mich der unverwandte Blick von Banni vorwärts, und unerklärlicherweise raste ich um Jahre in der Zeit zurück zu Bannis Jugend und einem wunderbaren Frühlingstag, an dem der Hund den Tag genoss und meine wiederholten Befehle hereinzukommen, damit ich zu einer Verabredung gehen konnte, ignoriert hatte. Eilig, maßlos wütend, war ich durch den Garten marschiert und hatte ihn am Genick gepackt, ihn ohne Umschweife zur Hintertür gezogen, wo ich ihn weit über einen vernünftigen Tadel hinaus ausschimpfte. Er erstarrte, mit misstrauischem Blick, bis ich, als ich schließlich feststellte, wie dumm mein eigenes Verhalten war, auf einen Stuhl sank. Ich hielt ihm meine Hände entgegen, entschuldigte mich und erbat seine Vergebung. Die kam schneller als in Lichtgeschwindigkeit. Seine Vergebung bedeutete in keiner Weise Akzeptanz für das, was ich getan hatte; sie berücksichtigte einfach meine Entschuldigung und eröffnete mir einen Weg, der es mir ermöglichte, weiterzumachen und nächstes Mal hoffentlich einen anderen Weg zu finden.

So viele Jahre später, mit seiner grauen Schnauze auf meinem Knie, stellte ich fest, dass ich, wenn ich ein guter Hund wäre, dieser Frau vergeben könnte. Das würde nicht rückgängig machen, was sie getan hatte, und nichts daran ändern, dass ein Hund, den sie geliebt hatte, heute sterben wird. Vergebung würde ihre Verantwortung nicht jemand anderem zuschieben, sondern einen Weg eröffnen zu sagen, dass sie wie ich ein fehlbarer Mensch war. Ich hatte ebenfalls fürchterliche Fehler gemacht, Versprechen gebrochen, die, die ich liebte, im Stich gelassen, und viel öfter als die biblischen sieben Mal hatten mir Menschen und Tiere vergeben, die durch mich gelitten hatten. Ihr die Vergebung zu verweigern, wäre arrogant, als ob mir nie jemand hätte vergeben müssen, als ob mir nicht in der Zukunft noch unzählige Male vergeben werden müsste. Sicherlich, sagte ich mir, konnte ich einen Weg finden, das zu tun, was jeder gute Hund jeden Tag und manchmal mehrmals vor dem Frühstück tun konnte: einem Menschen vergeben, dass er ein Mensch war. Das tat ich. Es war nicht einfach, aber es war wichtig.

Behandle mich wie einen Hund

Die nächste Lektion erhielt ich wenige Monate später, als eine langjährige Freundin unerwartet begann, mich mit Worten zu attackieren, und mir einen Berg aus Beschuldigungen dafür, dass ihr Leben so unglücklich war, vor die Füße warf. Erstaunt hörte ich mit zunehmender Ungläubigkeit zu. Der durch ihre Worte entstehende Schmerz war ein körperliches Gefühl, so deutlich wie ein Schlag in den Solarplexus. Meine erste Reaktion war Ärger, trotzdem, sogar als meine wütende Antwort in meiner Kehle aufstieg – „Ich werde nicht hier herumstehen und mir das anhören – Leck mich!" –, passierte etwas Bizarres. Ihre Worte aus ihrem angespannten Gesicht, die mich verletzten, drifteten ab, so dass mir ihre jeweilige Bedeutung entging. Es blieb nur der Klang ihrer

Gefühle, und ich war betroffen von der Wut und der Angst, die ich aus ihrer Stimme heraushörte. Ohne Worte schien es, als ob sie Knurren, Heulen und verzweifeltes, erregtes Bellen von sich gab.

Wenn sie ein Hund wäre, fragte ich mich selbst, was würde dazu führen, dass sie sich so verhält, mich so angreift, ohne Vorwarnung? Sofort korrigierte ich mich. Es hatte Warnungen gegeben, Hinweise in vorangegangenen Telefonaten, und ab dem Moment, an dem wir uns heute getroffen hatten, hatte ich eine Spannung zwischen uns gespürt, obwohl ich nicht sagen konnte, warum das so war. Mir war bewusst, dass ich meine Worte und Aktionen sorgfältig bedacht hatte, um sie nicht zu reizen - in anderen Worten, ich war gewarnt worden. Sie als einen Hund zu sehen, der in angstvoller Raserei knurrt und schnappt, erlaubte mir, meine verletzten Reaktionen außer Acht zu lassen. Sie als verletzt und ängstlich anzusehen dämpfte meine reflexartigen Reaktionen. Obwohl ich noch immer verletzt war, fand ich einen Weg, ihr voller Mitgefühl zuzuhören und dann mit dem Wissen wegzugehen, dass ich kein Öl ins Feuer gegossen hatte.

Die Erleichterung, einen Weg gefunden zu haben, der es mir erlaubte, ruhig zu bleiben und nicht selbst aus Angst oder Wut heraus zu handeln, dauerte nicht lange. Lange nachdem der Vorfall vorbei war, erschütterte mich die Feststellung, dass ich, sobald ich sie wirklich sah, mit der gleichen Deutlichkeit, die ich normalerweise in meine Interaktionen mit Hunden einbringe, verpflichtet war, mindestens mit dem gleichen Mitgefühl zu reagieren, das ich jedem Hund entgegenbringen würde. Das war kein neues Konzept für mich. Seit Jahren hatte ich Lippenbekenntnisse dazu abgelegt und mir manchmal wirklich Mühe gegeben, manchmal war ich tatsächlich in der Lage, freundlich und fair zu vielen Leuten zu sein. Doch nie zuvor hatte ich so klar erkannt, welche ernsthafte Verpflichtung ich hatte, diese Worte umzusetzen - und wie schwierig das wirklich war.

Vor langer Zeit hatte ich die weisen Worte von Leo Buscaglia gelesen. „Wir müssen einander würdevoll behandeln. Nicht nur, weil wir es verdienen, sondern weil wir bei Rücksicht am besten wachsen." Ich entdeckte, dass es nicht einfach war, diese Worte ins Leben zu übertragen. Eine Untersuchung meines eigenen Verhaltens zeigte, dass bei meinen Interaktionen mit anderen Menschen viele gut mit mir zurechtkamen, jedoch nicht alle. Bei jedem Tier, mit dem ich in Kontakt kam, bemühte ich mich nach Kräften, mitfühlend zu sein, Respekt und Freundlichkeit zu zeigen, selbst angesichts von Ärger oder Angst. Es war traurig, dass ich, wenn meine Freundin ein Hund gewesen wäre, der angstvoll am Ende der Leine nach mir schnappt, sofort auf eine Art reagiert hätte, die mir bei ihr schwer fiel.

Das war ein schrecklich quälender Gedanke, einer, der seit vielen Monaten an mir genagt hatte. Ich beobachtete mich und stellte fest, dass es manchmal einen ziemlichen Unterschied gab, wie ich Tiere und wie ich Menschen behandelte. Ich hätte mein Verhalten einfach damit entschuldigen können, dass Menschen mir Unrecht getan hatten, aber die unangenehme Wahrheit war, dass ich keinen Unterschied machte zwischen vergangenen Ungerechtigkeiten anderer, die mich tatsächlich verletzt hatten, und den derzeitigen Menschen in meinem Leben und ihrem jetzigen Verhalten. Alle Leute mit meinem Misstrauen und meiner Angst zu überziehen war genauso albern wie die Vorurteile, denen ich täglich bei den Spaziergängen mit meinen Schäferhunden begegnete. Trotz des ruhigen Benehmens, der guten Manieren und den wedelnden Begrüßungen meiner Hunde werden sie häufig als aggressiv, gefährlich oder sogar tödlich angesehen, abhängig davon, wie ein anderer Deutscher Schäferhund sich zu einer anderen Zeit gegenüber der Person verhalten hatte, die jetzt alle stehohrigen Hunde mit dieser Fellfarbe mit Angst und Abneigung betrachtete.

HANDELN, ALS OB ES WICHTIG SEI

Am letzten Tag ihres Lebens tat Vali, was sie ihr ganzes Leben getan hatte: Sie lehrte mich etwas. Ich wusste, dass wir das letzte Ticken der Uhr erlebten, jede Stunde wurde geschätzt und genossen. Ich ließ sie im Schatten liegen, wo sie das Kommen und Gehen auf der Farm beobachten konnte, und hob den Gartenschlauch auf, um ihren Wassernapf nachzufüllen, ließ das Wasser etwas laufen, um sicher zu sein, dass es kalt und rein war. Als ich ein Geräusch hinter mir hörte, dachte ich zuerst, es käme von Carson, Valis Schwester, die käme, um im Wasser zu spielen, wie die beiden es getan hatten, seit sie Welpen waren. Stattdessen sah ich Vali, ihre sich trübenden Augen strahlend und wachsam, als sie ihre Aufmerksamkeit auf den Schlauch richtete. Sie war so schwach, dass sie kaum stehen konnte. Sie kam über den Rasen auf mich zu, während ich verblüfft herumstand. Als sie mich erreichte, streckte sie sich, um freudig in den Wasserstrahl zu beißen, wie sie es immer getan hatte, dann erkannte ich in ihrem Blick den schrecklichen Moment, als sie erkannte, dass das mehr gewesen war, als sie leisten konnte. Sie stand einen Moment da, Wasser tropfte von ihrer Schnauze, ihr gebrechlicher Körper schwankte, dann brauchte sie den Rest ihrer Kraft, um resigniert zurück in den Schatten zu torkeln, wo ihre Schwester Carson lag.

„Warum hast du das getan?", fragte ich Vali, als ich mich neben ihr ausstreckte und ihren Kopf streichelte. Ich wusste, dass sie alle Wasserspiele liebte, immer geliebt hatte, doch aus meiner Sicht erschien es nicht sinnvoll, die wenige wertvolle Energie, die ihr in ihrem Leben verblieb, darauf zu verwenden, noch einmal nach dem zu schnappen, was auch mit den kraftvollsten Kiefern nicht gefangen werden konnte. Ihre Antwort kam leise: „Wenn etwas wirklich wichtig ist, gibst du alles, was du hast." Ich wusste nicht, dass nur wenige Stunden später, als die Sterne hell am Himmel strahlten, ihr Herz zum letzten Mal unter meiner Hand schlagen und sie gehen würde. Ich hätte nie vermutet, dass ich nur wenige Stunden nach ihrem Tod beweisen sollte, dass ich die Lektion gelernt hatte.

Kurz nachdem die Sonne wie an jedem Tag aufgegangen war, ging ich zu einer Freundin und teilte ihr mit, dass Vali gestorben war. Es war die gleiche Freundin, mit der ich mich vor einigen Monaten gestritten hatte. Törichterweise, verletzt, mit dem Wunsch, mit jemandem zu sprechen, der Vali ihr ganzes Leben gekannt hatte, hoffte ich auf etwas Tee und Mitgefühl. Für einige Minuten bekam ich es, bevor ihr Mitgefühl verflog und sie das Gespräch auf sich und ihre Probleme lenkte. Der Tee war noch nicht abgekühlt, als das Bedauern über den Verlust zu einer intensiven Erkundung ihrer Probleme und Ängste wurde. Mit einer Welle der Müdigkeit dachte ich, dass ich nicht die Energie dafür hätte, dass ich gerade jetzt zu emotional ausgelaugt sei, um mich um das Leid anderer zu kümmern und darauf zu reagieren. Mehr als alles andere wollte ich mich still zusammenrollen und um einen guten Hund trauern.

Während ich versuchte, die Sätze zu bilden, die es mir erlauben könnten, diesem Moment und den Bedürfnissen meiner Freundin zu entkommen, sah ich plötzlich Vali unsicher durch den Sonnenschein laufen, um in den Wasserstrahl zu beißen. Es war ihr wichtig, daher gab sie alles, selbst wenn es nur wenig war. Meine Freundin weinte, redete und klagte an. Ich betrachtete sie aus einer ruhigen, stillen Distanz und fragte mich: „Ist dir diese Freundin wichtig?" Die Antwort lautete natürlich, dass sie es war. Die nächste Frage lautete, ob ich, wenn ich wüsste, dass es ihr oder mein letzter Tag wäre, immer noch bereit wäre, wegzugehen, meine Erschöpfung und Traurigkeit als Schild benutzen würde, um ihr nicht zuhören zu müssen und ihr nicht bieten zu müssen, was ich anzubieten hatte? Ich mochte diese Frau sehr, und diese Beziehung war von entscheidender Wichtigkeit für mich. Obwohl meine Trauer echt war und Zeit brauchte, um berücksichtigt zu werden, war dies das Bedürfnis einer Lebenden. Ich suchte also tief in meinem Inneren nach der gleichen Entschlossenheit, die einen sterbenden Hund dazu gebracht hatte, noch einmal sein Lieblingsspiel zu spielen. Ich öffnete mich, um der verletzten, einsamen Frau zuzuhören, die gehört werden musste.

Ich weiß nicht, was passiert wäre, wenn ich, nachdem ich meinen Tee ausgetrunken hatte, beschlossen hätte, den einfachen Weg zu gehen und mich der Situation zu entziehen. Ich weiß, dass das, was ich an diesem Morgen tat, einen Unterschied im Leben meiner Freundin machte. Doch selbst wenn es das nicht getan hätte, der Unterschied, den es in meinem Leben machte, war wichtig. Valis Lektion war eine Erweiterung der Lektion von McKinley: Wenn wir uns bewusst entscheiden, müssen wir nichts bereuen. Verstehen Sie mich nicht falsch. Valis Lektion ist nicht zu einem unrealistischen Martyrium mutiert, in dem ich, egal wie ich mich fühle, immer Zeit für die Bedürfnisse eines anderen finden kann. Das war nicht die Lektion. Sie handelte vom bewussten Einsatz der Lebensenergie.

DAS SCHWIERIGSTE VON ALLEM

Früher einmal hätte ich gesagt, dass das Wichtigste, was uns Hunde beibringen können, ist, wie wir menschenfreundlich und gleichzeitig menschlich sein können. Töricht, wie alle Anfänger, dachte ich, das sei mein Ziel, dieser wunderbare weiße Raum zwischen mir und einem Tier, der Raum, in dem die Einladung zum Tanz ausgesprochen und angenommen wird. Hier, lerne ich nun, ist einfach der Raum, zu dem ich kommen musste, um mit der wirklichen Arbeit des Lebens beginnen zu können: lernen, andere Menschen zu lieben. In seinem Brief an Franz Xaver Kappus schreibt der deutsche Dichter Rainer Maria Rilke: „Liebhaben von Mensch zu Mensch: Das ist vielleicht das Schwierigste, was uns aufgegeben ist, das Äußerste, die letzte Probe und Prüfung, die Arbeit, für die alle andere Arbeit nur Vorbereitung ist."

Es ist ironisch, dass ich in der ganzen Zeit, in der ich gesagt und gehört hatte: „Ich ziehe Tiere den Menschen vor", nicht einmal gestutzt und mich gefragt habe, was wäre, wenn die Tiere das Gleiche über uns sagen würden. Was wäre, wenn unsere Hunde uns anschauen würden und sich so entschieden, wie wir uns vielleicht vor langer Zeit entschieden haben, dass Menschen ziemlich grausam und schrecklich sind und, offen gesagt, nicht wert, dass man seine Zeit mit ihnen verbringt. „Wartet", würden wir jammern, „die anderen Leute sind so, nicht wir! Nicht wir, die Tierliebhaber, diejenigen, die Tiere mit Fell und Federn mehr lieben als unsere eigene Art. Seht nur, wie nett wir euch behandeln, wieviel Liebe und Aufmerksamkeit wir euch entgegenbringen! Ihr könnt euch nicht von uns abwenden", würden wir weinen. Wenn die Tiere fortfahren und uns weiter den Rücken zudrehen würden, nicht bereit, mit uns zusammen zu sein, wäre möglicherweise ein leises Wimmern zu hören: „Wenn ihr uns verlasst, wer wird uns dann lieben?"

Die Hunde würden uns vielleicht anschauen und leise fragen: „Wie kommt es, dass ihr die wichtigste Lektion von allen nicht gelernt habt?" Durch Beispiele, eifrig, bereitwillig und so gut zeigen uns Hunde die Wichtigkeit von Liebe, die ohne Urteil bedingungslos angeboten wird. Sie zeigen uns den Wert dessen, akzeptiert zu werden, wie wir sind. Außerdem zeigen sie uns immer wieder, dass ein Leben, in dem man sogar fehlgeleitete, verwirrte, unsichere

Menschen liebt, ein gutes Leben ist. Alles womit Hunde unser Leben bereichern können, verblasst vor der Herausforderung zu lernen, einander zu lieben, wie sie uns lieben. Das ist sicherlich die Arbeit eines Lebens, doch wir haben eine gute Wahl getroffen, wenn wir uns entschieden haben, uns auf der Reise von unseren Engeln mit der kalten Nase begleiten zu lassen.

Genau über der Pfote eines Hundes, wo die rauen Pfotenpolster nach außen und aufwärts schwingen, Platz für Fell machen, befindet sich eine Vertiefung. In diese von lebendem Stahl aus Sehnen und Knochen eingerahmte Vertiefung passt genau mein Daumen, als ob sie vor langer Zeit von meinem Daumenabdruck geschaffen worden sei, vielleicht in einem anderen Leben, als ich Dienerin bei einer unbedeutenden Göttin war. Selbst wenn eine unbedeutende Göttin die Macht hätte, Dinge zu formen, hätte ich für mein zukünftiges Ich nur diese eine Sache erbeten: diese Vertiefung genau über der Pfote des Hundes. Außerdem hätte ich darum gebeten, dass dieser perfekte Daumenabdruck in der Zukunft dazu dienen würde, mich zu erinnern, dass seit längst vergangener Zeit meine Seele und die Seele dieses Hundes zusammen waren, verwoben im großen Ozean des Lebens. Während ich mich fragen würde, ob die Vertiefung so geformt ist, dass mein Daumen hineinpasst, oder mein Daumen so geformt ist, dass er in die Vertiefung passt, würde ich mich erinnern, dass wir alle halten und gehalten werden, alle Lehrer und Schüler sind, Führer sind und geführt werden. Ich würde diese Vertiefung schaffen, um mein zukünftiges Selbst zu erinnern, dass, wenn ein Herz unter meiner Hand nicht mehr schlägt, meine Hand widerwillig aufhört, das weiche Fell zu streicheln, unsere Verbindung weiter besteht. Mit dieser kleinen Vertiefung würde ich den Hund als meinen Begleiter und Lehrer markieren.

Wie können wir das von unseren Hunden geschenkte Wohlwollen messen? Fähig, dramatische Lektionen zu erteilen, bewegen sich unsere Hunde geschickt und genauso unerbittlich wie Wasser, ihr Geist wirkt in uns auf Arten, die uns unter Umständen nicht einmal bewusst sind. Wie wissen wir, was sie uns beigebracht haben? Manchmal merken wir es daran, wie wir Veränderungen erkennen: Jeder Schritt, den wir tun, ist anders, einfacher, geprägt von Wissen, das uns ruhig und sicher durchdringt. Dieses Verständnis erscheint so richtig, stillt unseren Durst so gut, dass wir möglicherweise verges-

sen, wie neu es für uns ist, vergessen, wie wir waren, bevor wir diese Kenntnisse hatten. Unser Kopf sagt uns, dass wir früher irgendwie auf eine Art, an
die wir uns nicht mehr erinnern, durch die Welt gingen, ohne das Verständnis, das wir jetzt besitzen. Wir sind dankbar, aber verwirrt und fragen uns, wie
wir unseren Weg mit einer so fehlerhaften Karte gefunden haben. Irgendwie
haben wir unseren Weg gefunden, und wir werden weitergehen. Mit uns reisen immer die Engel, die uns leiten und schützen.

Durch unsere Adern strömen so sicher wie unser eigenes Blut die Lektionen, die wir mit Mühe und mit dem Wohlwollen gemeistert haben, das die
Hunde uns schenken, die als unsere Lehrer dienen. Wir könnten uns genauso
wenig von dem trennen, was wir wissen, was wir gelernt haben, wie wir das
Knochenmark aus unseren eigenen Knochen entfernen könnten. Mit dem,
was wir gelernt und was wir vertrauensvoll, blind akzeptiert haben, oft ohne es
vollständig zu verstehen, mit dem Vertrauen darauf, dass es ein großartiges
und gutes Geschenk ist, wachsen wir. Wenn wir uns strecken, beginnen die
Grenzen der Angst, die einst gewaltig erschienen, als wir kleiner waren, als wir
es jetzt sind, zu bröckeln, werden zu schwachen Versuchen, uns an geringere
Versionen unserer selbst zu binden. Wenn wir aus dem Quell der Weisheit
trinken, beginnen unsere Seelen sich zu regen und sich auszudehnen, erwachen aus einem Schlummer, von dem wir nicht wussten, dass er so tief war.
Mit zunehmender Hoffnung verstehen wir, dass wir lernen können zu fliegen.
Flügge sitzen wir auf dem Rand unseres Lebens und beginnen mit den Flügeln
zu schlagen, mit dem sicheren Wissen, dass wir den Tag erleben werden, an
dem wir uns in die Luft schwingen und uns dem Wind anvertrauen werden.

DANKSAGUNG

Anfang Februar 1997 schrieb ich einen Brief an meine Freunde und Mentoren, der mit den Worten begann: „Ich denke, es ist fair, euch zu warnen. Da ist etwas in meinem Gehirn, das hinaus möchte." All diese Menschen gaben mir daraufhin die benötigte Hilfe.

Es stimmte – da war etwas in meinem Gehirn, das jetzt seinen Weg nach draußen gefunden hat. Doch in dieser kalten Februarnacht konnte ich nicht vorhersehen, dass es fast genau vier Jahre dauern würde, bis ich sagen konnte: „Hier. Das wurde durch eure Liebe und Unterstützung möglich." Für ihre Geduld, Großzügigkeit und den Glauben daran, dass ich etwas Wertvolles zu sagen habe, biete ich den Menschen, die diesen Brief beantwortet haben, dieses Buch an. Obwohl ich gerne etwas über jeden einzelnen dieser wunderbaren Menschen sagen würde, ist es vielleicht besser, einfach zu sagen, dass sie und ihre Hunde mein Leben sehr geprägt haben – jeder auf seine Weise. Vielleicht begleiten die aufgelisteten Hunde ihre Menschen heute nicht mehr durchs Leben, aber sie tauchen vor meinem geistigen Auge auf, wann immer ich an sie denke. Ich sehe sie immer an der Seite der Menschen, die sie lieben und von denen sie geliebt werden.

Annabel Minty (*Misty, Shane, Meggie*); Steve Reiman (*Lily, Jordan*); Sarah Johnson (*Nokomis*); Mike Johnson; Kit Burke und Terry Modlesky (*Destiny*); Nancy Beach (*Rosie, Honor*); Bill Caroll (*Tasha, Kansas*); Barbara Warner (*Casey*); Marge Wappler (*Joker*); Linda Caplan (*Jagger, Dodger, Queenie, Brutus*); Deb Gillis (*Nugget, Strider, Sterling*); Claire Moxim (*Andy*); Betty Ferrare; Pat Barlow (*Schoen, Gina*); Harriet Grose; Wayne Rebarber (*Misha*); Anne und Ray Smith; Marian Nealey (*Sam*); Mary Legge (*Utah, Chance, Tira, Cruiser, Trooper*); Bonnie Goldberg Rubin; Beth Taylor (*Woody, Tessa*); Chris Civil (*Indy, Alex*); Joy Nutall (*Devon, Halo*); Cliff Peabody (*Little John, Gunner*); Rose Ellen Dunn (*Blaze, Kelly, Finn*); Dale und Peter Demy (*Lucky, Rowdy*); Sherry Holm (*Jim, Dax*); Paul Koehler (*Ilka, Cree, Redbone*); Amelie Seelig (*Sailor, Tammy*); Gail

James (*Buddy, Chance*); Deb Hutchinson (*Joppa, Gage, Josh*); Jane Guy (*Jenny, Kosmo*); Cecilia Hoffman (*Mouse, Charlie*); Janet Devich (*Aneaka, Cyrus, Morgan*); Marietta Huber (*Licorice*); Billie Rosen (*Cara*); Rosemary Rybak (*Jamie, Teddy, Zena, Sesame, Hannah*); Lynne Fickett (*Jazz, Sizzle, Chase*); Diana Hoyem (*Lana*) und Tom O'Dowd (*Buddy*). Besonderer Dank gilt meinen Freunden Cheryl Smagala (*Prince, Token, Nikki, Axel*); Karen Lessig (*Tonya, Castor, Reveille, Ana, Caber*) und Kathy und Karl Huppert (*George, Ruffy, Mr. P, Samara*). Sie haben mich durch mehr als nur einige Aufs und Abs und einige Frontalzusammenstöße mit dem Leben begleitet.

Für ihre unermüdliche Ermunterung, das Buch fertig zu stellen, danke ich Dr. Helen Greven (*Angus*). Für ihre fleißige Arbeit als kritische Leserin danke ich Beth Levine (*Owen, Wren*); eines Tages wird sie lernen, nicht mit komischen Manuskripten zu reden. Für hilfreiche Vorschläge und Anmerkungen danke ich außerdem Dr. Thomas Blass und Dr. Marc Bekoff (*Jethro*).

Ungeheuer dankbar bin ich meiner Agentin Lisa Ross für ihre kluge, geduldige Leitung durch sonderbare Schwierigkeiten. Ohne sie hätte ich sicherlich den Blick für das Wesentliche verloren. Herzlich danke ich auch meinen Herausgeberinnen, Jackie Joiner und Jessica Papin, für ihre Unterstützung. Allen bei Warner Books (dem Verlag der englischen Ausgabe) danke ich für die fleißige Arbeit des Herausputzens und Aufpolierens des Buches. Dank so vieler talentierter Menschen, die sich für dieses Buch eingesetzt haben, bekam es Struktur und wurde zu etwas Besonderem.

Für außergewöhnliche Leistungen als Cheerleader, Berater, Kritiker und Resonanzboden, dafür, dass sie Stunden ihres Lebens für mich geopfert haben, für die Liebe und die Unterstützung, das unermüdliche Lesen einer weiteren Version sowie den unerschütterlichen Glauben an mich danke ich Wendy Herkert (*Chance, Panda, Quill*), Katrene Johnson (*Danny, Morgan*), Ginny Debbink (*Doc, Annie, Beckett, Crow, Hudson*), Terry Wright (*Kaji*), Janie Dillon (*Tristan*), Kathy Marr (*Pork, Krista*), Nancy Sickels (*Brook, Lark*), Judy Gardener (*Garen, Tasy, Bo und so viele andere*) und Carter Volz (*Trina, Bisser*). Für das Lesen tiefgehendster Ebenen danke ich Marlene Sandler (*Charlie, Gaia*). Sie sind unvergleichliche Freunde, die wunderbare Hunde wären.

Für lebenslanges Hinnehmen einer bellenden Tochter, wilder Geschichten und manchmal seltsamer Projekte, für ihre stolze Unterstützung all dessen, was ich war und was ich noch sein könnte, viel Liebe und unendlichen Dank an meine Mutter, Betty Livingston.

Für den Kampf mit einer Mutter, die durch den Umgang mit Hunden und anderen Lebewesen nicht ein bisschen klüger wurde, danke ich meinem geliebten Sohn, Christian Clothier.

Es ist wichtig, den Lehrern zu danken, die mich geprägt haben. Ich hoffe, dass ihr Einfluss auf mich deutlich ist: Linda Tellington-Jones, Ian Dunbar, Jack und Wendy Volhard. Außerdem möchte ich den Lehrern danken – oder genauer den Helden –, die ich nie getroffen habe, doch deren Werke und Gedanken meine ziemlich geprägt haben: Konrad Lorenz, Jane Goodall, David Mech, Franz de Waal, Temple Grandin, J. Allen Boone, John Bradshaw, Gary Zukav, Alan Watts und Dr. Bruce Fogle.

Ich glaube, dass wir von Mitteilungen und Lektionen umgeben sind; wir müssen nur unser Herz öffnen, um sie zu hören. Für die Musik, die in einer Sommernacht in Saratoga in mein Herz drang, mich durchdrang, als ich sie am meisten brauchte, für das Drängen, meine Angst zu unterdrücken und zu fliegen, sowie für ein bemerkenswert inspirierendes Beispiel, was möglich ist, wenn man etwas tut, danke ich Michael Stipe und REM. Das Schreiben dieses Buches war ein Abenteuer, meine Schritte auf der Reise wurden leichter durch die Musik von REM, die im Einklang mit meinem Herzen war.

Schreiben ist eine einsame Handlung, durch die Verschiebung zu dieser Einsamkeit entfernte ich mich von meinem besten Freund, meinem Partner, meinem Mann, John Rice. Von allen Geschenken, die mir Hunde in all diesen Jahren gemacht haben, reicht keines an diesen wunderbaren Mann heran. Ohne sich zu beschweren, mit unermüdlicher Geduld, guter Laune und Großzügigkeit schulterte er die ständig steigenden Lasten der Verantwortung für unsere Farm und unsere Tiere. Nur er kennt die wirklichen Kosten für das Schreiben dieses Buches – und hat noch gar nicht wirklich verstanden, dass es ohne ihn praktisch unmöglich gewesen wäre. Trotzdem lächelt er bei dem Gedanken an zukünftige Bücher. Was natürlich beweist, dass er sehr leicht zu amüsieren ist.

Diese Danksagung wäre unvollständig ohne den Dank an alle Tiere, die in mein Leben getreten sind und die mir erlaubt haben, an ihrem Leben teilzunehmen. Mein Leben ist reich gesegnet mit diesen freundlichen Lehrern. Ich kann sie nicht entschädigen, nur über das informieren, was sie mir beigebracht haben. Wenn das Buch auch nur einer einzigen Person hilft, den Weg zum Tanz zu finden, habe ich begonnen, einen kleinen Teil angemessenen Dankes für die erhaltenen Geschenke zurückzugeben.

Suzanne Clothier
Hawks Hunt Farm
Februar 2001

EMPFOHLENE LITERATUR

Da ich häufig gefragt werde, welche Bücher und Personen meine Denkweise beeinflusst haben, habe ich diese Liste empfehlenswerter Bücher zusammengestellt. Bitte beachten Sie, dass ich nicht allen dieser Bücher von ganzem Herzen zustimme. Doch jedes war auf die eine oder andere Weise wertvoll für mich, und ich glaube, dass sie auch für andere Leser der erste Schritt zu einem tieferen Verständnis sein können. Einige der Titel wurden von Leuten geschrieben, die ich als verwandte Seelen ansehe, die die Welt weitgehend so sehen wie ich. Einige Bücher sind hier aufgeführt, weil sie mich dazu angeregt haben, Perspektiven sorgfältig in Betracht zu ziehen, die ich ohne die Ermutigung des Autors, die Welt auf eine bestimmte Art zu erfahren und zu betrachten, möglicherweise außer Acht gelassen hätte. Einige der Bücher ärgerten mich oder machten mich sogar wütend und lösten dadurch Gedanken, Diskussionen und die Suche nach etwas Konkreterem aus, das meiner Philosophie und meinem Herzen mehr entsprach.

Es ist nicht ausreichend, einfach zu sagen: „Das macht für mich keinen Sinn!" oder „Nein, das glaube ich nicht!". Sie müssen bereit sein, zu entdecken und zu erkennen (wirklich genau zu wissen), was Ihrer Meinung nach Sinn ergibt und was Sie glauben, in welche Richtung Sie gehen möchten und warum. In dem Umfang, wie Sie bereit sind, diese Arbeit auf sich zu nehmen, kann Ihnen jedes Buch, jeder Gesichtspunkt, jede Lehre und jeder Lehrer – selbst wenn sie dem widersprechen, was Sie glauben – nützen und dabei helfen, Ihr Eigenverständnis und Ihren bevorzugten Weg durchs Leben zu finden und Ihre Überzeugungen zu stärken.

Zusätzlich zu diesen Büchern, die meine Philosophie geprägt haben, gab es viele Ereignisse, Menschen und Tiere, die nicht alle erwähnt werden können. Wenn es möglich wäre, würde ich jedem Leser empfehlen, die Zeit mit denen zu verbringen, die mir so viel beigebracht haben: der unglaubliche McKinley, Valinor oder mein geliebter Bear, um nur einige zu nennen. Ich verlasse mich jedoch darauf, dass Ihre speziellen Lehrer und Führer an Ihrer Seite sind, wenn Sie es sich mit einem der empfohlenen Bücher auf der Couch bequem machen. Hören Sie aufmerksam auf das, was sie Ihnen zu sagen haben.

Ich habe bewusst auf eine kurze Beschreibung, eine Zusammenfassung oder eine kurze Übersicht über die Bücher verzichtet. Ich überlasse es dem Leser, seiner eigenen Neugier, seinem Herzen und seinem Geist freien Lauf zu lassen. Entdecken Sie. Erfreuen Sie sich an den Büchern. Beanspruchen Sie Ihre Fantasie. Hören Sie mit offenem Herzen zu...

Arluke, Arnold und Clinton R. Sanders. *Regarding Animals.* Philadelphia: Temple University Press, 1996.

Beck, Alan und Aaron Katcher. *Between Pets and People: The Importance of Animal Companionship.* West Lafayette, IN: Purdue University Press, 1996.

Bolen, Jean Shinoda. *Close to the Bone.* New York: Simon and Schuster, 1996.

Boone, J. Allen. *Kinship with All Life.* San Francisco: Harper, 1954.

Bradshaw, John. *Creating Love.* New York: Bantam Doubleday Dell Publishing, 1993.

Csikszentmihalyi, Mihaly. *Finding Flow.* New York: Basic Books, 1998.
–. *Flow.* San Francisco: Harper Collins, 1991.

Dawkins, Marian Stamp. *Through Our Eyes Only? The Secret for Animal Consciousness.* Oxford University Press, 1998.

de St. Exupéry, Antoine. *The Little Prince.* New York: MacMillan Reference Library, 1195.
–. *Wind, Sand and Stars.* New York: Harcourt Brace and Company, 1939.

de Waal, Franz. *Chimpanzee Politics: Power and Sex among Apes.* London: The Johns Hopkins Press Ltd., 1989.

de Waal, Franz. *Good Natured*. Cambridge, MA: Harvard University Press, 1996.

Derr, Mark. *Dog's Best Friend*. New York: Henry Holt & Co., 1197.

Dossey, Larry, M.D. Healing Words: *The Power of Prayer and the Practice of Medicine*. San Francisco: Harper, 1997.

Dunbar, Ian. *Dog Aggression: Biting*. Oakland: Kenneth & James, 1998.
–. *Dog Aggression: Fighting*. Oakland: Kenneth & James, 1998.
–. *Dog Behavior*. Neptune, NJ: T.H.F. Publications, Inc, 1979.
–. *How to Teach a New Dog Old Tricks*. Oakland: Kenneth & James, 1991.
–. *Serious Puppy Training*. Oakland: Kenneth & James, 1998.

Fogle, Bruce. *The Dog's Mind*. London: Stephen Greene Press, 1990.

Goldstein, Martin, DVM. *The Nature of Animal Healing*. New York: Alfred A. Knopf, 1999.

Greven, Philip. *Spare the Child*. New York: Alfred A. Knopf, 1991.

Griffin, Donald. *Animal Minds*. University of Chicago Press, 1992.

Hearne, Vicki. *Adams Task: Calling the Animals by Name*. New York: Alfred A. Knopf, 1986.

Hearne, Vicki. *Bandit: Dossier of a Dangerous Dog*. New York: HarperCollins, 1991.

Katra, Jane Targ und Russel Targ. *The Heart of the Mind*. New York: New World Library, 1999.

Kowalski, Gary. *The Souls of Animals*. Walpole, NH: Stillpoint Publishing, 1999.

Lorenz, Konrad. *King Solomon's Ring*. New York: Harper & Row, 1952.
–. *Man Meets Dog*. Boston: Houghton Mifflin Co., 1955.

Mech, David. *The Wolf*. Minneapolis: University of Minnesota Press, 1970.

Newby, Jonica. *The Animal Attraction*. Sydney: ABC Books, 1999.

Nørretranders, Tor. *The User Illusion*. New York: Penguin, 1998.

Page, George. *Inside the Animal Mind*. New York: Doubleday, 1999.

Peck, M. Scott. *The Road Less Traveled*. New York: Simon and Schuster, 1978.

Pert, Candace B. *Molecules of Emotion*. New York: Simon and Schuster, 1997.

Pirsig, Robert. Lila: *An Inquiry into Morals*. New York: Bantam Press, 1991.
–. *Zen and the Art of Motorcycle Maintenance: An Inquiry into Values*.
New York: William Morrow Publishing Co., 1979.

Rogers, Lesley. *Minds of Their Own: Thinking and Awareness in Animals*.
Boulder, CO: Westview Press, 1997.

Roocroft, Alan und Donald Atwell Zoll. *Managing Elephants*.
Ramona, CA: Fever Tree Press, 1994.

Rugaas, Turid. *Calming Signals. Die Beschwichtigungssignale der Hunde*.
animal learn Verlag, 2001

Sanders, Clinton R. *Understanding Dogs: Living and Working with Canine
Companions*. Philadelphia: Temple University Press, 1999.

Schoen, Allen M., D.V.M., M.S. *Kindred Spirits*. New York: Broadway Books, 2001.

Schoen, Allan. *Love, Miracles and Animal Healing*. New York: Simon and Schuster, 1996.

Serpell, James. *In the Company of Animals: A Study of Human-Animal Relationships*. Cambridge University Press, 1996.

Smith, Penelope. *Animal Talk*. Pt. Reyes Station, CA: Pegasus Publication, 1982.

Tellington-Jones, Linda. *The Tellington-Touch*. New York: Viking Press, 1992.

Townsend, Irving. *Separate Lifetimes*. Exeter, NH: J. N. Townsend, 1992.

Wright, Machaelle Small. *Behaving as if the God in All Life Mattered: A New Age Ecology*. Warrenton, VA: Perelandra Limited, 1987.

Zukav, Gary. *Seat of the Soul*. New York: Simon and Schuster, 1989.

Das Gefühlsleben der Tiere
Ein führender Wissenschaftler untersucht Freude, Kummer und Empathie bei Tieren
Mit einem Vorwort von Jane Goodall

Marc Bekoff

Marc Bekoff schreibt wie kein anderer über die Gefühle der Tiere, denn er argumentiert wissenschaftlich korrekt und emotional engagiert. Wer glaubt, dies widerspreche sich in sich, der lese dieses Buch und lasse sich vom Gegenteil überzeugen. Bekoff zögert dabei auch nicht, die ethischen Folgerungen aus seinen Überlegungen und Forschungsergebnissen zu ziehen und sich konsequent für einen rücksichtsvollen, mitfühlenden und respektvollen Umgang mit unseren Mitbewohnern auf diesem Planeten, den Tieren, auszusprechen. Ein wichtiges Buch, das zum Nachdenken anregt und zum Handeln auffordert.

„Als ich als Kind in Tibet den Buddhismus studierte, wurde mir beigebracht, wie wichtig eine liebevolle Geisteshaltung gegenüber anderen ist. Diese Praxis der Gewaltlosigkeit ist auf alle fühlenden Lebewesen anzuwenden – auf jegliches lebende Ding, das ein Bewusstsein hat, denn wo Bewusstsein ist, da sind auch Gefühle wie Schmerz, Trauer, Freude und Heiterkeit. Kein fühlendes Lebewesen will Schmerz – im Gegenteil, alle wollen glücklich sein. Da wir alle diese Gefühle auf einem Grundniveau teilen, haben wir als vernunftbegabte Menschen die Pflicht, zum Glücklichsein anderer beizutragen und uns so weit es geht zu bemühen, ihre Ängste und ihr Leiden zu vermindern. Ich glaube fest daran, dass, je mehr wir uns um das Glücklichsein der anderen bemühen, unser eigenes Wohlbefinden umso größer sein wird. Daher begrüße ich Marc Bekoffs Buch ‚Das Gefühlsleben der Tiere‘ sehr."

Seine Heiligkeit der Dalai Lama

„In klarer und überzeugender Sprache bietet Marc Bekoff eine rationale Begründung für das, was viele von uns schon längst glauben – dass Tiere Sorge, Freude, Wut, Vergnügen und andere Gefühle ganz ähnlich wie wir selbst empfinden. Bekoff beweist, dass diese Vorstellung nicht nur mit den Fakten der Evolution übereinstimmt, sondern dass sie sich sogar durch sie bedingt. Sobald die Wissenschaft die Argumentation dieses genau recherchierten Buches berücksichtigt, wird sie nie mehr dieselbe sein."

David Rothenberg,
Professor der Philosophie am New Jersey Institut

Hardcover, 232 Seiten, mit zahlreichen Abbildungen
ISBN: 978-3-936188-42-4

Glücksmomente
Vier Pfoten und zwei Beine
auf der Suche nach dem Glück

Mit einem Vorwort von Marc Bekoff

Jörg Tschentscher,
Clarissa v. Reinhardt

„Ich denke, dass der Sinn des Lebens darin besteht, glücklich zu sein." Dieses Zitat stammt von seiner Heiligkeit, dem 14. Dalai Lama und wahrscheinlich dachte er an Menschen, als er es aussprach. Aber was ist mit den Tieren? Haben nicht auch sie ein Recht darauf, glücklich zu sein? Streben sie danach und wie sieht Glück für sie aus? Und was können wir tun, um sie glücklich zu machen? Während sich das manch ambitionierter Hundehalter fragt, gibt es bis heute Wissenschaftler, religiöse Führer und Philosophen, die Tieren die Fähigkeit, glücklich zu sein entweder gänzlich absprechen oder auf die Erfüllung von Fress- und Laufbedürfnis, das Spiel mit Artgenossen und die freundliche Fürsorge durch ihr Herrchen oder Frauchen beschränken. All diese Dinge sind sicher ein guter Beitrag, aber lässt sich das Glück von Tieren wirklich auf so wenig reduzieren? Hat nicht auch ein Hund das Bedürfnis nach Erfüllung und persönlicher Freiheit, nach Zufriedenheit im Hier und Jetzt, was zumindest beim Menschen als Mindestvoraussetzung gilt, um Glück empfinden zu können?

Jörg Tschentscher und Clarissa v. Reinhardt gehen diesen spannenden Fragen nach und geben dabei ganz praktische Tipps, wie Mensch und Hund sowohl zum individuellen als auch zum gemeinsamen Glück finden.

Aus dem Inhalt:

- Die Biologie des Glücks
- Wie empfinden Hunde Glück und wie erkennen wir das?
- Was können wir tun, um unseren Hund glücklich zu machen?
- Die größten Irrtümer darüber, was Hunde angeblich glücklich macht
- Machen Hunde uns glücklich?
- Wie finden Mensch und Hund das gemeinsame Glück?

... und vieles mehr!

Softcover mit Klappen, 87 Seiten, mit zahlreichen farbigen Abbildungen/ Fotos, ISBN 978-3-936188-59-2

Da muss er durch!
Über Schlagworte und Sprüche aus der Hundewelt

Thomas Riepe

„Hunde sind faszinierende Lebewesen. Ich glaube, es gibt kein anderes Tier, das derart viele Aufgaben und vor allem Ansprüche des Menschen erfüllen muss – und erfüllt! – wie der Hund. Hunde sind Sozialpartner, Seelentröster, Sportgerät, Wärmflasche und Prestigeobjekt – und so viele „Einsatzmöglichkeiten" es für unseren besten Freund gibt, so viele Meinungen gibt es auch über die Art und Weise, wie wir mit ihm umzugehen haben..."

Thomas Riepe, Hundepsychologe und Autor zahlreicher Fachartikel und Bücher, befasst sich in „Da muss er durch" mit den unzähligen Theorien und Trainingsgrundsätzen, die Herrchen und Frauchen mit auf den Weg gegeben werden, wenn sie sich fragen, welcher Weg der richtige ist im Umgang mit ihrem vierbeinigen Begleiter.

Ernsthaft und wissenschaftlich fundiert, aber auch verschmitzt und augenzwinkernd untersucht er die einzelnen Philosophien und Meinungen zu Erziehung, Rangordnung, Rudelverhalten, Trennungsangst, Sozialverhalten und vielen weiteren Themen. Dabei plädiert er für Freundlichkeit und Fairness gegenüber dem besten Freund des Menschen und erinnert uns daran, dass der gesunde Menschenverstand und ein gutes Bauchgefühl oft die besten Berater auf dem gemeinsamen Weg sind.

Ein Muss für jeden Hundefreund!

Aus dem Inhalt:

- Hunde haben nur ein Kurzzeitgedächtnis
- Hunde haben kein Zeitgefühl
- Menschen müssen immer vorausgehen
- Das regeln die schon unter sich
- Trennungsangst = Dominanz?!
- Hunde müssen immer eine Aufgabe haben
- „Kannst Du denn auch schön „sitz" machen?"
- Hunde, die bellen, beißen nicht
- Wenn der Hund mit dem Schwanz wedelt, freut er sich!
- Der will doch nur spielen

... und vieles mehr!

Paperback, 72 Seiten, mit zahlreichen farbigen Illustrationen
ISBN: 978-3-936188-47-9